대학입시 의대 치대 한의대 약대
전략자료집 2024학년도

저자 비티진로진학연구소

<제목 차례>

1. 서론

I. 서론1)2)

현재 2024학년도 자연계열 최상위권 수험생에게는 의대, 치의대, 한의대와 함께 약대 진학이 대입 BIG4로 꼽힌다. 의대, 치의대, 한의대, 약대 진학을 생각하고 있는 예비 고3이라면 전형 정보를 앞서 파악하고 그에 맞춰 대비할 필요가 있다. 그 중 지원을 고려하는 대학의 전형 유형별 모집인원을 알아보는 것은 대입 전략 수립의 첫 시작점이다.

구분	학교수	모집 정원	수시	정시	수시 전형유형별 모집정원		
					교과	종합	논술
2022학년도	38개교	2,991명	1,821명 (60.9%)	1,170명 (39.1%)	836명 (28.0%)	845명 (28.4%)	140명 (4.7%)
2023학년도	39개교	3,015명	1,817명 (60.3%)	1,198명 (39.7%)	899명 (29.8%)	790명 (26.2%)	128명 (4.2%)
2024학년도	**39개교**	**3,016명**	**1,872명 (62.07%)**	**1,144명 (37.93%)**	**909명 (30.2%)**	**847명 (28%)**	**116명 (3.8%)**

표 1 2022-2024 **의예과** 수시 · 정시인원 비교

2024학년도 의약학계열 대학은 지역별 의료 인력의 균형적인 양성을 위해 수도권에 집중되지 않으면서 지방권 소내 대학의 선발 비중이 높은 것이 특징적이다. 한의대가 대표적인데, 한의대의 서울권 선발 비중은 14.30%로 낮지만 지방권 비중은 81.60%로 높다. 반면 약대는 서울권 선발 비중이 39.10%로 상대적으로 높은 편이다.

구분	학교수	모집 정원	수시	정시	수시 전형유형별 모집정원			
					교과	종합	논술	특기
2022학년도	11개교	641명	365명 (56.9%)	276명 (43.1%)	111명	213명	26명	-
2023학년도	11개교	630명	366명 (58.1%)	264명 (41.9%)	133명	207명	26명	-
2024학년도	**11개교**	**631명**	**365명 (57.84%)**	**266명 (42.16%)**	**138명 (21.87%)**	**201명 (31.85%)**	**26명 (4.12%)**	**-**

표 2 2022-2024 **치의대** 수시 · 정시인원 비교

2024학년도 치의대 모집정원은 전국 치의대 11개교를 합해 총 642명이다. 그 중 서

---

1) [2024 대입] '의예과' 수시정시 전형 변화/EDUJIN
2) [2024학년도 대입 전략] 총 6967명 선발 …의대 3091명·약대 1948명, 경쟁관계인 SKY 자연계·과기원 등 6430명 모집 (생글생글 785호)

울대, 부산대, 전남대 3개교는 학·석사 통합과정으로 치의대를 운영한다. 학·석사통합과정이란 고등학교 졸업자가 3년의 학사과정과 3년의 석사과정을 7년간 공부하면 의사면허 취득자격과 함께 석사 학위를 받을 수 있는 과정이다.

치의대는 모집시기별로 보면 **수시 선발인원이 365명으로 전체의 57.84%**를 차지한다. **정시는 42.16%인 266명**을 선발한다. 수시전형은 유형별로는 학생부종합전형이 201명으로 수시 모집인원의 절반 이상을 점한다. 다음으로 학생부교과전형이 138명, 논술전형 26명이다.[3]

구분	학교수	모집정원	수시	정시	수시 전형유형별 모집정원			
					교과	종합	논술	특기
2022학년도	12개교	760명	462명 (60.7%)	298명 (39.3%)	97명	62명	21명	-
2023학년도	12개교	715명	425명 (59.4%)	290명 (40.6%)	238명	166명	21명	-
2024학년도	12개교	725명	490명 (67.59%)	235명 (32.41%)	278명 (38.34%)	186명 (25.66%)	26명 (3.59%)	-

표 3 2022-2024 **한의대** 수시·정시인원 비교

한의대의 전형계획을 살펴보면 모집 총원은 725명이며, 모집시기별로 보면 수시 선발인원이 490명(67.59%), 정시는 235명(32.41%)을 선발한다.

수시전형 유형별로는 학생부교과전형이 278명으로 전체 모집인원의 38.34%를 차지한다. 학생부 종합전형 선발은 186명이고 논술전형은 26명이다.

구분	학교수	모집정원	수시	정시	수시 전형유형별 모집정원		
					교과	종합	논술
2023학년도	37개교	1,743명	980명 (56.2%)	763명 (43.8%)	523명	390명	67명
2024학년도	37개교	1,745명	1007명 (57.71%)	738명 (42.29%)	523명 (29.97%)	403명 (23.09%)	81명 (4.64%)

표 4 2024 **약대** 수시·정시인원[4]

---

3) [2024학년도 의치대 입학전형] 학생부교과·학생부종합 증가, 논술·정시 감소,.. (지역내일/ 이선이 리포터/ 2023.04.20.)
4) [2024학년도 약학대학 입학전형] 37개 대학 1,745명 모집, 수시 57.71%, 정시 42.29% 수시 수능 기준 상당히 높은 편 (지역내일/ 이선이 리포터/ 2023. 06.01)

약대는 정시 비중이 42.29%로 의약학계열중에 가장 높다. 한의대는 32.41%(235명), 치대는 42.16%(266명), 의대는 37.93%(1,144명)를 정시로 선발한다. 한국대학교육협의회 발표 전국 대학 정시 비중 평균 22.0%와 비교하면 두 배에 가까운 수치다.

자연계열 최상위학과인 의약학계열도 수시에서 뽑지 못해 **정시로 이월하는 수시이월**이 발생한다. 매해 대학별로 적게는 총 모집인원 1%에서 많게는 3%가량 수시이월이 발생하곤 한다. 올해도 이와 비슷한 규모로 수시이월이 발생한다면 정시 최종 선발 비중은 40%대 초중반에 이를 것으로 예상된다. 반면 학생부교과와 학생부종합 선발 규모는 상대적으로 낮은 편이다. 학생부교과는 평균 30.2%(1994명), 학생부종합은 평균 24.9%(1640명)를 선발한다.

올해 의약학계열 입시에 도전하는 학생이라면 지난해 약대 열풍이 의약학 입시에 전반적으로 어떤 영향을 끼쳤는지를 면밀히 분석해볼 필요가 있다. 올해 대학별로 발표하는 지난해 입시 결과에 관심을 두고 살펴보기를 권한다. 서울대, 연세대, 중앙대, 성균관대 등 인기 약대의 합격선이 지방권 의학계열 합격선을 얼마나 넘어섰는지, 지방권 의학계열의 합격선이 전년 대비 하락했는지 등이 눈여겨봐야 할 대목이다. 또한 약대가 자연계 최상위권 학생 상당수를 흡수하면서 SKY(서울대·고려대·연세대) 등 주요대 자연계 일반학과의 합격선에도 큰 영향을 끼쳤을 것으로 예상된다. 주요대 자연계 일반학과의 합격선 변동도 주요 체크 포인트다.

본 2024년 의·치·한·약대 전략 자료집(개정)에서는 이와 같은 전형계획을 중심으로 2024년 대학입시 현황을 추가하였고, 수시, 정시 정보를 자세하게 서술하였으니 참고하시기 바란다.

2. 대학입시 전형의 종류

II. 대학입시 전형의 종류

수시전형의 전략적 대비를 위해서는 먼저, 수시전형의 종류에 대해서 이해할 필요가 있다.

구분		내용
학생부 중심	학생부교과 전형	내신점수로 평가
	학생부종합 전형	교과(내신), 비교과, 면접, 자소서, 추천서등 종합적이고 다양한 평가
논술전형		고교교육과정 내로 범위를 축소시킴, 대학별로 내신 최저등급을 적용하기도 함
특기자 및 실기전형		예체능계열의 실기시험, 영어·제2외국어 등의 어학시험 등

표 5 수시전형의 종류

1. 수시전형의 종류

1) 학생부교과전형

학생부 교과 성적을 높이 반영하고 그 외 출결 및 봉사활동과 면접 등을 통해 다양한 요소로 선발하는 '학생부교과전형'은 전국적으로 모집율이 44.8%이다. 서울, 수도권 소재 대학 내에서는 수능 최저등급 역시 만족해야 하며 비교과 항목은 중요하지 않다. 이 전형은 내신 2등급 대 이내인 학생과 수능점수가 2~3등급 이내인 학생들에게 유리하다.

2) 학생부종합전형

교과 성적 뿐 아니라, 학생부를 기본으로 자기소개서, 추천서의 서류를 기반으로 학생의 학업역량, 전공적합성, 인성, 발전가능성, 지원동기 등을 평가하고 대부분 면접을 통해 이를 확인하여 학생을 선발하는 전형으로써 전국적으로 모집률은 23.1%이다. 하지만 서울 주요 대학에서는 학생부종합전형 모집비율이 평균을 크게 웃돌고 있다. 전형 역시 교과 내신 성적관리를 비롯하여 수능최저학력 기준 및 면접, 자기소개서까지 입력해야하는 다양한 활동이 요구되며 이 전형에는 비교과 활동이 많고 중상위권 교과 성적이 유지된 학생이 유리하다.

3) 논술전형

 지원 전공 관련 문·이과 논술 시험을 실시하여 그 성적을 바탕으로 선발하는 전형으로, 서울권 최상위권 대학들이 일정비율로 선발하고 있다. 이 전형은 논술 시험 결과가 당락을 크게 좌우하기 때문에 교과 성적이 약했던 학생에게도 유리할 수 있다. 하지만 수능 최저학력기준이 적용되어 이에 따라 합불 여부가 당락된다.

2. 정시전형의 종류

정시전형의 종류는 아래 표에서 확인할 수 있다.

구분	정시
내용	수능성적위주로 학생을 평가해서 선발
종류	단일전형(수능위주)
전국대학기준분포	대략 분포 전시로 22%

표 5 정시전형의 종류

표에서 정리해 놓았듯이 정시는 수능 성적 위주로 학생을 평가하는 선발 전형으로 일부 대학의 경우 내신 성적을 반영하므로 유의해야한다. 물론 내신 반영 비율은 10% 이하로 형성 되지만, 미세한 점수 차이로 당락이 결정되기도 하므로 무시할 수 없는 비율이다. 정시는 한 학생당 '가군' '나군' '다군'으로 최대 3곳의 대학을 지원할 수 있다. 또 학과마다 요구하는 '군'이 다르므로 지원하고자 하는 대학교의 모집요강 및 배치표를 확인해야한다.

3. 2024학년도 의과대학 선발기준

III. 2024학년도 의과대학 선발기준

1. 의과대학

1) 서울대학교[5]

■ 의과대학 모집인원은 아래와 같습니다.

모집단위		정원 내 전형			정원 외 전형			
		수시모집			정시모집 '나'군		정시모집 '나'군		
		지역균형전형	일반전형	기회균형특별전형	지역균형전형	일반전형	기회균형특별전형	기회균형특별전형	기회균형특별전형
				사회통합			농어촌	저소득	특수,북한
의과대학	의예과	39	50	7	10	29	1	2	2

(1) 수시모집 지역균형전형
① 지원 자격

소속 고등학교장의 추천을 받은 2024년 2월 국내 고등학교 졸업예정자 (조기졸업예정자 제외)
※ 고등학교별 추천 인원은 2명 이내이며, 각 고등학교는 반드시 학교장 직인이 날인된 추천자 명단을 서류제출 기간 내에 공문으로 제출해야 함

② 전형방법
가. 전형요소 및 배점

모집단위	1단계	2단계	
	서류평가	1단계 성적	면접
전 모집단위	100 (3배수)	70	30

- 전 모집단위에서 수능 최저학력기준을 적용하며, 반드시 모집단위별 수능 응시영역기준 및 인정 기준을 준수해야 함
- 사범대학은 면접에서 교직적성·인성면접을 포함함

_____

5) 2024 서울대 모집요강

- 의과대학은 면접에서 의학을 전공하는 데 필요한 자질, 적성과 인성을 평가하며, 상황/제시문 기반 면접과 서류 기반 면접을 복수의 면접실에서 진행함

나. 지역균형선발전형 수능 최저학력기준

모집단위	수능 최저학력기준
전 모집단위	4개 영역(국어, 수학, 영어, 탐구) 중 3개 영역 등급 합이 7등급 이내

- 탐구영역의 등급은 2개 과목 등급 평균을 반영함

(2) 수시모집 일반전형
① 지원 자격

고등학교 졸업자 (2024년 2월 졸업예정자 포함) 또는 법령에 의하여 고등학교 졸업 이상의 학력이 있다고 인정된 자(고등학교 졸업학력 검정고시 합격자, 외국소재 고등학교 졸업(예정)자 포함)

② 전형방법
가. 전형요소 및 배점

모집단위	1단계 서류평가	2단계		
		1단계 성적	면접 및 구술고사	교직적성·인성면접
전 모집단위	100 (2배수)	100	100	-

③ 수능 최저학력기준: 없음

④ 면접 및 구술고사

모집 단위	평가내용 및 방법
의과 대학	·의학을 전공하는 데 필요한 자질, 적성과 인성을 평가하며, 제시문에 영어가 활용될 수 있음 ·상황/제시문 기반 면접과 서류 기반 면접을 복수의 면접실에서 진행함 (60분 내외)

(3) 수시모집 기회균형특별전형(사회통합 전형)
① 지원 자격

고등학교 졸업자(2024년 2월 졸업예정자 포함) 또는 법령에 의하여 고등학교 졸업 이상의 학력이 있다고 인정된 자로서 지원서 접수 마감일 기준으로 아래 중 하나의 자격을 유지하고 있는 자

① 농어촌 학생

가. 농어촌 재학(중학교 3년 + 고등학교 3년) + 농어촌 거주 6년(지원자·부·모)

「지방자치법」 제3조에 의한 읍·면(농어촌) 지역 또는 「도서·벽지 교육진흥법」 제2조에 따른 도서·벽지 지역 소재 중·고등학교에서 전 교육과정을 이수하고 지원자와 부모 모두가 중학교 입학일부터 고등학교 졸업일까지 읍·면(농어촌) 지역 또는 도서·벽지 지역에 거주한 자

나. 농어촌 재학(초등학교 6년 + 중학교 3년 + 고등학교 3년) + 농어촌 거주 12년(지원자)

「지방자치법」 제3조에 의한 읍·면(농어촌) 지역 또는 「도서·벽지 교육진흥법」 제2조에 따른 도서·벽지 지역 소재 초·중·고등학교에서 전 교육과정을 이수하고 지원자 본인이 초등학교 입학일부터 고등학교 졸업일까지 읍·면(농어촌) 지역 또는 도서·벽지 지역에 거주한 자

+ 읍·면 또는 도서·벽지 지역 소재 과학고, 영재고, 외국어고, 국제고, 예술고, 체육고, 국내학력인정 외국교육기관은 농어촌 학교로 인정하지 않음

② 저소득 학생

다. 「국민기초생활 보장법」 제2조 제1호에 따른 수급권자 또는 제2조 제2호에 따른 수급자

라. 「국민기초생활 보장법」 제2조 제10호에 따른 차상위계층 중 복지급여(차상위 자활급여, 차상위 장애수당, 차상위 장애인연금부가급여, 차상위 본인부담경감)를 받고 있는 가구 학생 또는 차상위계층 확인서 발급 대상 가구 학생

마. 「한부모가족지원법」 제5조 및 제5조의2에 따른 지원대상 가구 학생

③ 국가보훈대상자

바. 「국가보훈 기본법」 제3조 제2호에 따른 '국가보훈대상자'에 해당하고 국가보훈 관계 법령에 따른 교육지원 대상자로 지원서 접수 마감일 기준으로 보훈(지)청장이 발급하는 '대학 입학특별전형대상자증명서'를 제출할 수 있는 자

④ 서해 5도 학생

사. 서해 5도 재학(중학교 3년 + 고등학교 3년) + 서해 5도 거주 6년(지원자·친권자 혹은 후견인)

「서해 5도 지원 특별법」 제2조에 의한 서해 5도 지역 소재 중·고등학교에서 전 교육과정을 이수하고 지원자와 친권자(혹은 후견인) 모두가 중학교 입학일부터 고등학교 졸업일까지 서해 5도 지역에 거주한 자

아. 서해 5도 재학(초등학교 6년 + 중학교 3년 + 고등학교 3년) + 서해 5도 거주 12년(지원자)

「서해 5도 지원 특별법」 제2조에 의한 서해 5도 지역 초·중·고등학교에서 전 교육과정을 이수하고 지원자 본인이 초등학교 입학일부터 고등학교 졸업일까지 서해 5도 지역에 거주한 자

⑤ 자립지원 대상 아동

자. 「아동복지법 시행령」 제38조제2항 해당자로 고등학교 입학일부터 지원서 접수 마감일 기준으로 생활 중인 자 또는 고등학교 졸업일까지 생활한 자(단, 검정고시 출신자는 중학교 졸업 학력 취득 후 아동복지시설에서 3년 이상 생활한 자)

② **전형방법**

　① 전형요소 및 배점

모집단위	1단계	2단계	
	서류평가	1단계 성적	면접
전 모집단위 (미술대학, 음악대학 제외)	100 (2배수)	70	30

+ 의과대학은 면접에서 의학을 전공하는 데 필요한 자질, 적성과 인성을 평가하며, 상황/제시문 기반 면접과 서류 기반 면접을 복수의 면접실에서 진행함

③ **수능 최저학력기준: 적용하지 않음**

(4) 정시모집 수능위주전형 ('나'군 지역균형전형)

　① **지원자격**

소속 고등학교장의 추천을 받은 국내 고등학교 졸업자(2024학년도 2월 졸업예정자 포함, 조기졸업예정자 제외)로서 2024학년도 수능에서 모집단위별 수능 응시영역기준을 충족한 자
※ 고등학교별 추천 인원은 2명 이내이며, 각 고등학교는 반드시 학교장 직인이 날인된 추천자 명단을 서류제출 기간 내에 공문으로 제출해야 함

② **전형방법**

모집단위	수능	교과평가
의과대학 의예과	60점	40점

의과대학 의예과, 치의학대학원 치의학과는 '적성·인성면접'을 실시하며 결격 여부를 판단하는 방식으로 활용

③ **수능 영역별 반영방법**

　가. 국어, 수학, 탐구영역: 성적표에 기재된 표준점수를 활용함

영역	국어	수학	사회/과학/직업탐구
상대 반영비율	100	120	80

　나. 영어 영역: 1등급 감점 없음. 2등급부터 아래와 같이 차등 감점함

등급	1	2	3	4	5	6	7	8	9
감점	0	0.5	2.0	4.0	6.0	8.0	10.0	12.	14.0

　다. 한국사 영역: 3등급 이내 감점 없음. 4등급부터 아래와 같이 차등 감점함

등급	1	2	3	4	5	6	7	8	9
감점	0	0	0	0.4	0.8	1.2	1.6	2.0	2.4

　라. 제2외국어/ 한문영역: 2등급 이내 감점 없음. 3등급부터 아래와 같이 차등 감점함

등급	1	2	3	4	5	6	7	8	9
감점	0	0	0.5	1.0	1.5	2.0	2.5	3.0	3.5

<과학탐구영역 조정점수>

수능 응시영역기준 유형2-1, 2-2 모집단위 지원자는 수능 과학탐구 과목 응시 조합 유형에 따라 다음과 같이 조정점수를 부여하며 수능 표준점수 총점에 합산함

과학탐구 과목 응시 조합	Ⅰ + Ⅱ	Ⅰ + Ⅱ	Ⅱ + Ⅱ
조정점수	없음	3	5

<수능 성적 환산>

수능 영역별 반영 비율과 감점 기준을 적용한 표준점수 총점을 아래 점수 산출 방법으로 환산한 점수

① 모집단위 지원자 중 최고점 - 모집단위 지원자 중 최저점이 15점이 이상인 경우

15점 × {(지원자 점수 - 모집단위 중 최저점)/(모집단위 중 최고점 - 모집단위 중 최저점)} + 45점

② 모집단위 지원자 중 최고점 - 모집단위 지원자 중 최저점이 15점 미만인 경우

60점 - (모집단위 중 최고점 - 지원자 점수)

마. 교과평가

① 평가대상: 전 모집단위 지원자
② 평가 등급: A(10점) < B(6점) > C(0점)
③ 2명의 평가자가 독립적으로 평가하여 등급을 부여하고 아래 조합에 따라 점수를 부여함
④ 교과평가 점수 = 2인 평가 등급 조합 + 30점

등급 조합 예시	A*A	A*B	B*B	B*C	C*C
배점	10	8	6	3	0

(5) 정시모집 수능위주 전형 ('나'군 일반전형)
① 지원자격

고등학교 졸업자(2024년 2월 졸업예정자 포함) 또는 법령에 의하여 고등학교 졸업 이상의 학력이 있다고 인정된 자(고등학교 졸업학력 검정고시 합격자, 외국 소재 고등학교 졸업(예정)자 포함)로서 2024학년도 수능에서 모집단위별 수능 응시영역기준을 충족한 자

② 전형방법

모집단위	1단계	2단계	
	수능	1단계 성적	교과평가
의과대학	100% (2배수)	80점	20점

의과대학 '적성,인성면접'은 결격 여부를 판단하는 방식으로 활용함

- 수능 영역별 반영방법

① 국어, 수학, 탐구영역: 성적표에 기재된 표준점수를 활용함

영역	국어	수학	사회/과학/직업탐구
상대 반영비율	100	120	80

② 영어영역: 1등급 감점 없음. 2등급부터 아래와 같이 차등 감점함

등급	1	2	3	4	5	6	7	8	9
감점	0	0.5	2.0	4.0	6.0	8.0	10.0	12.0	14.0

③ 한국사영역: 3등급 이내 감점 없음. 4등급부터 아래와 같이 차등 감점함

등급	1	2	3	4	5	6	7	8	9
감점	0	0	0	0.4	0.8	1.2	1.6	2.0	2.4

④ 제2외국어/한문영역*: 2등급 이내 감점 없음. 3등급부터 아래와 같이 차등 감점함

등급	1	2	3	4	5	6	7	8	9
감점	0	0	0.5	1.0	1.5	2.0	2.5	3.0	3.5

* 2024학년도 수능 응시영역기준 유형 Ⅰ(30쪽 참고) 지원자에 한하여 적용함

- 점수 산출 방법

【1단계】 수능

① 수능 영역별 반영 비율과 감점 기준을 적용한 표준점수 총점

과학탐구영역 조정점수

수능 응시영역기준 유형 ② -1, ② -2(30쪽 참고) 모집단위 지원자는 수능 과학탐구 과목 응시 조합 유형에 따라 다음과 같이 조정점수를 부여하며 수능 표준점수 총점에 합산함

과학탐구 과목 응시 조합	Ⅰ+Ⅰ	Ⅰ+Ⅱ	Ⅱ+Ⅱ
조정점수	없음	3	5

【2단계】 1단계 성적 환산

① (1단계 합격자 최고점 – 1단계 합격자 최저점)이 20점 이상인 경우

20점 × {(지원자 점수 – 1단계 합격자 최저점)/(1단계 합격자 최고점 – 1단계 합격자 최저점)} + 60점

② (1단계 합격자 최고점 – 1단계 합격자 최저점)이 20점 미만인 경우

80점 – (1단계 합격자 최고점 – 지원자 점수)

【2단계】 교과평가

① 평가대상: 전 모집단위 1단계 합격자(미술대학, 사범대학 체육교육과, 음악대학 제외)

② 평가 등급: A(5점) 〉 B(3점) 〉 C(0점)

③ 2명의 평가자가 독립적으로 평가하여 등급을 부여하고 아래 조합에 따라 점수를 부여함

④ 교과평가 점수 = 2인 평가 등급 조합 + 15점

등급 조합 예시	A·A	A·B	B·B	B·C	C·C
배점	5	4	3	1.5	0

(6) 정원 외) 정시모집 '나'군 기회균형특별전형 (농어촌·저소득)
가. 지원자격

■ 농어촌 학생

고등학교 졸업자(2024년 2월 졸업예정자 포함)로서 아래의 '가' 또는 '나'에 해당하고, 2024학년도 수능에서 모집단위별 수능 응시영역기준을 충족한 자

가. 농어촌 재학(중학교 3년 + 고등학교 3년) + 농어촌 거주 6년(지원자·부·모)
「지방자치법」 제3조에 의한 읍·면(농어촌) 지역 또는 「도서·벽지 교육진흥법」 제2조에 따른 도서·벽지 지역 소재 중·고등학교에서 전 교육과정을 이수하고 지원자와 부모 모두가 중학교 입학일부터 고등학교 졸업일까지 읍·면(농어촌) 지역 또는 도서·벽지 지역에 거주한 자

나. 농어촌 재학(초등학교 6년 + 중학교 3년 + 고등학교 3년) + 농어촌 거주 12년(지원자)
「지방자치법」 제3조에 의한 읍·면(농어촌) 지역 또는 「도서·벽지 교육진흥법」 제2조에 따른 도서·벽지 지역 소재 초·중·고등학교에서 전 교육과정을 이수하고 지원자 본인이 초등학교 입학일부터 고등학교 졸업일까지 읍·면(농어촌) 지역 또는 도서·벽지 지역에 거주한 자

※ 읍·면 또는 도서·벽지 지역 소재 과학고, 영재고, 외국어고, 국제고, 예술고, 체육고, 국내학력인정 외국교육기관은 농어촌 학교로 인정하지 않음

■ 저소득 학생

고등학교 졸업자(2024년 2월 졸업예정자 포함) 또는 법령에 의하여 고등학교 졸업 이상의 학력이 있다고 인정된 자로서, 지원서 접수 마감일 기준으로 아래 '가-다' 중 하나의 자격을 유지하고 2024학년도 수능에서 모집단위별 수능 응시영역기준을 충족한 자
가. 「국민기초생활 보장법」 제2조 제1호에 따른 수급권자 또는 제2조 제2호에 따른 수급자
나. 「국민기초생활 보장법」 제2조 제10호에 따른 차상위계층 중 복지급여(차상위 자활급여, 차상위 장애수당, 차상위 장애인연금부가급여, 차상위 본인부담경감)를 받고 있는 가구 학생 또는 차상위계층 확인서 발급 대상 가구 학생
다. 「한부모가족지원법」 제5조 및 제5조의 2에 따른 지원대상 가구 학생

② 전형방법

모집단위	전형요소 및 배점
의과대학	수능 100%

③ 수능 최저학력기준

모집단위	수능 최저학력기준
전 모집단위 (미술대학, 음악대학 제외)	4개 영역(국어, 수학, 영어, 탐구) 중 3개 영역 등급 합이 7등급 이내

④ 전형요소별 평가방법(수능 영역별 반영방법)

① 국어, 수학, 탐구영역: 성적표에 기재된 표준점수를 활용함

영역	국어	수학	사회/과학/직업탐구
상대 반영비율	100	120	80

② 영어영역: 1등급 감점 없음. 2등급부터 아래와 같이 차등 감점함

등급	1	2	3	4	5	6	7	8	9
감점	0	0.5	2.0	4.0	6.0	8.0	10.0	12.0	14.0

③ 한국사영역: 3등급 이내 감점 없음. 4등급부터 아래와 같이 차등 감점함

등급	1	2	3	4	5	6	7	8	9
감점	0	0	0	0.4	0.8	1.2	1.6	2.0	2.4

④ 제2외국어/한문영역*: 2등급 이내 감점 없음. 3등급부터 아래와 같이 차등 감점함

등급	1	2	3	4	5	6	7	8	9
감점	0	0	0.5	1.0	1.5	2.0	2.5	3.0	3.5

* 2024학년도 수능 응시영역기준 유형 ①(30쪽 참고)지원자에 한하여 적용함

<과학탐구영역 조정점수>

수능 응시영역기준 유형2-1, 2-2 모집단위 지원자는 수능 과학탐구 과목 응시 조합 유형에 따라 다음과 같이 조정점수를 부여하며 수능 표준점수 총점에 합산함

과학탐구 과목 응시 조합	Ⅰ+Ⅱ	Ⅰ+Ⅱ	Ⅱ+Ⅱ
조정점수	없음	3	5

(7) 정원 외) 정시모집 '나'군 기회균형특별전형(특수교육대상자·북한이탈주민)
① 지원자격
가. 특수교육대상자

가. 고등학교 졸업자(2024년 2월 졸업예정자 포함) 또는 법령에 의하여 고등학교 졸업 이상의 학력이 있다고 인정된 자
나. 「장애인복지법」 제32조에 의하여 장애인 등록이 되어 있는 자 중 '장애의 정도가 심한 장애인' 또는 '국가유공자 등 예우 및 지원에 관한 법률' 제4조 및 제6조에 의해 등록이 되어 있는 자 중에서 장애인복지법에 의한 '장애의 정도가 심한 장애인' 기준에 상응하는 자
다. 2024학년도 수능에서 모집단위별 수능 응시영역기준을 충족한 자(음악대학 제외)

나. 북한이탈주민

가. 최근 9년 이내(지원서 접수 마감일 기준)에 입국한 북한이탈주민으로서 고등학교 졸업자(2024년 2월 졸업예정자 포함) 또는 법령에 의하여 이와 동등 이상의 학력이 있다고 인정된 자
나. 2024학년도 수능에서 모집단위별 수능 응시영역기준을 충족한 자(음악대학 제외)

② 전형방법

- 전형요소 및 배점

모집단위	서류평가	면접
의예과	60	40

2) 고려대학교[6]

■ 의과대학 모집인원(총 106명)은 아래와 같습니다.

모집단위	수시모집				정시모집			
	학생부교과	학생부종합			수능			
	학교추천전형	학업우수전형	계열적합전형	고른기회전형	일반전형	교과우수전형	농어촌전형	사회배려전형
의과대학	18	29	15	-	27	12	3	2

■ 수시모집 - 수능 최저학력기준

전형명		최저학력기준
학생부교과 (학교추천)	의과대학	국어, 수학, 영어, 과학탐구(2과목 평균) 4개 영역 등급의 합이 5 이내 및 한국사 4등급 이내
	※탐구영역은 반드시 2개 과목에 응시하고, 서로 다른 2개 분야에 응시하는 경우만 인정함 (동일 분야 "Ⅰ+Ⅱ"를 인정하지 않음)	
학생부종합 -학업우수형	의과대학	국어, 수학, 영어, 과학탐구(2과목 평균) 4개 영역 등급의 합이 5 이내 및 한국사 4등급 이내
	※탐구영역은 2개 과목 평균등급으로 반영며 직업탐구는 인정하지 않음 ※탐구영역은 2개 과목은 동일 분야 "Ⅰ+Ⅱ"를 인정하지 않음(예: 화학Ⅰ+화학Ⅱ)	

*국어 수학 선택과목

계열	선택과목
자연	국어(화법과 작문, 언어와 매체 중 택1), 수학(미적분, 기하 중 택 1)

---

6) 2024 고려대 모집요강

(1) 수시모집 : 학생부교과(학교추천)
① 지원자격

국내 고등학교 졸업(예정)자 중 학생부에 5학기 이상 교과 성적이 기재되어 있는 자로 출신 고등학교의 추천을 받은 자
1) 국내 고등학교는 고교졸업 학력 인정학교에 한함
2) 「초·중등교육법시행령」 제76조의3 고등학교 구분에 따른 특성화(전문계, 직업)고등학교 졸업예정자, 전문계 과정(일반고등학교, 종합고등학교 등) 이수자는 제외함
3) 5학기 이상 과목별 ① '원점수', ② '평균', ③ '석차등급' 또는 '성취도와 성취도별 분포비율'이 기재되어야 함
4) 고교별 최대 추천인원
가) 2023년 4월 1일자 학교알리미 공시자료를 기준으로 3학년 재적 학생 수의 4%까지 추천할 수 있음 (소수 첫째 자리에서 올림하여 계산함. 3학년 재적 학생이 24명 이하인 고교는 1명을 추천할 수 있음)
나) 계열별(인문·자연)로 지원인원을 제한하지 않음
※ 학교추천전형, 학업우수전형 간에는 복수지원 할 수 없음(2개 전형 중 1개만 선택 가능)

② 전형요소 및 평가방법
• 전형요소별 반영비율

구분	전형요소별 반영비율	비고
일괄합산	학생부(교과)80%+ 서류 20%	- 학생부(교과): 교과평균등급점수 반영 - 서류: 학생부 종합평가

• 교과평균등급점수 산출 방식

가) 학생부(교과) 반영 교과 및 비율

반영교과	학년별 반영비율		
	1학년	2학년	3학년
원점수, 평균, 표준편차, 석차등급이 기재된 모든 과목과 원점수, 평균, 성취도 및 성취도별 분포비율이 기재된 모든 교과	학년별 반영비율 없음		

나) 활용지표: 석차등급, 성취도 및 성취도별 학생 비율
다) 산출 방법:

① 교과평균등급 산출

$$\text{교과평균등급} = \frac{\sum (\text{과목별 석차등급 또는 변환석차등급}^{주1)} \times \text{이수단위})}{\sum \text{이수단위}}$$

주1) '성취도와 성취도별 분포비율'이 모두 기재된 과목의 변환석차등급 산출 방법

과목별 성취도	변환석차등급
A	1
B	'성취도 A의 비율'에 해당하는 석차등급* + (성취도 A의 비율 + 성취도 B의 비율) / 100
C	'성취도 A의 비율 + 성취도 B의 비율'에 해당하는 석차등급* + (성취도 A의 비율 + 성취도 B의 비율 + 성취도 C의 비율) / 100

★ 성취도 비율에 따른 석차등급 기준

비율(%)	0 ~ 4.0	4.1 ~ 11.0	11.1 ~ 23.0	23.1 ~ 40.0	40.1 ~ 60.0	60.1 ~ 77.0	77.1 ~ 89.0	89.1 ~ 96.0	96.1 ~ 100
석차등급	1	2	3	4	5	6	7	8	9

② 교과평균등급점수 산출

교과평균등급점수 = $(a_n - a_{n+1})(n+1-x) + a_{n+1}$

※ x = 상기 ①을 통해 산출한 교과평균등급
※ n = x보다 작거나 같은 가장 큰 자연수(n = 1, 2, 3, 4, 5, 6, 7, 8, 9)
※ a_n = n등급에 해당하는 등급별 반영점수[주2]

주2) 등급별 반영점수 기준

등급	1	2	3	4	5	6	7	8	9 이상
반영점수	100	98	94	86	70	55	40	20	0

(2) 수시모집: 학생부종합(학업우수전형)

① 지원자격

국내·외 정규 고등학교 졸업(예정)자 또는 관련 법령에 의하여 이와 동등 이상의 학력이 있다고 인정된 자
※ 학생부종합(일반전형-학업우수형), 학생부종합(학업우수형-사이버국방) 간에는 복수지원 할 수 없음

② 전형요소 및 평가방법

구분	전형요소별 반영비율	비고
1단계	서류 100%	- 모집인원의 5배수 내외 선발 - 서류: 학생부 종합평가
2단계	1단계 성적 70% + 면접 30%	- 면접: 제시문 기반 면접

(3) 수시모집: 학생부종합(계열적합전형)

① 지원자격

국내·외 정규 고등학교 졸업(예정)자 또는 관련 법령으로 이와 동등 이상의 학력이 있다고 인정된 자

② 전형요소 및 평가방법

• 전형요소별 반영비율

구분	전형요소별 반영비율	비고
1단계	서류 100%	- 모집인원의 5배수 선발 - 서류: 학생부 종합평가
2단계	1단계 성적 60% + 면접 40%	- 면접: 제시문 기반 면접

■ 수능 최저학력기준 : 해당 없음

(4) 수시모집: 학생부종합(고른기회전형)
① 지원자격

지원자격	
국가보훈대상자	국내·외 고등학교 졸업(예정)자 또는 관련 법령에 의하여 이와 동등 이상의 학력이 있다고 인정된 자로서 원서접수 마감일 기준으로 「국가보훈 기본법」 제3조제2호에 따른 '국가보훈대상자'이고 국가보훈 관계 법령에 따른 교육지원 대상에 해당하며, 보훈(지)청장이 발급하는 '대학입학특별전형대상자증명서'를 제출할 수 있는 자
농어촌학생	국내 고등학교 졸업(예정)자 중 「고등교육법 시행령」 제29조제2항14호'가'목에 해당하고, 출신 고등학교장의 '농어촌학생 확인서'를 받은 자로서 다음 지원자격 중 하나에 해당하는 자 ■ 농어촌지역* 소재 중학교 입학일부터 고등학교 졸업일까지 중·고 전 교육과정을 이수하고 해당 전 재학기간 동안 본인과 부모 모두가 농어촌지역*에 거주한 자 ■ 농어촌지역* 소재 초등학교 입학일부터 고등학교 졸업일까지 초·중·고 전 교육과정을 이수하고 해당 전 재학기간 동안 본인이 농어촌지역*에 거주한 자 ※ 특수목적고(과학고·외국어고·국제고·예술고·체육고·산업수요맞춤형고) 출신자와 고등학교 졸업학력 인정 검정고시 합격자는 지원자격이 없음 (고교 입학 시 고교유형에 따름) ★ 농어촌지역: 「지방자치법」 제3조에 의한 읍·면 지역 및 「도서·벽지 교육진흥법 시행규칙」 제2조에 따른 도서·벽지 지역
사회배려자	국내·외 고등학교 졸업(예정)자 또는 관련 법령에 의하여 이와 동등 이상의 학력이 있다고 인정된 자로서 원서접수 마감일 기준으로 「고등교육법 시행령」 제29조제2항 제14호'라'목에 해당하는 자 ■ 「국민기초생활 보장법」 제2조제1호(수급권자), 제2호(수급자) ■ 「국민기초생활 보장법」 제2조제10호(차상위계층)에 의한 대상자 ■ 「한부모가족지원법」 제5조 또는 제5조의2에 따른 대상자
자립지원대상아동	국내·외 고등학교 졸업(예정)자 또는 관련 법령에 의하여 이와 동등 이상의 학력이 있다고 인정된 자로서 원서 접수 마감일 기준으로 「아동복지법 시행령」 제38조제2항에 해당하는 자 ■ 가정위탁 보호 중인 자 ■ 아동복지시설에서 보호 중인 자 ■ 「아동복지법」 제16조에 따라 보호조치가 종료되거나 해당 시설에서 퇴소한 지 5년이 지나지 아니한 자

② 수능 최저학력기준: 해당 없음

③ 전형요소 및 반영비율

구분	전형요소별 반영비율	비고
1단계	서류 100%	모집단위별 모집인원의 3배수 선발 서류: 학생부 종합평가
2단계	1단계 성적 70% + 면접 30%	면접: 제시문 기반 면접

(5) 정시모집: 수능(일반전형)

① 지원자격

국내·외 정규 고등학교 졸업(예정)자 또는 관련 법령에 의하여 이와 동등 이상의 학력이 있다고 인정된 자 중 지원한 모집단위에서 지정한 수능 영역에 응시한 자

② 전형요소 및 평가방법

모집단위	전형요소별 반영비율			합계
	수능	실기	면접	
의과대학	100%	-	적성·인성 면접	100%

※ 의학을 전공하는 데 필요한 자질, 인성, 적성 등을 평가하며 별도의 배점이 없음

■ 수능 반영영역 및 반영방법

• 반영영역 및 점수

모집단위	국어	수학	탐구 과학	영어	한국사
의과대학	200	240	200	등급별 감점적용	등급별 가산점부여

• 영어영역 등급별 점수

등급	1	2	3	4	5	6	7	8	9
감점	0	3	6	9	12	15	18	21	24

• 한국사영역 등급별 점수

등급	1	2	3	4	5	6	7	8	9
가산점	10	10	10	10	9.8	9.6	9.4	9.2	8.0

3) 연세대학교[7]

■ 의과대학 모집인원은 아래와 같습니다.

모집 단위	수시(정원 내)			수시(정원 외)		정시 (정원 내)	정시 (정원 외)		
	학생부 교과전형	학생부종합전형		고른기회전형		일반 전형	고른기회전형		
	추천형	활동 우수형	기회 균형 I	농어촌 학생	특수교육		연세한 마음	농어촌 학생	특성화 고졸
의예과	18	42	3	-	○	47	1	1	-

(1) 수시모집: 학생부교과전형: 추천형(정원 내)

① 지원자격

- 국내 고등학교 3학년 재학생으로 2024년 2월 졸업예정이며, 소속 고등학교장의 추천을 받은 자로서 다음 자격을 모두 만족하는 자
- 고등학교별 추천인원은 학교별 최대 10명이며, 추천방법은 추후 발표하는 수시모집요강 참조
1) 고교 전 교육과정을 국내 고교에서 이수하여야 함
2) 특성화고/ 마이스터고 과정 이수자 (일반고등학교와 종합고등학교의 직업과정 이수자 포함), 영재학교, 검정고시 출신자는 제외함
3) 지원자는 고교과정 중 다음의 최소 이수 과목 요건을 충족하여야함

과목	교과 이수 요건	최소 이수 과목 수
공통과목	- 국어, 수학, 영어, 사회, 과학 교과영역에서 각 교과 당 1과목 이상 이수 - 해당 이수과목은 원점수, 평균, 표준편차, 석차등급이 기재되어야함	5과목
일반선택과목	- 국어, 수학, 영어, 사회, 과학 교과영역에서 5과목 이상 이수 - 해당 이수과목은 원점수, 평균, 표준편차, 석차등급이 기재되어야 함	5과목
진로선택과목	- 국어, 수학, 영어, 사회, 과학 교과영역에서 1과목 이상 이수	1과목

② 전형요소 및 반영비율: 단계별 전형

단계	학생부교과	면접평가	내용
1단계	100%	-	모집단위별 모집인원의 5배수를 2단계 평가 대상자로 선발함
2단계	70%	30%	제시문 기반 면접(세부 내용은 추후 수시모집 요강 참조)

③ 대학수학능력시험 최저학력기준: 없음

④ 학교생활기록부교과영역 반영방법: 전 과목 반영

구분	반영 교과	배점
반영과목 A	국어, 수학, 영어, 사회(한국사, 역사, 도덕 포함), 과학	100점
반영과목 B	국어, 수학, 영어, 사회(한국사, 역사, 도덕 포함), 과학 제외 기타 과목	최대 5점 감점

---

7) 2024 연세대 모집요강

- **반영방법**
- 반영과목 A는 공통과목(30%), 일반선택과목(50%), 진로선택과목(20%)의 비율로 반영하며 학년별 비율은 적용하지 않음
- 반영과목 A의 공통과목과 일반선택과목은 원점수, 평균, 표준편차를 활용한 Z점수(50%)와 석차등급을 활용한 등급점수(50%)를 교과 이수단위 가중 평균하여 반영함
- 반영과목 A의 진로선택과목(전문교과 포함)은 3단계 평가 A/B/C를 기준으로 A=20, B=15, C=10로 계산함(5단계 평가의 경우 A/B → A, C/D → B, E → C로 계산함)
- 반영과목 A의 등급점수는 다음과 같이 환산하여 적용함

교과등급	1등급	2등급	3등급	4등급	5등급	6등급	7등급	8등급	9등급
반영점수	100	95	87.5	75	60	40	25	12.5	5

- 반영과목 B는 석차등급 9등급 또는 성취도 C(A/B/C 기준)인 경우에 한하여 이수단위를 기준으로 최대 5점까지 감점함
-

- **자세한 산출 방법은 추후 발표하는 수시모집요강 참조**

(2) 수시모집: 학생부종합전형 (활동우수형)

① 지원자격

-학생부종합(국제형)은 국내고와 해외고/검정고시 출신자로 구분하여 선발함

구분	지원자격
활동우수형	국내외 고등학교 졸업자(2024년 2월 졸업예정자 포함) 또는 법령에 의하여 고등학교 졸업 이상의 학력이 있다고 인정된 자(고등학교 졸업학력 검정고시 합격자 포함)

② 전형요소 및 반영비율: 단계별 전형

단계	서류평가	면접평가	내용
1단계	100%	-	- 제출한 서류를 종합적으로 평가함 - 모집인원의 일정배수를 2단계 평가 대상자로 선발함 - 인문·통합 (생활과학대학·간호대학 모집단위)·국제계열 3배수, 자연계열 4배수
2단계	60%	40%	- 제시문 기반 면접 - 국제형에 한하여 제시문이 영어로 출제될 수 있음 ※ 세부내용은 추후 수시모집 요강 참조

③ 대학수학능력시험 최저학력기준

전형명	계열	국어, 수학, 탐구 2과목(사회탐구/과학탐구)	영어	한국사
활동 우수형	의예·치의예·약학	1등급 2개 이상 (국어, 수학 중 1개 과목 포함)	3등급 이내	4등급 이내

[자연(의예·치의예·약학 포함)] 수학: 공통+선택(미적분, 기하 중 택 1), 탐구: 과학탐구만 반영

(3) 수시모집: 학생부종합전형(기회균형Ⅰ)
① 지원자격

• 국내·외 고등학교 졸업자(2024년 2월 졸업예정자 포함) 또는 법령에 의하여 고등학교 졸업 이상의 학력이 있다고 인정된 자
(고등학교 졸업학력 검정고시 합격자 포함)로서 다음의 지원자격 중 하나의 자격을 갖춘 자
※ 단, 농어촌학생의 경우 국내 정규 고등학교 졸업자 또는 졸업예정자에 한함

구분	지원자격
기회균형Ⅰ	- 국가보훈대상자:「국가보훈 기본법」제3조 제2호에 따른 '국가보훈대상자'로서 국가보훈 관계 법령에 따른 교육지원 대상자 - 기초생활수급자:「국민기초생활 보장법」제2조 제1호(수급권자), 제2호(수급자)에 의한 대상자 - 차상위계층:「국민기초생활 보장법」제10호(차상위계층) 중 복지급여를 받고 있는 가구의 세대 구성원 또는 차상위계층 확인서 발급 대상 가구의 세대 구성원 - 한부모가족:「한부모가족지원법」제5조 또는 제5조의 2에 따른 지원 대상 가구의 세대 구성원 - 농어촌학생: 고른기회전형(농어촌학생) 지원자격을 충족한 자 ※ 영재학교, 특목고, 특성화고(일반고등학교와 종합고등학교의 직업과정 이수자 포함)/마이스터고 등에서 재학한 사실이 있는 자는 기회균형(농어촌학생)으로 지원할 수 없음

② 전형요소 및 반영비율: 단계별 전형

단계	서류평가	면접평가	내용
1단계	100%	-	- 제출한 서류를 종합적으로 평가함 - 모집인원의 일정배수를 2단계 평가 대상자로 선발함
2단계	60%	40%	- 제시문 기반 면접 ※ 세부내용은 추후 수시모집 요강 참조

③ 대학수학능력시험 최저학력기준: 적용하지 않음

(4) 수시모집: 학생부종합전형 (특수교육대상자전형)
① 지원자격

구분	지원자격
특수교육대상자	국내·외 고등학교 졸업자(2024년 2월 졸업예정자 포함) 또는 법령에 의하여 고등학교 졸업 이상의 학력이 있다고 인정된 자(고등학교 졸업학력 검정고시 합격자 포함)로서 다음 중 하나에 해당하는 자 -「장애인복지법」제32조에 의하여 장애인 등록을 필한 장애정도가 심한 장애인 -「국가유공자 등 예우 및 지원에 관한 법률」제4조 등에 의한 상이등급자로 등록(1급부터 6급까지만 인정)되어 있는 자

② 전형요소 및 반영비율: 서류평가 100% (제출한 서류를 종합적으로 평가함)

③ 대학수학능력시험 최저학력기준: 적용하지 않음

(5) 정시모집: 일반전형(정원 내)

① 정시모집 모집군: 가군

② 지원자격 및 대학수학능력시험 필수 응시영역

국내외 고등학교 졸업자(2024년 2월 졸업예정자 포함) 또는 법령에 의하여 고등학교 졸업 이상의 학력이 있다고 인정된 자(고등학교 졸업학력 검정고시 합격자 포함)로서 본교 수능 응시조건을 충족한 자

계열	필수 응시영역	비고
자연 (의예/치의예/ 약학 포함)	국어, 수학, 영어, 과학탐구, 한국사	- 수학: 공통 + 선택(미적분, 기하 중 택 1) - 과학탐구: 물리학, 화학, 생명과학, 지구과학 중 서로 다른 두 과목 선택 (Ⅰ·Ⅱ 구분 없음)

③ 전형요소 및 반영점수

계열 /모집단위	구분	대학수학능력시험		운동실기		음악 실기	면접	총점
		한국사	한국사 이외 과목	기본 운동능력	선택 실기능력			
의예	단계전형	10	900	-	-	-	100	1,010

④ 전형방법

계열	모집단위	단계	수능	면접	비고
자연	의예과	1단계	910	-	- 수능 100% - 모집인원의 2.5배수를 2단계 평가 대상자로 선발함
		2단계	910	100	- 제시문 기반 면접 및 인·적성 면접 ※ 세부내용은 추후 정시모집 요강 참조

(6) 정시모집: 고른기회전형: 연세한마음, 농어촌학생(정원 외)_ 가군

① 지원자격

구분	지원자격
연세 한마음학생	- 국내·외 고등학교 졸업자(2024년 2월 졸업예정자 포함) 또는 법령에 의하여 고등학교 졸업 이상의 학력이 있다고 인정된 자(고등학교 졸업학력 검정고시 합격자 포함)로서 「국민기초생활 보장법」 제2조 제1호(수급권자), 제2호(수급자)에 의한 대상자

농어촌학생	- 국내 고등학교 졸업자(2024년 2월 졸업예정자 포함)로서 다음 중 하나에 해당하는 자 ▶ 초·중·고교 전과정 농어촌 이수자:「지방자치법」제3조에 의한 읍·면(광역시, 도, 도·농 통합시의 관할구역 안에 두는 읍·면) 또는「도서·벽지 교육진흥법 시행규칙」제2조에 따른 도서·벽지 소재 초·중·고등학교에 입학하여 전 교육과정을 이수한 졸업(예정)자로서, 초·중·고등학교 재학 기간 중 읍·면·도서·벽지 지역에서 거주한 자(고교졸업 시까지 농어촌 거주요건을 충족시켜야 함) ▶ 중·고교 전과정 농어촌 이수자:「지방자치법」제3조에 의한 읍·면(광역시, 도, 도·농 통합시의 관할구역 안에 두는 읍·면) 또는「도서·벽지 교육진흥법 시행규칙」제2조에 따른 도서·벽지 소재 중·고등학교에 입학하여 전 교육과정을 이수한 졸업(예정)자로서, 중·고등학교 재학 기간 중 본인과 부·모 모두가 읍·면·도서·벽지 지역에서 거주한 자(고교졸업 시까지 농어촌 거주요건을 충족시켜야 함) ※ 영재학교, 특목고, 특성화고 등에서 재학한 사실이 있는 자는 농어촌 학생으로 지원할 수 없음

② 전형요소 및 반영점수 : 일반전형과 의예과와 동일함

③ 대학수학능력시험 반영점수 산출방법

계열/모집단위	대학수학능력시험					
	국어	수학	영어	탐구		반영 성적
				사회 또는 과학	과 학	
인문	200	200	100	100ⓐ	-	1,000(총점×1,000/600)
자연		300ⓑ		-	300ⓒ	1,000(총점×1,000/900)
자연(의예)		300ⓑ		-	300ⓒ	900
국제		200		100ⓐ	-	900(총점×900/600)
체육교육학과 스포츠응용산업학과		200		100ⓐ	-	850(총점×850/600)
예능계열		-		-	-	300

ⓐ 인문, 국제, 체능계열의 탐구영역은 두 과목 표준점수 총점 200점에 1/2을 곱하여 100점 만점으로 반영함
ⓑ 자연계열(의예 포함)의 수학은 표준점수 200점에 3/2을 곱하여 300점 만점으로 반영함
ⓒ 자연계열(의예 포함)의 과학탐구 영역은 두 과목의 표준점수 총점 200점에 3/2을 곱하여 300점 만점으로 반영함
※ 대학수학능력시험은 표준점수를 사용하여 반영함. 다만, 수능 영역 및 유형별 점수 보정이 필요한 경우에 한하여 대학수학능력시험 성적표 상의 백분위를 활용하여 우리대학교가 자체적으로 산출한 변환점수를 반영함
※ 영어와 한국사는 등급에 대하여 다음의 등급별 점수 또는 등급별 가산점을 반영함
 - 영어

영어등급	1등급	2등급	3등급	4등급	5등급	6등급	7등급	8등급	9등급
반영점수	100	95	87.5	75	60	40	25	12.5	5

- 한국사

한국사등급	1등급	2등급	3등급	4등급	5등급	6등급	7등급	8등급	9등급
반영점수	10	10	10	10	9.8	9.6	9.4	9.2	9.0

4) 경희대학교[8]

■ 의과대학 모집인원은 아래와 같습니다.

대학	모집 단위	수시			정시(나군)	
		학생부종합	학생부교과	논술	수능위주	고른기회전형
		학생부종합 (네오르네상스 전형)	지역균형전형	논술우수자 전형	정원 내	농어촌
의과대학	의예과	33	18	15	44	1

(1) 수시모집: 학생부종합(네오르네상스전형)
① 지원 자격

고등학교 졸업(예정)자 또는 법령에 따라 이와 같은 수준 이상의 학력이 있다고 인정되는 자로서, 본교의 인재상인 '문화인', '세계인', '창조인' 중 하나에 해당해야 함.
① 문화인: 문화·예술적 소양을 바탕으로 다양한 공동체 안에서 삶을 완성해 나가는 책임 있는 교양인으로 성장할 잠재력을 갖춘 자.
② 세계인: 외국어능력을 바탕으로 지구적 차원에서 타인과 함께 평화를 추구하는 세계 시민으로 성장할 잠재력을 갖춘 자.
③ 창조인: 수학과 과학에 대한 재능과 탐구력을 바탕으로 학문간 경계를 가로지르며 융·복합 분야를 개척하는 전문인으로 성장할 잠재력을 갖춘 자.

② 전형요소 및 반영 비율

- 1단계는 서류평가 성적으로 모집인원의 3배수 내외를 선발하며, 2단계는 1단계 성적과 면접평가 성적을 합산하여 총점 순으로 선발합니다.
- 2단계 면접평가는 개인당 8분 내외(단, 의·약학계열은 18분 내외)로 진행됩니다.
- 공통서류를 기한 내에 미제출하거나 면접평가에 불참한 경우, 입학전형 대상에서 제외됩니다.
- 전형자료 허위 내용 확인 시 입학 전·후를 막론하고 본교 서류적절성 심의위원회의 심의를 거쳐 전형에서 제외하거나, 합격 또는 입학을 취소합니다.

---

8) 2024 경희대 모집요강

- 자기소개서의 대필·허위 작성 확인 시 입학 전·후를 막론하고 본교 서류적절성 심의위원회의 심의를 거쳐 전형에서 제외하거나, 합격 또는 입학을 취소합니다.
- 학교생활기록부에 미기재된 사항이 있을 경우, 확인을 위하여 추가 서류 제출을 요구할 수 있습니다.

사정방법	단계	선발비율	구분	전형 요소별 반영 비율		계
				서류평가 성적	면접평가 성적	
다단계	1단계	300% 내외	비율	100%	-	100%
			배점	700점	-	700점
	2단계	100%	비율	70%	30%	100%
			배점	700점	300점	1,000점

③ 제출서류: 학교생활기록부(공통)

(2) 수시모집: 학생부교과(지역균형전형)
① 지원자격

국내 고등학교 졸업예정자로서 3개 학기 이상의 교과 성적이 있는 학생으로 아래 본교 인재상 ①~④ 중 하나에 부합하여 학교장이 지정 기간 내에 추천한 학생이어야 합니다.
① 문화인재: 풍부한 독서와 교과 외 활동을 통한 입체적 사유능력, 토론 및 글쓰기 능력, 문화·예술적 소양을 고루 갖춘 학생
② 글로벌인재: 외국어 능력, 세계 문제에 대한 관심과 활동 등을 기반으로 '지속가능하고 공평한 세계'를 만드는 데 기여하고자 하는 학생
③ 리더십인재: 전교학생(부)회장, 학급(부)회장, 동아리(부)회장 등 리더십 활동, 팀워크에 기반한 사회 현장 활동을 통해 '더 나은 사회(공동체)' 건설에 헌신하고자 하는 학생
④ 과학인재: 주제탐구, 과제연구, 탐험, 발명, 창업 등 창의적 도전정신과 과학적 사고력이 남다른 학생
※ 추천 인원: 2022년 4월 1일 기준, 고등학교 3학년 재학 인원의 5% 이내(소수점 첫째 자리에서 버림하여 계산)
※ 초·중등교육법 시행령 제76조의3에서 정하는 고등학교에 한해 지원자격 인정[영재학교, 각종학교(학력인정 평생교육시설, 대안학교 등), 방송통신고, 산업체부설고, 고등기술학교는 제외]

② 전형요소 및 반영비율
- 대학수학능력시험 최저학력기준을 충족한 지원자 중 학교생활기록부 교과 및 비교과(출결·봉사) 영역 성적과 교과종합평가 성적을 합산하여 총점 순으로 선발합니다.
- 공통서류를 기한 내에 미제출한 경우, 입학전형 대상에서 제외됩니다.
- 학생부교과전형 교과종합평가는 <수시 학생부위주전형 전형 요소별 평가 방법> 참고.
- 학교생활기록부 반영 방법은 <학교생활기록부 성적 반영 방법>을 참고하기 바랍니다.

사정 방법	구분	전형 요소별 반영 비율		계
		학교생활기록부 교과,비교과(출결·봉사) 성적	교과종합평가	
일괄합산	비율	70%	30%	100%
	배점	700점	300점	1,000점

③ 최저학력기준

※ 2024학년도 수시모집 최저학력기준은 2023년 11월에 실시되는 대학수학능력시험 성적을 활용합니다

계열/모집단위	대학수학능력시험 최저학력기준
한의예과(인문)	국어, 수학(확률과 통계), 영어, 사회탐구(1과목) 중 3개 영역등급의 합이 4 이내이고, 한국사 5등급 이내
의예과·한의예과(자연)·치의예과·약학과	국어, 수학(미적분/기하), 영어, 과학탐구(1과목) 중 3개 영역 등급의 합이 4 이내이고, 한국사 5등급 이내

※ 한의예과(인문) 수학은 확률과 통계, 탐구는 사회탐구를 반영합니다.
※ 자연 및 의·약학 계열 수학은 미적분, 기하 중 1개 과목, 탐구는 과학탐구를 반영합니다.
※ 탐구영역은 상단 계열/모집단위 지정 탐구영역 중 상위 1개 과목을 반영합니다.
※ 한국사는 본교의 대학수학능력시험 최저학력기준 충족조건과 상관없이 필수 응시해야하는 과목입니다.

④ 제출서류: 학교생활기록부 (공통)

(3) 수시모집: 논술(논술우수자전형)
① 지원자격

고등학교 졸업(예정)자 또는 법령에 따라 이와 같은 수준 이상의 학력이 있다고 인정되는 자

② 전형요소 및 반영비율

• 대학수학능력시험 최적학력기준을 충족한 지원자 중 논술고사 성적과 학교생활기록부 교과 및 비교과(출결·봉사) 영역 성적을 합산하여 총점 순으로 선발합니다.

사정 방법	구분	전형 요소별 반영 비율		계
		논술고사 성적	학교생활기록부 교과·비교과 성적	
일괄 합산	비율	70%	30%	100%
	배점	700점	300점	1,000점

③ 수능 최저학력기준

계열/모집단위	대학수학능력시험 최저학력기준
한의예과(인문)	국어, 수학(확률과 통계), 영어, 사회탐구(1과목) 중 3개 영역 등급의 합이 4 이내이고, 한국사 5등급 이내
의예과·한의예과(자연)·치의예과·약학과	국어, 수학(미적분/기하), 영어, 과학탐구(1과목) 중 3개 영역 등급의 합이 4 이내이고, 한국사 5등급 이내

※ 한의예과(인문) 수학은 확률과 통계, 탐구는 사회탐구를 반영합니다.
※ 의·약학 계열 수학은 미적분, 기하 중 1개 과목, 탐구는 과학탐구를 반영합니다.
※ 탐구영역은 상단 계열/모집단위 지정 탐구 영역 중 상위 1개 과목을 반영합니다.
※ 한국사는 본교의 대학수학능력시험 최저학력기준 충족조건과 상관없이 필수 응시해야 하는 과목입니다.

④ 논술고사

※ 고등학교 교과과정에서 출제되며, 고등학교 교육과정을 충실히 이수한 학생이라면 쉽게 접근할 수 있는 수준입니다.

※ 단순 암기나 전문 지식이 아닌 논리적인 사고력을 평가합니다.

※ 기출 논술문제, 예시답안, 채점기준과 논술특강 동영상은 본교 입학처 홈페이지(iphak.khu.ac.kr)에 항시 공개됩니다.

※ 세부내용은 추후 변경될 수 있으므로, 최종 확정 내용은 2024학년도 원서접수 이전에 본교 입학처 홈페이지 (iphak.khu.ac.kr)에서 모집요강 등을 통해 반드시 확인하기 바랍니다

구분	자연계열(의·약학계)
문항 수	- 수학, 과학 각 4문항 내외
형식	- 문항별 지정된 답안란에 작성(노트형식)
시간	- 120분
특징	- 수리논술, 과학논술 출제 - 수학은 필수 - 과학은 물리학, 화학, 생명과학 중 1과목 선택

(4) 정시모집: 수능「나」군

① 지원자격

가. 수능위주

고등학교 졸업(예정)자 또는 법령에 따라 이와 같은 수준 이상의 학력이 있다고 인정되는 자

　※ 2024학년도 대학수학능력시험에서 지원 모집단위별 수능 반영영역을 응시해야함

나. 고른기회전형-농·어촌학생

국내고등학교 졸업예정자로서 아래의 <유형 1>과 <유형2> 중 하나에 해당해야 합니다.

※ 단, 농어촌지역(읍 또는 면) 또는 도서·벽지 소재 특수목적고 중 과학고등학교, 외국어고등학교, 국제고등학교, 예술고등학교, 체육고등학교와 자율형사립고등학교 졸업(예정)자는 지원대상에서 제외합니다.

※ 입학부터 졸업까지 해당 조건을 충족시켜야 하며, 2개 이상의 학교에서 재학한 경우 재학 고교 모두가 반드시 고교유형 조건을 충족시켜야 합니다.

※ 고교 유형이 재학 중에 변경된 경우, 입학 또는 전입 당시의 고교 유형을 기준으로 합니다.

※ 지원자격은 연속된 연수만을 인정합니다.

유형1	- 아래의 1~2를 모두 충족하는 자 1. 농어촌지역(읍 또는 면) 또는 도서벽지에 소재하는 국내 중학교 입학부터 고등학교 졸업까지 재학한 자 2. 국내 중학교 입학부터 고등학교 졸업까지 본인 및 부모 모두가 농어촌지역(읍 또는 면) 또는 도서벽지에서 거주한 자
유형2	- 아래의 1~2를 모두 충족하는 자 1. 농어촌지역(읍 또는 면) 또는 도서벽지에 소재하는 국내 초등학교 입학부터 고등학교 졸업까지 재학한자 2. 국내 초등학교 입학부터 고등학교 졸업까지 본인이 농어촌지역(읍 또는 면) 또는 도서벽지에서 거주한 자

※ 농어촌 지역(읍 또는 면)의 의미: 군 지역과 시 지역 중 읍면 지역을 의미합니다.
※ 재학 기간 중, 행정구역이 읍 또는 면에서 동으로 변경된 경우의 처리
  - 지원자격 인정: 고등학교(중학교, 초등학교) 재학 중 행적구역 개편 등으로 주소지/재학 학교 소재지가 읍 또는 면에서 동으로 변경된 경우, 해당 학교에 재학하는 기간 동안에만 지원자격 인정(해당 주소지에 계속 거주하면서 전학 또는 상급학교로 진학하는 경우에는 지원자격 불인정)
  - 지원자격 미인정: 초등학교 또는 중학교, 고등학교 재학 중 행정구역 개편 등으로 읍 또는 면에서 동으로 변경된 지역에 계속 거주하면서 전학 또는 상급학교(중학교, 고등학교)로 진학한 경우 지원자격 미인정
※ 도서 벽지의 의미: 도서벽지 교육진흥법 시행규칙 제2조에 해당하는 지역을 의미합니다.
※ 본인 및 부모 모두가 농어촌지역 또는 도서벽지에서 거주함의 의미: 국내 중학교 입학부터 고등학교 졸업까지 지원자 및 부모 모두가 농어촌지역 또는 도서 벽지에서 거주함을 의미합니다. 단, 부모가 이혼한 경우, 이혼 시점부터 졸업까지 부모 중 1인(지원자와 부모의 거주지가 모두 다른 경우, 친권자 기준)과 농어촌지역 또는 도서 벽지에서 거주한 경우도 인정합니다.
※ 2개 이상의 학교에서 재학한 경우 해당 학교 모두가 반드시 읍면 또는 도서벽지에 소재해야 하되, 동일한 지역이 아니어도 무방합니다.
※ <대학입학전형 기본사항>에 의거, 거주지에서 직장소재지까지 부모의 출퇴근 가능 여부를 파악하며, 이는 서류평가에 반영될 수 있습니다

② 전형요소 및 반영비율

사정 방법	구분	전형 요소별 반영 비율	계
		대학수학능력시험	
일괄 합산	비율	100%	100%
	배점	800점	800점

③ 수능최저학력기준: 없음

5) 한양대학교[9]

▪ 의과대학 모집인원은 아래와 같습니다.

대학	모집단위	수시			정시
		학생부종합 (일반)	학생부종합 (고른기회)	논술(논술)	수능(가군)
의과대학	의예과	39	3	-	68

---

9) 2024 한양대 모집요강

(1) 수시모집: 학생부종합(일반전형)

  ① 지원자격

2022년 2월 이후(2021년 2월 졸업자 포함) 국내 정규 고교 졸업(예정)자

  ② 제출서류: 학교생활기록부

  ③ 전형방법: 학생부종합평가 100%

   가. 반영방법

   ① 고교 교육과정의 충실한 이수 및 종합성취도, 핵심역량 등을 종합적으로 평가

   ② 평가항목

평가요소			평가내용	주요 평가영역
종합성취도			학생부에 드러난 학업관련 기록을 통하여 종합적인 성취를 평가 - 학생부 교과등급을 정량적으로 평가하는 것이 아님 - 학습과정에서 확인되는 종합적인 성취를 정성평가	● 창의적 체험활동상황 ● 세부능력 및 특기사항 ● 행동특성 및 종합의견
※ 종합성취도란? - 단순하게 교과 성적을 정량적으로 수치화하여 반영하는 개념의 지표가 아니며, 학생부에 드러난 학업관련 기록을 통하여 종합적인 성취도를 판단하는 개념임 - 따라서 '종합성취도 평가'란 학생이 이수한 과목과 과목의 성취도(원점수/평균/표준편차), 창의적 체험활동상황, 세부능력 및 특기사항 등 학생부에 기록된 모든 내용을 토대로 학생의 교육여건과 교육과정을 고려하여 종합·연계적으로 고등학교 3년 동안의 성취를 정성적으로 평가하는 것을 의미함				- 주요 평가 영역: 학생부 종합평가 시 중점적으로 확인 및 평가되는 항목 - 주요 평가영역을 제외한 기타 학생부영역 또한 종합평가 시 참고자료로 활용됨
4대 핵심 역량	학업역량 (적성)	비판적 사고역량	성실하고 충실한 고교생활에서 확인할 수 있는 4대 핵심역량 검증을 통해 학업역량과 인성 및 성장 잠재력을 종합적으로 평가 - 교육여건, 학습과정 등을 고려하여 평가 - 학교생활을 통해 성장하는 학생의 모습을 평가	
		창의적 사고역량		
	인성 및 잠재성	자기주도 역량		
		소통협업 역량		

③ 평가절차

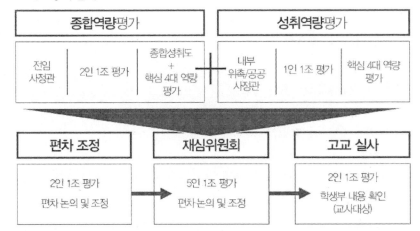

※ 학생부종합(일반)전형 외 전형에서는 종합역량평가 중심의 평가가 이뤄짐
※ 각 전형에 대한 절차는 모집요강을 통해 공개 예정

① 종합역량평가: 전임사정관(2인 1조)이 상호 독립적으로 평가함. 종합성취도와 4대 핵심역량을 중심으로 고교환경을 기반한 지원자 활동 전반에 대한 성취 및 노력을 평가함
② 성취역량평가: 위촉/공공사정관(1인 1조)이 평가함. 4대 핵심역량을 중심으로 지원자의 전공 및 학업관련 성취에 대한 평가를 진행함
③ 편차 조정: 평가 간 점수 차이가 발생한 지원자에 대해 논의하고 조율하는 재평가를 실시함
④ 편차 조정에 실패할 경우 전임사정관 5인으로 구성된 재심위원회를 개최하여 점수 차이에 대해 논의하고 조율함
⑤ 평가과정에서 학생부 기재사항 중 사실 확인이 필요하다고 판단되는 경우, 2인 1조의 전임사정관이 고교를 방문하여 작성교사와 면담 후 학생부 내용을 확인함

나. 학생부 없는 자 학생부종합평가 반영방법
　① 학생부종합(일반, 고른기회, 특성화고졸재직자 정원 내/외) 전형
　　: 학생부 없는 자 지원불가
　　※ 단, 학생부종합(고른기회) 전형 내 "기초생활수급자 및 차상위계층", "특수교육대상자" 지원자 중 학생부 없는 자는 학교생활기록부 대체 서식으로 학생부를 대체하여 지원 가능

(2) 수시모집: 학생부종합(고른기회전형)
　① 지원자격

구분	자격요건
기초생활수급자 및	국내 정규 고교 졸업(예정)자 및 동등의 학력 소지자로서 아래 자격요건(①~③) 중 하나를 충족하는 자

차상위계층	① 국민기초생활보장법 제2조 제1호(제2호)에 따른 수급(권)자 가구의 학생 ※ 시.군.구청장 또는 읍.면.동 주민센터장이 발급하는 기초생활수급증명서 제출 가능자 ② 국민기초생활보장법 제2조 제10호에 따른 차상위계층 중 복지급여(차상위 자활급여, 차상위 장애수당, 차상위 장애인연금부가급여, 차상위 본인부담경감)를 받고 있는 가구학생 또는 차상위계층 확인서 발급 대상 가구 학생 ※ 시.군.구청장 또는 읍.면.동 주민센터장이 발급하는 차상위계층 확인서 제출 가능자 ③ 한부모가족지원법 제5조 및 제5조 2에 따른 지원대상 가구 학생 ※ 시.군.구청장 또는 읍.면.동 주민센터장이 발급하는 한부모가족증명서 제출 가능자
국가보훈대상자	2022년 2월 이후(2021년 2월 졸업자 포함) 국내 정규 고교 졸업(예정)자로서 아래 자격요건(④)을 충족하는 자 ④ 「국가보훈기본법」 제3조 제2호에 따른 '국가보훈대상자'로서 국가보훈 관계 법령에 따른 교육지원대상자 ※ 지역별 보훈(지)청장이 발급하는 대학입학특별전형대상자증명서 제출 가능자
농어촌학생	2022년 2월 이후(2021년 2월 졸업자 포함) 국내 정규 고교 졸업(예정)자로서 아래 자격요건(⑤~⑥) 중 하나를 충족하는 자

농어촌학생	⑤ 농어촌 지역 중·고등학교 6년 이수자	중학교 입학일부터 고등학교 졸업(예정)일까지 농·어촌(읍·면) 또는 도서·벽지 지역의 중·고등학교에서 전 교육과정을 이수(예정)한 졸업(예정)자로서 중·고등학교 재학기간 동안 본인, 부, 모 모두가 농·어촌(읍·면) 또는 도서·벽지 지역에서 실제로 거주한 자
	⑥ 농어촌 지역 초·중·고등학교 12년 이수자	초등학교 입학일부터 고등학교 졸업(예정)일까지 농·어촌(읍·면) 또는 도서·벽지 지역의 초·중·고등학교에서 전교육과정을 이수(예정)한 졸업(예정)자로서 초·중·고등학교 재학기간 동안 본인이 농·어촌(읍·면) 또는 도서·벽지 지역에서 실제로 거주한 자

특성화고교 졸업자	2022년 2월 이후(2022년 2월 졸업자 포함) 국내 정규 고교 졸업(예정)자로서 아래 자격요건(⑦~⑧) 중 하나를 충족하는 자 ⑦ 초·중등교육법 시행령 제91조 제1항에 따른 특성화고등학교에서 입학 후 전 교육과정을 이수(예정)하고 본교의 모집단위와 동일한 계열의 기준학과를 졸업(예정)한 자 ⑧ 초·중등교육법 시행령 제91조 제1항에 따른 특성화고등학교에서 입학 후 전 교육과정을 이수(예정)하고 졸업(예정)한 자로서 본교의 모집단위와 동일한 계열의 전문교과를 30단위 이상 이수한 자 ※ 동일계열 및 기준학과 : 추후 수시모집요강 참조 ※ 특성화고등학교 범위 : 특성화고와 같은 교육과정을 운영하는 학과가 있는 종합고 포함 (종합고 보통과[일반고 교육과정 이수자], 마이스터고, 대안교육 특성화고는 지원불가)
특수교육대상자	국내 정규 고교 졸업(예정)자 및 동등의 학력 소지자로서 아래 자격요건(⑨~

	⑩) 중 하나를 충족하는 자
	⑨ 장애인복지법 제32조에 의하여 장애인 등록(중증장애인에 한함)이 되어 있는 자로서 장애인 등에 대한 특수교육법 제15조 및 동법 시행령 제10조의 선정기준에 의한 자
	⑩ 기타 장애인복지법에 이중 등록되지 않는 국가유공자 등 예우 및 지원에 관한 법률 제4조 등에 의한 상이 등급자 본인(국가보훈처 등록)

② 제출서류: 학교생활기록부, 학력증명서(해당자), 지원자격 증빙서류

③ 전형방법: 학생부종합평가 100% (수시모집 학생부 종합전형 ③전형방법 참고)

④ 기타: 지원자격 구분별 선발인원 배정 없음

(3) 정시모집: 수능(가군)
① 지원자격
-국내 정규 고교 졸업(예정)자 또는 동등의 학력 소지자로서 2024학년도 대학수학능력시험에서 본교 계열별 필수 응시영역을 응시한 자

② 제출서류: 없음

③ 전형요소 및 반영비율: 수능 100%

④ 수능 반영영역(필수 응시영역)

계열/학과	수능 반영영역
자연	국어, **수학(기하 또는 미적분)**, 영어, **과탐(2과목)**

⑤ 수능 반영방법
가. 점수 활용지표: 표준점수, 백분위(탐구영역은 대학 자체 변환표준점수 반영), 등급(영어)

나. 영역별 반영비율(%)

계열/학과	국어	수학	영어	탐구		
				사탐	과탐	반영 과목수
자연	20	35	10	-	35	2

다. 유의사항
1) 계열별로 지정된 수능 반영영역과 유형에 반드시 응시해야 함
2) 자연계열

- 수학: 기하 또는 미적분 중 선택
- 과학탐구 2과목 필수 응시
- 과학II 과목에 변환표준점수의 3%를 가산점으로 부여
5) 한국사: 모든 계열/학과의 필수응시 영역이며, 자세한 반영방법은 아래 참고

반영방법		
자연계열	1~4등급	4등급 까지 만점 처리
	4등급 미만	1등급 당 0.1점씩 감점 처리

6) 영어: 등급에 따른 점수 차감방식이며, 자세한 반영방법은 하단 참조
가. 영어영역은 한양대학교 정시전형 만점인 1,000점 중 영어영역 반영비율에 따라 점수를 부여하며 등급에 따른 점수를 차감함
나. 차감점수는 자연계열과 인문/상경/예체능계열을 달리 적용함

등급	자연	
	등급별 점수	등급 간 점수
1	100	0
2	98	-2
3	94	-4
4	88	-6
5	80	-8
6	70	-10
7	58	-12
8	44	-14
9	28	-16

6) 중앙대학교[10]

■ **의과대학 모집인원(총 86명)은 아래와 같습니다.**

모집 단위	재외국민- 고교과정이수자	수시			정시	
		학생부종합		논술	모집군	수능
		CAU 융합형 인재	CAU탐구형 인재			일반
의학부	2	11	11	19	나	45

(1) 수시모집: 학생부종합(CAU 융합형인재)
① 지원자격

고등학교 졸업(예정)자, 2학년 수료예정자 중 상급학교 진학대상자 또는 관계 법령에 의하여 고등학교 졸업자와 동등 이상의 학력이 있다고 인정된 자

② 전형방법

선발단계	서류(%)	면접(%)	비고
1단계	100	-	모집단위별 3.5배수 선발
2단계	70	30	

■ **수능최저학력기준 : 해당없음**

③ 서류평가
- 학생부, 자기소개서 등을 근거로 지원자의 학업 및 교내 다양한 활동을 통한 성장 가능성을 종합적으로 평가

④ 면접평가
- 학업준비도, 인성 및 의사소통능력, 서류의 신뢰도 등을 종합적으로 평가하는 개인별 심층면접

(2) 수시모집: 학생부종합(CAU 탐구형인재전형)
① 지원자격

-고등학교 졸업(예정)자, 2학년 수료예정자 중 상급학교 진학대상자 또는 관계 법령에 의하여 고등학교 졸업자와 동등 이상의 학력이 있다고 인정된 자

② 전형방법
1) 전형요소별 반영비율: 서류평가 100%
2) 서류평가: 학교생활기록부, 자기소개서 등을 근거로 지원자의 탐구능력, 전공분야의 학업잠재력, 학교생활 충실성 등을 종합적으로 평가

---

10) 2024 중앙대 모집요강

■ 수능최저학력기준 : 해당없음

(3) 수시모집: 학생부종합(논술전형)

*고등학교 교육과정 내에서 출제 *인문계열은 통합형, 자연계열은 단일 교과형으로 출제 *논술 가이드북을 통해 논술문제, 예시답안, 채점기준 등 모든 정보를 공개

① 지원자격

고등학교 졸업(예정)자, 2학년 수료예정자 중 상급학교 진학대상자 또는 관계 법령에 의하여 고등학교 졸업자와 동등 이상의 학력이 있다고 인정된 자

② 전형방법

■ 전형요소

선발단계	논술(%)	학교생활기록부(%)	
		교과	비교과(출결, 봉사)
일괄합산	70	20	10

■ 논술

가) 출제수준
- 고등학교 교육과정의 내용과 수준에 맞추어 출제
- 대학에서의 수학에 필요한 사고력과 쓰기능력 측정에 중점을 둔 출제

나) 출제유형
- 자연계열의 과학논술은 생명과학, 물리, 화학, 중 택 1하여 응시함

계열	논술유형	모집단위	출제유형
자연	자연	의학부	수리논술

다) 시험시간: 120분

■ 수능최저학력기준

구분	수능최저학력기준	한국사
의학부	국어, 수학(미적분, 기하 중 택1), 영어, 과탐 4개 영역 등급 합 5이내	한국사 4등급이내

※ 탐구영역은 2과목 평균을 반영함
※자연계열의 경우 과학탐구 과목별 Ⅰ+Ⅱ 중복선택 불가(예: 화학Ⅰ+화학Ⅱ 불가)
※제 2외국어와 한문은 반영하지 않습니다.

(4) 정시모집: 수능(가,나,다 군)

① 지원자격

고등학교 졸업(예정)자, 2학년 수료예정자 중 상급학교 진학대상자, 검정고시 합격자, 및 법령에 의하여 이와 동등 이상의 학력을 소지하고, 지원한 모집단위에서 지정한 2024학년도 대학수학능력시험 영역에 모두 응시한 자

② 전형방법

■ 전형요소별 반영비율

선발단계	모집단위	수능(%)	서류(%)
일괄합산	의학부	100	-

■ 대학수학능력시험 성적 반영방법

가) 2024학년도 대학수학능력시험 각 영역의 점수는 본교가 정한 기준에 따라 반영함

※ 아래 과목에 대하여 선택하여 응시하여야 함

계열	국어		수학		탐구
	공통	선택	공통	선택	
의예과	독서, 문학	화법과 작문, 언어와 매체 중 택1	수학Ⅰ, 수학Ⅱ	미적분, 기하 중 택1	과학 8과목 중 택 2

나) 대학수학능력시험 영역별 반영 비율(%)

계열/모집단위	국어(%)	수학(%)	탐구(%, 2과목)		영어	한국사
			사회	과학		
자연계열	25	40	-	35	가산점 부여	

※ 자연계열의 경우 과학탐구별 Ⅰ+Ⅱ 중복 선택 불가(예: 화학Ⅰ+화학Ⅱ 불가)
※ 영어, 한국사 영역 필수 응시

다) 영어영역 반영방법

등급	1	2	3	4	5	6	7	8	9
가산점	100	98	95	92	86	75	64	58	50

라) 한국사영역 반영방법

- 1~4등급까지 10점 만점, 5~9등급까지 일정점수씩 감산한 점수를 가산함

등급	1	2	3	4	5	6	7	8	9
가산점	10	10	10	10	9.6	9.2	8.8	8.4	8

7) 이화여자대학교[11]

■ 의과대학 모집인원은 아래와 같습니다.

대학	모집단위	응시계열	수시모집 미래인재	정시모집 수능
의과대학	의예과	자연	13	55
		인문	-	8

※ 모집단위 및 모집인원 등은 법령 제·개정 또는 학사 개편 및 정원 조정 등의 불가피한 사유로 변경
될 수 있음

(1) 수시모집: 미래인재전형

① 지원자격

- 고등학교 졸업자(2024년 2월 졸업예정자 포함) 또는 법령에 의하여 고등학교 졸업자와
동등한 학력이 있다고 인정된 자
- 고교영역 및 학교 활동영역에서 자신의 역량을 적극적으로 계발한 자

② 수능최저학력기준

구분	전형명	수능최저학력기준	
수시모집	미래인재전형	국어, 수학, 영어, 탐구(과학) 4개 영역 중	4개 영역 등급 합 5이내

※탐구영역은 반드시 2과목을 응시하여야 하며, 응시한 과목 중 상위 1과목의 등급으로 반영함
※의예과는 수학 영역(미적분, 기하 중 택1)을 응시하여야 함
※제2외국어/한문은 탐구영역의 한 과목으로 인정하지 않음

③ 서류 평가 방법

전형	서류내용	활용방법
미래인재전형	학교생활기록부	제출서류를 토대로 지원자의 고교교육 학업역량 및 학교 활동의 우수성, 발전가능성 등을 종합적으로 평가

(2) 정시모집: 수능(나군)

① 지원자격

2024학년도 대학수학능력시험에서 모집단위별 수능 응시지정영역을 충족한 자

② 수능 반영 방법

계열	국어	수학	탐구 (사회/과학)	탐구 (과학)	영어	한국사
인문계열	30%	30%	20%	-	20%	등급별 점수 부여
자연계열	25%	30%	-	25%	20%	

---

11) 2024 이화여대 모집요강

※ 계열은 아래의 응시 계열별 수능 응시 지정 영역 구분임

▶인문계열: 국어, 수학(확률과 통계, 미적분, 기하 중 택1), 탐구(사회/과학), 영어, 한국사
▶자연계열: 국어, 수학(미적분, 기하 중 택1), 탐구(과학), 영어, 한국사

■ 영어 영역 등급별 반영점수

구분	1	2	3	4	5	6	7	8	9
점수	100	98	94	88	84	80	76	72	68

■ 한국사 등급별 점수

구분	1	2	3	4	5	6	7	8	9
인문	10	10	10	9.8	9.6	9.4	9.2	9.0	8.5
자연	10	10	10	10	9.8	9.6	9.4	9.2	8.5

③ 수능 응시지정 영역

계열	수능 응시지정 영역
인문계열	국어: 공통(독서, 문학) + 선택(화법과 작문, 언어와 매체 중 택1)
	수학: 공통(수학Ⅰ, 수학Ⅱ) + **선택(확률과 통계, 미적분, 기하 중 택1)**
	탐구: 사회/과학 17과목 중 택2
	영어
자연계열	국어: 공통(독서, 문학) + 선택(화법과 작문, 언어와 매체 중 택1)
	수학: 공통(수학Ⅰ, 수학Ⅱ) + **선택(미적분, 기하 중 택1)**
	탐구: **과학 8과목 중 택2**
	영어

- 전 응시계열 모두 한국사를 반드시 응시하여야 함
- 자연계열 탐구영역은 동일 과목 Ⅰ+Ⅱ 선택 불가 (예: 지구과학Ⅰ+지구과학Ⅱ 불가)
- 제2외국어/한문은 탐구영역의 한 과목으로 인정하지 않음

8) 가톨릭대학교[12]

■ 의과대학 모집인원은 아래와 같습니다.

모집 단위	입학 정원	정원내							
		수시					정시		
		학생부 교과	학생부 종합		논술		수능		
		지역균형 전형	가톨릭 지도자 추천전형	학교장 추천전형	논술전형	소계	가	소계	총계
약학과	93	10	2	25	19	56	37	37	93

---

12) 2024 가톨릭대 모집요강

(1) 수시모집: 학생부교과(지역균형전형)
① 지원자격

2015년 2월 이후 국내 고등학교 졸업(예정)자 중 3학년 1학기까지 3개 학기 이상의 성적이 있는 자로 출신 고등학교의 추천을 받은 자
※ 학교생활기록부 반영교과 중 각 교과영역에 해당하는 세부과목이 없는 경우 지원할 수 없음
※ 특성화고(종합고의 보통과 제외), 산업수요 맞춤형 고등학교(마이스터고), 방송통신고, 특수학교, 각종학교, 외국인학교, 산업체부설고등학교, 대안학교, 고등학교 학력인정 평생교육시설 출신자, 학생부 성적체계가 다른 고교 출신자는 지원할 수 없음

② 전형방법: 학생부 교과 100% + 의예과는 인적성면접 실시(합격/불합격 자료로만 활용)

③ 학생부교과 반영방법
가. 반영 요소 및 반영 비율

학년별 반영비율			교과	비교과	비고
1학년	2학년	3학년	100%	-	졸업(예정)자: 3학년 1학기까지 성적 반영
100% (학년별 가중치 없음)					

나. 반영 교과 및 반영 방법
① 반영 방법: 석차 등급을 이수단위로 가중 평균한 환산석차등급 활용

② 모집단위별 반영교과

모집단위	수능 최저기준	교과별반영방법	
		공통/일반선택과목	진로선택과목
약학과, 의예과	국어, 영어, 수학, 한국사, 사회(역사/도덕 포함), 과학	반영교과 전과목의 석차등급 및 이수단위 반영	수학, 과학교과 전과목의 성취도 환산점수 반영

③ 진로선택과목 반영방법

성취도	A	B	C
등급	1	2	3

④ 수능최저학력기준

모집단위	수능 최저학력 기준
약학과	국어(화법과작문/ 언어와매체), 수학(미적분/기하), 영어, 과탐(1과목) 중 3개 영역 등급 합 5 이내
의예과	국어(화법과작문/ 언어와매체), 수학(미적분/기하), 영어, 과탐(2과목 평균) 중 4개 영역 등급 합 5 이내 및 한국사 4등급 이내

(2) 수시모집: 학생부종합(가톨릭지도자추천전형)

① 지원자격

국내 고등학교 졸업(예정)자로서 아래의 ①항 또는 ②항에 해당되는 자
① 가톨릭 사제 또는 현직 수도회 장상(총원장, 관구장, 지부장), 출신 가톨릭계 고등학교 장의 추천을 받은 자(지원자의 종교나 신앙과는 무관함)
② 교회법에서 인정하는 첫 서원자 이상의 수도자(수사, 수녀) 중 소속 수도회 장상의 추천을 받은 자 (※단, 한 수도회에서 다수의 지원자를 추천 가능하나 모집단위별로는 1명만 추천 가능하며, 수도자는 의예과에 지원 불가함)

② 전형방법

1단계(3배수)	서류종합평가 100% <학생부, 자기소개서>
2단계	1단계 성적 70% + 면접평가 30%

③ 서류종합평가 요소

평가요소	학업역량(35%), 전공(계열)적합성(30%), 인성(20%), 발전가능성(15%)
평가방법	학생부에 나타난 지원자의 인재 역량을 평가요소에 따라 종합, 정성 평가

④ 면접평가 요소

평가요소	전공(계열)적합성(50%), 인성(30%), 발전가능성(20%)
평가방법	지원자의 제출서류 내용의 진실성 및 가치를 확인하기 위한 10분 내외 개별면접 (단, 의예과는 인·적성면접 포함하여 개인별 20분 내외 면접 평가, 상황 숙지를 위한 시간은 별도로 부여할 수 있음)

⑤ 수능최저학력기준: 해당없음

(3) 수시모집: 학생부종합(학교장추천전형)

① 지원자격

국내 고등학교 졸업예정자로서 소속 고등학교장의 추천을 받은 자
(의예과 - 고교별 추천인원 1명/ 약학과 - 고교별 추천인원 제한 없음)

② 전형방법

1단계(4배수)	서류종합평가 100% <학생부>
2단계	1단계 성적 70% + 면접평가 30%

③ 서류종합평가 요소

평가요소	학업역량(35%), 전공(계열)적합성(30%), 인성(20%), 발전가능성(15%)
평가방법	학생부에 나타난 지원자의 인재 역량을 평가요소에 따라 종합, 정성 평가

④ 면접평가 요소

평가요소	전공(계열)적합성(50%), 인성(30%), 발전가능성(20%)
평가방법	지원자의 제출서류 내용의 진실성 및 가치를 확인하기 위한 10분 내외 개별면접 (단, 의예과는 인·적성면접 포함하여 개인별 20분 내외 면접 평가, 상황 숙지를 위한 시간은 별도로 부여할 수 있음)

⑤ 수능최저학력기준

전형명	모집단위	수능최저학력기준
학생부종합 (학교장추천전형)	의예과	국어(화법과 작문/ 언어와 매체), 수학(미적분/기하), 영어, 과탐 (2과목 평균) 중 **3개 영역 등급 합 4 이내 및 한국사 4등급 이내**

(4) 수시모집: 논술전형
① 지원자격

고교 졸업(예정)자 또는 관계 법령에 의하여 고등학교 졸업자와 동등한 학력이 있다고 인정된 자

② 전형방법: 논술 70% + 학생부(교과) 30%
③ 학생부교과 반영방법
가. 반영 요소 및 반영 비율

학년별 반영비율			교과	비교과	비고
1학년	2학년	3학년	100%	-	졸업(예정)자: 3학년 1학기까지 성적 반영
100% (학년별 가중치 없음)					

나. 반영 교과 및 반영 방법
① 반영 방법: 석차 등급을 이수단위로 가중 평균한 환산석차등급 활용
② 모집단위별 반영교과

모집단위	수능 최저기준	교과별반영방법	
		공통/일반선택과목	진로선택과목
약학과, 의예과	국어, 영어, 수학, 한국사, 사회(역사/도덕 포함), 과학	반영교과 전과목의 석차등급 및 이수단위 반영	**수학, 과학교과 전과목의 성취도** 환산점수 반영

③ 진로선택과목 반영방법

성취도	A	B	C
등급	1	2	3

④ 수능최저학력기준

전형명	모집단위	수능최저학력기준
논술전형	의예과	국어(화법과 작문/ 언어와 매체), 수학(미적분/기하), 영어, 과탐(2과목 평균) 중 **3개 영역 등급 합 4 이내 및 한국사 4등급 이내**

⑤ 전형요소별 실질 반영 비율

전형요소	최고점	최저점	실질반영비율
논술	70	0	88.6%
학생부(교과)	30	21	11.4%

⑥ 논술고사 내용

모집단위	시간	문항수	유형	출제경향
의예과	100분	2~4문항	수리논술	• 고교 교육과정의 범위와 수준에 맞는 문제 출제 • 고교 교육과정 범위 내의 수리적 혹은 과학적 원리를 제시하는 제시문을 활용하여 문제를 올바르게 분석하고 해결하는지를 평가

(5) 정시모집: 수능「가」군
① 지원자격

고등학교 졸업(예정)자 또는 법령에 의하여 고등학교 졸업과 동등한 학력이 있다고 인정되는 자로서 2024학년도 대학수학능력시험에 응시한 자

② 전형방법: 수능100% + 인·적성면접 실시(합격/불합격 자료로만 활용)

③ 대학수학능력시험 성적반영 방법

가. 기본사항

(1) 대학수학능력시험 성적은 2023년 11월에 실시하는 대학수학능력시험의 취득 표준점수/백

분위/등급(한국교육과정평가원 제공)을 본교 성적 산출방법에 따라 반영하며, 모든 지원자는 이에 동의한 것으로 간주함

(2) 수능 반영영역 중 한 영역이라도 없는 경우 지원 불가능함

(3) 약학과, 의예과는 표준점수를 반영함

(4) 국어영역 별도 선택과목 지정 없음

(5) 수학영역의 경우, 약학과, 의예과는 미적분, 기하 중 택1

(6) 영어영역, 한국사 영역은 본교 산출 등급별 환산점수 또는 등급별 가산점 적용

(7) 약학과, 의예과는 탐구 2과목 반영하며 수능 성적표 상의 백분위를 활용한 본교 자체 산출 변환표준점수 적용

나. 수능 영역별 반영 비율 및 가산점

모집단위	수능영역별 반영비율(%)								가산점
	국어		수학			영어	탐구		
	화법과 작문	언어와 매체	미적분	기하	확률과 통계		사회	과학	
약학과, 의예과	30		40		-	-	-	30	영어/ 한국사

(1) 영어 가산점

구분	1	2	3	4	5	6	7	8	9
가산점	20	19.5	18	16	14	12	10	8	6

(2) 한국사 가산점

구분	10점	9점	8점
의예과	1~4등급	5~6등급	7~9등급

9) 가천대학교[13)]

■ 의예과 모집인원은 아래와 같습니다.

모집단위	수시			정시
	학생부교과		학생부종합	일반전형 1
	학생부우수자	농어촌	가천의약학	가군
의예과	5	1	20	15

---

13) 2024 가천대 모집요강

(1) 수시모집: 학생부교과(학생부우수자전형)
① 지원자격

고교졸업(예정)자 및 법령에 따라 이와 같은 수준 이상의 학력이 있다고 인정된 사람

② 전형방법: 학생부 교과 100%

③ 수능최저학력기준

계열/모집단위	반영영역	최적학력기준
의예과	국어, 수학(기하, 미적분), 영어, 과학탐구(2과목)	3개영역 각 1등급 (과탐적용시 2과목 평균, 소수점 절사)

(2) 수시모집: 학생부교과(농어촌 전형)
① 지원자격

국내 고등학교(농어촌 소재지) 졸업(예정)자로 아래의 유형1과 유형2 중 하나에 해당되는 사람
<유형1>
1. 지방자치법 제3조에 의한 읍·면지역 및 도서·벽지지역 교육진흥법 시행규칙 제2조에 의한 지역
2. 국내 중학교 입학에서 고등학교 졸업(6년)까지 본인 및 부모 모두 농어촌 지역 거주
3. 중, 고등학교의 소재지가 농어촌 지역이어야 함
4. 검정고시출신자 및 특수목적고(과학고, 외국어고, 국제고, 예술고, 체육고) 출신자 제외

※ 재학기간 내 무단전출 및 기타 사유로 인한"직권(신고)말소"등이 1일이라도 있는 경우 (부모 포함) 지원할 수 없습니다.
※ 재학기간과 거주기간은 연속된 연수만을 인정합니다.
※ 고교졸업 이후 및 고교재학기간 중 읍·면에서 동으로 행정구역이 개편된 경우도 지원 가능합니다.
　(단, 동으로 행정구역이 개편된 후 주소지를 이전한 경우는 농어촌 읍·면지역으로 인정하지 않음)

<유형2>
1. 지방자치법 제3조에 의한 읍·면지역 및 도서·벽지지역 교육진흥법 시행규칙 제2조에 의한 지역
2. 국내 초등학교 입학에서 고등학교 졸업(12년)까지 본인이 농어촌 지역 거주
3. 초, 중, 고등학교의 소재지가 농어촌 지역이어야 함
4. 검정고시출신자 및 특수목적고(과학고, 외국어고, 국제고, 예술고, 체육고) 출신자 제외

※ 재학기간 내 무단전출 및 기타 사유로 인한"직권(신고)말소"등이 1일이라도 있는 경우 지원할 수 없습니다.
※ 재학기간과 거주기간은 연속된 연수만을 인정합니다.
※ 고교졸업 이후 및 고교재학기간 중 읍·면에서 동으로 행정구역이 개편된 경우도 지원 가능합니다.
　(단, 동으로 행정구역이 개편된 후 주소지를 이전한 경우는 농어촌 읍·면지역으로 인정하지 않음)

② 전형방법: 학생부 교과 100%

③ 수능최저학력기준

계열/모집단위	반영영역	최적학력기준
의예과	국어, 수학(기하, 미적분), 영어, 과학탐구(2과목)	3개영역 등급 합 4 이내 (과탐적용시 2과목 평균, 소수점 절사)

(3) 수시모집: 학생부종합(가천의약학 전형)

① 지원자격

고교졸업(예정)자 및 법령에 따라 이와 같은 수준 이상의 학력이 있다고 인정된 사람

② 전형방법

1단계	서류100% (4배수)
2단계	1단계평가 50% + 면접 50%

③ 수능최저학력기준

계열/모집단위	반영영역	최적학력기준
의예과	국어, 수학(기하, 미적분), 영어, 과학탐구(2과목)	3개영역 각 1등급 (과탐적용시 2과목 평균, 소수점 절사)

(4) 정시모집: 일반전형(수능 '가'군)

① 지원자격

2024학년도 대학수학능력시험 응시자로서 고교졸업(예정)자 및 법령에 따라 이와 같은 수준 이상의 학력이 있다고 인정되는 사람

② 전형방법: 수능100%

③ 수능 영역별 반영비율

계열/모집단위		수능영역별 반영비율(%)				한국사
		국어	수학 기하, 미적분	영어	탐구 과학	
자연	의예과	25	30	20	25 (2과목)	필수

※ 대학수학능력시험 점수 활용지표는 백분위(영어는 등급)를 활용

10) 인하대학교[14]

■ 의예과 모집인원은 아래와 같습니다.

모집 단위	수시				정시
	정원내			정원외	정원내
	학생부종합	학생부교과	논술	학생부종합	수능/실기실적
	인하미래인재	지역균형	논술우수자	농어촌학생	다군
의예과	16	9	8	2	16

(1) 수시모집: 학생부종합 (인하미래인재전형)

① 지원자격

고교 졸업학력 인정 고등학교 졸업(예정)자 또는 법령에 의하여 고등학교 졸업 이상의 학력이 있다고 인정된 자						
고교구분에 따른 지원가능 여부						졸업생
일반고	자율고	특목고	특성화고	해외고	검정고시	
○	○	○	○	○	○	○

② 전형방법: 일괄합산 (학생부 교과 100)

1단계	서류종합평가 100(3배수 내외)
2단계	1단계 성적 70 + 면접평가 30

③ 수능최저학력기준: 미적용

④ 평가방법

구분	전형방법
1단계	제출서류(학교생활기록부 등)을 평가기준에 따라 정성적으로 종합평가하여 모집단위별 모집인원의 3배수 내외를 전형총점 순으로 선발
2단계	- 1단계 전형 합격자에 한하여 1단계 성적과 면접 점수를 합산하여 전형총점을 산출한 후, 모집단위별 모집인원을 초과하지 않는 범위 내에서 전형총점 순으로 선발 - 면접평가는 평가기준에 따라 면접위원이 제출서류를 바탕으로 개별면접 실시

---

14) 2024 인하대 모집요강

(2) 학생부교과(지역균형)

① 지원자격

국내 정규 고등학교에서 통산 3학기 이상의 교육과정을 이수한 졸업예정자 또는 2021년 1월 이후 졸업자로서 소속(졸업) 고등학교장의 추천을 받은 자(추천 인원 제한 없음)
※ 다음의 해당자는 지원 불가
① 특성화고, 종합고 및 일반고 전문(실업)반 졸업(예정)자
② 특목고 중 예술고, 체육고, 마이스터고 졸업(예정)자
③ 일반고 재학 중 직업교육과정 이수자
④ 방송통신고, 대안학교(각종학교), 고등학교 학력인정 평생교육시설 출신자 및 일반 고등학교의 대안교육 위탁학생
⑤ 학교생활기록부가 없거나 학교생활기록부 반영교과 점수를 산출할 수 없는 자

고교구분에 따른 지원가능 여부						졸업생
일반고	자율고	특목고	특성화고	해외고	검정고시	
○	○	○	×	×	×	○

② 전형방법: 일괄합산(학생부교과 100)

③ 수능최저학력기준

수능최저학력기준	비고
국어, 수학, 영어, 과학탐구(2과목) 중 3개 영역 각 1등급 이내 (※ 과탐 2개 과목 평균)	한국사 필수 응시

④ 제출서류: 학교생활기록부, 학교장 추천서, 지원자격 증빙서류(해당자)

⑤ 평가방법

구분	전형방법
일괄합산	학교생활기록부 교과 반영점수를 산출하여 모집단위별로 모집인원을 초과하지 않는 범위 내에서 전형총점 순으로 선발

(3) 수시모집: 논술(논술우수자)

① 지원자격

고교 졸업학력 인정 고등학교 졸업(예정)자 또는 법령에 의하여 고등학교 졸업 이상의 학력이 있다고 인정된 자

고교 졸업학력 인정 고등학교 졸업(예정)자 또는 법령에 의하여 고등학교 졸업 이상의 학력이 있다고 인정된 자

※ 다음의 해당자는 논술고사 석차 백분위를 기준으로 학교생활기록부 교과 반영점수 산출 (비교내신 점수 산출)

① 고등학교 졸업 검정고시 출신자

② 해외 고등학교 졸업자

③ 2020년 2월 이전 졸업자

④ 학교생활기록부가 없거나 학교생활기록부 반영교과 점수를 산출할 수 없는 자

고교구분에 따른 지원가능 여부						졸업생
일반고	자율고	특목고	특성화고	해외고	검정고시	
○	○	○	○	○	○	○

② 전형방법: 일괄합산 (학생부교과 30+ 논술고사 70)

③ 수능최저학력기준

수능최저학력기준	비고
국어, 수학, 영어, 과학탐구(2과목) 중 3개 영역 각 1등급 이내 (※ 과탐 2개 과목 평균)	한국사 필수 응시

※ 해당 수능 반영 영역 및 영역 내 응시과목을 필수 응시해야 함

모집단위	반영 영역	영역 내 선택과목
의예과	국어, 수학, 영어, 탐구(과학), 한국사	[국어] 화법과 작문, 언어와 매체 중 택 1 [수학] 미적분, 기하 중 택 1 [탐구] 과학 8과목 중 택 2

④ 제출서류: 학교생활기록부, 지원자격 증빙서류(해당자)

⑤ 평가방법

구분	전형방법
일괄합산	학교생활기록부 교과영역 반영점수와 논술고사 점수를 합산하여 전형총점을 산출하고, 모집단위별 모집인원의 범위 내에서 전형총점 순으로 선발

(4) 수시모집: 학생부종합(농어촌학생)
① 지원자격

국내 고등학교 졸업(예정)자로서 아래 지원 자격 중 어느 하나에 해당하는 자
① 유형Ⅰ(6년): 학생 본인이 농어촌 소재지 학교에서 중학교 입학 시부터 고등학교 졸업 시까지 전 교육과정을 이수하고 같은 기간 부·모·학생(본인) 모두가 농어촌 지역에 거주한 자
② 유형Ⅱ(12년): 학생 본인이 농어촌 소재지 학교에서 초·중·고 전 교육과정을 이수하고, 같은 기간 본인이 농어촌 지역에 거주(초등학교 입학 시부터 고등학교 졸업 시까지)한 자
※ 농어촌지역: 지방자치법 제3조게 정한 읍·면 도는 도서벽지 교육진흥법 제2조에 따른 도서벽지의 학생
※ 특수목적고고등학교(과학고, 외국어고, 국제고, 예술고, 체육고, 마이스터고), 평생교육법에 따른 학력인정 평생교육시설, 검정고시, 비인가 대인학교 졸업(예정)자는 지원할 수 없음
※ 재학기간과 거주기간은 연속된 연수만을 인정함

고교구분에 따른 지원가능 여부						졸업생
일반고	자율고	특목고	특성화고	해외고	검정고시	
○	○	×	○	×	×	○

② 전형반영: 일괄합산(서류종합평가 100)

③ 수능최저학력기준: 미적용

④ 제출서류: 학교생활기록부, 지원자격 증빙서류(해당자)

⑤ 평가방법

구분	전형방법
일괄합산	제출서류(학교생활기록부 등)를 평가기준에 따라 정성적으로 종합평가하여 전형총점을 산출한 후, 모집단위별 모집인원을 초과하지 않는 범위 내에서 전형총점 순으로 선발

(5) 정시모집: 수능(일반) (다군)
① 지원자격

고교 졸업학력 인정 고등학교 졸업(예정)자 또는 법령에 의하여 고등학교 졸업 이상의 학력이 있다고 인정된 자

고교구분에 따른 지원가능 여부						졸업생
일반고	자율고	특목고	특성화고	해외고	검정고시	
○	○	○	○	○	○	○

② 전형방법: 수능 100%

11) 성균관대학교[15]

■ 의예과 모집인원은 아래와 같습니다.

모집단위	수시		정시
	학생부종합	논술우수	수능위주
	학과모집		가군
의예과	25	5	10

※ 상기 모집인원은 우리대학 '학생정원조정 결과'에 따라 변경될 수 있음

※ 성균관대 의과대학은 한국의학교육평가원으로부터 인증을 받은 교육기간임
   (인증기간. 2021.3 ~ 2025.2)

(1) 수시모집: 학생부종합(학과모집)
① 지원자격

고교졸업(예정)자 또는 관련 법령에 의하여 이와 동등 이상의 학력이 있다고 인정된 자

② 전형요소 및 반영비율
가. 의예

구분	서류	면접	선발배수
1단계	100	-	5배수 내외
2단계	70(1단계 성적)	30	-

③ 선발방법
가. 의예
  1) 면접 대상자 선발: 서류평가 취득 총점 순으로 면접대상자 선발
  2) 최종합격자 선발: 면접시험 응시자 중에서 1단계 성적(학생부평가)과 면접시험 취득 총점 순으로 최종 합격자를 선발함

④ 수능 최저학력기준: 없음

⑤ 동점자 처리기준
가. 면접점수 상위자
나. 서류평가 우선순위 영역* 취득점수 상위자
*우선순위 영역
학업수월성 > 학업충실성 > 전공적합성 > 활동다양성 > 자기주도성 > 발전가능성

---

15) 2024 성균관대 모집요강

(2) 수시모집: 논술(논술우수) 전형
① 지원자격

고교졸업(예정)자 또는 관련 법령에 의하여 이와 동등 이상의 학력이 있다고 인정된 자

② 전형요소 및 반영비율: 논술 100

③ 선발방법

수능 최저학력기준 충족자를 대상으로 논술시험 성적 총점 순으로 최종합격자를 선발함

④ 수능 필수응시영역 및 최저학력기준
가. 수능 필수응시영역

구분	국어		수학			영어	사탐	과탐	직탐	한국사
	화법과 작문	언어와 매체	확률과 통계	미적분	기하					
인문계		○		○		○	사탐 1과목 이상 필수		×	○
자연계		○		○		○	과탐 1과목 이상 필수		×	○
글로벌융합		○		○		○	○		×	○

※ 탐구영역은 반드시 2개 과목을 응시해야 함

나. 수능최저학력기준

국어, 수학, 영어, 탐구, 탐구 5개 과목 중 3개 등급 합 4등급 이내

⑤ 동점자 처리기준
가. 논술 우선순위 문항 취득점수 상위자
나. 학생부 과목별 석차등급 상위자(수학>국어>과학>영어)

(3) 정시모집: 수능위주 (가군)
① 지원자격

고교졸업(예정)자 또는 관련 법령에 의하여 이와 동등 이상의 학력이 있다고 인정되는 자로서 아래 "2024학년도 대학수학능력시험 필수응시영역에 응시한 자"
■ 모집단위별 수능 필수응시 영역

모집단위	필수응시영역
자연계	국어, 수학(미적분, 기하 중 택1), 영어, 과탐(2개 과목), 한국사

※ 과학탐구 동일 과목 I＋II는 인정하지 않음(예: 물리학 I＋물리학 II)

② 전형요소 및 반영비율: 수능 100

※ 의예는 인적성면접을 실시하며, 결격 여부를 판단하는 방식으로 활용

③ 수능 영역별 반영비율

모집단위	국어		수학			탐구		영어	한국사
	화법과 작문	언어와 매체	확률과 통계	미적분	기하	사회	과학		
자연계	30		35			X	25	10	감점 적용*

※1. 탐구영역은 2개 과목을 반영

※2. 한국사 가산점 부여 방법

등급	1	2	3	4	5	6	7	8	9
공통	0	0	0	0	1	2	5	10	20

④ 동점자 처리기준

모집단위	동점자 처리기준
인문계, 자연계	①대학수학능력시험의 수학영역 표준점수가 우수한 자 ②대학수학능력시험의 국어영역 표준점수가 우수한 자 ③대학수학능력시험의 탐구영역 2개 과목 표준점수 합이 우수한 자 ④대학수학능력시험의 영어영역 등급이 우수한 자 ⑤대학수학능력시험의 한국사 등급이 우수한 자 ⑥학생부 석차등급 평균이 우수한 자(학생부 없는 자는 비교내신 적용)

12) 아주대학교[16)

■의학과 모집인원은 아래와 같습니다.

모집단위	수시		정원외	정시	정원내
	정원내			정원내	
	종합	논술		일반전형 1	농어촌
	ACE	논술우수자	재외국민		
의학과	20	10	2	10	1

---

16) 2024 아주대 모집요강

(1) 수시모집: 학생부종합(ACE)

① 지원자격

국내·외 고등학교 졸업(예정)자[조기졸업자 포함] 또는 관계 법령에 의하여 고등학교 졸업자와 동등 이상의 학력이 있다고 인정된 자

② 전형별 전형요소

	서류평가	면접평가
1단계	100 (3배수 선발)	-
2단계	1단계 성적 70	30

③ 수능최저학력기준

국어, 수학(미적분, 기하 중 택1), 영어, 과탐(과탐 중 택2, 2과목 평균) 등급합 6 이내

④ 평가방법

가. 서류평가: 학교생활기록부를 바탕으로 지원자의 학업역량, 진로역량, 공동체역량 등을 종합적으로 평가

평가항목	반영비율(%)	평가내용
학업역량	37	• 고교 교육과정 기반의 학업수행능력 • 학업행동과 지적 호기심 - 수업과 과제수행 과정에서 학업능력향상을 위한 노력
진로역량	35	• 진로탐색: 목표에 부합하는 교과 선택과 이수 및 교내활동 • 진로참여: 도전과 시도, 참여과정과 노력 • 진로성장: 탐색과 참여에 따른 결과와 성취, 변화와 성장
공동체역량	28	• 출결 등 기본적인 학교생활 • 공동체의식: 나눔, 배려, 협력, 리더십 등
전체	100	

나. 면접평가

1) 개인면접을 통해 서류진실성과 의사소통능력을 종합적으로 평가함
2) 면접평가는 2인 이상의 면접관이 지원자 1인을 평가
3) 지원자 1인당 면접시간은 10분 내외
 (단, 의학과는 윤리의식 등 인성을 확인하기 위한 면접 추가 진행(총 면접시간 20분 내외))
4) 지원자의 제출서류를 바탕으로 개별 면접질문 도출

평가항목	배점(%)	평가내용
서류 신뢰도	80	• 서류 기반에 따른 진위여부 확인 • 교내 활동과정, 노력과 결과, 성취 등
의사소통능력, 태도	20	• 질문에 대한 이해 및 논리적 답변 • 면접 태도
전체	100	

(2) 수시모집: 논술(논술우수자)
① 지원자격

국내·외 고등학교 졸업(예정)자[조기졸업자 포함] 또는 관계 법령에 의하여 고등학교 졸업자와 동등 이상의 학력이 있다고 인정된 자

② 전형방법

전형명	논술	학생부 교과	반영단계
논술우수자전형	80%	20%	일괄

※ 기본점수 없음
※ 모집인원에 상관없이 적절한 학업수준에 미치지 못한다고 판단될 경우 입학사정회의의 결정으로 합격자를 선발하지 않을 수 있음
※ 서류제출기한 내에 지정된 서류를 제출하지 않거나 서류 보완 및 확인 요구에 응하지 않을 경우 불합격 처리함

③ 논술반영방법 (시험 시간: 120분)

계열	출제경향
의학과 [수리논술 + 과학논술(생명과학)]	- 수리논술: 수리적 분석력, 응용력, 창의력을 측정하는 문제 출제 - 과학논술: 자연과학적 분석력, 응용력, 창의력을 측정하는 문제 출제 - 답이 틀려도 풀이과정이 옳으면 부분점수를 부여함 - 공식을 암기하여 풀 수 있는 문제는 출제하지 않음 - 영어 제시문은 출제하지 않음

유형	출제경향
수리논술	- 수리적 분석력, 응용력, 창의력을 측정하는 문제 출제 - 고교 교육과정을 정상적으로 이수한 학생의 경우 해결할 수 있는 수준의 다양한 수학적 주제를 다룸 - 답이 틀려도 풀이 과정이 옳으면 상당한 부분점수를 부여함 - 공식을 암기하여 풀 수 있는 문제는 출제하지 않음 - 영어 제시문은 출제하지 않음
과학논술 (생명과학)	- 고교 교육과정을 정상적으로 이수한 수험생이라면 해결할 수 있는 수준의 문제 출제 - 자연과학적 분석력, 응용력, 창의력을 측정하는 문제 출제 - 답이 틀려도 풀이 과정이 옳으면 상당한 부분점수를 부여함 - 공식을 암기하여 풀 수 있는 문제는 출제하지 않음 - 영어 제시문은 출제하지 않음

(3) 정시모집: 일반전형1(나군)
① 지원자격

2024학년도 대학수학능력시험 응시자로서 국내외 고등학교 졸업(예정)[조기졸업자 포함] 또는 관계 법령에 의하여 고등학교 졸업자와 동등 이상의 학력이 있다고 인정되는 자

(4) 정시모집: 농어촌
① 지원자격

- 2024년도 대학수학능력시험 응시자로서 국내 고교 졸업(예정)자[조기졸업 포함]로서 아래 조건에 해당하고 제출서류에 결함이 없는 자

※ 국내 일반고, 자율고, 특성화고만 지원 가능함

유형	내용
6년 과정 이수자 (부·모·지원자)	지방자치법 제3조에 따른 읍·면 또는 도서·벽지 교육진흥법 제2조에 따른 도서·벽지에 소재하는 학교에서 중학교 입학 시부터 고등학교 졸업 시까지 6년 전 교육과정을 이수하는 기간 동안 본인 및 부·모가 모두 농어촌 지역에서 거주하고 출신 고등학교장의 확인을 받은 자
12년 과정 이수자 (지원자)	지방자치법 제3조에 따른 읍·면 또는 도서·벽지 교육진흥법 제2조에 따른 도서·벽지에 소재하는 초·중·고등학교 12년 초·중·고등학교 12년 전 교육과정(초등학교 입학 시부터 고등학교 졸업 시까지)을 이수한 자 중 자격 해당 기간 동안 본인이 읍·면 또는 도서·벽지 지역에 거주하고 출신 고등학교장의 확인을 받은 자

※ 2개 이상의 학교에 재학한 경우에는 해당 학교 모두가 읍·면 또는 도서·벽지 소재학교 이어야 함

※ 6년 과정 이수자의 경우 중·고등학교 재학 중 행정구역 개편으로 시(구·동) 지역으로 편입된 지역은 농어촌 또는 도서·벽지로 간주함[단, 행정구역 개편 후 부·모·본인 중 1명이라도 자격요건에 해당하는 기간 중 농어촌 또는 도서·벽지가 아닌 지역으로 1일이라도 거주지를 변경한 경우에는 해당되지 않음].

※ 부모와 학생의 거주지 또는 거주지와 학교 소재지가 동일한 읍·면 또는 도서·벽지가 아니라도 가능함

※ 12년 과정 이수자의 경우 초·중·고등학교 재학 중 행정구역 개편으로 시(구·동) 지역으로 편입된 지역은 농어촌 또는 도서·벽지로 간주함[단, 행정구역 개편 후 자격요건에 해당하는 기간 중 농어촌 또는 도서·벽지가 아닌 지역으로 1일이라도 거주지를 변경한 경우에는 해당되지 않음]

※ 초·중등교육법시행령 제 90조의 특수목적고, 대안학교(인가,비인가), 국외고, 검정고시, 학력인정 평생교육시설 출신자는 지원할 수 없음

※ 고교 졸업예정자가 최종 합격할 경우 재학 고등학교의 졸업일까지 지원자격(농어촌 지역거주 및 농어촌 지역 고교 재학)을 유지해야 하며, 자격을 유지하지 않을 경우 합격이 취소될 수 있음

※ 지원자격은 연속된 연수만을 인정함

13) 한림대학교[17]

■ 의예과 모집인원은 아래와 같습니다.

모집단위	수시				정시	
	학생부종합				나군	수시미충원
	정원내			정원외	정원내	정원외
	학교생활	지역인재특별전형		농어촌	일반전형	농어촌, 기초
		지역인재	기초생활			
의예과	21	16	2	2	37	나군

(1) 수시모집: 학생부종합(학교생활우수자전형)

① 지원자격

모집구분	전형유형		일반고	특수목적고	자율고	검정고시	특성화고	국외고	수능응시여부
수시	학생부종합	학교생활우수자전형	○	○	○	○	○	○	×

② 전형요소 및 반영비율

모집구분	전형유형		전형방식	전형요소 및 반영비율(%)	
수시	학생부종합	학교생활우수자전형	1단계(5배수 내외)	서류(100)	
			2단계	서류(70)	면접(30)

③ 서류평가(학생부종합전형)

- 평가방법: 평가 자료를 통해 평가위원 2인이 개별적으로 평가요소 및 평가항목 기준에 따라 1,000점~0점으로 정성 종합평가
- 평가위원: 전입사정관 1인 + 위촉사정관 1인

평가자료	평가요소	평가항목
※학교생활기록부 ※대체서류: 활동보고서 또는 청소년생활기록부(검정고시) 활동보고서(국외고)	학업성취역량(30%)	학업성취도, 학업태도와 학업의지, 탐구활동
	성장잠재역량(30%)	- 전공(계열) 관련 교과목 이수 및 성취도 - 전공(계열)에 대한 관심과 이해 - 전공(계열) 관련 활동과 경험
	발전가능성(20%)	자기주도성, 경험의 다양성, 리더십, 창의적 문제해결력
	인성(20%)	협업 능력, 나눔과 배려, 소통능력, 도덕성, 성실성

---

17) 2024 한림대 모집요강

④ 학교생활기록부 반영

※ 학교생활기록부 반영요소(반영비율) = 교과성적(90%) + 출결상황(10%)

⑤ 면접평가영역 및 평가내용

구분	의예과
면접팀 구성	3개의 면접실(각 평가위원 2명) : 수험생 1명 -인성면접, 상황면접, 모의상황면접
면접시간	각 실별 10분(총 30분)
반영점수	평가영역별 평균의 합

평가영역	주요내용	출제방법	배점
인성면접	관용, 배려, 포용, 개방성 등	문항출제위원회를 통해 출제	40%
상황면접	가치관과 태도, 문제해결능력		30%
모의상황면접	의사소통능력, 대인관계능력		30%

⑥ 수시 수능 최저학력기준

전형유형	모집단위	전형명	내용
학생부 종합	의예과	학교생활우수자	국어, 영어, 수학, 과학탐구(2과목 평균) 4개 영역 중 3개 합 4등급 이내(단, 영어 포함하여 반영할 경우 영어는 1등급) *국어 선택과목: 없음 *수학 선택과목은 미적분 또는 기하

(2) 수시모집: 학생부종합(지역인재전형)
① 지원자격

모집구분	전형유형		일반고	특수 목적고	자율고	검정 고시	특성화 고	국외고	수능응 시여부
수시	학생부 종합	지역인재 전형	○	○	○	×	○	×	○
			강원지역 고교 출신자						

② 전형요소 및 반영비율

모집구분	전형유형		전형방식	전형요소 및 반영비율(%)	
수시	학생부 종합	지역인재전형	1단계(5배수)	서류(100)	
			2단계	서류(70)	면접(30)

③ 서류평가(학생부종합전형)

- 평가방법: 평가 자료를 통해 평가위원 2인이 개별적으로 평가요소 및 평가항목 기준에 따라 1,000점~0점으로 정성 종합평가
- 평가위원: 전입사정관 1인 + 위촉사정관 1인

평가자료	평가요소	평가항목
※학교생활기록부 ※대체서류: 활동보고서 또는 청소년생활기록부(검정고시) 활동보고서(국외고)	학업성취역량(30%)	학업성취도, 학업태도와 학업의지, 탐구활동
	성장잠재역량(30%)	- 전공(계열) 관련 교과목 이수 및 성취도 - 전공(계열)에 대한 관심과 이해 - 전공(계열) 관련 활동과 경험
	발전가능성(20%)	자기주도성, 경험의 다양성, 리더십, 창의적 문제해결력
	인성(20%)	협업 능력, 나눔과 배려, 소통능력, 도덕성, 성실성

④ 학교생활기록부 반영

※ 학교생활기록부 반영요소(반영비율) = 교과성적(90%) + 출결상황(10%)

⑤ 면접평가영역 및 평가내용

구분	의예과
면접팀 구성	3개의 면접실(각 평가위원 2명) : 수험생 1명 -인성면접, 상황면접, 모의상황면접
면접시간	각 실별 10분(총 30분)
반영점수	평가영역별 평균의 합

평가영역	주요내용	출제방법	배점
인성면접	관용, 배려, 포용, 개방성 등	문항출제위원회를 통해 출제	40%
상황면접	가치관과 태도, 문제해결능력		30%
모의상황면접	의사소통능력, 대인관계능력		30%

⑥ 수시 수능 최저학력기준

전형유형	모집단위	전형명	내용
학생부 종합	의예과	지역인재전형	국어, 영어, 수학, 과학탐구(2과목 평균) 4개 영역 중 3개 합 4등급 이내(단, 영어 포함하여 반영할 경우 영어는 1등급) *국어 선택과목: 없음 *수학 선택과목은 미적분 또는 기하

(3) 수시모집: 학생부종합(농어촌학생전형)

① 지원자격

모집구분	전형유형		일반고	특수목적고	자율고	검정고시	특성화고	해외고	수능응시여부
수시	학생부종합	농어촌학생전형	○	×	○	×	○	×	×
			농어촌지역출신						

② 전형요소 및 반영비율

모집구분	전형유형		전형방식	전형요소 및 반영비율(%)	
수시	학생부종합	농어촌학생	1단계(5배수)	서류(100)	
			2단계	서류(70)	면접(30)

③ 서류평가(학생부종합전형)

- 평가방법: 평가 자료를 통해 평가위원 2인이 개별적으로 평가요소 및 평가항목 기준에 따라 1,000점~0점으로 정성 종합평가
- 평가위원: 전입사정관 1인 + 위촉사정관 1인

평가자료	평가요소	평가항목
※학교생활기록부 ※대체서류: 활동보고서 또는 청소년생활기록부(검정고시) 활동보고서(국외고)	학업성취역량(30%)	학업성취도, 학업태도와 학업의지, 탐구활동
	성장잠재역량(30%)	- 전공(계열) 관련 교과목 이수 및 성취도 - 전공(계열)에 대한 관심과 이해 - 전공(계열) 관련 활동과 경험
	발전가능성(20%)	자기주도성, 경험의 다양성, 리더십, 창의적 문제해결력
	인성(20%)	협업 능력, 나눔과 배려, 소통능력, 도덕성, 성실성

④ 학교생활기록부 반영

※ 학교생활기록부 반영요소(반영비율) = 교과성적(90%) + 출결상황(10%)

⑤ 면접평가영역 및 평가내용

구분	의예과
면접팀 구성	3개의 면접실(각 평가위원 2명) : 수험생 1명 -인성면접, 상황면접, 모의상황면접
면접시간	각 실별 10분(총 30분)
반영점수	평가영역별 평균의 합

평가영역	주요내용	출제방법	배점
인성면접	관용, 배려, 포용, 개방성 등	문항출제위원회를 통해 출제	40%
상황면접	가치관과 태도, 문제해결능력		30%
모의상황면접	의사소통능력, 대인관계능력		30%

⑥ 수시 수능 최저학력기준

전형유형	모집단위	전형명	내용
학생부 종합	의예과	지역인재전형	국어, 영어, 수학, 과학탐구(2과목 평균) 4개 영역 중 3개 합 4등급 이내(단, 영어 포함하여 반영할 경우 영어는 1등급) *국어 선택과목: 없음 *수학 선택과목은 미적분 또는 기하

(4) 정시모집: 수능‘나’군(일반전형)
① 지원자격

모집구분	전형유형		일반고	특수목적고	자율고	검정고시	특성화고	해외고	수능응시여부
정시	수능위주	일반전형	○	○	○	○	○	○	○

② 전형요소 및 반영비율

모집구분	전형유형			전형방식	전형요소 및 반영비율(%)
정시	수능	일반전형	나군	일괄합산	수능(100)

③ 정시 수능성적

구분	의예과
반영점수	- 수학, 국어, 과학탐구 : 표준점수 - 영어 : 수능등급
선택과목 반영	- 국어 선택과목: 본인이 선택한 과목을 그대로 반영 - 수학 선택과목: 미적분, 기하 중 본인이 선택한 과목을 그대로 반영
반영비율	수능성적 100%

대학	모집단위	반영영역 및 반영비율	가산점
의과대학	의예과	국어 20%, 영어 10%, 수학 40%, 과학탐구(2과목) 30%	

14) 가톨릭관동대학교[18]

■ 의과대학 모집인원은 아래와 같습니다.

대학	모집단위	수시(정원내)					수시(정원외)		정시(정원내)
		학생부종합		학생부교과			교과(고른기회)		군
		CKU 종합	가톨릭 지도자 추천	일반	강원 인재	기회 균형	농어촌 학생	기초생활 및 차상위	수능
의과 대학	의학과 (자연)	8	2	8	10	2	2	2	19

(1) 수시모집: 학생부종합(CKU종합)
① 지원자격

고등학교 졸업(예정)자 또는 관계 법령에 의하여 고등학교 졸업자와 동등 이상의 학력이 있다고 인정된 자

② 전형요소 및 반영비율

선발단계	전형요소반영비율		전형총점	비고
	서류평가	면접고사		
1단계	100	-	1,000	3배수 선발
2단계	70(1단계 성적)	30	1,000	1배수 선발

③ 수능최저학력기준

모집단위	수능최저학력기준
의학과	국어(화법과 작문, 언어와 매체 중 택1), 수학(미적분, 기하 중 택1), 과탐 (2과목) 중 상위 3개 영역 등급의 합이 5이내

(2) 수시모집: 학생부종합(가톨릭지도자추천전형)
① 지원자격

고등학교 졸업(예정)자 또는 관계 법령에 의하여 고등학교 졸업자와 동등 이상의 학력이 있다고 인정된 자로서 아래의 지원자격 중 하나에 해당하는 자 1) 가톨릭 사제 또는 현직 수도회 장상(총원장, 관구장, 수도원장)의 추천을 받은 자 2) 가톨릭계 고등학교 교장의 추천을 받은 자(지원자의 종교와는 무관함) 3) 가톨릭교회법이 인정하는 성직자 또는 수도자로 소속 장상의 추천을 받은 자

---

18) 2024 가톨릭관동대 모집요강

② 전형요소 및 반영비율

선발단계	전형요소반영비율(%)		전형총점	비고
	서류평가	면접고사		
1단계	100	-	1,000	6배수 선발
2단계	70(1단계 성적)	30	1,000	1배수 선발

③ 수능최저학력기준

모집단위	수능최저학력기준
의학과	국어(화법과 작문, 언어와 매체 중 택1), 수학(미적분, 기하 중 택1), 과탐(2과목) 중 상위 3개 영역 등급의 합이 5이내

(3) 수시모집: 학생부교과 (교과일반)

① 지원자격

고등학교 졸업(예정)자 또는 관계 법령에 의하여 고등학교 졸업자와 동등 이상의 학력이 있다고 인정된 자

② 전형요소 및 반영비율

모집단위	전형요소반영비율(%)	전형총점	가산점
의학과(자연)	학생부 교과성적 100	1,000	10~50점

③ 수능최저학력기준

모집단위	수능최저학력기준
의학과	국어(화법과 작문, 언어와 매체 중 택1), 수학(미적분, 기하 중 택1), 과탐(2과목) 중 상위 3개 영역 등급의 합이 4이내

(4) 수시모집: 학생부교과(강원인재전형)

① 지원자격

강원도 소재 고등학교에 입학하여 전 교육과정을 이수한 졸업(예정)자

② 전형요소 및 반영비율

모집단위	전형요소반영비율(%)	전형총점	가산점
의학과(자연)	학생부 교과성적 100	1,000	10~50점

③ 수능최저학력기준

※ 탐구영역은 2개 과목의 평균 등급을 반영함(소수점 첫째 자리까지 반영)

모집단위	수능최저학력기준
의학과	국어(화법과 작문, 언어와 매체 중 택1), 수학(미적분, 기하 중 택1), 과탐(2과목) 중 상위 3개 영역 등급의 합이 5이내

(5) 수시모집: 학생부교과(기회균형전형)

① 지원자격

- 고등학교 졸업(예정)자 또는 관계 법령에 의하여 고등학교 졸업자와 동등 이상의 학력이 있다고 인정된 자로서 아래의 지원자격 중 하나에 해당하는 자

	호수	대상자
「고등교육법 시행령」 제42조의6제1항	1호	-장애인 등 대상자 -농어촌학생 -특성화고교졸업자 -기초생활수급자, 차상위계층, 한부모가족 지원대상자
	2호	-국가보훈대상자
	3호	-서해 5도학생
	4호	-자립지원 대상 아동
	5호	-북한이탈주민이나 제3국 출생 북한이탈주민 자녀
	6호	-만학도

② 전형요소 및 반영비율

모집단위	전형요소반영비율(%)	전형총점	가산점
의학과(자연)	학생부 교과성적 100	1,000	10~20점

③ 수능최저학력기준

※ 탐구영역은 2개 과목의 평균 등급을 반영함(소수점 첫째 자리까지 반영)

모집단위	수능최저학력기준
의학과	국어(화법과 작문, 언어와 매체 중 택1), 수학(미적분, 기하 중 택1), 과탐(2과목) 중 상위 3개 영역 등급의 합이 5이내

(6) 수시모집: 학생부교과(농어촌학생, 기초생활 및 차상위)

① 지원자격

- 고등학교 졸업(예정)자 또는 관계 법령에 의하여 고등학교 졸업자와 동등 이상의 학력이 있다고 인정된 자로서 아래의 지원자격 중 하나에 해당하는 자

전형명	지원자격
농어촌학생 특별전형	① 지방자치법 제3조에 의한 읍·면 또는 도서·벽지 교육진흥법 제2조에 의한 도서·벽지에 소재하는 학교에서 중학교 입학 시부터 고등학교 졸업 시까지 전교육과정을 이수하는 기간 동안 본인, 부·모가 모두 농어촌 지역에서 거주한 자 ② 지방자치법 제3조에 의한 읍·면 또는 도서·벽지 교육진흥법 제2조에 의한 도서·벽지 소재 초·중·고등학교 12년 전 교육과정을 이수한 자 중 해당기간 동안 본인이 읍·면 또는 도서·벽지에 거주한 자 ※ 특수목적고, 검정고시, 외국고교 출신자 제외 ※ 농어촌 지역 거주시점 개시일 : 해당연도와 각 학교 입학 개시일(3월 2일 기준) ※ 초·중·고교 재학 중 또는 졸업 이후 읍·면 지역이 동으로 개편, 도서·벽지 지역이 해제된 경우에는 재학기간 동안 해당지역을 읍·면 또는 도서·벽지 지역으로 간주함
기초생활 및 차상위전형	①「국민기초생활보장법」제2조 제1호(수급권자) 및 제2호(수급자) ②「국민기초생활보장법」제2조 제10호에 의한 차상위계층(차상위 자활근로참가자, 차상위 본인부담경감자, 차상위 장애(아동)수당수급자, 차상위 한부모가족보호대상자, 차상위 장애인연금부가급여수급자, 우선돌봄 차상위 가구의 학생) ③「한부모가족지원법」제5조 및 제5조의2에 따른 지원 대상자

② 전형요소 및 반영비율

선발단계	전형요소 반영비율(%) 학생부교과	전형총점
의학과	100	1,000

③ 수능최저학력기준

※ 탐구영역은 2개 과목의 평균 등급을 반영함(소수점 첫째 자리까지 반영)

모집단위	수능최저학력기준
의학과	국어(화법과 작문, 언어와 매체 중 택1), 수학(미적분, 기하 중 택1), 과탐(2과목) 중 상위 3개 영역 등급의 합이 5이내

(7) 정시모집: 수능 '나군'
① 지원자격

고등학교 졸업(예정)자 또는 관계 법령에 의하여 고등학교 졸업자와 동등 이상의 학력이 있다고 인정된 자로서 2024학년도 대학수학능력시험에 응시한 자

② 전형요소 및 반영비율

전형방법	전형요소 반영비율(%)	전형총점	가산점
의학과	수능 100 + 합/불 면접	1,000 + 가산점	한국사

③ 수능최저학력기준: 미적용

④ 수능 반영영역 및 영역별 반영비율

- 반영지표 : 백분위
- 수능성적은 영어 영역을 필수반영
- 영역별 반영비율에 따라 4개 영역 반영

반영 영역수	국어 (%)	수학 (%)	영어 (%)	탐구 사회/ 과학	가중치	한국사

4	20	30	20	30	- 과학탐구 2개 과목 선택 시 2개 과목
					  평균 백분위의 5%
					- 과학탐구 선택 2개 과목 중 화학Ⅱ
					  또는 생명과학Ⅱ에 응시한 경우 2개
					  과목 평균 백분위의 7%
						가산점
						부여

■ 한국사 반영방법

등급	1등급	2등급	3등급	4등급	5등급	6등급	7등급	8등급	9등급
가산점	10	10	10	10	9.6	9.2	8.8	8.4	8

15) 경상국립대학교[19)]

■ 의과대학 모집인원은 아래와 같습니다.

대학	모집 단위	수시(정원내)					수시(정원외)	정시	
		학생부교과		학생부종합			학생부교과	가군	
		일반	지역 인재	일반	지역	기초 생활	농어촌	일반	지역
의과 대학	의예과	11	32	2	3	2	3	7	19

(1) 수시모집: 학생부교과(일반전형)
① 지원자격

국내 소재 고등학교 졸업(예정)자 또는 법령에 의하여 동등 이상의 학력이 있다고 인정되는 자

② 전형방법

1) 전형요소별 반영비율 및 배점

모집단위	사정단계	학생부(교과)	전형총점
의예과	일괄	1,000(100%)	1,000(100%)

2) 기본점수 및 실질반영점수

모집단위	학생부(교과)	
	기본점수	실질반영
의예과	850점	150점

③ 수능최저학력기준

모집계열 및 단과대학		수능반영영역				
		국어	수학	영어	탐구 과학	한국사
자연계열	의과대	○	○	○	○	○

※ 수학필수 반영: 미적분 또는 기하
※ **상위 3개 영역 합이 4등급 이내여야 함**
※ 과탐 2과목 중 상위 1과목 등급 적용

---

19) 2024 경상국립대 모집요강

(2) 수시모집: 학생부교과(지역인재전형)

① 지원자격

경남·부산·울산지역 소재 고등학교(졸업)예정자로 해당지역 소재 고교 입학부터 졸업(예정)까지 전 과정을 이수한 자
※「초·중등교육법」 제2조에 따른 고등학교 외 고교 졸업 동등 학력자에 대하여 지원자격을 부여할 수 없음

② 전형방법

1) 전형요소별 반영비율 및 배점

모집단위	사정단계	학생부(교과)	전형총점
의예과	일괄	1,000점(100%)	1,000점(100%)

2) 기본점수 및 실질반영점수

모집단위	학생부	
	기본점수	실질 반영점수
의예과	850점	150점

③ 수능최저학력기준

모집계열 및 단과대학		수능반영영역				
		국어	수학	영어	탐구 과학	한국사
자연계열	의과대	○	○	○	○	○

※ 수학필수 반영: 미적분 또는 기하
※ **상위 3개 영역 합이 6등급 이내**여야 함
※ 과탐 2과목 중 상위 1과목 등급 적용

④ 제출서류: 학교생활기록부

(3) 수시모집: 학생부종합(일반전형)

① 지원자격

국내 소재 고등학교 졸업(예정)자 또는 법령에 의하여 동등 이상의 학력이 있다고 인정되는 자

② 전형방법

1) 전형요소별 반영비율 및 배점

사정단계	선발비율	서류평가	면접평가	전형총점
1단계	300%	1,000점	-	1,000점(100%)
2단계	100%	(1단계 80%) 800점	200점	1,000점(100%)

2) 기본점수 및 실질반영점수

사정단계	서류평가		심층면접	
	기본점수	실질반영점수	기본점수	실질반영점수
1단계	850점	150점	-	-
2단계	680(85%)	120(15%)	170점(85%)	30점(15%)

③ 수능최저학력기준

모집계열 및 단과대학		수능반영영역				
		국어	수학	영어	탐구 과학	한국사
자연계열	의과대	○	○	○	○	○

※ 수학필수 반영: 미적분 또는 기하

※ **상위 3개 영역 합이 6등급 이내여야 함**

※ 과탐 2과목 중 상위 1과목 등급 적용

④ 제출서류: 학교생활기록부

(4) 수시모집: 학생부종합(지역인재전형)

① 지원자격

- 경남·부산·울산지역 소재 고등학교(졸업)예정자로 해당지역 소재 고교 입학부터 졸업
  (예정)까지 전 과정을 이수한 자
※「초·중등교육법」제2조에 따른 고등학교 외 고교 졸업 동등 학력자에 대하여 지원자격
  을 부여할 수 없음

② 전형방법

1) 전형요소별 반영비율 및 배점

사정단계	선발비율	서류평가	면접평가	전형총점
1단계	300%	1,000점	-	1,000점(100%)
2단계	100%	(1단계 80%) 800점	200점	1,000점(100%)

2) 기본점수 및 실질반영점수

사정단계	서류평가		심층면접	
	기본점수	실질반영점수	기본점수	실질반영점수
1단계	850점	150점	-	-
2단계	680(85%)	120(15%)	170점(85%)	30점(15%)

③ 수능최저학력기준

모집계열 및 단과대학		수능반영영역				
		국어	수학	영어	탐구 과학	한국사
자연계열	의과대	○	○	○	○	○

※ 수학필수 반영: 미적분 또는 기하
※ **상위 3개 영역 합이 6등급 이내여야 함**
※ 과탐 2과목 중 상위 1과목 등급 적용

④ 제출서류: 학교생활기록부

(5) 수시모집: 학생부종합(기초생활수급자 전형)

① 지원자격

국내 소재 고등학교 졸업(예정)자 또는 법령에 의하여 동등 이상의 학력이 있다고 인정되는 자로서 아래 ① ~ ③항의 하나에 해당되는 자

① **기초생활수급자 대상** :「국민기초생활보장법」제2조제1호 또는 제2호에 따른 수급권자 가구의 학생
② **차상위계층대상** : 「국민기초생활보장법」제2조제10호에 따른 차상위계층 가구의 학생
③ **한 부 모 가 족 대 상** : 「한부모가족지원법」 제5조및제5조의2에 따른 지원대상자 가구의 학생

② 전형방법

1) 전형요소별 반영비율 및 배점

사정단계	선발비율	서류평가	면접평가	전형총점
1단계	300%	1,000점	-	1,000점(100%)
2단계	100%	(1단계 80%) 800점	200점	1,000점(100%)

2) 기본점수 및 실질반영점수

사정단계	서류평가		심층면접	
	기본점수	실질반영점수	기본점수	실질반영점수
1단계	850점	150점	-	-
2단계	680(85%)	120(15%)	170점(85%)	30점(15%)

③ 수능최저학력기준

모집계열 및 단과대학		수능반영영역				
		국어	수학	영어	탐구 과학	한국사
자연계열	의과대	○	○	○	○	○

※ 수학필수 반영: 미적분 또는 기하

※ 상위 3개 영역 합이 6등급 이내여야 함

※ 과탐 2과목 중 상위 1과목 등급 적용

④ 제출서류

- 학교생활기록부(온라인제공 미동의자만 제출)
- 지원자 자격확인을 위한 서류

자격유형	제출서류	발급기관
기초생활수급자	국민기초생활수급자 증명서 1부	시·군·구청/ 읍·면·동/ 주민자치센터
차상위계층	차상위 복지급여 수급 확인서 1부	
한부모가족 지원대상	한부모 가족 증명서 1부	

※ 본인 명의의 발급서류(본인명의의 서류가 아닌 경우, 가족관계증명서 1부 제출)

(6) 수시모집: 학생부종합(농·어촌학생전형(정원외))
① 지원자격

① 유형Ⅰ: 「지방자치법」제3조에 따른 읍면 지역 또는 「도서·벽지 교육진흥법시행규칙」제2조에 따른 도서·벽지 중·고등학교서 중학교 입학 시부터 고등학교 졸업 시까지 전 교육과정(6년)을 이수하고 졸업(예정)한 자로서 재학기간 중 부모와 본인 모두가 농·어촌 또는 도서·벽지에 거주한 자

② 유형Ⅱ: 「지방자치법」제3조에 따른 읍·면 지역 또는 「도서·벽지 교육진흥법시행규칙」제2조에 따른 도서·벽지 초·중·고등학교에서 초등학교 입학 시부터 고등학교 졸업 시까지 전 교육과정(12년)을 이수하고 졸업(예정)한 자로서 재학기간 중 본인이 농·어촌 또는 도서·벽지에 거주한 자

※공통사항

* 농어촌지역: 「지방자치법」제3조에 의한 읍·면지역, 「도서·벽지교육진흥법」제2조에서 정한 도서·벽지지역
* 졸업예정자는 고교 졸업 시까지 농어촌지역에 거주하여야 함(고교 졸업 이후의 주소지는 농어촌지역이 아니어도 됨)

※지원가능 기준

1. 지원자격은 연속된 년 수만을 인정함
2. 농어촌지역의 적용은 지원자의 재학기간 당시의 행정구역 단위를 기준으로 함
3. 재학기간 중 읍/면 행정구역이 동 지역 개편된 경우에는 농어촌지역으로 인정
4. 농어촌지역 특성화고(대안학교, 평생교육법에 의한 학력인정학교 포함)출신자는 가능함
5. 2개 이상의 학교에 재학한 경우, 해당 학교 모두가 농어촌지역에 소재한 학교이어야 함 (동일지역이 아니라도 지원가능)
6. 부모와 학생의 거주지 또는 거주지와 학교 소재지가 동일한 농어촌지역이 아니라도 가능함
7. 부모가 이혼한 경우, 이혼 전의 부모 주소지는 농어촌지역이여야 하고, 이혼 시점부터

졸업까지 친권자(혹은 양육권자)의 주소지도 농어촌지역이여야 함

8. 부 또는 모, 부모 모두가 사망·실종한 경우에는 법률상의 사망·실종일 이전까지의 주소지가 농어촌지역이여야 하고, 법률상의 사망·실종일 이후부터는 생존하는 부 또는 모, 또는 친권(또는 양육권)이 있는 자가 농어촌 지역에 거주하여야 함

■지원불가 대상

1. 유형Ⅰ의 경우, 중학교 입학 일부터 고등학교 졸업(예정) 시까지 부·모·학생 중 1인이 단 하루라도 주민등록상 거주지가 농어촌지역이 아닌 곳으로 전출·입한 사실이 있는 자

2. 중·고등학교 교육과정 중 일부를 농어촌지역이 아닌 곳에 소재한 중·고등학교에 재학한 자(유형Ⅱ의 경우, 초등학교 포함)

3. 농어촌지역에 소재한 특수목적고(과학고, 외국어고, 예술고, 체육고, 국제고 등) 출신자

4. 중·고등학교 졸업학력 검정고시 합격자(유형Ⅱ의 경우, 초등학교 포함)

② 전형방법

1) 전형요소별 반영비율 및 배점

사정단계	선발비율	서류평가	면접평가	전형총점
1단계	300%	1,000점	-	1,000점(100%)
2단계	100%	(1단계 80%) 800점	200점	1,000점(100%)

2) 기본점수 및 실질반영점수

사정단계	서류평가		심층면접	
	기본점수	실질반영점수	기본점수	실질반영점수
1단계	850점	150점	-	-
2단계	680(85%)	120(15%)	170점(85%)	30점(15%)

③ 수능최저학력기준

모집계열 및 단과대학		수능반영영역				
		국어	수학	영어	탐구 과학	한국사
자연계열	의과대	○	○	○	○	○

※ 수학필수 반영: 미적분 또는 기하
※ 상위 3개 영역 합이 6등급 이내여야 함
※ 과탐 2과목 중 상위 1과목 등급 적용

④ 제출서류

- 학교생활기록부(온라인제공 미동의자만 제출)
- 지원자 자격확인을 위한 서류

자격유형	제출서류	세부 제출사항		
① 유형 I	① 지원자격심사 신청서 1부	【본교 서식】		
	② 부·모·지원자의 주민등록초본 각 1부	- 주민등록초본은 주민등록번호 명시 필수 - 주소변경내역 포함 필수 - 주소가 변경된 경우에는 세대주와 관계 사항을 모두 포함하여 발급된 서류 제출		
	③ 가족관계증명서 1부	- 가족관계증명서는 지원자 기준으로 제출 - 부모가 외국인일 경우 외국인등록사실증명서(군청, 읍·면·동 주민센터 발급)를 추가 제출		
	④ 중·고교 학교생활기록부 각 1부	지원자격 확 인 용	- 중학교 생활기록부는 별도 제출 - 고등학교 생활기록부는 온라인제공 동의 시 미제출	
	⑤ 기타 지원 자격 확인에 필요한 서류 각 1부	양육권 판결문 등(해당자)		
		중고교 재학 전체 기간 중 해 당 자	부·모의 이 혼	지원자 기본증명서 1부 및 부 또는 모 혼인관계 증명서 1부
			부·모의 사 망	사망일자가 표기된 말소자 초본 1부 또는 제적등본(사망자 기본증명서) 1부
① 유형 II	① 지원자격심사 신청서 1부	【본교 서식】		
	② 지원자의 주민등록초본 1부	- 주민등록초본은 주민등록번호 명시 필수 - 개인 인적사항 변경내역과 모든 주소변경내역 포함 필수		
	③ 초·중·고교 학교생활기록부 각 1부	지원자격 확 인 용	- 초·중학교 생활기록부는 별도 제출 - 고등학교 생활기록부는 온라인제공 동의 시 미제출	

※ 지원 자격 확인이 필요한 경우에는 추가적으로 지원 자격 관련 서류 제출을 요구할 수 있음

(7) 정시모집: 수능 '가'군(일반전형)

① 지원자격

2024학년도 대학수학능력시험 응시자로서, 고등학교 졸업(예정)자 또는 법령에 의하여 고등학교 졸업 이상의 학력이 있다고 인정되는 자

② 전형방법

1) 전형요소별 반영비율 및 배점

모집군	모집단위	사정단계	수능	실기	전형총점
'가'군	의예과	일괄	1,000점(100%)	-	1,000점(100%)

2) 기본점수 및 실질반영점수

모집단위	수능		실기	
	기본점수	실질반영	기본점수	실질반영
의예과	0점	1,000점	-	-

(8) 정시모집: 수능'가'군(지역)

① 지원자격

2024학년도 대학수학능력시험 응시자로서, 고등학교 입학부터 졸업까지 전 교육과정을 경남·부산·울산지역 소재 고등학교에서 이수한 졸업(예정)자
※「초·중등교육법」제2조에 따른 고등학교 외 고교 졸업 동등 학력자에 대하여 지원자격을 부여할 수 없음

② 전형방법: 수능'가'군(일반전형)과 동일

③ 제출서류: 학교생활기록부(온라인제공 미동의자만 제출)

16) 부산대학교[20]

■ 의과대학 모집인원은 아래와 같습니다.

대학	모집단위	수시				정시	
		학생부교과	학생부종합		논술	수능	
				저소득층 학생 지역인재		나군	
		지역인재	지역인재		지역인재	일반	지역인재
		정원내				정원내	
의과대학	의예과	30	30	3	15	25	22

(1) 수시모집: 학생부교과(지역인재전형)

① 지원자격

국내 정규 고등학교 졸업(예정)자로서 **입학부터 졸업까지 부산, 울산, 경남 지역에 소재하는 고등학교의 전 교육과정을 이수한 자**(2학년 수료예정자 중 상급학교 조기입학 자격을 부여받은 자 포함)
※「초·중등교육법」제2조에 따른 고등학교 외 고교 졸업 동등 학력자는 지원 자격에서 제외함

② 전형방법: 학생부 교과 100%

전형요소	학교생활기록부		계
	교과	학업역량 평가	
반영비율	80%	20%	100%

- 학생부 지정교과 성적 고득점자 순으로 선발함
- 미충원 인원은 정시모집 모집단위별 해당 모집군으로 이월하여 선발함

---

20) 2024 부산대 모집요강

③ 대학수학능력시험 최저학력기준

모집계열	최저학력기준	공통기준
자연계	국어, 영어, 수학(미적분, 기하 중 택1), 과학탐구 영역 중 **수학 포함 3개 영역 등급 합 4 이내**	한국사 4등급 이내

※ 탐구영역은 2과목 평균을 반영함

※ 탐구영역(과탐) 과목은 수험자가 자유 선택하여 응시하고 반드시 2과목을 응시하여야 함

※ 의예과, 약학부, 치의학전문대학원 학·석사 통합과정 미충원 인원은 정시 수능(지역인재전형)으로 이월함

(2) 수시모집: 학생부종합(지역인재전형)

① 지원자격

국내 정규 고등학교 졸업(예정)자로서 **입학부터 졸업까지 부산, 울산, 경남 지역에 소재**하는 고등학교
의 **전 교육과정을 이수한 자**(2학년 수료예정자 중 상급학교 조기입학 자격을 부여받은 자 포함)
※「초·중등교육법」제2조에 따른 고등학교 외 고교 졸업 동등 학력자는 지원자격에서 제외함

② 전형방법

가. 전형요소 및 반영비율

선발단계	전형요소별 반영비율		계
	서류평가(학생부)	면접	
1단계 (3~4배수)	100%	-	100%
2단계	80%	20%	100%

나. 선발방법

- 1단계 : 서류(학생부)평가 성적순으로 모집단위 모집인원의 3~4배수를 면접대상자로 선
발함. **의과대학 의예과 4배수 내외, 그 외 모집단위 면접대상자는 모집정원의 3배수 내외**
- 2단계 : 면접대상자 중 1단계 성적과 면접 성적을 합산하여 고득점자 순으로 선발함

다. 대학수학능력시험 최저학력기준

모집계열	최저학력기준	공통기준
자연계	국어, 영어, 수학(미적분, 기하 중 택1), 과학탐구 영역 중 수학 포함 **3개 영역 등급 합 4 이내**	한국사 4등급 이내

※ 탐구 2과목 평균을 반영함

※ 의예과, 약학부, 치의학전문대학원 학·석사 통합과정 미충원 인원은 정시 수능(지역인재전형)으로 이월함

(3) 수시모집: 학생부종합(지역인재 저소득층학생전형)

　　① 지원자격

아래 지원 자격 1과 2 모두 해당되는 자
1. 국내 정규 고등학교 졸업(예정)자로서　아래 자격요건 ①, ② 중 하나에 해당되는 자 　①「국민기초생활보장법」제2조제1호(수급권자), 제2호(수급자), 제10호(차상위계층)에 의한 대상자 　②「한부모가족지원법」제5조 또는 제5조의2에 따른 지원대상자 2. 국내 정규 고등학교 졸업(예정)자로서 **입학부터 졸업까지 부산, 울산, 경남 지역에 소재**하는 고등학교의 **전 교육과정을 이수한 자**(2학년 수료예정자 중 상급학교 조기입학 자격을 부여받은 자 포함) 　※「초·중등교육법」제2조에 따른 고등학교 외 고교 졸업 동등 학력자는 지원자격에서 제외함

　　② 전형방법

　　　가. 전형요소 및 반영비율: 서류평가(학생부) 100%

　　　나. 선발방법: 서류(학생부)를 종합평가하여 고득점자 순으로 선발함

　　　다. 미충원 인원은 정시모집 모집단위별 해당 모집군으로 이월하여 선발함

　　　라. 대학수학능력시험 최저학력기준

모집계열	최저학력기준	공통기준
자연계	국어, 영어, 수학(미적분, 기하 중 택1), 과학탐구 영역 중 **수학 포함 3개 영역 등급 합 4 이내**	한국사 4등급 이내

※ 탐구 2과목 평균을 반영함
※ 미충원 인원은 정시 수능(지역인재전형)으로 이월함

(4) 논술

　　① 지원자격

국내 정규 고등학교 졸업(예정)자로서 **입학부터 졸업까지 부산, 울산, 경남 지역에 소재**하는 고등학교의 **전 교육과정을 이수한 자**(2학년 수료예정자 중 상급학교 조기입학 자격을 부여받은 자 포함) ※「초·중등교육법」제2조에 따른 고등학교 외 고교 졸업 동등 학력자는 지원자격에서 제외함

　　② 전형방법

　　　가. 전형요소 및 반영비율

전형요소	학교생활기록부		논술	계
	교과	비교과		
반영비율	30%	-	70%	100%

※ 단, 국내 고교에서 3개 학기 미만의 성적을 취득한 자, 외국 고교 졸업(예정)자, 검정고시 출신자, 석차등급 미기재자, 기타 본교가 인정하는 학생부 성적을 산출할 수 없는 자는 우리 대학교 자체 기준에 따라 학생부 성적을 처리함

　　　나. 선발방법: 학생부 성적과 논술 성적을 합산하여 고득점자 순으로 선발함

다. 미충원 인원은 정시모집 모집단위별 해당 모집군으로 이월하여 선발함

③ 논술고사 시험유형 및 시간
가. 문항유형: 수리 논술
나. 시험시간: 100분

④ 대학수학능력시험 최저학력기준

모집계열	최저학력기준	공통기준
자연계	국어, 영어, 수학(미적분, 기하 중 택1), 과학탐구 영역 중 **수학 포함 3개 영역 등급 합 4** 이내 ※ 의예과에 한해 탐구 2과목 평균을 반영함	한국사 4등급 이내

※ 과학탐구 과목은 수험자가 자유 선택하되 반드시 2과목을 응시하여야 하며, 의예과는 2과목 평균을, 약학부는 상위1과목을 반영함
※ 의예과, 약학부 미충원 인원은 정시 지역인재전형으로 이월함

(5) 정시모집 (수능전형)
① 지원자격

고등학교 졸업(예정)자 또는 법령에 의하여 이와 동등 이상의 학력이 있다고 인정된 자로서 2024학년도 대학수학능력시험에서 다음의 필수 응시영역에 응시한 자

모집계열	모집단위	대학수학능력 필수 응시영역	비고
자연계	의과대학	국어, 수학(미적분, 기하 중 택1), 영어, 과학탐구, 한국사	탐구과목은 2과목을 자유 선택하여 응시하여야 함(2과목 성적을 반영함)

② 전형방법

가. 전형요소 및 반영비율
- 수능 100%
나. 선발방법
- 수능 성적 고득점자 순으로 선발함

(6) 정시모집 (수능 지역인재전형)
① 지원자격

국내 정규 고등학교 졸업(예정)자로서 **입학부터 졸업까지 부산, 울산, 경남 지역에 소재하는 고등학교의 전 교육과정을 이수한 자**(2학년 수료예정자 중 상급학교 조기입학 자격을 부여받은 자 포함)
※「초·중등교육법」제2조에 따른 고등학교 외 고교 졸업 동등 학력자는 지원 자격에서 제외함

모집계열	대학수학능력 필수 응시영역	비고
자연계	국어, 수학(미적분, 기하 중 택1), 영어, 과학탐구, 한국사	탐구과목은 2과목을 자유 선택하여 응시하여야 함(2과목 성적을 반영함)

※ 과학탐구영역은 2과목 성적을 반영함

② 전형방법

가. 전형요소 및 반영비율
- 수능 100%
나. 선발방법
- 수능 성적 고득점자 순으로 선발함

17) 울산대학교[21]

■ 의과대학 모집인원은 아래와 같습니다.

대학	모집단위	수시			정시
		학생부종합			수능
		학생부종합	지역인재	지역인재 (기초/차상위)	가군
의과대학	의예과	14	15	1	10

(1) 수시모집: 학생부종합(종합특별전형)

① 지원자격

국내 고교 2024년 2월 이전 고등학교 졸업(예정)자

② 전형요소별 반영비율 및 배점

모집단위	선발방법	선발비율	서류평가	면접	수능최저학력기준
의예과	1단계	500%	100%(500점)		있음
	2단계	100%	50%(500점)	50%(500점)	

- 학교생활기록부를 바탕으로 학업성취 및 전공적합성, 잠재역량, 인성을 평가함.

---

21) 2024 울산대 모집요강

③ 수능최저학력기준: 아래 두 가지 조건을 모두 만족하는 자

가. 국어, 수학(미적분 또는 기하 필수선택), 영어, 과탐(2과목 평균) 중 **3개 영역 합 4등급 이내**
나. 한국사 4등급 이내
※ 과탐 영역은 서로 다른 2과목의 등급을 평균하여(동일과목 Ⅰ+Ⅱ는 인정하지 않음), 소수점 첫째 자리에서 반올림하여 반영함

④ 서류평가: 학교생활기록부 평가

⑤ 면접고사

평가영역	평가방법	배점	면접시간
- 학업성취 및 전공적합성 - 잠재역량 - 인성	다양한 상황제시와 제출서류를 확인하는 다중미니면접(MMI)	500점	50분 내외

(2) 수시모집: 학생부종합(지역인재특별전형)
① 지원자격

입학일부터 졸업일까지 부산/울산/경남지역에 있는 고등학교에서 재학한 2024년 2월 이전 고등학교 졸업(예정)자

② 전형요소별 반영비율 및 배점

모집단위	선발방법	선발비율	서류평가	면접	수능최저학력기준
의예과	1단계	500%	100%(500점)		있음
	2단계	100%	50%(500점)	50%(500점)	

- 학교생활기록부를 바탕으로 학업성취 및 전공적합성, 잠재역량, 인성을 평가함.

③ 수능최저학력기준: 아래 두 가지 조건을 모두 만족하는 자

가. 국어, 수학(미적분 또는 기하 필수선택), 영어, 과탐(2과목 평균) 중 **3개 영역 합 4등급 이내**
나. 한국사 4등급 이내
※ 과탐 영역은 서로 다른 2과목의 등급을 평균하여(동일과목 Ⅰ+Ⅱ는 인정하지 않음), 소수점 첫째 자리에서 반올림하여 반영함

④ 서류평가: 학교생활기록부 평가

⑤ 면접고사

평가영역	평가방법	배점	면접시간
- 학업성취 및 전공적합성 - 잠재역량 - 인성	다양한 상황제시와 제출서류를 확인하는 다중미니면접(MMI)	500점	50분 내외

(3) 수시모집: 학생부종합(지역인재[기초생활 수급자 및 차상위계층] 특별전형)

① 지원자격

입학일부터 졸업일까지 부산/울산/경남지역에 있는 고등학교에서 재학한 2024년 2월 이전 고등학교 졸업(예정)자 중, 아래에 해당하는 자
- 「국민기초생활보장법」 제2조 제1호에 따른 수급권자 또는 제2조 제10호에 따른 차상위계층
- 「한부모가족지원법」 제5조 및 제5조의2에 따른 지원대상자

② 전형요소별 반영비율 및 배점

모집단위	선발방법	선발비율	서류평가	면접	수능최저학력기준
의예과	1단계	500%	100%(500점)		있음
	2단계	100%	50%(500점)	50%(500점)	

③ 수능최저학력기준: 아래 두 가지 조건을 모두 만족하는 자

가. 국어, 수학(미적분 또는 기하 필수선택), 영어, 과탐(2과목 평균) 중 **3개 영역 합 4등급 이내**
나. 한국사 4등급 이내
※ 과탐 영역은 서로 다른 2과목의 등급을 평균하여(동일과목 Ⅰ+Ⅱ는 인정하지 않음), 소수점 첫째 자리에서 반올림하여 반영함

④ 서류평가: 학교생활기록부 평가

⑤ 면접고사

평가영역	평가방법	배점	면접시간
- 학업성취 및 전공적합성 - 잠재역량 - 인성	다양한 상황제시와 제출서류를 확인하는 다중미니면접(MMI)	500점	50분 내외

(4) 정시모집: 수능'가'군

　　① 지원자격

2024년 2월 이전 고등학교 졸업(예정)자 및 법령에 의하여 이와 동등 이상의 학력을 소지한 자

　　② 전형요소별 반영비율 및 배점

군별	단과대학	모집단위	수능	인·적성면접
가군	의과대학	의예과	100%(1000점)	합/불 판정

　　③ 대학수학능력시험 반영방법

과목 모집단위	국어, 수학	영어	탐구영역	한국사
의예과	표준점수	등급	표준점수	등급

　　④ 모집단위별 대학수학능력시험 반영영역 및 비율, 가산점

모집단위	수능반영영역 비율(%)					가산점
	국어	수학	영어	탐구	한국사	
의예과	20	30	19	과탐(2과목) 30	1	-

18) 동아대학교[22)]

■ 의과대학 모집인원은 아래와 같습니다.

대학 /학부	모집 단위	수시				정시	
		학생부종합			학생부교과	수능	
		지역인재 종합	지역인재기회 균형대상자	농어촌 학생	지역인재 교과	가군 일반학생	가군 지역인재
의과대 학	의예과	10	2	2	18	9	10

---

22) 2024 동아대 모집요강

(1) 수시모집: 학생부종합(지역인재종합)
① 지원자격

고등학교 졸업(예정)자로서 부산, 울산, 경남지역 소재 고등학교 교육과정(입학일부터 졸업일까지)을 이수한 자
※ 부모가 부산, 울산, 경남지역에 거주하지 않아도 됨
※ 2024학년도 대학수학능력시험에 반드시 응시하여야 함
※「초·중등교육법」제2조에 따른 고등학교 외 고교 졸업 동등 학력자는 지원자격에서 제외됨(영재학교, 학력인정고등학교, 각종학교 등은 지원자격에서 제외됨)

② 전형방법

모집단위	선발단계	선발배수	서류	면접	총점
의예과	1단계	6배수	100%	-	1,000점
	2단계	1배수	80%	20%	

③ 전형요소별 반영방법
가. 서류

- 학교생활기록부에 기재된 지원자의 고등학교 재학기간 동안의 학업역량 및 학교생활 우수성을 토대로 학업역량, 진로역량, 공동체역량을 종합적으로 평가함.
- 지원자 성명, 출신고교는 모두 블라인드 처리되며 수험번호는 가번호 처리됩니다.
- 평가영역 및 배점

평가요소		평가항목	배점
학업역량	대학 교육을 충실히 이수하는데 필요한 수학 능력	•학업성취도 •학업태도 •탐구력	350
진로역량	자신의 진로와 전공(계열)에 관한 탐색 노력과 준비정도	•전공(계열) 관련 교과 이수 노력 •전공(계열) 관련 교과 성취도 •진로 탐색 활동과 경험	450
공동체역량	공동체의 일원으로 갖춰야 할 바람직한 사고와 행동	•협업과 소통능력 •나눔과 배려 •성실성과 규칙준수 •리더십	200

나. 면접

○ 면접은 개별면접으로 진행합니다.
○ 학교생활기록부를 바탕으로 학업역량, 진로역량, 공동체역량을 평가합니다.
○ 1명의 지원자를 대상으로 입학사정관 2명이 평가합니다.
○ 교과 관련 지식은 질문하지 않습니다.
○ 지원자 성명, 출신고교는 모두 블라인드 처리되며 수험번호는 가번호 처리됩니다.

○ 교육부 대입제도 공정성 강화 방안(2019.11.28.)에 의거하여 면접 과정은 녹화·녹음 보존됩니다.
○ 평가영역 및 배점

평가요소	평가항목	배점	면접질문(예시)
학업역량	•학업성취도 •학업태도 •탐구력	50	~학년 ~학기 ○○과목에서 실시한 ○○활동에 대해 구체적으로 말하고, 그 활동을 통해 배우고 느낀 점이 있다면 말해 보세요.
진로역량	•전공(계열) 관련 학업성취도 •진로 탐색 활동과 경험	100	~학년 ~학기에 실시했던 ○○활동의 과정을 구체적으로 말하고 그 활동이 지원 전공과 관련하여 어떤 의미를 가지는지 말해보세요.
공동체역량	•협업과 소통능력 •나눔과 배려 •성실성과 규칙준수 •리더십	50	학교생활기록부에 보면 학생회나 학급에서 ○○ 활동을 한 경험을 볼 수 있습니다. 본인의 역할에 대해 구체적으로 말하고, 나눔 또는 배려 실천사례가 있다면 말해보세요.

④ 수능 최저학력기준

모집단위	내용
의예과	수능 **4개 영역[국어, 수학, 영어, 과학탐구(1개 과목)]** 등급의 합 **6 이내** ※ 수학 선택과목은 미적분 또는 기하에 한함

⑤ 동점자 처리기준

가. 1단계 합격자 : 1단계 합격선의 동점자는 모두 선발합니다.

나. 최종합격자
○ 1순위 : 서류평가 영역 중 '진로역량' 평가 우수자
○ 2순위 : 서류평가 영역 중 '학업역량' 평가 우수자
○ 3순위 : 서류평가 영역 중 '공동체역량' 평가 우수자
○ 4순위 : 면접평가 영역 중 '진로역량' 평가 우수자
○ 5순위 : 면접평가 영역 중 '학업역량' 평가 우수자

⑥ 합격자 결정

가. 총점 고득점자 순으로 합격자를 결정합니다.
나. 면접 결시자는 불합격으로 처리합니다.
다. 우리 대학교의 심사결과 결격(지원자격 미달자, 서류 미제출자 포함) 판정자는 불합격으로 처리합니다.
라. 동점자 처리기준 적용 후에도 동점인 경우에는 전원 선발합니다.

⑦ 서류제출

대상자	제출서류	비 고
•학생부 온라인 미제공 고교 지원자 •2015년 2월 이전 졸업자	•고등학교 학교생활기록부 1부	•학교장의 직인이 날인되어 있어야 함 ※ 출신 학교장 직인이 아니어도 됨
•개명한 지원자	•주민등록표(초본) 원본 1부	•개명한 사실이 기재되어 있어야 함 ※ 주민등록상 이름이 학생부 또는 원서접수 상의 이름과 다른 지원자에 한해 제출
•최종등록자 중 원서접수 시 졸업예정자	•고교졸업증명서 원본 1부 •고등학교 학교생활기록부 1부	•고교 졸업일 이후 발급된 것에 한함 •2024. 2. 7.(수) 10:00 ~ 2. 15.(목) 17:00까지 제출

※ 지원자격 확인을 위해 상기 서류 이외에 기타 서류제출을 요구할 수 있음

※ 최종등록자 중 졸업예정자의 추가제출 서류를 심사하여 지원자격을 충족하지 못할 경우 합격 취소 처리함

(2) 수시모집: 학생부종합(지역인재기회균형대상자)

① 지원자격

고등학교 졸업(예정)자로서 부산, 울산, 경남지역 소재 고등학교 교육과정(입학일부터 졸업일까지)을 이수하고 다음 중 하나에 해당하는 자

※ 부모가 부산, 울산, 경남지역에 거주하지 않아도 됨

※ 「초·중등교육법」 제2조에 따른 고등학교 외 고교 졸업 동등 학력자는 지원자격에서 제외됨(영재학교, 학력인정고등학교, 각종학교 등은 지원자격에서 제외됨)

　가. 「국민기초생활 보장법」 제2조제1호(수급권자), 제2호(수급자)

　나. 「국민기초생활 보장법」 제2조제10호(차상위계층)

　다. 「한부모가족지원법」 제5조 및 제5조의2에 따른 대상자

　※ 차상위계층의 인정범위

　- 차상위 복지급여 수급자 : 차상위 본인부담경감, 차상위 장애(아동)수당, 차상위 장애인연금 부가급여, 차상위 자활급여 중 하나 이상의 급여를 받고 있는 가구의 학생

　- 차상위 복지급여 비수급자 : 차상위계층확인서 발급대상자

② 전형방법

모집단위	선발단계	서류	총점
의예과	일괄합산	100%	1,000점

③ 전형요소별 반영방법

　가. 서류

- 학교생활기록부에 기재된 지원자의 고등학교 재학기간 동안의 학업역량 및 학교생활 우수성을 토대로 학업역량, 진로역량, 공동체역량을 종합적으로 평가함.

- 지원자 성명, 출신고교는 모두 블라인드 처리되며 수험번호는 가번호 처리됩니다.
- 평가영역 및 배점

평가요소		평가항목	배점
학업역량	대학 교육을 충실히 이수하는데 필요한 수학 능력	•학업성취도 •학업태도 •탐구력	450
진로역량	자신의 진로와 전공(계열)에 관한 탐색 노력과 준비정도	•전공(계열) 관련 교과 이수 노력 •전공(계열) 관련 교과 성취도 •진로 탐색 활동과 경험	350
공동체역량	공동체의 일원으로 갖춰야 할 바람직한 사고와 행동	•협업과 소통능력 •나눔과 배려 •성실성과 규칙준수 •리더십	200

④ 동점자 처리기준

○ 1순위 : 서류평가 영역 중 '학업역량' 평가 우수자
○ 2순위 : 서류평가 영역 중 '진로역량' 평가 우수자
○ 3순위 : 서류평가 영역 중 '공동체역량' 평가 우수자

⑤ 합격자 결정

가. 총점 고득점자 순으로 합격자를 결정합니다.
나. 우리 대학교의 심사결과 결격(지원자격 미달자, 서류 미제출자 포함) 판정자는 불합격으로 처리합니다.
라. 동점자 처리기준 적용 후에도 동점인 경우에는 전원 선발합니다.

⑥ 서류제출

대상자		제출서류	비 고
•학생부 온라인 미제공 고교 지원자 •2015년 2월 이전 졸업자		•고등학교 학교생활기록부 1부	•학교장의 직인이 날인되어 있어야 함 ※ 출신 학교장 직인이 아니어도 됨
•국민기초생활보장수급(권)자		•국민기초생활수급자 증명서 원본 1부	•시·군·구청 또는 읍·면·동 주민센터 발행 •지원자 본인을 기준으로 발급 •원서접수 마감일 기준 7일 이내 발급된 것에 한함
•차상위계층	•차상위 본인부담경감 대상자	•차상위 본인부담경감대상자 증명서 원본 1부	•국민건강보험공단 발행 •원서접수 마감일 기준 7일 이내 발급된 것에 한함
	•차상위 장애(아동)수당 대상자	•장애(아동)수당대상자 확인서 원본 1부	•시·군·구청 또는 읍·면·동 주민센터 발행 •원서접수 마감일 기준 7일 이내 발급된 것에 한함
	•차상위 장애인연금 대상자	•장애인연금대상자 확인서 원본 1부	
	•차상위 자활급여	•자활근로자 확인서 원본 1부	

대상자	제출서류	비 고
대상자		
•차상위계층확인서 발급대상자	•차상위계층 확인서 원본 1부	
•차상위계층 본인이 아닐 경우	•가족관계증명서 원본 1부 •주민등록등본 원본 1부	•지원자의 부 또는 모를 기준으로 발급 •주민등록번호 전체가 기재되어 있어야 함 •원서접수 마감일 기준 7일 이내 발급된 것에 한함
• 한부모가족 지원대상자	•한부모가족 증명서 원본 1부	•시·군·구청 또는 읍·면·동 주민센터 발행 •지원자 본인을 기준으로 발급 •원서접수 마감일 기준 7일 이내 발급된 것에 한함
•개명한 지원자	•주민등록표(초본) 원본 1부	•개명한 사실이 기재되어 있어야 함 ※ 주민등록상 이름이 학생부 또는 원서접수 상의 이름과 다른 지원자에 한해 제출
•최종등록자 중 원서접수 시 졸업예정자	•고교졸업증명서 원본 1부 •고등학교 학교생활기록부 1부	•고교 졸업일 이후 발급된 것에 한함 •2024. 2. 7.(수) 10:00 ~ 2. 15.(목) 17:00까지 제출

※ 지원자격 확인을 위해 상기 서류 이외에 기타 서류제출을 요구할 수 있음
※ 최종등록자 중 졸업예정자의 추가제출 서류를 심사하여 지원자격을 충족하지 못할 경우 합격 취소 처리함

(3) 수시모집: 학생부종합(농·어촌학생전형)

① 지원자격

고등학교 졸업(예정)자로서 다음 지원자격 중 하나에 해당하는 자
가. 자격 1 - 중, 고 6년 본인·부모 농·어촌 거주 및 재학
읍, 면 소재 중학교, 고등학교 6년의 전 교육과정을 이수하고 재학기간(중학교 입학일부터 고등학교 졸업일까지) 중 본인 및 부모(이혼, 사망 및 기타 사유에 해당하는 부모는 예외로 함) 모두가 농·어촌지역에 거주한 자
나. 자격 2 - 초, 중, 고 12년 본인 농·어촌 거주 및 재학
본인이 농·어촌지역에 거주하면서 읍, 면 소재 초등학교, 중학교, 고등학교 12년의 전 교육과정(초등학교 입학일부터 고등학교 졸업일까지)을 이수한 자(부모가 농·어촌 지역에 거주하지 않아도 됨)
※ 도서·벽지 교육진흥법 시행규칙 제2조에 의거 도서·벽지로 지정된 지역은 농·어촌지역으로 인정함
※ 고교 졸업 이후 또는 재학 중 읍, 면이 동으로 행정구역이 개편된 경우도 자격을 인정함
※ 농·어촌 소재 특목고(과학고, 외국어고, 국제고, 예술고, 체육고, 마이스터고), 「평생교육법」 제31조제2항에 따른 학력인정 평생교육시설 출신자, 비인가 대안학교, 방송통신고등학교, 검정고시 출신자는 지원할 수 없음

② 전형방법

선발단계	서류	총점
일괄합산	100%	1,000점

③ 수능최저학력: 없음

④ 전형요소별 반영방법

　　가. 서류

- 학교생활기록부에 기재된 지원자의 고등학교 재학기간 동안의 학업역량 및 학교생활 우수성을 토대로 학업역량, 진로역량, 공동체역량을 종합적으로 평가함.
- 지원자 성명, 출신고교는 모두 블라인드 처리되며 수험번호는 가번호 처리됩니다.
- 평가영역 및 배점

평가요소		평가항목	배점
학업역량	대학 교육을 충실히 이수하는데 필요한 수학 능력	•학업성취도 •학업태도 •탐구력	450
진로역량	자신의 진로와 전공(계열)에 관한 탐색 노력과 준비정도	•전공(계열) 관련 교과 이수 노력 •전공(계열) 관련 교과 성취도 •진로 탐색 활동과 경험	350
공동체역량	공동체의 일원으로 갖춰야 할 바람직한 사고와 행동	•협업과 소통능력 •나눔과 배려 •성실성과 규칙준수 •리더십	200

⑤ 동점자 처리기준

○ 1순위 : 서류평가 영역 중 '학업역량' 평가 우수자
○ 2순위 : 서류평가 영역 중 '진로역량' 평가 우수자
○ 3순위 : 서류평가 영역 중 '공동체역량' 평가 우수자

⑥ 합격자 결정

가. 총점 고득점자 순으로 합격자를 결정합니다.
나. 우리 대학교의 심사결과 결격(지원자격 미달자, 서류 미제출자 포함) 판정자는 불합격으로 처리합니다.
라. 동점자 처리기준 적용 후에도 동점인 경우에는 전원 선발합니다.

⑦ 서류제출

대상자	제출서류	비 고
<자격 1> •중, 고 6년 본인·부모 농·어촌 거주 및 재학	•농·어촌학생 지원자격 및 재학사실 확인서 1부	•우리 대학교 입학안내 홈페이지에서 출력(83쪽 참조)
	•중학교 학교생활기록부 1부	•학교장의 직인이 날인되어 있어야 함 ※ 출신 학교장 직인이 아니어도 됨
	•가족관계증명서 원본 1부	•지원자 본인을 기준으로 발급 •주민등록번호 전체가 기재되어 있어야

대상자	제출서류	비 고
		함
	• 부, 모, 본인 주민등록표(초본) 원본 각 1부 ※ 부모가 이혼한 경우 - 부 또는 모의 혼인관계증명서(상세) 원본 1부 - 본인 기본증명서(상세) 원본 1부 ※ 부 또는 모가 사망한 경우 - 사망한 부 또는 모의 기본증명서 원본 1부(2007년 이전 사망한 경우는 제적등본 원본 1부)	• 주민등록표(초본) : 주소지 변동사항 전체가 기재되어 있어야 함 • 주민등록번호 전체가 기재되어 있어야 함 • 부, 모, 본인이 개명한 경우 주민등록표(초본)에 개명한 사실이 기재되어 있어야 함
<자격 2> • 초, 중, 고 12년 본인 농·어촌 거주 및 재학	• 농·어촌학생 지원자격 및 재학사실 확인서 1부	• 우리 대학교 입학안내 홈페이지에서 출력(83쪽 참조)
	• 초등학교, 중학교 학교생활기록부 각 1부	• 학교장의 직인이 날인되어 있어야 함 ※ 출신 학교장 직인이 아니어도 됨
	• 본인 주민등록표(초본) 원본 1부	• 주민등록표(초본) : 주소지 변동사항 전체가 기재되어 있어야 함 • 주민등록번호 전체가 기재되어 있어야 함 • 개명한 경우 주민등록표(초본)에 개명한 사실이 기재되어 있어야 함
• 학생부 온라인 미제공 고교 지원자 • 2015년 2월 이전 졸업자	• 고등학교 학교생활기록부 1부	• 학교장의 직인이 날인되어 있어야 함 ※ 출신 학교장 직인이 아니어도 됨
• 최종등록자 중 원서접수 시 졸업예정자	<자격 1> • 고교졸업증명서 원본 1부 • 고등학교 학교생활기록부 1부 • 부, 모, 본인 주민등록표(초본) 원본 각 1부	• 고교 졸업일 이후 발급된 것에 한함 • 주민등록표(초본) : 주소지 변동사항 전체가 기재되어 있어야 함 • 주민등록번호 전체가 기재되어 있어야 함 • 2024. 2. 7.(수) 10:00 ~ 2. 15.(목) 17:00까지 제출
	<자격 2> • 고교졸업증명서 원본 1부 • 고등학교 학교생활기록부 1부 • 본인 주민등록표(초본) 원본 1부	

※ 지원자격 확인을 위해 상기 서류 이외에 기타 서류제출을 요구할 수 있음
※ 최종등록자 중 졸업예정자의 추가제출 서류를 심사하여 지원자격을 충족하지 못할 경우 합격 취소 처리함

(4) 수시모집: 학생부교과(지역인재교과전형)

① 지원자격

고등학교 졸업(예정)자로서 부산, 울산, 경남지역 소재 고등학교 교육과정(입학일부터 졸업일까지)을 이수한 자
※ 부모가 부산, 울산, 경남지역에 거주하지 않아도 됨
※ 2024학년도 대학수학능력시험에 반드시 응시하여야 함

② 전형방법

교과성적 100% (총점 1,000점)

③ 수능최저학력기준

모집단위	최저학력기준
의예과	수능 **4개 영역[(국어, 수학, 영어, 과학탐구(1개과목)) 등급의 합이 6이내**에 들어야 함 ※ 수학 선택과목은 미적분 또는 기하에 한함

④ 교과성적

　가. 학년별 반영비율, 반영과목

학년	반영비율	반영과목
1학년	30%	국어, 영어, 수학, 과학 교과의 모든 과목
2학년	70%	(3학년 1학기까지)
3학년		※ 반영교과 진로선택과목 모두 포함

※ 진로선택과목 9등급제 환산적용 : A등급 → 1등급 / B등급 → 3등급 / C등급 → 5등급
※ 특목고 등 고교유형별 상이한 교과구분에 따른 해당교과목은 우리 대학교 심의를 거쳐 인정함
※ 일반계 고교 직업과정 위탁생, 공업계 2+1 체제 졸업자 반영방법 동일
※ 3학년 2학기 성적을 취득한 졸업자도 3학년 1학기까지만 반영

　나. 교과성적 산출방법

구분	1학년 산출공식	구분	2,3학년 산출공식
1학년 반영과목의 평균등급이 5미만	300-(1학년 평균등급 X 5)-5	2.3학년 반영과목의 평균등급이 5미만	700 - (2~3학년 평균등급 X 10) - 10
1학년 반영과목의 평균등급이 5이상	280-(1학년 평균등급-4)X25-25	2.3학년 반영과목의 평균등급이 5이상	660 - (2~3학년 평균등급-4) X 60 - 60

⑤ 동점자 처리기준

모집단위	동점자 처리기준
의예과	1순위 : 2~3학년 교과성적 반영점수 우수자 2순위 : 교과성적 1~3학년 반영과목 개수의 합 3순위 : 교과성적 2~3학년 반영과목 개수의 합

⑥ 합격자 결정

　가. 총점 고득점자 순으로 합격자를 결정합니다.
　나. 수능 최저학력기준 미달자는 불합격으로 처리합니다.
　다. 우리 대학교의 심사결과 결격(지원자격 미달자, 서류 미제출자 포함) 판정자는 불합격으로
　　　처리합니다.
　라. 동점자 처리기준 적용 후에도 동점인 경우에는 전원 선발합니다.

⑦ 서류제출

구 분	대상자	제출서류	비 고
우편 또는 방문 제출	•학생부 온라인 미제공 고교 지원자 •2015년 2월 이전 졸업자	•고등학교 학교생활기록부 1부	•학교장의 직인이 날인되어 있어야 함 ※ 출신 학교장 직인이 아니어도 됨
	•개명한 지원자	•주민등록표(초본) 원본 1부	•개명한 사실이 기재되어 있어야 함 ※ 주민등록상 이름이 학생부 또는 원서접수 상의 이름과 다른 지원자에 한해 제출
	•최종등록자 중 원서접수 시 졸업예정자	•고교졸업증명서 원본 1부 •고등학교 학교생활기록부 1부	•고교 졸업일 이후 발급된 것에 한함 •2024. 2. 7.(수) 10:00 ~ 2. 15.(목) 17:00까지 제출

※ 최종등록자 중 졸업예정자의 추가제출 서류를 심사하여 지원자격을 충족하지 못할 경우 합격 취소 처리함

(5) 정시모집: 수능'가'군(일반학생전형)

※ 출판 시점에 동아대 의대 정시모집은 아직 발표되지 않았다. 아래 작년(2023) 모집 요강을 참고하되, 동아대 홈페이지를 한 번 더 확인하길 권고한다 ※

① 지원자격

고등학교 졸업(예정)자 또는 법령에 의하여 이와 동등 이상의 학력이 있다고 인정된 자로서 2022학년도 대학수학능력시험에 응시한 자

② 전형방법

선발단계	모집단위	전형요소별 반영비율(%)			총점
		수능	실기	면접	
일괄합산	의예과	100	-	-	800

※ 수능 최저학력기준 없음
※ 수능 계열별 반영내용에 따라 선택형이 일치하지 않거나 미응시한 영역은 0점 처리함

③ 대학수학능력시험 반영방법

모집단위	반영내용	환산방법
의예과	수능 4개 영역(국어, 수학, 영어, 과학탐구(2개 과목))을 반영함 ※ 수학 선택과목은 미적분 또는 기하에 한함	3개 영역의 표준점수와 영어영역의 환산 점수를 합산함

가. 영역별 반영비율

모집단위	국어	수학	영어	탐구		
				1과목	2과목	탐구 계
의예과	25%	25%	25%	12.5%	12.5%	25%

- 영어영역 환산점수

수능등급	1등급	2등급	3등급	4등급	5등급	6등급	7등급	8등급	9등급
의예과	200	198	195	192	187	182	172	162	152

- 가산점 부여내용(한국사)

수능등급	1~5등급	6등급	7등급	8등급	9등급
전 모집단위	1점	0.9점	0.8점	0.7점	0.6점

(6) 정시모집: 수능'가'군(지역인재전형)
① 지원자격

고등학교 졸업(예정)자로서 부산, 울산, 경남지역 소재 고등학교 교육과정(입학일로부터 졸업일까지)을 이수한 자(부모가 부산, 울산, 경남지역에 거주하지 않아도 됨)
※ 2024학년도 대학수학능력시험에 반드시 응시하여야 함

② 전형방법

선발단계	모집단위	전형요소별 반영비율(%)	총점
		수능	
일괄합산	의예과	100	800

③ 대학수학능력시험 반영방법

모집단위	반영내용	환산방법
의예과	수능 4개 영역(국어, 수학, 영어, 과학탐구(2개 과목))을 반영함 ※ 수학 선택과목은 미적분 또는 기하에 한함	3개 영역의 표준점수와 영어영역의 환산 점수를 합산함

※ 수능 최저학력기준 없음
※ 수능 계열별 반영내용에 따라 선택형이 일치하지 않거나 미응시한 영역은 0점 처리함

가. 영역별 반영비율

모집단위	국어	수학	영어	탐구		
				1과목	2과목	탐구 계
의예과	25%	25%	25%	12.5%	12.5%	25%

- 영어영역 환산점수

수능등급	1등급	2등급	3등급	4등급	5등급	6등급	7등급	8등급	9등급
의예과	200	198	195	192	187	182	172	162	152

- 가산점 부여내용(한국사)

수능등급	1~5등급	6등급	7등급	8등급	9등급
전 모집단위	1점	0.9점	0.8점	0.7점	0.6점

19) 고신대학교[23]

■ 의과대학 모집인원은 아래와 같습니다

대학	모집단위	수시			정시	
		학생부교과			수능위주	
		일반고	지역인재	농어촌 (정원 외)	다군	
					일반	지역인재
의과대학	의예과	25	25	3	13	13

(1) 수시모집: 학생부교과(일반고)

① 지원자격

고신대학교의 교육이념과 교육목적에 따른 교육에 동의하는 자로서 일반고, 특목고, 자율고 졸업(예정)자, 검정고시 합격자 (해외고교 출신자 제외)

② 전형요소별 반영비율

모집시기/전형구분			모집 단위	단계 전형	선발 비율 (%)	전형요소 반영비율(%)			
						학생부 교과	면접	1단계 성적	최저 학력
수시	학생부 교과	일반고 면접	의예	1단계	1,000	100	-	-	○
				2단계	100	-	10	90	

③ 제출서류

- 학교생활기록부 - 검정고시 성적증명서(해당자) - 수능접수확인서류

---

23) 2024 고신대 모집요강

④ 대학수학능력시험 최저학력기준

구분		내용
수시	의예과	수능[국어, 수학, 영어, 과탐(1)] 4개 영역 중 수학영역 포함한 **3개 영역 등급 합 4** 이내 (단, 수학 "확률과 통계" 선택시 최종내신평균등급 0.4 가산) ※ 탐구영역 1과목

⑤ 동점자 처리기준

1. 교과성적 환산총점 상위자
2. 반영과목 내에서 상위등급이 많은 자
3. 반영과목의 이수단위 총합의 상위자
4. 반영과목 내에서 영어, 수학 국어 순 교과성적 상위자

⑥ 학교생활기록부 교과성적 반영방법

모집단위 반영교과 구분	의예과 국, 수, 영, 사/과 교과	기타
공통 및 일반선택	전 과목	① 석차등급, 성취도평가 환산등급 및 이수단위 반영 ② 진로선택과목 성취도평가 환산등급 | 성취도평가	A	B	C | |---|---|---|---|
환산 등급	1	3	5	
진로선택 과목	1개 과목	

* 등급이 같은 경우 이수단위가 많은 과목을 반영
* 의예과 : 사회 또는 과학 교과 중 이수 단위가 많은 교과 반영

⑦ 면접고사

구분	면접기준	면접방법	반영비율(%)
일반고 지역인재 농어촌(정원 외)	1. 인성 및 공동체 의식 2. 전공적합성 3. 의사소통능력	비대면	

(2) 수시모집: 학생부교과(지역인재)

① 지원자격

고신대학교의 교육이념과 교육목적에 따른 교육에 동의하는 자로서 부산·울산·경남지역에 소재하는 고교의 전 교육과정을 이수한 자

② 전형요소별 반영비율

모집시기/전형구분			모집단위	단계전형	선발비율(%)	전형요소 반영비율(%)			
						학생부	면접	1단계	최저학력
수시	고른기회전형	지역인재	면접	의예	1단계	1000	100	-	-	O
					2단계	100	-	10	90	

③ 제출서류

- 학교생활기록부
- 수능접수확인서류

④ 대학수학능력시험 최저학력기준

구분		내용
수시	의예과	수능[국어, 수학, 영어, 과탐(1)] 4개 영역 중 수학영역 포함한 **3개 영역 등급 합 4** 이내 (단, 수학 "확률과 통계" 선택시 최종내신평균등급 0.4 가산) ※ 탐구영역 1과목

⑤ 동점자 처리기준

1. 교과성적 환산총점 상위자
2. 반영과목 내에서 상위등급이 많은 자
3. 반영과목의 이수단위 총합의 상위자
4. 반영과목 내에서 영어, 수학 국어 순 교과성적 상위자

⑥ 학교생활기록부 교과성적 반영방법: 상기 '학생부교과(일반고전형)' 참조

⑦ 면접고사: 상기 '학생부교과(일반고전형)' 참조

(3) 수시모집: 학생부교과(농어촌전형)
① 지원자격

고신대학교의 교육이념과 교육목적에 따른 교육에 동의하는 자로서 아래의 자격 중 하나에 해당하는 자
1. 학생 본인이 농어촌 소재지 학교에서 중·고 전 교육과정을 이수하고 농어촌 지역에 학생과 부모 모두가 거주하는 학생
이 때, 학생 재학기간과 학생·부모 거주 충족기간은 중학교 입학일부터 고등학교 졸업일까지임
2. 학생 본인이 농어촌 소재지 학교에서 초·중·고 전 교육과정을 이수하고 농어촌 지역에 거주하는 학생
이 때, 학생 재학기간과 학생 거주 충족기간은 초등학교 입학일부터 고등학교 졸업일까지임
- 재학 기간과 거주기간은 연속된 연수만 인정함
- 검정고시 및 과학고, 외국어고, 예술고, 체육고 등 특목고는 제외

② 전형요소별 반영비율: 상기 '학생부교과(일반고전형)' 참조

③ 제출서류

- 학교생활기록부
- 6년 거주: 주민등록본(부모포함, 6년 주소변동 내역 포함)
- 12년 거주: 주민등록초본(본인, 12년 주소변동 내역 포함)
- 수능접수확인서류

④ 대학수학능력시험 최저학력기준

구분		내용
수시	의예과	수능[국어, 수학, 영어, 과탐(1)] 4개 영역 중 수학영역 포함한 **3개 영역 등급 합 5** 이내 (단, 수학 "확률과 통계" 선택시 최종내신평균등급 0.4 가산) ※ 탐구영역 1과목

⑤ 동점자 처리기준: 상기 '학생부교과(일반고전형)' 참조

(4) 정시모집: 수능 '다' 군 일반전형
① 지원자격

고등학교 졸업(예정)자 또는 법령에 의하여 고등학교 졸업과 동등 이상의 학력이 있다고 인정되는 자

② 전형요소별 반영비율

모집시기/전형구분			모집단위	단계전형	선발비율(%)	전형요소 반영비율(%)			
						학생부	수능	1단계	최저학력
정시	다군	수능위주	수능	의예	일괄	100	-	100	-	×

③ 제출서류: 학교생활기록부, 검정고시 성적증명서(해당자)

④ 정시모집 수능성적 반영방법

　가. 수능영역별 반영방법

구분	반영 영역	활용 지표	영역별 반영 비율(%)									가산 점 (%)	비고
			국어		수학			영어	탐구				
			화법 작문	언어 매체	확률 통계	미적 분	기하		사회	과학	직업		
의예	4개 영역	표준 점수 + 등급 (영어)	20	-	30		30	-	20		-	-	(공통) ① 국어, 수학, 탐구영역 　→ 표준점수 반영 ② 영어영역 　→ 등급별 환산표준점수 　　반영 ③ 탐구영역 　→ 의예과 2과목

　나. 영어 등급 환산표

등급	1	2	3	4	5	6	7	8	9
점수	135	133	129	123	115	109	105	103	100

(5) 정시모집: 수능'다'군 지역인재전형

　① 지원자격

부산, 울산, 경남지역에 소재하는 고교의 전 교육과정을 이수한 자

　② 전형요소별 반영비율

모집시기/전형구분			모집 단위	단계 전형	선발 비율 (%)	전형요소 반영비율(%)			
						학생부	수능	1단계	최저 학력
정시	다군	지역 인재	수능	의예	일괄	100	-	100	-	×

　③ 제출서류: 학교생활기록부

　④ 정시모집 수능성적 반영방법: 상기 ['다' 군 일반전형] 참조

20) 인제대학교[24)

■ 의과대학 모집인원은 아래와 같습니다.

단과대학	모집단위	수시모집			정시모집 '가'군	
		학생부교과				
		의예	지역인재 I	기초생활수급권자 (정원외)	수능	지역인재
의과대학	의예과	28	28	4	22	15

(1) 수시모집: 학생부교과 (의예 전형)

① 지원자격

가. 일반계 고등학교 졸업(예정)자

나. 자율고, 대안학교(교육부인가) 졸업(예정)자

다. 종합고(인문과정) 졸업(예정)자

라. 특목고 졸업(예정)자 중 아래 해당자 : 과학고, 외국어고, 국제고 졸업(예정)자

마. 고등학교 졸업학력 검정고시 합격자

※ 단, 특성화고등학교[종합고(인문과정)의 특성화(전문계) 과정 이수자 포함], 마이스터고,
예술고, 체육고, 평생교육법에 따른 학력인정시설 출신자 지원불가

※ 1999년 졸업 ~ 2024년 2월 졸업예정자 중 석차등급이 표기되지 않는 고등학교 출신자
는 지원불가

**- 3학년 1학기까지 과학교과 이수단위를 20단위(진로선택과목 포함) 이상 이수한 자만
지원할 수 있음 (검정고시 출신자의 경우 과학교과 이수여부 관계없이 지원 가능)**

② 전형방법

선발단계	선발배수	전형방법	실질반영비율	총점
1단계	5배수	학생부교과 100%	학생부교과 100%	100점
2단계	1배수	1단계 성적 80% + 면접 20%	1단계 성적 67.5% + 면접 32.5%	100점

③ 학생부교과 반영방법

모집단위	반영교과목	과목수	활용지표	비고
의예과	국어교과	모든 과목	석차등급	이수단위 고려
	수학교과	모든 과목		
	과학교과	2과목		

가. 석차등급 또는 석차가 기재된 과목만 활용

나. 동일 교과 내 상위 과목의 석차 등급을 반영하며, 동일 과목이라도 학기가 다른 경우 별
도 과목으로 인정

---

24) 2024 인제대 모집요강

다. 의예과, 약학과는 이수단위를 고려하며, 석차등급 없는 진로선택과목은 반영하지 않음

라. 의예과, 약학과 반영 교과목 평균 등급 : ∑ (과목별 등급 × 이수단위) / ∑ 이수단위

바. 동점자가 발생하였을 경우 이수단위를 동점자처리 기준으로 활용(의예과, 약학과는 기본적으로 이수단위 고려)

사. 석차등급이 없는 경우 석차백분율을 아래와 같이 환산하여 적용

- 동석차가 없는 경우 석차백분율 공식 : 석차 / 재적수 × 100

- 동석차가 있는 경우 석차백분율 공식 : 석차 + (동석차 - 1) / 2   / 재적수 × 100

- 석차백분율에 의한 석차 등급 환산표

등급	1	2	3	4	5	6	7	8	9
석차백분율 (5%)	~ 4	~ 11	~ 23	~ 40	~ 60	~ 77	~ 89	~ 96	~ 100

- 전형별 반영공식

전형유형	전형명	모집단위	단계	배점	기본점수	반영공식
정원 내	학생부 교과(의예)	의예과	1	100	48	100 - (교과목 평균등급 × 6.5) -6.5
			2	80	38.4	1단계 × 0.8
	지역인재 I	의예과	1	100	48	100 - (교과목 평균등급 × 6.5) -6.5
			2	80	38.4	1단계 × 0.8
정원 외	농어촌전형	의예과	1	100	48	100 - (교과목 평균등급 × 6.5) -6.5
			2	80	38.4	1단계 × 0.8

④ 최저학력 기준

전형	모집단위	세부기준
의예, 지역인재 I	의예과	국어, 영어, 수학(미적분 또는 기하 중 택1), 과학탐구(택1) 각 등급이 2등급 이내

(2) 수시모집: 학생부교과 (지역인재 I 전형)

① 지원자격

부산·울산·경남 소재 고등학교에서 고교 입학에서 졸업까지 전 교육과정을 이수하고 졸업한 자 또는 졸업예정자

※ 단 1일이라도 부산·울산·경남 이외 지역의 고등학교를 재학한 경우(학교생활기록부 확인) 지원자격 미달 처리됨

※ 졸업예정자의 경우 고교졸업 이후에 고등학교생활기록부를 추가로 제출하여야하며, 원서접수 시점부터 고등학교졸업까지 기간동안의 지원자격을 확인하며, 확인결과 자격미달 사유가 발견될 경우 합격 취소 및 입학 취소가 될 수 있음

※ 고등학교 졸업학력 검정고시 합격자 지원 불가

② 전형방법: 학생부교과(의예)전형 참고

③ 학생부교과 반영방법: 학생부교과(의예)전형 참고

④ 최저학력기준

전형	모집단위	세부기준
의예, 지역인재 I	의예과	국어, 영어, 수학(미적분 또는 기하 중 택1), 과학탐구(택1) 각 등급이 2등급 이내

(3) 수시모집: 학생부교과 (기초생활수급권자전형)
① 지원자격

전형명	구분	세부내용
	공통	고등학교 졸업(예정)자 및 동등학력 소지(예정)자로서 아래의 자격조건을 한 가지 이상 충족하는 자 ※1999년 졸업 ~ 2024년 2월 졸업예정자 중 석차등급이 표기되지 않는 고등학교 출신자는 지원불가
사회배려 대상자 전형 (정원내)	국가보훈 대상자	가. 독립유공자의 자녀 및 손ㆍ자녀(외손자녀 포함) 나. 국가유공자 및 그의 자녀(단, 참전유공자 제외) 다. 고엽제후유(의)증환자(수당지급대상자) 및 그의 자녀 라. 5ㆍ18민주유공자 및 그의 자녀 마. 특수임무수행자 및 그의 자녀 바. 6ㆍ18자유상이자 및 그의 자녀 사. 지원 순직ㆍ공상 군경(공무원) 및 그의 자녀 아. 보훈보상대상자 및 그의 자녀

	기초생활수급(권)자,
	차상위계층,
	한부모가족
	지원대상자
		가. 국민기초생활보장 수급자 및 수급권자:
		「국민기초생활보장법」 제2조 제1호(수급권자) 및 제2호(수급자)에 의한 대상자
		나. 차상위계층: 「국민기초생활보장법」 제2조 제10호에 따른 차상위계층에 의한 대상자
		  1) 복지급여 수급자: 차상위 건강보험본인부담경감 대상자, 차상위 장애수당 대상자,
		    차상위장애인연금 대상자, 차상위 자활대상자
		  2) 복지급여 비수급자: 우선돌봄 차상위 가구의 학생
		다. 한부모가족 지원대상자: 「한부모가족지원법」 제5조 및 제5조의 2에 따른 지원대상자

	만학도	고교졸업 후 5년 이상 경과된 자 또는 만 23세 이상인 자(2001년 2월 28일 이전 출생자)
	특수교육대상자	「장애인복지법」 제32조에 따른 장애인 등록을 필한 자

기초생활수급권자 전형
(정원외)
		가. 국민기초생활보장 수급자 및 수급권자:
		「국민기초생활보장법」 제2조 제1호(수급권자) 및 제2호(수급자)에 의한 대상자
		나. 차상위계층: 「국민기초생활보장법」 제2조 제10호에 따른 차상위계층에 의한 대상자
		  1) 복지급여 수급자: 차상위 건강보험본인부담경감 대상자, 차상위 장애수당 대상자,
		    차상위장애인연금 대상자, 차상위 자활대상자
		  2) 복지급여 비수급자: 우선돌봄 차상위 가구의 학생
		다. 한부모가족 지원대상자: 「한부모가족지원법」 제5조 및 제5조의 2에 따른 지원대상자
		※ 의예과, 약학과는 3학년 1학기까지 과학교과 이수단위를 20단위(진로선택과목 포함) 이상
		  이수한 자만 지원할 수 있음(검정고시 제외)

② 전형방법

선발단계	선발배수	전형방법	실질반영비율	총점
1단계	5배수	학생부교과 100%	학생부교과 100%	100점
2단계	1배수	1단계 성적 80% + 면접 20%	1단계 성적 67.5% + 면접 32.5%	100점

③ 학생부교과 반영방법: 학생부교과(의예)전형 참고

(4) 정시모집: 수능 ('가'군)

① 지원자격

고교졸업학력 소지(예정)자로서 2024학년도 대학수학능력시험에 응시한 자(한국사 필수응시)

② 전형방법

모집 군	모집단위	전형요소별 점수			
		수능성적	면접고사	실기고사	계
'가'	의예과	735	실시	-	735

※ 의예과 면접은 점수화 하지 않고, 결격여부 판정기준으로만 활용

③ 수능성적 반영방법

모집단위	반영 영역수	국어	수학	영어	탐구		한국사
					1과목	2과목	
의예과, 약학과	4	25%	25% (미적분, 기하)	25%	12.5%	12.5%	○ (응시여부)

- 수능성적표 상의 각 영역·과목별 표준점수를 합산하여 반영함(한국사 제외)
- 한국사의 경우 응시여부만 필수로 반영하며, 미 응시할 경우 지원자격 미달로 불합격 처리됨
- 영어영역은 지원자의 영어등급을 '영어 절대평가 실시에 따른 표준점수 반영표'를 준용하여 표준 점수로 환산 반영

등급	1	2	3	4	5	6	7	8	9
표점반영	135	130	123	114	103	94	87	82	79

- 탐구영역은 가장 좋은 2개 과목의 표준점수를 합산하여 반영함
- 모집단위별 수능성적 반영방법의 반영영역 수 또는 탐구과목 수가 부족한 경우 불합격 처리됨

(5) 정시모집: 수능 (지역인재전형)

① 지원자격

부산, 울산, 경남 소재 고등학교에서 고교 입학에서 졸업까지 전 교육과정을 이수하고 졸업한 자 또는 졸업예정자 중 2024학년도 대학수학능력시험에 응시한 자(한국사 필수응시)

② 전형방법

모집 군	모집단위	전형요소별 점수			
		수능성적	면접고사	실기고사	계
'가'	의예과	735	실시	-	735

※ 의예과 면접은 점수화 하지 않고, 결격여부 판정기준으로만 활용

③ 수능성적 반영방법

모집단위	반영 영역수	국어	수학	영어	탐구		한국사
					1과목	2과목	
의예과, 약학과	4	25%	25% (미적분, 기하)	25%	12.5%	12.5%	○ (응시여부)

- 수능성적표 상의 각 영역·과목별 표준점수를 합산하여 반영함(한국사 제외)
- 한국사의 경우 응시여부만 필수로 반영하며, 미 응시할 경우 지원자격 미달로 불합격 처리됨
- 영어영역은 지원자의 영어등급을 '영어 절대평가 실시에 따른 표준점수 반영표'를 준용하여 표준점수로 환산 반영

등급	1	2	3	4	5	6	7	8	9
표점반영	135	130	123	114	103	94	87	82	79

- 탐구영역은 가장 좋은 2개 과목의 표준점수를 합산하여 반영함
- 모집단위별 수능성적 반영방법의 반영영역 수 또는 탐구과목 수가 부족한 경우 불합격 처리됨

21) 경북대학교[25]

■의과대학 모집인원은 아래와 같습니다.

대학	모집 단위	수시							정시
		학생부교과				학생부종합		논술	가군
		지역인재	지역인재 기초생활 수급자등대상자	사회 통합	일반 학생	지역 인재	논술 (AAT)		
의과대학	의예과	12	3	2	22	39	10		22

(1) 수시모집: 학생부교과(지역인재전형)
① 지원자격

입학에서 졸업(2024년 2월 말 이전 졸업예정자 포함)까지 고등학교 전 과정을 대구·경북 지역 고등학교에서 이수한 자)

② 전형요소별 배점

모집단위	사정단계	선발인원	전형요소별 배점(반영비율)		
			학생부교과	인적성면접	합계
의예과	일괄합산	100%	400(80%)	100(20%)	500점(100%)

---

25) 2024 경북대 모집요강

③ 서류평가

가. 평가자료: 학교생활기록부

나. 평가방법 및 내용

1) 제출된 평가 자료를 바탕으로 평가기준에 따라 종합적으로 평가함

2) 다수의 평가위원이 100점 만점으로 평가하며, 이 평가점수의 평균을 수험생의 성적으로 함

다. 반영점수: 100점(최고점) ~ 0점(최저점)

④ 선발방법

가. 합격자 결정: 수능최저학력기준 충족자 중에서 전형요소 성적 총점의 고득점 순으로 모집단위별 모집인원의 100%를 합격자로 선발함

나. 후보자 결정: 불합격 처리되지 않은 자 전원을 후보자로 선발함

⑤ 학교생활기록부 반영

1. 교과영역 성적 반영방법

<고등학교 졸업(예정)자>

가. 반영과목 : 고등학교 과정 전 학년 이수 과목 중 본교가 지정한 국어, 수학, 영어, 사회, 과학 교과 관련 전 과목 성적을 다음과 같이 반영함

모집단위	반영교과	반영학기
자연계열	국어, 수학, 영어, 사회, 과학, 한국사	졸업자 및 졸업예정자: 3학년 1학기까지

나. 반영방법 : 과목별 등급을 점수화하여 반영함

　1) 학생부 교과 성적 산출: ∑(과목별등급점수×과목별단위수)/∑과목별단위수

　※ 소수점 아래 세 번째 자리에서 반올림

다. 학생부 교과 성적(진로선택과목제외) 등급별 점수

	1	2	3	4	5	6	7	8	9
학생부교과 (의예과)	400	390	380	370	360	350	300	200	0
논술(AAT)	150	145	140	135	130	120	100	50	0

<검정고시 출신자>

가. 반영과목(6과목): 국어, 수학, 영어, 사회, 과학, 한국사

나. 반영방법: 과목별 성적을 학생부 적용 등급으로 점수화하여 반영

　- 산출식: ∑(과목별등급점수×과목별단위수)/6 (※ 소수점 아래 세 번째 자리에서 반올림)

다. 검정고시 성적별 학생부 교과성적 점수

	100점 야하97점 이상	96점 야하91점 이상	90점 야하81점 이상	80점 야하70점 이상	70점 미만
학생부교과(의예과)	380	350	300	200	0
논술(AAT)	140	120	100	50	0

⑥ 최저수학능력기준

해당전형	모집단위	국어, 수학, 영어, 탐구(2과목)	한국사
학생부교과	의예과 치의예과	탐구영역 필수, 상위 3개 영역 등급 합이 4 이내	응시

※ 탐구 2과목의 평균(소수점 절사)을 반영함

(2) 수시모집: 학생부교과(지역인재 기초생활수급자등대상자전형)
① 지원자격

2024년 국내 고등학교 졸업예정자로서 입학일부터 졸업일까지 고등학교 전 과정을 대구, 경북 지역 고등학교에서 이수하고 소속(출신) 고등학교장의 추천을 받은 자 중 아래 자격 요건 가~다 중 하나에 해당하는 자
※ 고교별 추천 가능 인원: 모집단위별 1명

가. 기초생활 수급자
나. 차상위 복지급여를 받는 가구의 학생
※ 차상위 복지급여: 차상위 본인부담 경감 대상자, 차상위 자활 급여대상자, 차상위 장애수당 및 장애인연금 부가급여 대상자, 한부모 가족지원 대상자
다. 차상위계층 확인사업 대상 가구의 학생

② 전형요소별 배점

모집단위	사정단계	선발인원	전형요소별 배점(반영비율)		
			학생부 교과	서류평가	합계
의예과 치의예과 약학과	일괄합산	100%	400점 (80%)	100점 (20%)	500점 (100%)

③ 서류평가

가. 평가자료: 학교생활기록부
나. 평가방법 및 내용
- 제출된 평가자료를 바탕으로 평가기준에 따라 종합적으로 평가함
- 다수의 평가위원이 100점 만점으로 평가하며, 이 평가점수의 평균을 수험생의 성적으로 함
- 반영점수: 100점(최고점) ~ 0점(최저점)

④ 최저수학능력기준

해당전형	모집단위	국어, 수학, 영어, 탐구(1과목)	한국사
학생부교과	의예과	탐구영역 필수, 3개 영역 등급 합이 5 이내	응시

⑤ 선발방법

가. 합격자 결정: 최저수학능력기준 충족자 중에서 전형요소 성적 총합의 고득점 순으로 모집단위별 모집인원의 100%를 합격자로 선발함
나. 후보자 결정: 불합격 처리되지 않은 자 전원을 후보자로 선발함

(3) 수시모집 :학생부교과(사회통합전형)

① 지원자격: 아래의 가~다 중 어느 하나에 해당하는 자

가. 국가보훈대상자 : 고등학교 졸업자(2024년 2월말 이전 졸업예정자 포함) 또는 법령에 의하여 고등학교 졸업 이상의 학력이 있다고 인정되는 자로서 아래 자격요건을 충족하는 자
　◦「국가보훈 기본법」, 제3조 제2호의 '국가보훈대상자'로서 국가보훈관계 법령에 따른 교육지원 대상자
　　※ 보훈(지)처장이 발급하는「대학입학 특별전형 대상자 증명서」를 발급받지 못하는 자는 지원 불가
나. 농어촌학생 : 고등학교 졸업자(2024년 2월말 이전 졸업예정자 포함)자로서 1), 2) 중 어느 하나에 해당하는 자
　1) 6년 과정 이수자: 농어촌 소재 중/고등학교에서 입학일부터 졸업일까지 전 교육과정을 이수한 자로서, 수험생의 중/고등학교 교육과정 이수 기간 동안 본인 및 부모 모두 농어촌 지역에 거주한 자
　2) 12년 과정 이수자: 농어촌 소재 초/중/고등학교에서 입학일부터 졸업일까지 전 교육과정을 이수 및 거주한 자

※ 농어촌 소재라 함은「지방자치법」제3조에 따른 읍/면 지역 및 「도서벽지 교육진흥법 시행규칙」제2조에 따른 도서, 벽지 지역을 말함
※ 재학 중 또는 졸업 이후 읍·면이 행정구역 개편으로 동으로 된 경우 동을 읍·면으로 인정
※ 농어촌 소재 특수목적고(과학고, 외국어고, 국제고, 예술고, 체육고, 마이스터고)와 자율형사립고 출신자는 지원할 수 없음
※ 농생명산업, 수산, 해운계열고등학교는 행정구역상 기초지방자치단체인 '시'의 '동' 소재라 하더라도 농어촌 학생전형 대상 학교에 포함하며, 이 경우에도 농어촌 거주 요건은 충족해야 함

다. 기초생활수급자등대상자 : 고등학교 졸업자(2024년 2월말 이전 졸업예정자 포함) 또는 법령에 의하여 고등학교 졸업 이상의 학력이 있다고 인정되는 자로서 아래 자격요건 1), 2), 3) 중 어느 하나에 해당하는 자
　1) 기초생활 수급자
　2) 차상위 복지급여를 받는 가구의 학생
　　※ 차상위 복지급여: 차상위 본인부담 경감 대상자, 차상위 자활 급여대상자, 차상위 장애수당 및 장애인연금 부가급여 대상자, 한부모 가족지원 대상자
　3) 차상위계층 확인사업 대상 가구의 학생

② 전형요소별 배점

모집단위	사정단계	선발인원	전형요소별 배점(반영비율)		
			학생부 교과	서류평가	합계
의예과	일괄합산	100%	400점 (80%)	100점 (20%)	500점(100%)

③ 서류평가

1) 평가자료 : 학교생활기록부
2) 평가방법 및 내용
가) 제출된 평가지료를 바탕으로 평가기준에 따라 종합적으로 평가함
나) 다수의 평가위원이 100점 만점으로 평가하며, 이 평가점수의 산술평가점수를 수험생의 성적으로 함
다) 반영점수 : 100(최고점) ~ 0점(최저점)

④ 최저수학능력기준

해당전형	모집단위	국어, 수학, 영어, 탐구(1과목)	한국사
학생부교과	의예과	탐구영역 필수, 3개 영역 등급 합이 5 이내	응시

⑤ 선발방법

가. 합격자 결정: 최저수학능력기준 충족자 중에서 전형요소 성적 총합의 고득점 순으로 모집단위별 모집인원의 100%를 합격자로 선발함
나. 후보자 결정: 불합격 처리되지 않은 자 전원을 후보자로 선발함

(4) 수시모집: 학생부종합(일반학생전형)
① 지원자격

고등학교 졸업자(2024년 2월 말 이전 졸업예정자 포함) 또는 법령에 의하여 고등학교 졸업 이상의 학력이 있다고 인정되는 자

② 전형요소별 배점

모집단위	사정단계	선발인원	전형요소별 배점(반영비율)	
			서류평가	합계
의예과	일괄합산	100%	500점(100%)	500점(100%)

③ 서류평가

1) 평가자료 : 학교생활기록부
2) 평가방법 및 내용
가) 제출된 평가지료를 바탕으로 학업역량, 전공적합성, 발전가능성, 인성 등을 종합적으로 평가
나) 다수의 평가위원이 500점 만점으로 평가하며, 이 평가점수의 평가점수를 수험생의 성적으로 함
다) 반영점수 : 500(최고점) ~ 0점(최저점)

④ 최저수학능력기준

해당전형	모집단위	국어, 수학, 영어, 탐구(1과목)	한국사
학생부종합	의예과	탐구영역 필수, 3개 영역 등급 합이 4 이내	응시

⑤ 선발방법

가. 합격자 결정: 최저수학능력기준 충족자 중에서 전형요소 성적 총합의 고득점 순으로 모집단위별 모집인원의 100%를 합격자로 선발함
나. 후보자 결정: 불합격 처리되지 않은 자 전원을 후보자로 선발함

(5) 수시모집: 학생부종합(지역인재전형)

① 지원자격

입학에서 졸업(2024년 2월 말 이전 졸업예정자 포함)까지 고등학교 전 과정을 대구·경북 지역 소재 고등학교에서 이수한 자

② 전형요소별 배점

모집단위	사정단계	선발인원	전형요소별 배점(반영비율)		
			서류평가	면접	합계
의예과	1단계	500%	350(100%)	-	350점(100%)
	2단계	100%	350(70%)	150(30%)	500점(100%)

※ 면접성적이 면접반영점수의 60% 미만인 자는 모집인원에 관계없이 불합격

③ 서류평가 및 면접

가. 서류평가
 1) 평가자료 : 학교생활기록부
 2) 평가방법 및 내용
  가) 제출된 평가지료를 바탕으로 종합적으로 평가함
  나) 다수의 평가위원이 350점 만점으로 평가하며, 이 평가점수의 평가점수를 수험생의 성적으로 함
 3) 반영점수 : 350(최고점) ~ 0점(최저점)

나. 면접
 1) 평가내용 및 방법
  가) 수험생 개인별로 다음과 같이 10분 내외로 진행하며 평가기준에 따라 종합적으로 평가함
  나) 다수의 평가위원이 150점 만점으로 평가하며, 이 평가점수의 평균을 수험생의 성적으로 함
 2) 반영점수 : 150점(최고점) ~ 0점(최저점)

④ 최저수학능력기준

해당전형	모집단위	국어, 수학, 영어, 탐구(1과목)	한국사
학생부종합	의예과	상위 3개 영역 등급 합이 4이내	응시

⑤ 선발방법

가. 합격자 결정
 1) 1단계 사정: 서류평가 성적순으로 모집인원의 500% 선발
 2) 2단계 사정: 전형요소 성적 총점의 고득점 순으로 모집단위별 모집인원의 100%를 합격자로 선발함
나. 후보자 결정: 불합격 처리되지 않은 자 전원을 후보자로 선발함

(6) 수시모집: 논술(논술(AAT)전형)
① 지원자격

고등학교 졸업자(2024년 2월 말 이전 졸업예정자 포함) 또는 법령에 의하여 고등학교 졸업 이상의 학력이 있다고 인정되는 자

② 전형요소별 배점

모집단위	사정단계	선발인원	전형요소별 배점(반영비율)		
			학생부 교과	논술 (AAT)	합계
의예과	일괄합산	100%	150점 (30%)	350점 (70%)	500점 (100%)

③ 논술(AAT)고사

가. 문제유형 : 3종(인문계열, 자연계열Ⅰ, 자연계열Ⅱ)
 1) 자연계열Ⅰ: 수학(수학, 수학Ⅰ, 수학Ⅱ, 미적분)과 교과목 통합형(수학, 자연과학 등)
 2) 자연계열Ⅱ: 수학(수학, 수학Ⅰ, 수학Ⅱ, 미적분)과 의학논술
  ※ 자연계열Ⅱ 응시 모집단위 : 의예과, 치의예과, 수의예과
나. 답안 유형 : 논술형, 약술형, 풀이형
다. 반영점수 : 350점(최고점) ~ 0점(최저점)
라. 고사시간 : 100분

④ 최저수학능력기준

해당전형	모집단위	국어, 수학, 영어, 탐구(1과목)	한국사
학생부종합	의예과	탐구영역 필수, 상위 3개 영역 등급 합이 4이내	응시

⑤ 선발방법

가. 합격자 결정: 최저수학능력기준 충족자 중에서 전형요소 성적 총합의 고득점 순으로 모집단위별 모집인원의 100%를 합격자로 선발함
나. 후보자 결정: 불합격 처리되지 않은 자 전원을 후보자로 서날함

(7) 정시모집: 수능'가'군

① 지원자격

고등학교 졸업자(2024년 2월 말 이전 졸업예정자 포함) 또는 법령에 의하여 고등학교 졸업 이상의 학력이 있다고 인정되는 자

② 전형요소별 배점

모집단위	사정단계	선발인원	전형요소별 배점(반영비율)		
			수능	실기고사	합계
의예과	일괄합산	100%	1,000점 (100%)	-	1,000점 (100%)

※ 의예과는 인적성면접을 실시하며 총점에는 반영하지 않고 합/불합격 자료로만 활용함

③ 대학수학능력시험 성적 반영 방법

가. 영역(과목)별 환산 표준점수 반영 기준

모집단위		국어	수학	영어	탐구	합계
자연계열	의예과	200	300	100	200	800

※ 단, 탐구영역은 수능 성적표상의 백분위를 활용하여 우리 대학교가 자체 산출한 변환표준점수를 적용

나. 영역(과목)별 반영점수 산출

모집단위	반영점수 산출
의예과	본인 취득 표준점수 합 × 1000/800 ※ 자연계열 일부학과(A, B): 수학 확률과 통계 선택 시 수학 표준점수 5% 감산 적용

다. 영어 반영방법 : 등급별 차등 반영점수(환산 표준점수) 적용

등급	1등급	2등급	3등급	4등급	5등급	6등급	7등급	8등급	9등급
반영점수	100	97	92	87	82	77	72	67	62

라. 한국사 반영방법 : 등급별 차등 가점 부여

등급	1등급	2등급	3등급	4등급	5등급	6등급	7등급	8등급	9등급
추가점수	10	10	10	10	9.8	9.6	9.4	9.2	9.0

④ 의예과 인적성 면접

1. 평가내용: 의학을 전공하는데 필요한 자질, 적성과 인성을 평가하며 제시문에 영어가 활용될 수 있음
2. 평가방법: 고사실(1-3개) 당 10분 내외로 복수의 평가위원이 개별적 평가를 시행함
3. 반영방법: 합/불합격 자료로만 활용하고 전형 총점에는 포함되지 않으며, 미응시한 자는 선발하지 않음

⑤ 선발방법

가. 합격자 결정: 인적성 면접에서 합격한 자 중 각 전형요소 성적 총점이 고득점 순으로 모집단위별 모집인원의 100%를 합격자로 선발함
나. 후보자 결정: 불합격 처리되지 않은 자 전원을 후보자로 선발함

22) 영남대학교[26]

■ 의과대학 모집인원은 아래와 같습니다.

대학	모집단위	수시모집					정시모집	
		학생부교과					수능 나군	
		일반학생	지역인재	기회균형 Ⅱ (의약)	의학 창의인재	농어촌	일반 학생	지역 인재
의과대학	의예과	8	23	2	8	3	20	15

(1) 수시모집: 학생부교과(일반학생전형, 지역인재전형)
① 지원자격
가. 일반학생전형

고등학교 졸업(예정)자 또는 법령에 의하여 이와 동등 이상의 학력이 있다고 인정되는 자

나. 지역인재전형

고등학교 졸업(예정)자로서 입학일부터 졸업일까지 고등학교 전 교육과정을 대구·경북지역 소재 고등학교에서 이수한 자

---

26) 2024 영남대 모집요강

② 전형방법

전형단계	선발인원	전형요소별 배점(반영비율)	
		학생부성적	총점
일괄합산	100%	800점(100%)	800점(100%)

③ 대학수학능력시험 최저학력기준

국어, 수학(미적분, 기하 중 택1), 영어, 과학탐구(2과목) **4개 영역 등급합 5 이내**, 한국사 (4등급 이내)

④ 학교생활기록부성적 반영방법
　　가. 반영교과 및 학년별 반영비율

모집단위 (계열)	학교생활기록부성적 반영교과		학년별 반영비율		
	1학년	2.3학년	1학년	2학년	3학년
자연계열	국어, 수학, 영어, 한국사, 사회(역사/도덕 포함), 과학	국어, 수학, 영어, 한국사, 과학	100%		

a. 학교생활기록부에 표기된 교과(군)를 기준으로 반영하며, 교과(군) 구분이 없거나 어려울 경우 과목명을 기준으로 반영
b. 수시모집 시 졸업예정자는 3학년 1학기까지의 성적을 반영
c. 반영교과 중 일부 교과(군)에 해당하는 과목이 없을 경우에는 이수한 교과목만 반영

　　나. 반영요소 및 반영방법

반영요소	반영비율(%)	반영방법
교과성적	90	**85** • 과목별 석차등급과 이수단위를 활용하여 전 학년 석차등급을 산출 　※ a. 석차등급이 1~9등급으로 기재된 교과목만 반영 　　 b. 2007년 2월 이전 졸업자는 석차등급 대신 석차백분율을 활용 • 전 학년 석차등급 = $\dfrac{\sum(\text{과목별 석차등급} \times \text{과목별 이수단위})}{\sum(\text{과목별 이수단위})}$ **5** • 진로선택으로 이수한 교과목의 성취도를 활용하여 환산등급을 산출 　※ a. 진로선택으로 이수한 상위 3과목을 반영 　　 b. 진로선택으로 이수한 교과목이 3과목 미만일 경우, 전 학년 석차등급을 진로선택 과목별 성취도 환산등급으로 적용 (전 학년 석차등급이 5등급을 초과할 경우 5등급으로 반영) • 진로선택 환산등급 = $\dfrac{\sum(\text{진로선택 과목별 성취도 환산등급})}{3}$ 　※ 진로선택 과목별 성취도 환산등급: A=1, B=3, C=5
출결성적	10	• 고교 3년간 결석(미인정 결석)일수를 출결성적 등급표(1~6등급)로 적용 　※ 출결사항이 없을 경우 별도의 환산기준표 적용

※**학교생활기록부성적이 없는 경우: 모집요강 참조**

(2) 수시모집: 학생부교과(기회균형전형Ⅱ (의약))

① 지원자격

아래의 2가지 지원자격을 모두 충족하는 자

가. 고등학교 졸업(예정)자로서 입학일부터 졸업일까지 고등학교 전 교육과정을 대구, 경북 지역 소재 고등학교에서 이수한 자

나. 아래의 지원자격 중 어느 하나에 해당하는 자

구분	지원자격
기초생활수급자, 차상위계층, 한부모족 지원대상자	• 「국민기초생활 보장법」 제2조제1호에 따른 수급권자, 제2호에 따른 수급자 • 「국민기초생활 보장법」 제2조제10호에 따른 차상위계층 • 「한부모가족지원법」 제5조 또는 제5조의2에 따른 지원대상자

② 전형방법

가. 전형단계별 선발비율 및 전형요소별 배점

전형단계	선발인원	전형요소별 배점(반영비율)	
		학생부성적	총점
일괄합산	100%	800점(100%)	800점(100%)

나. 학교생활기록부성적 반영방법: 상기 학생부교과(일반학생, 지역인재전형) 참고

③ 대학수학능력시험 최저학력기준

국어, 수학(미적분, 기하 중 택1), 영어, 과학탐구(2과목) **3개 영역 등급합 5 이내**, 한국사 (4등급 이내)

(3) 수시모집: 학생부교과(의학창의인재전형)

① 지원자격

고등학교 졸업(예정)자 또는 법령에 의하여 이와 동등 이상의 학력이 있다고 인정되는 자

② 전형방법

모집단위	전형단계	선발인원	전형요소별 배점(반영비율)		총점
			학생부성적	면접고사성적	
의예과	1단계	700%	560점 (100%)	-	560점 (100%)
	2단계	100%	560점 (70%)	240점 (30%)	800점 (100%)

③ 수능최저학력기준

국어, 수학(미적분, 기하 중 택1), 영어, 과학탐구(2과목) **4개 영역 등급합 5 이내**, 한국사 (4등급 이내)

※ 탐구영역은 2개 과목에 반드시 응시하여야 하며, 상위 1개 과목의 등급을 반영

④ 학교생활기록부성적 반영방법: 상기 '지역인재전형' 참조

(4) 수시모집: 학생부교과(농어촌)
① 지원자격

고등학교 졸업(예정)자로서 아래의 지원자격 중 어느 하나에 해당하는 자

구분	지원자격
6년 과정 이수자	• 농어촌지역에 소재하는 중·고등학교에서 전 교육과정(6년)을 이수한 자로서 재학기간 중 본인 및 부모 모두 농어촌지역에 거주한 자 ※ 부모의 사망, 이혼, 실종 시 부모의 거주 조건은 「2024학년도 신입생 모집요강 참조」
12년 과정 이수자	• 농어촌지역에 소재하는 초·중·고등학교에서 전 교육과정(12년)을 이수한 자로서 재학기간 중 본인이 농어촌지역에 거주한 자

※ a. 농어촌지역은 「지방자치법」 제3조에 따른 읍·면 지역 및 「도서벽지 교육진흥법 시행규칙」 제2조에 따른 도서, 벽지 지역이 해당
b. 재학기간 중 또는 졸업 후 행정구역 개편으로 인하여 학교 소재지 또는 거주지가 농어촌지역에서 동 지역으로 변경된 경우 농어촌지역으로 인정
c. 농어촌지역 특수목적고등학교(과학고, 외국어고, 국제고, 예술고, 체육고, 마이스터고)에 재학한 자와 고등학교 졸업학력 검정고시 합격자는 제외

② 전형방법

전형단계	선발비율	전형요소별 배점(반영비율)	
		학생부성적	총점
일괄합산	100%	800점(100%)	800점(100%)

③ 수능최저학력기준

국어, 수학(미적분, 기하 중 택1), 영어, 과학탐구(2과목) 중 상위 **3개 영역 등급 합이 4이내**, 한국사 (4등급 이내)

*과학탐구는 반드시 2개 과목에 응시하여야 하며, 상위 1개 과목의 등급을 반영

(5) 정시모집: 수능'나'군 (일반학생전형, 지역인재전형)
① 지원자격
가. 일반학생전형

고등학교 졸업(예정)자 또는 법령에 의하여 이와 동등 이상의 자격이 있다고 인정되는 자

나. 지역인재전형

고등학교 졸업(예정)자로서 입학일부터 졸업일까지 고등학교 전 교육과정을 대구·경북지역 소재 고등학교에서 이수한 자

② 전형방법

가. 전형단계별 선발인원 및 전형요소별 배점

모집시기	모집단위	전형단계	사정비율	전형요소별 성적반영 점수 및 비율	
				대학수학능력시험 성적	총점
나군	의과대학	일괄합산	100%	800점(100%)	800점(100%)

나. 대학수학능력시험 성적 반영 방법 및 영역별 반영비율

모집단위	한국사	국어	수학	영어	탐구(2과목)
의예과	응시	응시	미적분, 기하 중 택1	응시	과학
약학부		25%	35%	10%	30%

• 수학 미적분, 기하 응시자는 취득 백분위의 5% 가산
• 과학탐구 2과목 응시자는 취득 백분위의 5% 가산

■ 수능'영어'영역 절대평가에 따른 정시 성적 반영 방법

등급	1	2	3	4	5	6	7	8	9
반영점수	100	95	90	85	80	75	70	65	60

■ 수능'한국사'과목 등급별 가산점 부여

등급	1	2	3	4	5	6	7	8	9
가산점	10	9.8	9.6	9.4	9.2	9.0	8.8	8.6	8.4

23) 대구가톨릭대학교[27]

■ 의과대학 모집인원은 아래와 같습니다.

대학	모집단위	수시모집 (정원내)				수시모집 (정원외)	정시모집 (정원내)
		학생부교과			학생부종합	학생부교과	정시
		교과	지역교과	지역기회균형	지역종합	농어촌	'다'군
의과대학	의예과	5	18	1	3	2	18

27) 2024 대구가톨릭대 모집요강

(1) 수시모집: 학생부교과(교과전형)

① 지원자격

고등학교 졸업(예정)자 및 법령에 의하여 동등 이상 학력이 있다고 인정되는 자

② 전형방법

모집단위	전형유형	단계	학생부교과	면접고사	총점	비고
의예과	학생부교과	1단계	100%		500점	7배수 선발
		2단계	1단계 점수80%	20%	500점	

③ 수능최저학력기준

모집단위	최저학력기준	비고
의예과	수능 **3개 영역 등급합 4 이내** 및 한국사 응시 필수 ※3개 영역 중 수학영역 포함 필수 ※수학영역은 선택과목 미적분 또는 기하 선택 필수 ※탐구영역은 과학탐구 응시 필수	탐구영역은 과학탐구 2과목 평균 반영(소수점 절사)

④ 제출서류

- 학교생활기록부 또는 검정고시 성적증명서 온라인제공 동의자: 제출서류 없음
- 학교생활기록부 온라인제공 불가능 및 비동의자: 학교생활기록부 1부
- 검정고시 성적증명서 온라인제공 불가능 및 비동의자: 검정고시 합격증명서 및 성적증명서 각 1부
- 해외고교 출신자: 졸업증명서 및 성적증명서 1부(아포스티유 또는 영사확인 필, 외국어 서류는 한글로 번역)

(2) 수시모집: 학생부교과(지역교과전형)

① 지원자격

대구·경북지역 출신 고교 졸업(예정)자(입학부터 졸업까지 대구·경북 지역 고교 재학)

② 전형방법

모집단위	전형유형	단계	학생부교과	면접고사	총점	비고
의예과 약학부	학생부교과	1단계	100%	-	500점	7배수 선발
		2단계	1단계 성적 80%	20%	500점	

③ 수능최저학력기준

모집단위	최저학력기준	비고
의예과	**수능 3개 영역 등급합 4** 이내 ※ 3개 영역 중 **수학영역 포함 필수** ※ 수학영역은 선택과목 **미적분 또는 기하 선택 필수** ※ 탐구영역은 **과학탐구 2과목 응시 필수**	탐구영역은 과학탐구 2과목 평균 반영 (소수점 절사)

④ 제출서류

- 학교생활기록부 온라인제공 동의자: 제출서류 없음
- 학교생활기록부 온라인제공 불가능 및 비동의자: 학교생활기록부 1부

(3) 수시모집: 학생부교과(지역기회균형전형)
① 지원자격

- 대구, 경북지역 출신 고교 졸업(예정)자(입학부터 졸업까지 대구·경북지역 고교 재학)로서 아래의 지원자격 중 하나를 갖춘 자

구분	지원자격
1. 기초생활수급자	- 국민기초생활보장법 제2조제1호(수급권자), 제2호(수급자)에 따른 수급(권)자 가구의 학생
2. 차상위 계층 (한부모가족 지원대상자 포함)	- 국민기초생활보장법 제2조제10호에 따른 차상위 계층 가구의 학생 중 아래의 하나에 해당되는 자 · 차상위 건강보험료 본인부담 경감 · 차상위 자활급여 대상자 · 차상위 장애수당 · 한부모가족 지원사업 대상자 · 차상위 장애인연금 부가급여 대상자 · 차상위 계층 확인서 발급 대상자 ※ 학생이 속한 세대의 구성원 중 한 명이 동 대상자인 경우 차상위 계층으로 인정

② 전형방법

모집단위	전형유형	단계	학생부교과	면접고사	총점	비고
의예과 약학부	학생부교과	1단계	100%	-	500점	7배수 선발
		2단계	1단계 성적 80%	20%	500점	

③ 수능최저학력기준

모집단위	최저학력기준	비고
의예과	**수능 3개 영역 등급합 4 이내** ※ 3개 영역 중 **수학영역 포함 필수** ※ 수학영역은 선택과목 **미적분 또는 기하 선택 필수** ※ 탐구영역은 **과학탐구 2과목 응시 필수**	탐구영역은 과학탐구 2과목 평균 반영 (소수점 절사)

④ 제출서류

- 학교생활기록부 온라인제공 동의자: 아래표의 해당 지원 자격별 제출서류
- 학교생활기록부 온라인제공 불가능 및 비동의자: 학교생활기록부 1부, 아래표의 해당 지원 자격별 제출서류
- 지원 자격별 제출서류

구분	제출서류	발급기준일	비고
1. 기초생활 수급자	기초생활수급대상자 증명서 1부 (본인기준)	제출일 기준 14일 이내	해당기관 에서 발급
2. 차상위 계층	장애수당 대상자 확인서, 장애인 연금 대상자 확인서, 자활근로자 확인서, 한 부모가족 확인서 중 해당 확인서 1부 택1		
	차상위 본인부담경감대상자 확인서 1부		
	차상위 계층 확인서 1부		

(4) 수시모집: 학생부교과(농어촌전형)
① 지원자격

○ 유형Ⅰ(6년)
- 지방자치법 제3조에 따른 읍,면 지역 및 도서ㆍ벽지 교육진흥법시행규칙 제2조에 따른 도서ㆍ벽지 지역에 소재하는 **중고등학교의 전 교육과정**(입학부터 졸업일까지)을 이수하고 재학기간 중 **본인 및 그의 부모**(사망, 이혼에 해당하는 부모는 제외) 모두가 농어촌 지역에 거주한 자로서 출신 고등학교장의 확인을 받은 자
○ 유형Ⅱ(12년)
- 지방자치법 제3조에 따른 읍,면 지역 및 도서ㆍ벽지 교육진흥법시행규칙 제2조에 따른 도서ㆍ벽지 지역에 소재하는 **초ㆍ중ㆍ고등학교 전 교육과정**(입학부터 졸업일까지)을 이수하고 재학기간 중 **본인**이 농어촌지역에 거주한 자로서 출신 고등학교장의 확인을 받은 자
○ 공통사항
- 고교 졸업 이후 또는 재학 중 행정구역이 동으로 개편된 경우에는 고교 입학 당시를 기준으로 함
- 특수목적고 중 영재양성을 위한 국제고, 과학고, 외국어고, 예술고, 체육고 졸업(예정)자, 검정고시, 해외고 출신자는 제외

② 전형방법

모집단위	전형유형	학생부교과	총점	비고
의예과	학생부교과	100%	500점	일괄선발

③ 수능최저학력기준

모집단위	최저학력기준	비고
의예과	수능 **3개 영역 등급합 4 이내** 및 한국사 응시 필수 ※3개 영역 중 수학영역 포함 필수 ※수학영역은 선택과목 미적분 또는 기하 선택 필수 ※탐구영역은 과학탐구 응시 필수	탐구영역은 2과목 평균 반영 (소수점 절사)

④ 제출서류

- 학교생활기록부 온라인제공 동의자: 고등학교장 확인서 1부(본교 소정양식), 아래표의 해당 지원 자격별 제출서류
- 학교생활기록부 온라인제공 불가능 및 비동의자: 학교생활기록부 1부, 고등학교장 확인서 1부(본교 소정양식), 아래표의 해당 지원 자격별 제출서류
- 지원 자격별 제출서류

자격구분		제출서류	발급기준일	비고
유형Ⅰ (6년)	공통	본인·부·모 주민등록표초본 각 1부 ※ 주소 이전 이력 전체가 기재되어야 함	제출일 기준 14일 이내	해당기관에서 발급
		중학교 학교생활기록부 사본 1부		
		가족관계증명서(본인기준) 1부		
	부모 이혼시	부 또는 모 혼인관계증명서 1부		
		본인의 기본증명서 1부		
	부 또는 모 사망(실종)시	부 또는 모의 기본증명서(2008년 이후 사망자) 제적등본(2007년 이전 사망자)		
유형Ⅱ (12년)		초등학교 학교생활기록부 사본 1부		
		중학교 학교생활기록부 사본 1부		
		본인 주민등록표초본 1부 ※ 주소 이전 이력 전체가 기재되어야 함		

- 합격자(최종등록자) 중 2024년 2월 졸업예정자는 아래의 서류를 추가로 제출해야 함

자격구분	제출서류	발급기준일	비고
유형Ⅰ (6년)	고교졸업증명서 1부	고교 졸업일 이후	해당기관에서 발급
	본인·부·모 주민등록표초본 각 1부		
	가족관계증명서(본인기준) 1부		
유형Ⅱ (12년)	고교졸업증명서 1부		
	본인 주민등록표초본 1부		

(5) 수시모집: 학생부종합(지역종합전형)

① 지원자격

대구, 경북지역 출신 고교 졸업(예정)자(입학부터 졸업까지 대구, 경북지역 고교 재학)

② 전형방법

모집단위	전형유형	단계	학생부교과	면접고사	총점	비고
의예과	학생부종	1단계	100%	-	1,000점	7배수 선발
		2단계	1단계 성적 80%	20%	1,000점	

③ 수능최저학력기준

모집단위	최저학력기준	비고
의예과	**수능 3개 영역 등급합 5 이내** 및 한국사 응시 필수 ※3개 영역 중 수학영역 포함 필수 ※수학영역은 선택과목 미적분 또는 기하 선택 필수 ※탐구영역은 과학탐구 응시 필수	탐구영역은 2과목 평균 반영 (소수점 절사)

④ 제출서류

- 학교생활기록부 온라인제공 동의자: 제출서류 없음
- 학교생활기록부 온라인제공 불가능 및 비동의자: 학교생활기록부 1부

(6) 정시모집: 수능'다'군

※ 편집일 기준 대구가톨릭대는 2024학년도 정시모집 요강이 제대로 발표되지 않았다. 아래 내용들을 참고하되, 2023년도 기준 모집요강이니 모집군 등 세부 내용은 지원 전 반드시 확인하기 바란다.※

① 지원자격

고등학교 졸업(예정)자 및 법령에 의하여 동등 이상 학력이 있다고 인정되는 자 및 2023학년도 수능시험에 응시하여 수능반영교과 영역의 점수가 있는 자

② 전형방법

모집단위	전형유형	학생부교과	총점	비고
의예과	수능	100%	400점	일괄선발

③ 수능 반영방법

모집단위 (본교학과계열)	국어	수학	영어	탐구			탐구반영 수	반영영역 선택 및 가산점 반영 방법
				사회	과학	직업		
의예과	25	40	15	-	20	-	상위 1과목	백분위반영, 한 국사 등급별 가 산점 부여

- 성적 계산방법

- 국어, 수학 : 표준점수 활용
- 영어 : 등급별 배점표 적용
- 과학탐구 : 대학자체 변환표준점수 활용(상위 1과목)
※ 과학탐구 변환표준점수 : (과학탐구 취득 표준점수/과학탐구 전국최고 표준점수) × 100

- 영어등급별 배점표

모집단위	1등급	2등급	3등급	4등급	5등급	6등급	7등급	8등급	9등급
의예과	200	180	160	140	120	100	80	60	40

- 한국사 가산점 부여 방법

○ 부여방법 : 탐구영역 점수에 한국사 등급별 점수를 가산
○ 한국사 등급별 가산점 배점표

1등급	2등급	3등급	4등급	5등급	6등급	7등급	8등급	9등급
5	5	4	4	3	3	2	1	0

24) 계명대학교[28)]

■의과대학 모집인원은 아래와 같습니다.

단과 대학	모집 단위	수시모집					정시모집		
		학생부교과			학생부종합		수능	수능(정원외)	
							일반	농어촌	기회균형
		일반	지역	지역기회균형	일반	지역	다군		
의과 대학	의예과	12	28	2	4	6	24	3	2

---

28) 2024 계명대 모집요강

(1) 수시모집: 학생부교과(일반)전형

① 지원자격

고등학교 졸업(예정)자 및 법령에 의하여 동등 이상 학력이 있다고 인정되는 자

② 전형요소 및 반영비율

모집구분	전형명	학과(전공)	실질반영비율	
수시	학생부교과(일반전형)	의예과	1단계	교과 100%(10배수 선발)
			2단계	1단계 성적 90% + 다중인적성면접 10%

③ 수능최저학력기준

구분	수능 최저학력기준
의예과	국어, 영어, 수학, 탐구 중 상위 **3개 영역의 등급 합이 3이내** ※ 수학(미적분 또는 기하) 및 과탐 2개 과목 필수 응시

④ 평가방법

수능최저학력기준 충족자 중에서 교과 100%로 선발

1. 1단계 학생부 100%를 반영하여 10배수 선발
2. 다중인적성면접: 총 30분 내외로 3개 고사실에서 면접위원 2명이 수험생 개별 면접
3. 수능최저학력기준 충족자 중에서 2단계(1단계 성적 90% + 다중인적성면접 10%) 합산 총점의 고득점 순으로 선발

<전형요소 및 반영비율> - 단계선발
1단계: 학생부 100%(10배수 선발)
2단계: 1단계 성적 90% + 다중인적성면접 10%

⑤ 동점자 처리기준

- 1순위: 면접 성적 우수자
- 2순위: 영어 교과 성적 우수자
- 3순위: 수학 교과 성적 우수자
- 4순위: 국어 교과 성적 우수자
※ 의예과 1단계 선발 시 합격선에 있는 동점자는 모두 선발함.
※ 동점자 처리 기준 적용 후에도 동점자가 발생할 경우 동순위로 처리하여, 합격선에 있는 동순위자는 모두 선발함

(2) 수시모집: 학생부교과(지역전형)

① 지원자격

입학에서 졸업(예정)까지 고등학교 전 교육과정을 대구·경북지역 고등학교에서 이수한 자

② 전형요소 및 반영비율

모집구분	전형명	학과(전공)	실질반영비율	
수시	학생부교과 (지역전형)	의예과	1단계	교과 100%(10배수 선발)
			2단계	1단계 성적 90% + 다중인적성면접 10%

③ 수능최저학력기준

구분	수능 최저학력기준
의예과	국어, 영어, 수학, 탐구 중 **상위 3개 영역의 등급 합이 3이내**
	※ 수학(미적분 또는 기하) 및 과탐 2개 과목 필수 응시

④ 평가방법

수능최저학력기준 충족자 중에서 교과 100%로 선발
1. 1단계 학생부 100%를 반영하여 10배수 선발
2. 다중인적성면접: 총 30분 내외로 3개 고사실에서 면접위원 2명이 수험생 개별 면접
3. 수능최저학력기준 충족자 중에서 2단계(1단계 성적 90% + 다중인적성면접 10%) 합산 총점의 고득점 순으로 선발

<전형요소 및 반영비율> - 단계선발
1단계: 학생부 100%(10배수 선발)
2단계: 1단계 성적 90% + 다중인적성면접 10%

⑤ 동점자 처리기준

- 1순위: 면접 성적 우수자
- 2순위: 영어 교과 성적 우수자
- 3순위: 수학 교과 성적 우수자
- 4순위: 국어 교과 성적 우수자
※ 의예과 1단계 선발 시 합격선에 있는 동점자는 모두 선발함.
※ 동점자 처리 기준 적용 후에도 동점자가 발생할 경우 동순위로 처리하여, 합격선에 있는 동순위자는 모두 선발함

(3) 수시모집: 학생부교과(지역기회균형전형)

① 지원자격

입학에서 졸업(예정)까지 고등학교 전 교육과정을 대구·경북지역 고등학교에서 이수하고, 다음의 지원자격 중 하나에 해당하는 자 - 차상위 건강보험료 본인부담 경감대상자 - 기초생활수급자 - 차상위 자활급여 대상자 - 차상위 장애수당 대상자 - 장애인연금 부가급여 대상자 - 한부모가족 지원사업 대상자 - 차상위계층확인서 발급 대상자

② 전형요소 및 반영비율

모집구분	전형명	학과(전공)	실질반영비율	
수시	학생부교과 (지역기회 균형전형)	의예과	1단계	교과 100%(10배수 선발)
			2단계	1단계 성적 90% + 다중인적성면접 10%

③ 수능최저학력기준

구분	수능 최저학력기준
의예과	국어, 영어, 수학, 탐구 중 상위 3개 영역의 등급 합이 3이내 ※ 수학(미적분 또는 기하) 및 과탐 2개 과목 필수 응시

④ 평가방법

수능최저학력기준 충족자 중에서 교과 100%로 선발 1. 1단계 학생부 100%를 반영하여 10배수 선발 2. 다중인적성면접: 총 30분 내외로 3개 고사실에서 면접위원 2명이 수험생 개별 면접 3. 수능최저학력기준 충족자 중에서 2단계(1단계 성적 90% + 다중인적성면접 10%) 합산 총점의 고득점 순으로 선발 **<전형요소 및 반영비율>** - 단계선발 1단계: 학생부 100%(10배수 선발) 2단계: 1단계 성적 90% + 다중인적성면접 10%

⑤ 동점자 처리기준

- 1순위: 면접 성적 우수자
- 2순위: 영어 교과 성적 우수자
- 3순위: 수학 교과 성적 우수자
- 4순위: 국어 교과 성적 우수자
※ 의예과 1단계 선발 시 합격선에 있는 동점자는 모두 선발함.
※ 동점자 처리 기준 적용 후에도 동점자가 발생할 경우 동순위로 처리하여, 합격선에 있는 동순위자는 모두 선발함

(4) 수시모집: 학생부종합(일반전형), (지역전형)

① 지원자격

가. 일반전형

고등학교 졸업(예정)자 또는 법령에 의하여 이와 동등 이상의 학력이 있다고 인정된 자

나. 지역전형

입학에서 졸업(예정)까지 고등학교 전 교육과정을 대구, 경북 지역 고등학교에서 이수한 자

② 전형요소 및 반영비율

가. 일반전형

모집구분	전형명	학과(전공)	실질반영비율	
수시	학생부종합 (일반)전형	의예과	일괄선발	서류(학생부) 100%

나. 지역전형

모집구분	전형명	학과(전공)	실질반영비율	
수시	학생부종합 (지역전형)	의예과	1단계	서류(학생부) 100% (7배수)
			2단계	1단계 성적 80% + 면접 20%

③ 수능최저학력기준 (일반전형에만 해당)

구분	수능 최저학력기준
의예과	국어, 영어, 수학, 탐구 중 **상위 3개 영역의 등급 합이 4이내**[탐구 영역 상위 1개 과목의 등급 적용] *한국사, 수학(미적분 또는 기하) 및 과탐 2개 과목 필수 응시

④ 세부평가내용

<서류평가>
- 평가의 공정성 확보를 위해 지원자의 개인정보(수험번호, 성명, 출신고교명) 등 블라인드 평가 실시
- 평가요소 및 평가항목

평가요소	비율(%)	평가기준	평가방법
학업역량	35	이수한 교과의 학업 성취수준, 학습태도 및 의지, 탐구력, 학업발전의 정도	- 평가위원 2명의 점수 평균 반영 - 평가위원 간 일정점수 이상 편차가 있거나 2명 중 1명의 '미흡' 판정 시 재평가 - 평가위원 2명 전원 '미흡' 판정 시 불합격 처리
계열(전공) 적합성	40	자신의 진로와 지원 계열(전공)에 관한 탐색 노력과 준비 정도	
공동체 역량	25	공동체 일원으로서 갖춰야 할 바람직한 사고와 행동	

<면접평가>
- 평가의 공정성 확보를 위해 지원자의 개인정보(수험번호, 성명, 출신고교명) 등 블라인드 평가 실시
- 평가요소 및 평가항목

평가요소	비율(%)	평가항목	평가 방법
인성 (제1고사실)	50	인성, 의사소통능력, 가치관 태도, 발표력, 발전가능성 등 종합평가	· 2개 고사실(인성, 서류검증)에서 순차적으로 면접 진행 (고사실별 면접위원 2명, 수험생 1명) · 면접시간: 고사실별 10분(총 20분 내외) · 면접위원 4명의 점수 평균 반영 · 면접위원 4명 중 2명 이상 '미흡' 판정 시 불합격 처리
서류검증 (제2고사실)	50	전공적합성, 자기주도성, 지원동기 태도, 발표력, 발전가능성 등 종합평가	

(5) 정시모집: 수능 (일반, 농어촌, 기회균형전형) - 다군

① 지원자격
　가. 일반전형

고등학교 졸업(예정)자 또는 법령에 의하여 이와 동등 이상의 학력이 있다고 인정된 자로서 2024학년도 대학수학능력시험에 응시한 자

　나. 농어촌전형

- 고등학교 졸업(예정)자 또는 법려에 의하여 이와 동등 이상의 학력이 있다고 인정된 자로서 2024학년도 대학수학능력시험에 응시한 자로서 아래 중 하나에 해당하는 자
① 농어촌 소재지 학교에서 중학교 입학일로부터 고등학교 졸업일(재학기간)까지 전 교육과정을 이수한 자로서 재학기간 중 본인 및 부모 모두가 농어촌 역에 거주한 자
② 농어촌 소재지 학교에서 초등학교 입학일로부터 고등학교 졸업일(재학기간)까지 전 교육과정을 이수한 자로서 재학기간 중 학생 본인이 농어촌 지역에 거주한 자
• 농어촌 소재지 학교: 지방자치법 제3조에 의한 읍·면지역 및 도서·벽지지역 고육진흥법 시행규칙 제2조에 의한 지역에 소재하는 학교

- 검정고시 출신자 및 특수목적고(과학고, 외국어고, 국제고, 예술고, 체육고)제외
- 부·모·학생의 거주지 또는 거주지와 학교 소재지가 동일한 읍·면이 아니더라도 가능함
- 기타 상세 내용은 추후 홈페이지 모집요강 참조

다. 기회균형전형

고등학교 졸업(예정)자 또는 법려에 의하여 이와 동등 이상의 학력이 있다고 인정된 자로서 2024학년도 대학수학능력시험에 응시한 자로서 아래 중 하나에 해당하는 자
- 독립유공자의 자녀 및 (외)손자녀
- 국가유공자 및 그 자녀(참전유공자 제외)
- 618자유상이자 및 그 자녀
- 순직, 공상 군경(공무원) 및 그 자녀
- 고엽제후유의증환자(수당지급대상자) 및 그 자녀
- 518민주유공자 및 그 자녀
- 특수임무유공자 및 그 자녀
- 보훈보상대상자 및 그 자녀

② 전형요소 및 반영비율

구분	모집군	전형명	정원구분	모집단위	전형요소 및 반영비율
정시모집	다군	수능(일반)전형	정원내	의예과	수능 100%

③ 정시모집 수능 영역별 반영비율(백분위 성적 반영)

계열, 학과 (전공)		영역별 반영비율					한국사	지정 응시 및 가산점
		국어	수학 미적분 기하	영어	탐구			
					과학	과목수		
자연	의예과	25%	25%	25%	25%	2개 과목 평균 반영	필수 응시 및 가산점 부여	수학 미적분, 기하 및 과탐 2개 과목 필수

■ 영어 등급별 반영점수표

등급	1등급	2등급	3등급	4등급	5등급	6등급	7등급	8등급	9등급
점수	100점	95점	90점	85점	80점	75점	70점	65점	60점

■ 한국사 반영

등급		1~2등급	3~4등급	5~6등급	7~8등급	9등급
가산점	자연 (400점)	5점	4.5점	4점	3.5점	3점

- 한국사는 필수 응시하여야 하며, 등급별로 가산점을 부여함[총 400점 기준, 최대 5점 (3.75점) 범위 내]

25) 충남대학교[29]

▪ 의과대학 모집인원은 아래와 같습니다.

단과대학	모집단위	수시모집							정시모집	
		정원내					정원외		정원내	
		교과			종합Ⅰ		종합Ⅲ		수능 가군	
		일반/국토안보	지역인재		일반	서류	농어촌학생	저소득층학생	일반/국가안보	지역
			일반	저소득						
의과대학	의예과	23	20	3	19	6	2	1	13	26

(1) 수시모집: 학생부교과(일반/지역인재전형)
① 지원자격

가. 일반전형
1) 국내 고등학교 졸업(예정)자 또는 기타법령에 의하여 고등학교 졸업 이상의 학력이 인정되는 자
2) 2024학년도 대학수학능력시험 모집단위 별 반영영역에 응시한 자(탐구영역 2과목 응시)

나. 지역인재전형
1) 2024년 2월 이전 국내 고등학교 졸업(예정)자 중 충청권(대전, 충남, 세종) 소재 고등학교에서 전 교육과정을 이수 또는 이수 예정인 자
  ※ 최초 입학일로부터 졸업일까지 충청권 소재 고등학교에서 전 교육과정을 이수하여야 함
  ※ 고등학교는 「초ㆍ중등교육법」 제2조에 따른 고등학교에 한함
2) 2024학년도 대학수학능력시험 모집단위 별 반영역영에 응시한 자(탐구영역 2과목 응시)

다. 지역인재 저소득층전형
1) 위 지역인재전형 조건을 갖추고 아래 사항 중 어느 하나에 해당하는 자
- 국민기초생활보장법 제2조 제2호에 따른 수급자
- 국민기초생활보장법 제2조 제10호에 따른 차상위계층
- 한부모가족지원법 제5조 및 제5조의2에 따른 지원대상자
  ※ 차상위 계층의 경우 주민등록상 급여를 받고 있는 자와 거주해야 지원 가능

---

29) 2024 충남대 모집요강

② 전형요소 및 반영점수(비율)

전형구분	모집단위	사정유형	선발비율 (%)	학교생활 기록부 (교과)	면접	수능 최저학력	전형 총점
일반/ 지역인재/ 지역인재 저소득층	자연계	1단계	300	100점 (100)	-	-	100점 (100)
		2단계	100	100점 (80)	100점 (20)	적용	200점 (100)

③ 학교생활기록부 반영 방법

가. 반영비율 및 점수

학년별 반영비율		학생부 요소별 반영비율		반영 점수
1학년	2·3학년	교과 성적	출결 상황	
전 학년 공통 100		100	-	100

나. 반영교과목 및 활용지표

모집단위	반영 교과(군)	점수산출 활용지표
전 모집단위	국어, 수학, 영어, 한국사, 사회(역사/도덕 포함), 과학, 기술·가정, 제2외국어, 한문 ※ 체육, 예술, 교양 교과(군) 미반영	석차등급

다. 교과목 반영기준
 1) 2024년 2월 졸업예정자는 3학년 1학기까지의 성적만 반영
 2) 2007년 2월 이전 졸업생은 과목석차를 우선으로 반영하며, 석차가 없을 경우는 평어를 반영함
 3) 과목석차등급이 없는 교과목에 한하여 다음과 같이 처리함
  가) 과목 석차만 있는 경우 석차백분율을 계산하여 과목석차등급으로 변환
  나) 평어만 있는 경우 평어를 과목석차등급으로 변환
  다) 특성화고교 전문교과Ⅱ(A~E로 표시하는 절대평가 과목의 경우) 이수자는 과목점수 [원점수/과목평균(표준편차)]를 활용하여 과목석차등급으로 변환
  라) 과목석차등급 반영자 중 진로선택과목, 공통과목(과학탐구실험), 소인수 수강과목 등 과목석차등급이 없는 교과목[등급이 (.)로 표기된 경우 포함]은 미반영

■ 대학수학능력시험 반영영역 및 최저학력기준

가. 반영영역 및 최저학력기준

일반전형/지역인재전형
국어, 영어 및 과학탐구 중 상위 2과목과 수학(미적분, 기하) 합산 4등급 이내

나. 반영방법
 1) 전형점수에는 포함하지 않고 합격자 선발 시 각 반영 영역을 최저학력기준으로 반영함
 2) 확률과 통계는 반영하지 아니함

> 3) 탐구영역은 2과목을 반드시 응시하여야 하며 취득등급의 평균을 반영하며, 과학탐구 반영 모집단위는 반드시 과학탐구 2과목을 응시해야 함

(2) 수시모집: 학생부종합 I (일반/서류)

① 지원자격

> 1) 국내 고등학교 졸업(예정)자 또는 기타법령에 의하여 고등학교 졸업 이상의 학력이 인정되는 자
> 2) 2024학년도 대학수학능력시험 모집단위별 반영영역에 응시한 자(탐구영역 2과목 응시)
> ※ 수능최저학력기준 적용학과에만 해당

② 전형요소 및 반영비율(점수)

사정유형	선발비율(%)	서류평가	면접평가	수능최저학력	전형총점
1단계	300	200점 (100)	-	적용	200점 (100)
2단계	100	200점 (66.7)	100점 (33.3)		300점 (100)

③ 대학수학능력시험 반영영역 및 최저학력기준

최저학력
국어, 영어 및 과학탐구 중 상위 2과목과 수학(미적분, 기하) 합산 5등급 이내

④ 서류평가 및 면접고사

가. 평가방법

전형요소	평가방법
서류평가	입학사정관이 지원자의 제출서류를 평가항목에 의거하여 독립적이고 종합적으로 평가함
면접고사	입학사정관이 지원자의 제출서류를 참고하여 평가항목에 의거하여 구술평가함

※ 유의사항
- 제출서류에는 TOEIC, TOEFL, NEW TEPS, JLPT, HSK 등의 공인어학시험성적, 국외탐방 및 국외 봉사실적 등 사교육기관 의존 가능성이 높은 체험활동 및 교외 수상실적을 제출할 수 없으며, 제출 시 인정하지 않음
- 지원자 성명, 출신고교, 지원자 부모(친인척 포함)의 실명을 포함한 사회적·경제적 지위(직업명·직장명·직위명 등)를 암시하는 내용을 기재할 경우 평가에 불이익을 받을 수 있음
- 서류평가에서 표절, 대필, 서류조작 등이 확인되는 경우에는 우리대학'학생부종합전형 심의위원회 및 대학입학전형관리위원회'결정에 따라 처분

(3) 수시모집: 학생부종합Ⅲ(고른기회 특별전형)

① 지원자격

가. 농어촌학생

1) 국내 고등학교 졸업(예정)자

2) 아래의 사항 중 하나에 해당하는 자

> • 지방자치법 제3조에 의한 읍,면 또는 도서·벽지 교육진흥법 시행규칙 제2조에 의한 도서·벽지 소재 학교에서 중·고등학교 전 교육과정(중합교 입학 시부터 고등학교 졸업 시까지) 이수 및 본인(부모포함)거주
> • 지방자치법 제3조에 의한 읍,면 또는 도서·벽지 교육진흥법 시행규칙 제2조에 의한 도서·벽지 소재 학교에서 초·중·고등학교 전 교육과정(초등학교 입학 시부터 고등학교 졸업 시까지) 이수 및 본인 거주

※ 유의사항

- 검정고시출신자 및 특수목적고, 자율형 사립고 졸업(예정)자는 제외
- 재학기간 중 부모 및 본인의 주민등록이 직권말소, 신고말소 또는 직권거주 불명등록자로 등록된 경우는 지원 자격이 없는 것으로 간주
- 지원 자격은 공백이 없는 연속된 연수만을 인정함

나, 저소득층학생

1) 국내 고등학교 졸업(예정) 자 및 기타법령에 의하여 고등학교 졸업 이상의 학력이 인정되는 자

2) 아래의 사항 중 하나에 해당하는 자

> • 「국민기초생활보장법」 제2조 제1호에 따른 수급권자 및 제2호 수급자
> • 「국민기초생활보장법」 제2조 제10호에 따른 차상위계층복지급여수급자
> • 「한부모가족지원법」 제5조 및 제5조의2에 따른 지원대상자
> ※차상위계층의 경우 주민등록상 급여를 받고 있는 자와 거주해야 지원 가능

② 전형요소 및 반영점수(비율)

사정유형	선발비율(%)	서류평가	면접평가	수능최저학력	전형총점
1단계	300	200점 (100)	-	미적용	200점 (100)
2단계	100	200점 (66.7)	100점 (33.3)		300점 (100)

③ 서류평가 및 면접고사

가. 평가방법

전형요소	평가방법
서류평가	입학사정관이 지원자의 제출서류를 평가항목에 의거하여 독립적이고 종합적으로 평가함
면접고사	입학사정관이 지원자의 제출서류를 참고하여 평가항목에 의거하여 구술평가함

※ 유의사항
- 제출서류에는 TOEIC, TOEFL, TEPS, JLPT, HSK 등의 공인어학시험성적, 해외 탐방 및 해외 봉사실적 등 사교육기관 의존 가능성이 높은 체험활동 및 교외 수상실적을 제출할 수 없으며, 제출시 인정하지 않음
- 지원자 성명, 출신고교, 지원자 부모(친인척 포함)의 실명을 포함한 사회적·경제적 지위(직업명·직장명·직위명 등)를 암시하는 내용을 기재할 경우 평가에 불이익을 받을 수 있음
- 서류평가에서 표절, 대필, 서류조작 등이 확인되는 경우에는 '한국대학교육협의회 유사도 검색시스템', 우리대학 '학생부종합전형 심의위원회 및 대학입학전형관리위원회' 결정에 따라 처분

(4) 정시모집: 수능'가'군(일반전형)

① 지원자격

가. 국내 고등학교 졸업(예정)자 또는 기타 법령에 의하여 고등학교 졸업 이상의 학력이 인정되는 자
나. 2024학년도 대학수학능력시험 모집단위별 반영영역에 응시한 자(탐구영역 2과목 응시)

② 전형요소 및 반영점수(비율)

전형구분		모집단위	사정유형	선발비율	수능	전형총점
가군	수능(일반)	자연계	일괄합산	100	300점(100)	300점(100)

③ 대학수학능력시험

가. 대학수학능력시험 영역별 반영 비율(%)

계열	국어	수학	탐구1	탐구2	영어/한국사	수능성적 활용지표
자연계 (300점)	25%/ 75점	45%/ 135점	15%/ 45점	15%/ 45점	등급별 감점 반영	표준점수 (단, 영어, 한국사는 등급 반영)

나. 반영 방법

1) 영어 및 한국사는 등급, 국어, 수학, 탐구(과학) 영역은 '표준점수'를 활용함

2) 영어/한국사 취득등급에 따른 감점 반영 방법

- 영어

등급	1	2	3	4	5	6	7	8	9
자연계	0	-2	-5	-8	-11	-14	-18	-22	-26

- 한국사

등급	1	2	3	4	5	6	7	8	9
감점 적용	0			-1			-2		

(5) 정시모집: 수능'가'군(지역인재전형)

① 지원자격

가. 2024년 2월 이전 국내 고등학교 졸업(예정)자 중 충청권(대전, 충남, 충북, 세종) 소재 고등학교에서 전 교육과정을 이수 또는 이수 예정인 자

※ 최초 입학일로부터 졸업일까지 충청권 소재 고등학교에서 전 교육과정을 이수하여야 함

※ 고등학교는 「초·중등교육법」 제2조에 따른 고등학교에 한함

나. 2024학년도 대학수학능력시험 모집단위별 반영영역에 응시한 자(탐구영역 2과목 응시)

② 전형요소 및 반영비율(점수)

전형구분		사정유형	선발비율(%)	수능	비고
가군	지역인재	일괄합산	100	300점(100)	

③ 대학수학능력시험

가. 대학수학능력시험 영역별 반영 비율(%)

계열	국어	수학	탐구1	탐구2	영어/한국사	수능성적 활용지표
자연계 (300점)	25%/ 75점	45%/ 135점	15%/ 45점	15%/ 45점	등급별 감점 반영	표준점수 (단, 영어, 한국사는 등급 반영)

나. 반영 방법

1) 영어 및 한국사는 등급, 국어, 수학, 탐구(과학) 영역은 '표준점수'를 활용함

2) 영어/한국사 취득등급에 따른 감점 반영 방법

- 영어

등급	1	2	3	4	5	6	7	8	9
자연계	0	-2	-5	-8	-11	-14	-18	-22	-26

- 한국사

등급	1	2	3	4	5	6	7	8	9
감점 적용	0			-1			-2		

26) 단국대학교(천안)[30]

■ 의과대학 모집인원은 아래와 같습니다.

계열	대학	모집단위	수시 학생부종합 DKU인재 면접	정시 수능위주 다군
자연	의과	의예과	15	25

(1) 수시모집: 학생부종합(DKU인재)

① 지원자격

국내 정규 고등학교 졸업(예정)자로서 3개 학기 이상 성적을 취득한 자
※ 의학계열, 약학계열 : 위 조건과 함께 2024학년도 대학수학능력시험에 응시한 자(수능최저학력기준 있음, 11쪽 참조)
※ 학생부 반영교과가 없거나, 국내 고등학교 성적체계와 다른 경우 지원 불가

② 전형방법

모집 시기	전형유형	전형명	선발모형	전형요소별 반영비율(%)		
				학생부	서류	수능
수시	학생부위주	학생부종합	1단계(3~4배수)		100	
			2단계	1단계 성적 70 + 면접 30		

■ 학생부종합전형 평가내용 및 방법

전형명		평가방법	평가내용
정원내	DKU인재	서류평가	학교생활기록부를 통하여 학업역량, 전공적합성, 인성 및 발전가능성 등을 종합평가
		면접평가	학교생활기록부를 기반으로 한 질의응답을 통하여 서류 진위여부, 전공적합성, 인성 및 발전가능성 등을 종합평가

---

30) 2024 단국대(천안) 모집요강

■ 대학수학능력시험 최저학력기준

전형명	모집시기	캠퍼스	모집단위	적용기준
DKU인재	수시	천안	의학계열	국어, 수학(미적분/기하), 영어, 탐구(과탐 2개 과목 평균) 중 수학 포함 3개 영역 합 5등급 이내

■ 학교생활기록부 성적 반영

모집시기	계열	반영교과 및 반영비율(%)				활용지표	비고
		국어	수학	영어	과학		
수시	의학	20	30	30	20	석차등급(9등급)	· 전학년 동일하게 적용 - 재학생: 3학년 1학기까지 - 졸업생: 3학년 2학기까지

■ 면접고사

전형명	모집단위	면접고사	면접방법
DKU인재	의예과	학교생활기록부와 자기소개서를 기반으로 한 질의응답을 통하여 서류 진위여부, 전공 적합성, 의료인으로서의 발전가능성, 인성 등을 종합평가	디테일 평가

(2) 정시모집: 수능위주(다군)

① 지원자격

국내 정규 고등학교 졸업(예정)자 또는 법령에 의하여 고등학교 졸업 이상의 학력이 있다고 인정된 재[고등학교 졸업학력 검정고시 합격자, 외국 소재 고등학교 졸업(예정)자 포함]
※ 2023학년도 대학수학능력시험 응시자에 한함

② 전형방법

정원구분	모집시기	전형유형	전형명	선발모형	전형요소별 반영비율(%)
					수능
정원내	정시	수능위주	일반학생	일괄합산	100

■ 대학수학능력시험 성적 반영
- 영역별 반영비율

계열	모집단위	국어	수학	영어	탐구	한국사	백분위 점수의 가산점 부여
			미적분/기하		과탐		
의학	의예과	20	40	15	25	등급별 가산점 부여	과탐Ⅱ 5%

■ 수능 영어등급 점수(100점 기준)

등급	1	2	3	4	5	6	7	8	9
분할기준 (원점수)	100 ~90	89 ~80	79 ~70	69 ~60	59 ~50	49 ~40	39 ~30	29 ~20	19 ~0
의학	100	80	70	40	30	20	15	5	0

■ 수능 한국사등급 점수(1,000점 기준)

등급	1	2	3	4	5	6	7	8	9
분할기준 (원점수)	50 ~40	39 ~35	34 ~30	29 ~25	24 ~20	19 ~15	14 ~10	9 ~5	4 ~0
가산점	5			4		3	2	1	0

27) 순천향대학교[31]

■ 의과대학 모집인원은 아래와 같습니다.

모집 단위	수시모집							정시모집
	학생부교과			학생부종합				수능
	정원내			정원내		정원외		정원내
	교과 우수 자	메타 버스	지역 기초	일반 학생	지역 인재	기초·차상위	농어촌학생	일반학생(다군)
의예과	18	31	3	6	7	2	2	28

(1) 수시모집: 학생부교과(교과우수자전형)
① 지원자격

고등학교 졸업(예정)자 또는 관계 법령에 의한 동등 이상의 학력이 있는 자

② 전형방법: 일괄합산(학생부 교과 100%)

③ 학교생활기록부 반영방법

가. 반영교과

반영교과
국어, 수학 영어, 과학, 사회(한국사 포함) 교과 중 우수 3개 교과(진로선택과목은 우수 3개 과목)

※ 한국사 교과목은 전 모집단위에 반영

---

31) 2024 순천향대 모집요강

나. 반영학기
- 졸업예정자 : 3학년 1학기 까지
- 졸 업 자 : 3학년 2학기 까지

다. 점수산출 활용지표 : 석차등급(성취도), 이수단위(학점)
라. 반영방법 : 석차등급의 변환점수를 반영
- 석차등급이 표기되어 있지 않은 경우 석차백분위를 계산하여 석차등급으로 환산
마. 학년별 반영비율 : 전 학년 공통 100%
바. 고등학교졸업학력검정고시 합격자의 교과 성적 반영방법
- 학생부교과(일반학생전형), 학생부교과(기초생활수급자및차상위계층전형): 고등학교졸업
학력검정고시 취득점수의 변환점수를 반영
※ 고등학교졸업학력검정고시 성적 반영 방법에 따른 성적 산출이 불가능한 경우 지원 불
가하며, 지원 시 사정 대상에서 제외

④ **수능 최저학력기준**

전형	모집단위	수능 최저학력기준	반영과목
학생부교과 (일반학생전형)	의예과	4개 과목 등급 합 6이내(탐구 2개)	국어, 수학, 영어, 탐구 (사탐, 과탐)

※ 탐구과목은 2개 과목의 평균을 반영함
※ 의예과는 직업탐구 과목을 반영하지 않음
※ 의예과 지원자가 '확률과 통계' 과목을 응시한 경우 0.5등급 하향 조정 반영함
※ 의예과 지원자의 탐구 영역 2개 과목이 모두 '과학탐구'가 아닌 경우 탐구 2개 과목 평균
등급에서 0.5등급 하향 조정 반영함
※ 제2외국어/한문 과목은 반영하지 않음

⑤ **제출서류 : 학교생활기록부 또는 검정고시 성적증명서, 지원자격 입증서류**

(2) 수시모집: 학생부교과(메타버스전형)
① **지원자격**

충남, 충북, 대전, 세종 지역 소재 고등학교에서 전 교육과정(입학에서 졸업까지)을 이수한 졸업(예정)자

※ 단, 학교생활기록부 반영 방법(P.54 ~ P.57)에 따른 성적 산출이 불가능한 경우 지원
불가하며, 지원 시 사정대상에서 제외. 초·중등교육법 제2조(학교의 종류) 및 초·중등교육
법 시행령 제76조의3(고등학교의 구분)에 따른 고등학교

② **전형방법: 일괄합산(학생부 교과 100%)**

③ 학교생활기록부 반영방법

가. 반영교과

모집단위	반영교과
의과대학	국어, 수학 영어, 과학, 사회(한국사 포함) 교과 중 우수 3개 교과(진로선택과목은 우수 3개 과목)

※ 한국사 교과목은 전 모집단위에 반영

나. 반영학기
- 졸업예정자 : 3학년 1학기 까지
- 졸 업 자 : 3학년 2학기 까지

다. 점수산출 활용지표 : 석차등급(성취도), 이수단위(학점)

라. 반영방법 : 석차등급의 변환점수를 반영
- 석차등급이 표기되어 있지 않은 경우 석차백분위를 계산하여 석차등급으로 환산

마. 학년별 반영비율 : 전 학년 공통 100%

바. 고등학교졸업학력검정고시 합격자의 교과 성적 반영방법
- 학생부교과(일반학생전형), 학생부교과(기초생활수급자및차상위계층전형): 고등학교졸업학력검정고시 취득점수의 변환점수를 반영
※ 고등학교졸업학력검정고시 성적 반영 방법에 따른 성적 산출이 불가능한 경우 지원 불가하며, 지원 시 사정 대상에서 제외

④ 수능 최저학력기준

전형	모집단위	수능 최저학력기준	반영과목
학생부교과 (메타버스전형)	의예과	4개 과목 등급 합 6이내(탐구 1개)	국어, 수학, 영어, 탐구 (과탐, 사탐)

※ 탐구과목은 성적이 우수한 1개 과목만 반영함
※ 의예과는 직업탐구 과목을 반영하지 않음
※ 의예과 지원자가 '확률과 통계' 과목을 응시한 경우 0.5등급 하향 조정 반영함
※ 의예과 지원자의 탐구 영역 2개 과목이 모두 '과학탐구'가 아닌 경우 탐구 2개 과목 평균등급에서 0.5등급 하향 조정 반영함
※ 제2외국어/한문 과목은 반영하지 않음

(3) 수시모집: 학생부교과(지역기초전형)
① 지원자격

충남, 충북, 대전, 세종 지역 소재 고등학교에서 전 교육과정(입학에서 졸업까지)을 이수한 졸업(예정)자
가. [기초생활수급권자] 국민기초생활보장법 제2조 제1호(수급권자), 제2호(수급자)에 의한 대상자
나. [차상위계층] 국민기초생활보장법 제2조 제10호(차상위계층)에 의한 대상자
- 학생이 속한 세대의 구성원 중 한 명이 대상자인 경우, 주민등록본에 지원자와 차상위계층 대상자가 함께 거주하고 있어야 차상위계층으로 인정

다. [한부모가족] 한부모가족지원법 제5조 및 제5조의2에 따른 지원대상자
※ 2023.9.1.(금)~9.19.(화) 기간 중 1일 이상 해당 시 지원자격 인정

※ 단, 학교생활기록부 반영 방법(P.54 ~ P.57)에 따른 성적 산출이 불가능한 경우 지원 불가하며, 지원 시 사정대상에서 제외. 초·중등교육법 제2조(학교의 종류) 및 초·중등교육법 시행령 제76조의3(고등학교의 구분)에 따른 고등학교

② 전형방법: 일괄합산(학생부 교과 100%)

③ 학교생활기록부 반영방법

가. 반영교과

모집단위	반영교과
의과대학	국어, 수학 영어, 과학, 사회(한국사 포함) 교과 중 우수 3개 교과(진로선택과목은 우수 3개 과목)

※ 한국사 교과목은 전 모집단위에 반영

나. 반영학기
 - 졸업예정자 : 3학년 1학기 까지
 - 졸 업 자 : 3학년 2학기 까지

다. 점수산출 활용지표 : 석차등급(성취도), 이수단위(학점)

라. 반영방법 : 석차등급의 변환점수를 반영
 - 석차등급이 표기되어 있지 않은 경우 석차백분위를 계산하여 석차등급으로 환산

마. 학년별 반영비율 : 전 학년 공통 100%

바. 고등학교졸업학력검정고시 합격자의 교과 성적 반영방법
 - 학생부교과(일반학생전형), 학생부교과(기초생활수급자및차상위계층전형): 고등학교졸업학력검정고시 취득점수의 변환점수를 반영
※ 고등학교졸업학력검정고시 성적 반영 방법에 따른 성적 산출이 불가능한 경우 지원 불가하며, 지원 시 사정 대상에서 제외

④ 수능 최저학력기준

전형	모집단위	수능 최저학력기준	반영과목
학생부교과 (메타버스전형)	의예과	4개 과목 등급 합 6이내(탐구 1개)	국어, 수학, 영어, 탐구 (과탐, 사탐)

※ 탐구과목은 성적이 우수한 1개 과목만 반영함
※ 의예과는 직업탐구 과목을 반영하지 않음
※ 의예과 지원자가 '확률과 통계' 과목을 응시한 경우 0.5등급 하향 조정 반영함
※ 의예과 지원자의 탐구 영역 2개 과목이 모두 '과학탐구'가 아닌 경우 탐구 2개 과목 평균 등급에서 0.5등급 하향 조정 반영함
※ 제2외국어/한문 과목은 반영하지 않음

(4) 수시모집: 학생부종합(일반학생전형)
　　① 지원자격

고등학교 졸업(예정)자 또는 관계 법령에 의한 동등 이상의 학력이 있는 자

　　② 전형방법
- 일괄합산(학교생활기록부 서류평가 100%)

평가요소 및 항목		평가 내용	평가 자료	반영 비율
학업역량	학업성취도	• 교과목의 석차등급 또는 원점수·평균·표준 편차·성취도 등을 활용해 산정한 학업능력 지표와 교과목 이수현황, 노력 등을 반영한 학업적 성취수준이나 발전 정도	• 학교생활기록부 [교과학습발달상황] [세부능력및특기사항]	20%
	학업태도와 학업의지	• 학업을 수행하고 학습을 해 나가는 자발적 의지와 태도 • 스스로 학습목표 설정 후 적절한 전략을 선택하여 계획을 수립 및 실행하는 과정	• 학교생활기록부 [세부능력및특기사항] [행동특성및종합의견]	
전공적합성	전공관련 교과목 이수 및 성취도	• 고교 교육과정에서 지원 전공(계열)에 필요한 과목을 수강하고 취득한 학업성취 수준	• 학교생활기록부 [교과학습발달상황] [세부능력및특기사항]	30%
	전공에 대한 관심과 경험	• 궁금증을 해결하기 위해 주의를 기울인 태도와 성과 • 관심을 충족시키기 위해 노력한 활동과 경험	• 학교생활기록부 [창의적체험활동] [교과학습발달상황] [세부능력및특기사항] [행동특성및종합의견]	
인성	협업능력	• 공동체의 목표 달성을 위해 상호 신뢰를 바탕으로 함께 돕고 함께 생활할 수 있는 역량	• 학교생활기록부 [창의적체험활동] [세부능력및특기사항] [행동특성및종합의견]	20%
	성실성	• 책임감을 바탕으로 꾸준히 노력하여 자신의 의무를 다하는 태도와 행동	• 학교생활기록부 [출결상황] [교과학습발달상황] [세부능력및특기사항] [행동특성및종합의견]	
발전가능성	자기주도성	• 스스로 목표를 설정하고 적절한 전략을 선택하여 계획을 수립하고 실행하는 성향	• 학교생활기록부 전체항목	30%
	경험의 다양성	• 학교 교육의 다양한 영역에서 직접 겪거나 활동하면서 얻은 성장 과정 및 결과	• 학교생활기록부 전체항목	

▪ 제출서류: 학교생활기록부 또는 검정고시 성적증명서, 지원자격 입증서류

　　③ 수능 최저학력기준 : 적용하지 않음

(5) 수시모집: 학생부종합(지역인재전형)
　　① 지원자격

충남, 충북, 대전, 세종 지역 소재 고등학교에서 전 교육과정(입학에서 졸업까지)을 이수한 졸업(예정)자

- 초·중등교육법 제2조(학교의 종류) 및 초·중등교육법 시행령 제76조의3(고등학교의 구분)에 따른 고등학교

② 전형방법
- 일괄합산(학교생활기록부 서류평가 100%)

평가요소 및 항목		평가 내용	평가 자료	반영 비율
학업역량	학업성취도	• 교과목의 석차등급 또는 원점수·평균·표준 편차·성취도 등을 활용해 산정한 학업능력 지표와 교과목 이수현황, 노력 등을 반영한 학업적 성취수준이나 발전 정도	• 학교생활기록부 [교과학습발달상황] [세부능력및특기사항]	20%
	학업태도와 학업의지	• 학업을 수행하고 학습을 해 나가는 자발적 의지와 태도 • 스스로 학습목표 설정 후 적절한 전략을 선택하여 계획을 수립 및 실행하는 과정	• 학교생활기록부 [세부능력및특기사항] [행동특성및종합의견]	
전공적합성	전공관련 교과목 이수 및 성취도	• 고교 교육과정에서 지원 전공(계열)에 필요한 과목을 수강하고 취득한 학업성취 수준	• 학교생활기록부 [교과학습발달상황] [세부능력및특기사항]	30%
	전공에 대한 관심과 경험	• 궁금증을 해결하기 위해 주의를 기울인 태도와 성과 • 관심을 충족시키기 위해 노력한 활동과 경험	• 학교생활기록부 [창의적체험활동] [교과학습발달상황] [세부능력및특기사항] [행동특성및종합의견]	
인성	협업능력	• 공동체의 목표 달성을 위해 상호 신뢰를 바탕으로 함께 돕고 함께 생활할 수 있는 역량	• 학교생활기록부 [창의적체험활동] [세부능력및특기사항] [행동특성및종합의견]	20%
	성실성	• 책임감을 바탕으로 꾸준히 노력하여 자신의 의무를 다하는 태도와 행동	• 학교생활기록부 [출결상황] [교과학습발달상황] [세부능력및특기사항] [행동특성및종합의견]	
발전가능성	자기주도성	• 스스로 목표를 설정하고 적절한 전략을 선택하여 계획을 수립하고 실행하는 성향	• 학교생활기록부 전체항목	30%
	경험의 다양성	• 학교 교육의 다양한 영역에서 직접 겪거나 활동하면서 얻은 성장 과정 및 결과	• 학교생활기록부 전체항목	

※제출서류: 학교생활기록부 또는 검정고시 성적증명서, 지원자격 입증서류

③ 수능 최저학력기준 : 적용하지 않음

(6) 수시모집: 학생부종합(기초생활수급자및차상위계층전형) *정원외

① 지원자격

- 고등학교 졸업(예정)자 또는 관계 법령에 의한 동등 이상의 학력이 있는 자로서 아래의 요건 중 하나에 해당하는 자
가. **[기초생활수급권자]** 국민기초생활보장법 제2조 제1호(수급권자), 제2호(수급자)에 의한 대상자
나. **[차상위계층]** 국민기초생활보장법 제2조 제10호(차상위계층)에 의한 대상자
  - 학생이 속한 세대의 구성원 중 한 명이 대상자인 경우, 주민등록본에 지원자와 차상위계층 대상자가 함께 거주하고 있어야 차상위계층으로 인정
다. **[한부모가족]** 한부모가족지원법 제5조 및 제5조의2에 따른 지원대상자

② 일괄합산(학교생활기록부 서류평가 100%)

평가요소 및 항목		평가 내용	평가 자료	반영 비율
학업역량	학업성취도	• 교과목의 석차등급 또는 원점수·평균·표준 편차·성취도 등을 활용해 산정한 학업능력 지표와 교과목 이수현황, 노력 등을 반영한 학업적 성취수준이나 발전 정도	• 학교생활기록부 [교과학습발달상황] [세부능력및특기사항]	20%
	학업태도와 학업의지	• 학업을 수행하고 학습을 해 나가는 자발적 의지와 태도 • 스스로 학습목표 설정 후 적절한 전략을 선택하여 계획을 수립 및 실행하는 과정	• 학교생활기록부 [세부능력및특기사항] [행동특성및종합의견]	
전공적합성	전공관련 교과목 이수 및 성취도	• 고교 교육과정에서 지원 전공(계열)에 필요한 과목을 수강하고 취득한 학업성취 수준	• 학교생활기록부 [교과학습발달상황] [세부능력및특기사항]	30%
	전공에 대한 관심과 경험	• 궁금증을 해결하기 위해 주의를 기울인 태도와 성과 • 관심을 충족시키기 위해 노력한 활동과 경험	• 학교생활기록부 [창의적체험활동] [교과학습발달상황] [세부능력및특기사항] [행동특성및종합의견]	
인성	협업능력	• 공동체의 목표 달성을 위해 상호 신뢰를 바탕으로 함께 돕고 함께 생활할 수 있는 역량	• 학교생활기록부 [창의적체험활동] [세부능력및특기사항] [행동특성및종합의견]	20%
	성실성	• 책임감을 바탕으로 꾸준히 노력하여 자신의 의무를 다하는 태도와 행동	• 학교생활기록부 [출결상황] [교과학습발달상황] [세부능력및특기사항] [행동특성및종합의견]	
발전가능성	자기주도성	• 스스로 목표를 설정하고 적절한 전략을 선택하여 계획을 수립하고 실행하는 성향	• 학교생활기록부 전체항목	30%
	경험의 다양성	• 학교 교육의 다양한 영역에서 직접 겪거나 활동하면서 얻은 성장 과정 및 결과	• 학교생활기록부 전체항목	

■ 제출서류: 학교생활기록부 또는 검정고시 성적증명서, 지원자격 입증서류

③ 수능 최저학력기준: 적용하지 않음

(7) 수시모집: 학생부종합(농어촌학생전형) *정원외

① 지원자격

> - 국내 고등학교 졸업(예정)자로서 아래의 요건 중 하나에 해당하는 자
> 가. **[중고등학교 6년]** 지방자치법 제3조에 의한 읍면지역 및 도서벽지 교육진흥법시행규칙 제2조에 의한 해당 지역 소재 중고등학교 전 교육과정(6년) 이수(예정)자로서 재학기간 동안 본인 및 부모(사망, 이혼 또는 실종의 경우 제외) 모두가 해당 소재지에 거주한 자
> 나. **[초중고등학교 12년]** 지방자치법 제3조에 의한 읍면지역 및 도서벽지 교육진흥법시행규칙 제2조에 의한 해당 지역 소재 초중고등학교 전 교육과정(12년) 이수(예정)자로서 재학기간 동안 본인이 해당 소재지에 거주한 자

※ 농어촌학생 세부기준
- 특수목적고 및 영재학교 출신자는 지원할 수 없음
- 농어촌지역 학교 재학 및 거주기간은 연속된 연수만을 인정하며, 입학일부터 졸업일까지 유의하여야 함(학업 중단 후 재입학할 경우에도 거주기간은 중간 단절 없이 연속되어야 함)
- 학생과 부모의 거주는 각각의 주민등록상 거주기록과 일치해야 함
- 재학 중 전학을 한 경우, 전학 전·후 학교 모두가 읍·면 또는 도서·벽지 지역에 소재하여야 함
- 고등학교(중학교, 초등학교) 재학 기간 중 고등학교(중학교, 초등학교) 소재지 또는 거주지가 행정구역 개편 등으로 읍·면 지역이 동으로 변경되거나 도서·벽지 지역이 해제된 경우, 고등학교(중학교, 초등학교) 재학기간 동안 해당 소재 지역을 농어촌으로 인정함
- 부모가 이혼한 경우 친권 또는 양육권을 가진 부모 중 1명이 지원자의 중·고교 재학 중 농어촌지역 거주(중학교 입학일로부터 고등학교 졸업일까지 연속되어야 함)시 인정함

② 전형방법 : 단계별 전형

단계	실질반영비율		
	서류평가	1단계 성적	면접
1단계(4배수)	100%	-	-
2단계	-	70%	30%

③ 수능 최저학력기준: 적용하지 않음

④ 제출서류: 학교생활기록부 또는 검정고시 성적증명서, 지원자격 입증서류

(8) 정시모집: 수능(일반학생전형(다군))
① 지원자격

고등학교 졸업(예정)자 또는 관계 법령에 의한 동등 이상의 학력이 있는 자

② 전형방법 : 일괄합산(수능 100%)

③ 수능 반영방법

모집 단위	점수산출 활용지표	국어	수학	영어	탐구 사/과	한국사	비고
의예과	백분위	20%	30%	30%	20%	응시여부	국어, 수학, 영어, 탐구(2개 평균 반영) 모두 반영함

※ 탐구과목은 2개 과목의 평균을 반영함
※ 의예과는 직업탐구 과목을 반영하지 않음
※ 제2외국어/한문 과목은 반영하지 않음
※ 한국사는 반드시 응시해야 함

■ 영어 환산점수 반영

등급	1	2	3	4	5	6	7	8	9
분할기준 (원점수)	100 ~90	89 ~80	79 ~70	69 ~60	59 ~50	49~ 40	39 ~30	29 ~20	19 ~0
환산점수	96	92	85	73	56	36	19	7	0

■ 대학수학능력시험 과목별 가산점

모집단위	미적분, 기하	확률과 통계	과학탐구
의예과	취득백분위 점수의 10%	없음	취득백분위 점수의 10%

28) 을지대학교[32]

▪ 의과대학 모집인원은 아래와 같습니다.

모집 학과	정원내			정원외			
	수시		정시 나군	수시			
	학생부위주(교과)						
	지역 균형	지역 인재	일반전형Ⅱ	농어촌 학생	기회 균형Ⅰ	기회 균형Ⅱ	재외국민과 외국인(2%)
의예과	5	19	15	2	2	1	2

(1) 수시모집: 학생부교과(지역균형)
① 지원자격

캠퍼스	지원자격
대전	국내 고등학교 졸업자 또는 졸업예정자로서 학교장의 추천을 받은 자

② 전형방법 및 최저학력기준

학생부(교과) 95% + 인성 면접 5%

국어, 수학, 영어, 과탐(1과목) 등급 합 5이내 ※ 과탐 2과목 응시 필수

(2) 수시모집: 학생부교과(지역의료인재전형)
① 지원자격

캠퍼스	지원자격
대전	대전광역시·세종특별자치시·충청남도·충청북도 소재 고등학교 과정(입학 시부터 졸업 시까지 전 교육과정)을 이수한 졸업(예정)자

② 전형방법 및 최저학력기준

학생부(교과) 95% + 인성 면접 5%

국어, 수학, 영어, 과탐(1과목) 등급 합 6이내 ※ 과탐 2과목 응시 필수

③ 면접고사

캠퍼스	모집단위	면접형태	면접방법
대전	의예과	인성면접	의사가 갖추어야 할 인성과 자질에 대하여 평가

---

32) 2024 을지대 모집요강

④ 제출서류

- 학교생활기록부 1부(해당자) - 온라인 제공자 제외 - 학교장 확인서 1부

(3) 수시모집: 학생부교과(농어촌학생전형)
① 지원자격

캠퍼스	지원자격
대전	1. 학생 본인이 농어촌 소재지 학교에서 중·고등학교 과정 6년(중학교 입학 시부터 고등학교 졸업 시까지)을 이수하고 농어촌 지역에 학생과 부모 모두가 거주하는 자로 (유형1) 학교장의 추천을 받은 자 2. 학생 본인이 농어촌 소재지 학교에서 초중고 전 교육과정을 이수하고 농어촌 지역에 거주하는 자로 (유형2) 학교장의 추천을 받은 자 ※유의사항 1) 지방자치법 제3조에 의한 읍, 면 지역 및 도서, 벽지지역 교육진흥법 시행규칙 제2조에 따른 도서, 벽지에 소재한 고등학교를 말함 2) 검정고시 출신자 및 특수목적고(과학고, 외국어고, 국제고, 예술고, 체육고) 출신자 제외 3) 졸업 이후 또는 재학 중 읍, 면이 동으로 행정구역이 개편도니 경우에는 입학 당시의 행정구역으로 적용함(단, 행정구역이 개편된 후 주소지를 이전한 경우는 농어촌, 읍, 면 지역으로 인정하지 않음) 4) 학교생활기록부가 없는 자 지원불가 5) 지원자격은 연속된 연수만을 인정함

② 전형방법 및 최저학력기준

학생부(교과) 95% + <u>인성 면접 5%</u>

국어, 수학, 영어, 과탐(1과목) 등급 합 6이내 ※ 과탐 2과목 응시 필수

③ 면접고사

캠퍼스	모집단위	면접형태	면접방법
대전	의예과	인성면접	의사가 갖추어야 할 인성과 자질에 대하여 평가

(4) 수시모집: 학생부교과(기회균형Ⅰ)

① 지원자격

캠퍼스	지원자격
대전	1. 고등학교 졸업(예정)자 2. 관계법령에 의하여 고등학교 졸업자와 동등 이상의 학력이 있다고 인정되는 자로서 다음 중 어느 하나에 해당하는 자 - 국민기초생활 보장법 제2조 제1호에 따른 수급권자 - 국민기초생활 보장법 제2조 제10호에 따른 차상위계층 - 한부모가족지원법 제5조 및 제5조의 2에 따른 지원대상자

② 전형방법 및 최저학력기준

학생부(교과) 95% + 인성 면접 5%

국어, 수학, 영어, 과탐(1과목) 등급 합 6이내 ※ 과탐 2과목 응시 필수

③ 면접고사

캠퍼스	모집단위	면접형태	면접방법
대전	의예과	인성면접	의사가 갖추어야 할 인성과 자질에 대하여 평가

④ 제출서류

구분		제출서류
공통 (필수)	고교 졸업(예정)자	- 학교생활기록부 1부(해당자) - 온라인 제공자 제외
	학교생활기록부가 없는 자(검정고시)	- 검정고시 합격증명서 및 성적증명서 1부 - 온라인 제공자 제외
해당 자	국민기초생활수급자	국민기초생활수급자 증명서 1부(지원자 본인 기준 발급)
	차상위계층	※ 아래 서류 중 택1 - 의료급여 : 차상위본인부담경감대상자 증명서 1부 - 장애수당 : 장애(아동)수당 대상자 확인서 1부 - 장애인연금 차상위부가급여 : 장애인 연금 대상자 확인서 1부 - 자활급여 : 자활근로자확인서 1부 - 우선돌봄 차상위 : 차상위계층확인서 1부
	한부모가족	- 한부모가족증명서 1부(지원자 본인 기준 발급)
※ 모든 제출서류는 2023.8.15.(화) 이후 발급받은 서류만 인정합니다.(원서접수 마감일 기준 최근 1개월) ※ 주민등록번호가 기재된 증명서에는 13자리 숫자가 모두 표시(주민등록번호가 아닌 생년월일이 표시되는 일부 서류는 제외)		

(5) 수시모집: 학생부교과(기회균형Ⅱ)

① 지원자격

캠퍼스	지원자격
대전	1. 고등학교 졸업(예정)자 2. 관계법령에 의하여 고등학교 졸업자와 동등 이상의 학력이 있다고 인정되는 자로서 다음 중 어느 하나에 해당하는 자 - 국민기초생활 보장법 제2조 제1호에 따른 수급권자 - 국민기초생활 보장법 제2조 제10호에 따른 차상위계층 - 한부모가족지원법 제5조 및 제5조의 2에 따른 지원대상자

② 전형방법 및 최저학력기준

학생부(교과) 95% + <u>인성 면접 5%</u>

국어, 수학, 영어, 과탐(1과목) 등급 합 6이내(※과학탐구 2개 과목 응시 필수) ※ 과탐 2과목 응시 필수

③ 면접고사

캠퍼스	모집단위	면접형태	면접방법
대전	의예과	인성면접	의사가 갖추어야 할 인성과 자질에 대하여 평가

④ 제출서류

구분		제출서류
공통 (필수)	고교 졸업(예정)자	- 학교생활기록부 1부(해당자) - 온라인 제공자 제외
	학교생활기록부가 없는 자(검정고시)	- 검정고시 합격증명서 및 성적증명서 1부 - 온라인 제공자 제외
해당 자	국민기초생활수급자	국민기초생활수급자 증명서 1부(지원자 본인 기준 발급)
	차상위계층	※ 아래 서류 중 택1 - 의료급여 : 차상위본인부담경감대상자 증명서 1부 - 장애수당 : 장애(아동)수당 대상자 확인서 1부 - 장애인연금 차상위부가급여 : 장애인 연금 대상자 확인서 1부 - 자활급여 : 자활근로자확인서 1부 - 우선돌봄 차상위 : 차상위계층확인서 1부
	한부모가족	- 한부모가족증명서 1부(지원자 본인 기준 발급)
※ 모든 제출서류는 2023.8.15.(화) 이후 발급받은 서류만 인정합니다.(원서접수 마감일 기준 최근 1개월) ※ 주민등록번호가 기재된 증명서에는 13자리 숫자가 모두 표시(주민등록번호가 아닌 생년월일이 표시되는 일부 서류는 제외)		

(6) 수시모집: 재외국민과 외국

① 지원자격

가. 재외국민과 외국인(2% 제한)

구분	자격요건	공통학력요건
재외국민과 외국인(2%제한)	부모 중 1인 이상이 역년으로 통산 3년(1,095일) 이상의 해외근무/사업/영업을 목적으로 해외에 체류한 기간 동안, 해외근무자의 근무지 국가 소재 학교에서 고교과정 1개 학년 이상(해당 기간이 진행되는 학제상의 모든 학기)을 포함하여 중·고교과정을 3개 학년 이상 수료한 자	1. 초·중·고등학교 12년 이상의 전 교육과정을 이수하고 고등학교를 졸업(예정)한 자 또는 이와 동등 이상의 학력을 소지한 자 2. [의예과] TOEFL(IBT) 100점 이상인 자 [간호학과] TOEFL(IBT) 80점 이상 또는 TOEIC 750점 이상인자

※ 공인어학성적은 지정된 시험(의예과 : TOEFL(IBT), 간호학과 : TOEFL(IBT), TOEIC)의 성적만 인정
※ 의예과와 간호학과의 공인어학성적 기준 취득 필수
※ 입학허용기간 : 고교졸업학년도와 상관없이 입학허용기간 제한 미적용

나. 재외국민과 외국인(비제한)

구분	자격요건	공통학력요건
북한이탈주민	「북한이탈주민의 보호 및 정착지원에 관한 법률」에 의해 북한이탈주민으로 등록된 자	1. 국내·외 고등학교 졸업(예정)자 또는 이와 동등 이상의 학력을 소지한 자 2. [의예과] TOEFL(IBT) 100점 이상인 자
부모 모두 외국인인 외국인	부모 모두가 외국인인 외국인(학생이 우리나라 고교과정과 상응하는 교육 과정을 시작하기 전에 부모와 학생 모두가 외국 국적을 취득한 자 포함)	1. 초·중·고등학교 전 교육과정을 이수하고 고등학교를 졸업(예정)한 자 또는 이와 동등 이상의 학력을 소지한 자 2. [의예과] TOEFL(IBT) 100점 이상인 자 3. 아래 한국어 어학요건 중 하나를 충족하는 자 가. 국립국제교육원 시행 한국어능력시험(TOPIK) 3급 이상 합격자 나. 본교 자체 한국어능력시험 3급 이상 합격자1) 다. 국립국제교육원 시행 국어능력시험(TOPIK) 2급 합격 및 입학 후 1년 간 본교에서 지정한 300시간의 한국어 연수(필수)가 가능한 자
전 교육 과정 이수자	외국에서 우리나라 초·중등교육에 상응하는 교육 과정을 전부 이수한 재외국민, 외국인, 귀화허가를 받은 결혼이주민	1. 외국소재 학교에서 초·중·고등학교 전 교육 과정을 이수한 자 2. [의예과] TOEFL(IBT) 100점 이상인 자 3. 아래 한국어 어학요건 중 하나를 충족

		하는 자 가. 국립국제교육원 시행 한국어능력시험 (TOPIK) 3급 이상 합격자 나. 본교 자체 한국어능력시험 3급 이상 합격자1) 다. 국립국제교육원 시행 국어능력시험 (TOPIK) 2급 합격 및 입학 후 1년 간 본교에서 지정한 300시간의 한국어 연수(필수)가 가능한 자

※ 공인어학성적은 지정된 시험(의예과 : TOEFL(IBT), 간호학과 : TOEFL(IBT), TOEIC)의 성적만 인정

※ 의예과와 간호학과의 공인어학성적 기준 취득 필수

※ 입학허용기간 : 고교졸업학년도와 상관없이 입학허용기간 제한 미적용

1) 입학 후 본교에서 지정한 한국어 프로그램 연수 필수

2) 입학 후 1년간 본교에서 지정한 300시간의 한국어 연수 필수이며 입학 첫 학기 중 TOPIK 3급을 취득할 경우 연수시간은 120시간으로 충족 가능

② 재외국민과 외국인(2% 제한) 세부 지원자격

해외근무자	역년으로 통산 3년(1,095일) 이상의 해외근무/사업/영업을 목적으로 배우자 및 학생과 함께 해외에 체류한 자
해외근무자의 자녀	부모 중 1인 이상이 역년으로 통산 3년(1,095일) 이상을 해외근무자로 재직/사업/영업하는 기간 동안, 해외 근무자의 근무지 국가 소재 학교에서 고교과정 1개 학년 이상(해당 기간에 진행되는 학제상의 모든 학기)을 포함하여 중·고교과정을 3개 학년 이상 수료한 자
해외재학기간	1) 학생이 학기 개시일부터 해외근무자의 근무지 국가 소재 학교에 재학하였을 경우 - 학기 개시일부터 다음 학년도 동일 학기 개시일 전일(약 365일)까지를 1개 학년으로 합니다. 단, 해당 1개 학년 기간 내 모든 학기를 이수한 자는 학기 개시일부터 다음 학년도 동일 학기 개시일 직전 학기 종료일까지를 1개 학년을 충족한 것으로 간주합니다. 2) 학생이 중간에 편입학하여 학기 개시일부터 재학하지 못한 경우 - 편입학 일로부터 역년으로 1년(약 365일) 되는 일까지를 1개 학년으로 합니다.
해외체류 일수 조건	1) 학생이 학기 개시일부터 해외근무자의 근무지 국가 소재 학교에 재학하였을 경우 - 학기 개시일부터 다음 학년도 동일 학기 개시일 전일(약 365일)까지 각각의 1개년 기간마다 학생 본인은 3/4이상을, 해외근무/사업/영업자와 그 배우자는 2/3 이상을 해외근무자 근무지 국가에서 체류해야 합니다. 2) 학생이 중간에 편입학하여 학기 개시일부터 재학하지 못한 경우 - 편입학 일로부터 역년으로 1년(약 365일) 되는 일까지 각각의 1개년 기간마다 학생 본인은 3/4이상을, 해외근무/사업/영업자와 그 배우자는

2/3 이상을 해외근무자 근무지 국가에서 체류	
구분	내용
학생 이수기간	고교과정 1개 학년 포함 중·고교 과정 3년 이상
체류 기간	• 학생 : 학생 이수 기간의 3/4 이상 • 부모 : 학생 이수 기간의 2/3 이상
해외근무자 재직기간	역년으로 통산 3년(1,095일) 이상의 해외근무/사업/영업

※ 해외근무자의 해외 근무 기간, 지원자의 재학 기간(고교과정 1개 학년 반드시 포함) 중 중첩되는
  기간을 재외국민 기간으로 인정하며, 이 기간이 역년으로 통상 3년(1,095일)을 만족해야 합니다.
※ 체류일수 산정 시, 소수점 절사

③ 전 교육과정 이수자 세부 지원자격

※ **해외 1개국 내 학제가 동일한 학교에서 초·중·고등학교 전 과정을 이수한 자**
- 해외에서 전 교육과정을 이수하였을 경우, 국내 초·중등학교 재학 여부와 관계없이 지원
가능합니다.
- 해외의 한 국가에서 전 교육과정을 이수한 경우, 이수 연한이 12년이 되지 않아도 지원
가능합니다

※ **학제가 다른 해외 2개 학교 이상에서 전 교육과정을 이수한 자**

학년제	인정 여부 및 인정 조건	비고
10학년 이하	미인정	단, 학년제로 인해 부족한 학교 교육과정*의 기간만큼은 해당국 대학에서 이수한 기간을 고등학교 과정 이수로 인정
11학년제	초·중등과정의 마지막 3년을 해당국에서 이수한 경우 고등학교 과정으로 인정	
12학년제	※ 단, 2개국 이상에서 11년 이상의 초·중등과정을 이수해야 인정	-
13학년 이상	10학년~12학년 또는 11학년~13학년을 해당국에서 이수한 경우 고등학교 과정으로 인정	-

* 부족한 학교 교육과정 : 해당국 학년제의 총 이수 연수와 교육부에서 제시하고 있는 12년간의 차이 연수
- 단, 학제가 다른 2개 학교 이상에서 12년 이상의 초·중등과정을 이수한 자가 전·편입학 하는 과정에서
  학제 차이로 불가피하게 총 재학기간이 누락된 경우 1학기(6개월) 이내에서 예외적으로 인정

④ 입학허용기간
- 고교졸업학년도와 상관없이 입학허용기간에 제한을 두지 않습니다.

⑤ 북한이탈주민의 학력 인정(초·중등교육법 시행령)

가. 12년 이상의 우리나라 학교교육과정을 수료한 자에 상응한 학력을 인정받고자 하는
북한이탈주민은 교육감이 정하는 바에 따라 학력인정 신청을 하여야 합니다.
나. 교육감은 학력심의위원회의 심의를 거쳐 학력인정 여부를 결정하여 학력을 인정합니다

⑥ 외국인의 범위

가. 대한민국 국적을 가지지 아니한 자
나. 복수국적자·무국적자는 외국인에서 제외
다. 학생이 우리나라 고교과정과 상응하는 교육과정을 시작하기 전에 부모와 학생 모두가 외국 국적을 취득한 자는 외국인으로 인정

⑦ 전형방법

모집단위	전형방법	최저학력기준
해당학부/과	서류평가 20% + 면접 80%	없음

⑧ 면접고사

• 면접기준 : 인성 및 사회성, 의사소통 및 언어표현능력, 과학적 지식, 면접태도, 문제파악 및 해결능력
• 면접형태 : 심층면접
• 면접방법 : 심층면접(인성+적성)으로 진행, 면접 30분전 대기실 입실완료 하여야함.
• 출제과목 : 생명과학 I / II, 물리 I / II, 화학 I / II 중

⑨ 제출서류
가. 재외국민과 외국인(2% 제한)

① 수학기간기록표, 학력조회자료 목록표 각 1부(본교 양식)
② 고등학교 졸업(예정)증명서 각 1부
③ 초·중·고등학교 전 과정 재학증명서 각 1부(학기 시작/종료, 전입/전출일-하이라이트)
④ 초·중·고등학교 전 과정 성적증명서 각 1부(학년/학기-하이라이트)
⑤ 7학년~12(13)학년 학기시작일 및 학기종료일 표기된 학사일정 1부(소속학교 자율양식) 각 1부 (해당 부분 하이라이트)
⑥ 가족관계증명서 1부(학생)
⑦ 출입국사실증명서 각 1부(부, 모, 학생)
⑧ 사실증명발급신청위임장 각 1부(부, 모, 학생)
⑨ 여권 사본 가 1부(부, 모, 학생)
⑩ 재외국민등록부등본 각 1부(부, 모, 학생)
⑪ 부모 중 1인 재직증명서 1부(국외 파견 재직자 및 현지 취업자 해당시)
⑫ 재직회사의 사업자등록증 또는 법인등기부등본 1부(현지 취업자와 자영업자 해당시)
⑬ 국외 재직회사의 법인세 납부이력 1부(현지 취업자 해당시)
⑭ 자영업자의 국외 세금납부증명서 1부(현지 자영업자 해당시)
⑮ 공인어학성적 증명서 1부(의예과, 간호학과 지원 시)
⑯ 자격기준 점검표 1부(부, 모, 학생)
⑰ 기타서류 목록표 1부(증빙자료 제출시 우측상단 번호표기)

나. 재외국민과 외국인(비제한)
① 전 교육과정 이수자

① 수학기간기록표, 학력조회자료 목록표 각 1부(본교 양식)
② 고등학교 졸업(예정)증명서 각 1부
③ 초·중·고등학교 전 과정 재학증명서 각 1부(학기 시작/종료, 전입/전출일)
④ 초·중·고등학교 전 과정 성적증명서 각 1부(학년/학기)
⑤ 출입국사실증명서 각 1부(부, 모, 학생)
⑥ 사실증명발급신청위임장 각 1부(부, 모, 학생)
⑦ 신분증 사본 각 1부(부, 모, 학생)
⑧ 국립국제교육원 시행 한국어능력시험(TOPIK) 성적표 1부
⑨ 공인어학성적 증명서 1부(의예과, 간호학과 지원 시)
⑩ 기타서류 목록표 1부(증빙자료 제출시 우측상단 번호표기) (해당시)

② 북한이탈주민

① 수학기간기록표, 학력조회자료 목록표 각 1부(본교 양식)
② 북한이탈주민등록 확인서 1부
③ 학력확인서 또는 학력인정증명서 1부(해당시)
④ 국내 고교 졸업(예정)자의 경우 고등학교 성적증명서 1부(학교장 직인 필수)(해당시)
⑤ 북한이탈주민 교육지원대상자 증명서 1부(해당시)
⑤ 공인어학성적 증명서 1부(의예과, 간호학과 지원 시)
⑥ 기타서류 목록표 1부(증빙자료 제출시 우측상단 번호표기)

③ 부모 모두 외국인인 외국인

① 수학기간기록표, 학력조회자료 목록표 각 1부(본교 양식)
② 고등학교 졸업(예정)증명서
※ 중국 소재 고등학교 졸업자는 중국 교육부 학력인증서(영문) 제출 필수
③ 고등학교 재학증명서
※ 중국 소재 고등학교 졸업자는 중국 교육부 학력인증서(영문) 제출 필수
④ 초·중·고등학교 전 과정 성적증명서 각 1부 (학년/학기)
⑤ 한국의 가족관계증명서에 해당하는 외국정부가 발급한 증명서
⑥ 외국국적증명서(부모, 학생의 시민권 사본 또는 여권 사본)
⑦ 본인 명의의 계좌 잔고증명서 1부 : 최소 미화(USD) 20,000달러에 해당하는 금액 이상
※ 반드시 잔고증명서로 제출(통장사본 불가)
※ USD 20,000에 상응하는 타 통화도 가능
※ 부모님 명의의 계좌 잔고증명서 제출 가능(가족관계증명서 증빙 필수)
※ 계좌 잔고증명서는 본교 입학 지원 일자 기준 30일 이내 발급된 서류여야 함
※ 국내·외 정부 기관 혹은 외부기관의 장학생의 경우 국내·외 정부 기관 혹은 외부기관의 장학증명서 제출
※ 한국어나 영어로 발급되지 않은 증명서의 경우 반드시 한글 또는 영어로 번역 공증 받아 제출
⑧ 국립국제교육원 시행 한국어능력시험(TOPIK) 성적표

⑨ 공인어학성적 증명서(해당학과 지원 시)

⑩ 기본증명서(해당자 / 부, 모, 학생)

⑪ 기타서류 목록표 1부(증빙자료 제출시 우측상단 번호표기)

⑩ 재외국민과 외국인전형 유의사항

1) 의예과와 간호학과 지원자는 공인어학성적 증명서를 필수로 제출해야 하며, 2022.3.2.(수) 이후로 응시한 시험 성적만을 인정합니다.

2) 국내 발급 서류는 2023.8.15.(화) 이후 발급받은 서류만 인정합니다.

3) 모든 외국어서류는 번역하여 공증한 서류를 별도로 제출해야 하며, 서류는 반드시 원본을 제출해야 하고 제출서류가 사본일 경우 원본을 지참해야 합니다.
(원본은 대조 확인 후 반환합니다.)

4) 본교 입학관리처(성남)에 원본대조를 위해 방문할 경우, 반드시 원본과 함께 이를 복사한 사본을 지참하여 방문해야 합니다.(입학관리처에서 복사 불가)

5) 최종 합격자의 경우 외국학교에서 발급받은 모든 서류는 아포스티유 인증을 받거나 발행기관이 있는 국가의 본부 영사 인증을 받아야 합니다. 인증 방식은 국가마다 다르기 때문에 해당 국가의 관련기관에 문의하여야 합니다.

6) 합격자는 합격자발표 후 1개월 이내에 모든 서류의 원본을 제출해야 하며, 그렇지 않을 경우 합격이 취소될 수 있습니다.

7) 필요한 경우 이상의 서류 이외의 서류를 추가로 제출하도록 할 수 있습니다.

8) 제출서류는 2023.9.22.(수) 17:00 까지 을지대학교 성남캠퍼스 입학관리처로 제출해야 합니다.

9) 외국인 지원자는 한국어로 수업이 가능해야 합니다.

10) 한국어능력시험(TOPIK) 3급 이상을 입학 전까지 취득하여야 하며 부모 모두 외국인인 외국인, 전 교육과정 이수 외국인은 졸업 전까지 4급 이상 취득 필수

11) 수학기간 기록표와 학력조회자료 목록표는 본교 양식으로 작성하여 제출해야 합니다.

12) 코로나-19, 조기졸업, 월반, 성적 및 재학기록 폐지 등 특이한 사유가 있을 시에는 해당 학교에서 관련 증빙 서류를 받아 '본교 사유서 양식'에 기재하여 제출하여야 합니다.

13) 본 모집요강에 기재되지 않은 사항은 한국대학교육협의회 대학입학전형기본사항을 따릅니다

(7) 정시모집: 일반전형Ⅱ(수능 '나'군)
① 지원자격

캠퍼스	지원자격
대전	1. 고등학교 졸업자 또는 졸업예정자 2. 관계 법령에 의하여 고등학교 졸업자와 동등 이상의 학력이 있다고 인정되는 자

② 전형방법

캠퍼스	모집군	전형방법
대전	정시 '나'군	수능 100%

③ 대학수학능력시험 반영방법

대학	학과	반영 영역수	수능 영역별 반영비율(100%)				계	수능성적 가산점부여
			국어	수학	영어	탐구		
의과 대학	의예과	4	30	30	10	30(과탐)	100%	한국사

※ 2024학년도 대학수학능력시험에 응시하지 않았거나 모집단위별 반영영역 중 한 영역이라도 응시하지
않은 자는 지원할 수 없습니다.
※ 과탐의 경우 과학탐구 2과목 응시 필수입니다.
※ 탐구영역의 경우 2과목 평균값을 적용합니다
※ 한국사영역은 총점에 각 등급에 따라 가산점을 부여, 미 응시한 경우 지원 불가합니다.
※ 대학수학능력시험 등급별 점수의 자세한 사항은 2023학년도 정시모집요강을 참조하시기 바랍니다.

■ 한국사 각 등급 가산점 표

등급	1~4등급	5등급	6등급	7등급	8등급	9등급
가산점	5점	4점	3점	2점	1점	0점

■ 영어 각 등급점수 표(대전 - 의예과)

등급	1등급	2등급	3등급	4등급	5등급	6등급	7등급	8등급	9등급
등급점수	100	95	90	80	70	60	50	30	10

29) 건양대학교[33]

■ 의과대학 모집인원은 아래와 같습니다.

모집 단위	수시						정시
	정원내					정원외	정원내
	학생부위주 교과						가군
	일반학생 [최저]	일반학생 [면접]	지역인재 [최저]	지역인재 [면접]	지역인재 [기초]	농어촌	일반학생
의학 과	10	5	10	10	2	2	12

(1) 수시모집: 일반학생전형[최저]
① 지원자격

국내 고교졸업(예정)자 또는 동등이상의 학력소지자

---

33) 2024 건양대 모집요강

② 전형방법

- 1단계 [학생부교과 100%] (5배수)
- 2단계 [1단계 80% + 면접 20%]

③ 수능최저학력기준

전형명	수능최저학력기준
일반학생전형[최저]	국어, 수학, 영어, 과탐(2과목 평균) 중 3과목 선택 합 4등급

※ 과탐 2과목 평균 산출시 소수점 이하 절사 (선택과목 가산점 없음)

(2) 수시모집: 지역인재전형[최저]
① 지원자격

충청권(대전, 충남, 충북, 세종지역) 소재 고등학교에서 입학부터 졸업(예정)한 자

② 전형방법

- 1단계 [학생부교과 100%] (5배수)
- 2단계 [1단계 80% + 면접 20%]

③ 수능최저학력기준

전형명	수능최저학력기준
일반학생전형[최저]	국어, 수학, 영어, 과탐(2과목 평균) 중 3과목 선택 합 5등급

※ 과탐 2과목 평균 산출시 소수점 이하 절사 (선택과목 가산점 없음)

(3) 수시모집: 일반학생전형[면접]
① 지원자격

국내 고교졸업(예정)자 또는 동등이상의 학력소지자

② 전형방법

- 1단계 [학생부교과 100%] (3배수)
- 2단계 [1단계 80% + 면접 20%]

③ 수능최저학력기준: 없음

(4) 수시모집: 지역인재전형[면접]
① 지원자격

충청권(대전, 충남, 충북, 세종지역) 소재 고등학교에서 입학부터 졸업(예정)한 자

② 전형방법

- 1단계 [학생부교과 100%] (3배수)
- 2단계 [1단계 80% + 면접 20%]

③ 수능최저학력기준: 없음

(5) 수시모집: 지역인재전형[기초]
① 지원자격

- 충청권(대전, 충남, 충북, 세종지역) 소재 고등학교에서 입학부터 졸업(예정)한 자 중 아래사항 하나에 해당하는 자 ※ 국민기초생활 보장법 제2조제1호에 따른 수급권자 ※ 국민기초생활보장법 제2조제10호에 따른 차상위계층 ※ 한부모가족지원법 제5조 및 제5조의2에 따른 지원 대상자

② 전형방법: 단계별 전형

- 1단계 [학생부교과 100%] (5배수)
- 2단계 [1단계 80% + 면접 20%]

③ 수능최저학력기준

전형명	수능최저학력기준
일반학생전형[최저]	국어, 수학, 영어, 과탐(2과목 평균) 중 3과목 선택 합 5등급

※ 과탐 2과목 평균 산출시 소수점 이하 절사 (선택과목 가산점 없음)

(6) 수시모집: 농어촌학생전형 (정원외)
① 지원자격

- 국내 고교 졸업(예정)자로서 아래 자격 기준 중 하나에 해당되는 자 ① 농어촌 소재지 학교에서 중학교 입학 시부터 고등학교 졸업 시까지 교육과정을 이수하고 본인 및 부모가 농어촌 지역에 거주한 자 ② 농어촌 소재지 학교에서 초, 중, 고 전 교육과정을 이수하고 농어촌 지역에 거주한 자 ※ 검정고시출신자 및 특수목적고(과학고, 외국어고, 국제고, 체육고, 예술고) 출신자 제외

② 전형방법: 단계별 전형

| - 1단계 [학생부교과 100%] (5배수) |
| - 2단계 [1단계 80% + 면접 20%] |

[※ 실질반영비율 : 1단계 61.5% + 면접 38.5%]

③ 수능최저학력기준

| 국어, 수학(가), 영어, 과탐(2과목 평균) 중 3과목 선택 합 5등급 |
| ※ 과탐 2과목 평균 산출시 소수점 이하 절사 선택과목 가산점 없음) |

(7) 정시모집: 일반학생전형(수능'가'군)
① 지원자격

| - 고교졸업(예정)자 또는 동등이상의 학력소지자로서 2024학년도 대학수학능력시험을 응시한 자(※ 한국사 응시 필수) |

② 전형방법: 수능 100%

③ 수능성적 반영 방법

구분	반영 영역수	수능 반영 영역[반영지표: 백분위] (※ 영어는 등급변환점수 반영)				비고
		국어	수학	영어	과학탐구	
의학과	4	20%	30%	20%	30%	국어, 수학, 영어, 과탐(2과목 평균) 4개 영역 합

■ 영어 절대평가에 따른 등급변환점수

구분	1등급	2등급	3등급	4등급	5등급	6등급	7등급	8등급	9등급
의학과	100	98	96	94	92	90	88	86	84

■ 수능점수 산출 방법

전형	만점 기준	수능점수 산출 방법
의학과	1,000점	(국어 백분위×2)+(수학백분위×3)+(영어 등급변환점수×2)+(과탐 평균 백분위×3)

※ 소수점 발생시 셋째 자리에서 반올림

30) 충북대학교[34)

■ 의과대학 모집인원은 아래와 같습니다.

학과	수시					정시	
	학생부종합			학생부교과		수능	수능
	학생부 종합Ⅰ	학생부 종합Ⅱ	농어촌 학생	학생부 교과	지역 인재	나군 일반	나군 지역
의예과	4	4	1	4	7	16	12

(1) 수시모집: 학생부종합(학생부종합Ⅰ, Ⅱ 전형)
① 지원가격

전형명	지원자격
학생부종합	2024년 2월 이전 국내 고등학교 졸업(예정)자 또는 관계법령에 의하여 이와 동등이상의 학력이 있다고 인정된 자 ※ 국내 고등학교 학교생활기록부가 없는 자는 지원 불가능

② 전형방법
가. 반영비율

전형명	전형 방법	선발인원	전형요소별 반영점수 및 실질반영비율		
			수능	서류평가	계
학생부종합Ⅰ전형	일괄 합산	100%	미반영	80점 (100%)	80점 (100%)
학생부종합Ⅱ전형		100%	반영 (최저학력)	80점 (100%)	80점 (100%)

나. 대학수학능력시험 반영방법(학생부종합Ⅱ전형만 해당)

- 반영영역: 국어(화법과 작문, 언어와 매체 중 택1), 수학(미적분, 기하 중 택1), 영어, 과
탐(2과목 필수 응시), 한국사(필수 응시, 최저학력기준 등급 합에는 미포함)
- 반영방법: 반영영역(국어, 수학, 영어, 탐구) 중 상위 3개 영역 등급 합 5등급 이내

다. 서류평가방법

전형명	전형별 반영점수			평가영역
	반영점수	기본점수	실질반영점수	
학생부종합	80점	40점	40점	전문성/사회성/ 적극성

---

34) 2024 충북대 모집요강

(2) 수시모집: 학생부종합(농어촌학생전형)
① 지원자격

o 2023년 2월 이전 고등학교 졸업(예정)자로서 「지방자치법」 제3조에 의한 읍·면 소재 고등학교 또는 「도서·벽지 교육진흥법」 제2조에 따른 도서·벽지 소재 고등학교 전 학년 교육과정을 이수한 자로 아래의 하나에 해당하는 자
 1. 농어촌지역 또는 도서·벽지 소재 초·중·고등학교 12년간 전 교육과정을 이수한 자로 초·중·고등학교 재학기간 중 본인이 농어촌지역 또는 도서.벽지에 거주한 자
 2. 농어촌지역 또는 도서·벽지 소재 중·고등학교 6년간 전 교육과정을 이수한 자로 재학기간 중 본인 및 그의 부·모 모두가 농어촌 지역 또는 도서.벽지에 거주한 자
 ※자세한 기준은 추후 모집요강에서 안내

② 전형방법
가. 반영비율

전형명	전형방법	선발인원	전형요소별 반영점수 및 실질반영비율		
			수능	서류평가	계
학생부종합(농어촌학생전형)	일괄합산	100%	반영	80점(100%)	80점(100%)

나. 서류평가방법

전형명	전형별 반영점수			평가영역
	반영점수	기본점수	실질반영점수	
학생부종합(농어촌학생전형)	80점	40점	40점	전문성/사회성/적극성

③ 수능최저학력기준 : 적용하지 않음

(3) 수시모집: 학생부교과, 지역인재
① 지원자격

전형명	지원자격
학생부교과 (학생부교과전형)	2024년 2월 이전 국내 고등학교 졸업(예정)자 또는 관계법령에 의하여 이와 동등 이상의 학력이 있다고 인정된 자

전형명	지원자격
학생부교과 (지역인재전형)	2024년 2월 이전 국내 고등학교 졸업(예정)자 중 충청권(충북, 세종, 대전, 충남) 소재 고등학교에서 전 교육과정을 이수 또는 이수 예정인 자 ※ 최초 입학일부터 졸업일까지 충청권 소재 고등학교에서 전 교육과정을 이수하여야 함 ※ 고등학교는「초·중등교육법」제2조에 따른 고등학교에 한함

② 전형방법
　가. 반영비율

전형명	전형방법	선발인원	전형요소별 반영점수 및 실질반영비율		
			수능	학생부교과	계
학생부교과 (학생부교과전형, 지역인재전형)	일괄합산	100%	반영	80점 (100%)	80점 (100%)

③ 대학수학능력시험 반영방법

- 반영영역: 국어(화법과 작문, 언어와 매체 중 택1), 수학(미적분, 기하 중 택1), 영어, 과탐(2과목 필수응시), 한국사(필수 응시, 최저학력기준 등급 합에는 미포함) **학생부교과** : 반영영역(국어, 수학, 영어, 탐구) 중 상위 3개 영역 등급 합 4등급 이내 **지역인재** : 반영영역(국어, 수학, 영어, 탐구) 중 상위 3개 영역 등급 합 5등급 이내

(4) 정시모집: 수능
　① 지원자격

모집시기	전형명	전형유형	지원자격
나군	수능 (일반전형)	수능위주	2024학년도 대학수학능력시험에 응시한 자로서 2023년 2월 이전 국내고등학교 졸업(예정)자 또는 관계법령에 의하여 이와 동등 이상의 학력이 있다고 인정된 자
나군	수능 (지역인재)	수능위주	2024학년도 대학수학능력시험에 응시한 자로서 2023년 2월 이전 국내 고등학교 졸업(예정)자 중 충청권 (충북, 세종, 대전, 충남) 소재 고등학교에서 전 교육과정을 이수 또는 이수 예정인 자

② 전형방법

모집시기	모집단위	전형방법	전형요소별 반영점수 및 실질반영비율			계	최저학력기준
			수능	실기	인·적성면접		
나군	의예과	일괄합산 (100%)	1000점 (100%)	-	-	1000점(100%)	제한 없음

모집시기	모집계열	모집단위	수능영역별 반영비율(%)			
			국어	수학	영어	탐구
나군	자연	의예과	20	30	20	30

모집시기	모집계열	모집단위	반영점수	기본점수	실질반영점수
나군	자연	의예과	1000점	800	200

31) 전북대학교[35]

■ 의과대학 모집인원은 아래와 같습니다.

모집단위		수시모집				정시모집	
		정원 내				정원내	
		학생부종합	학생부교과			가군	
			일반학생	고른기회		일반학생(수능)	지역인재(전북권)
		큰사람		지역인재1유형(호남권)	지역인재2유형(전북권)		
의과대학	의예과	5	19	14	46	29	29

(1) 수시모집: 학생부종합(큰사람전형)

① 지원자격

- 2024학년도 대학수학능력시험에서 모집단위별 수능반영 영역을 모두 응시한 자(수능 한국사 영역 응시 필수)
- 국내 고교 졸업(예정)자로 학생부 성적이 있는 자 또는 고등학교 졸업(예정)자와 동등한 학력소지자

② 전형방법 및 전형요소별 반영점수

전형유형	선발단계	모집인원 대비 선발비율	전형요소별 반영점수(실질반영비율, %)				
			서류평가	1단계 성적	면접	수능성적	합계
큰사람	1단계	300%	1,000 (100)				1,000 (100)
	2단계	100%		700 (70)	300 (30)	최저학력기준 적용	

③ 대학수학능력시험 성적활용

1. 수능성적 반영영역

대학명	모집단위	국어	수학	영어	탐구	한국사
의과대학	의예과	○	○	○	과학	○

※ 위 표와는 별도로 한국사 영역은 반드시 응시하여야 함
※ 수학: 기하 또는 미적분 중 택1

2. 수능성적 반영방법
- 2024학년도 수능 성적만을 반영

---

35) 2024 전북대 모집요강

- 과학탐구 택 2 과목이며, 평균등급 절사
- 모집단위별로 반영하는 수능영역을 하나라도 응시하지 않았을 경우에는 불합격 처리
• 수시 전형 수능최저학력기준 반영방법

구분	수능최저학력기준 반영방법
의예과	- 모집단위별로 반영하는 수능 4개(국어, 수학, 영어, 탐구)영역의 등급합이 6 이내 (과학탐구 택 2 과목이며, 평균등급 절사)

(2) 수시모집: 학생부교과(일반학생전형)
① 지원자격

- 2024학년도 대학수학능력시험에서 모집단위별 수능반영 영역을 모두 응시한 자(수능 한국사 영역 응시 필수)
- 국내 고등학교 졸업(예정)자로 국내 고등학교에서 취득한 학생부 성적이 있는 자 또는 고등학교 졸업(예정)자와 동등한 학력소지자

② 전형방법 및 전형요소별 반영점수

전형 유형	선발 모형	모집인원 대비 선발비율	전형요소별 반영점수(실질반영비율, %)					합계
			학생부	입상 실적	실기 고사	면접	수능 성적	
일반 학생	일괄 합산	100%	1,000 (100)				최저 학력기준 적용	1,000 (100)

■ 대학수학능력시험 성적활용: 상기 학생부 종합(큰사람 전형)과 같음

③ 수능최저학력기준

구분	수능최저학력기준 반영방법
의예과	- 모집단위별로 반영하는 수능 4개(국어, 수학, 영어, 탐구)영역의 등급합이 5 이내 (과학탐구 택 2 과목이며, 평균등급 절사)

(3) 수시모집: 학생부교과(지역인재전형 1유형)
① 지원자격

- 2024학년도 대학수학능력시험에서 모집단위별 수능반영 영역을 모두 응시한 자(수능 한국사 영역 응시 필수)
- 호남권(전라북도, 전라남도, 광주광역시)에 소재하는 고등학교에서 전 교육과정(입학부터 졸업까지)을 이수하고 졸업(예정)한 자
  * [초중등교육법] 제2조에 따른 고등학교 외 고교 졸업 동등 학력자는 지원자격에서 제외

② 전형방법 및 전형요소별 반영점수: 상기 학생부 교과(일반학생전형)과 같음

③ 대학수학능력시험 성적활용: 학생부 종합(큰사람 전형)과 같음

(4) 수시모집: 학생부교과(지역인재전형 2유형)
① 지원자격

- 2024학년도 대학수학능력시험에서 모집단위별 수능반영 영역을 모두 응시한 자(수능 한
  국사 영역 응시 필수)
- 전라북도에 소재하는 고등학교에서 전 교육과정(입학부터 졸업까지)을 이수하고 졸업(예
  정)한 자로서 입학부터 졸업까지 부 또는 모와 학생 모두가 전북지역에 거주한 자
  * [초중등교육법] 제2조에 따른 고등학교 외 고교 졸업 동등 학력자는 지원자격에서 제외

② 전형방법 및 전형요소별 반영점수: 상기 학생부 교과(일반학생전형)과 같음

③ 대학수학능력시험 성적활용: 학생부 종합(큰사람 전형)과 같음

(5) 정시모집: 수능(가군 일반학생전형)
① 지원자격

공통사항: 2024학년도 대학수학능력시험에서 모집단위별 수능반영 영역을 모두 응시한 자
(수능 한국사 영역 응시 필수)
1. 가군: 일반학생전형
- 고등학교 졸업(예정)자 또는 법령에 의하여 고등학교 졸업이상의 학력이 있다고 인정되
  는 자
2. 가군: 지역인재전형
- 전라북도에 소재하는 고등학교에서 전 교육과정을 이수하고 졸업(예정)한 자로서 입학일
  로부터 졸업일까지 부 또는 모와 학생 모두가 전북지역에 거주한 자
  ※ 「초·중등교육법」 제2조에 따른 고등학교 외 고교 졸업 동등 학력자는 지원
  자격에서 제외

② 전형방법 및 전형요소별 반영점수

모집군	모집계열(단위)	모집인원 대비 선발비율	전형요소별 반영점수(실질반영비율, %)			
			학교생활 기록부	대학수학 능력시험	실기고사	합계
가군	의과대학	100%		500점(100)		500점(100)

■ 대학수학능력시험 성적활용

1. 수능성적 반영영역						
대학명	모집단위	국어	수학	영어	탐구	한국사
의과대학	의예과	○	○	○	과학	○

※ 위 표와는 별도로 한국사 영역은 반드시 응시하여야 함

※ 수학: 기하 또는 미적분 중 택1

2. 수능성적 반영방법

- 2024학년도 수능 성적만을 반영

- 탐구영역은 특정과목을 지정하지 않으며 2과목 반영

32) 전남대학교[36]

■ 의과대학 모집인원은 아래와 같습니다.

대학	모집 단위	정원 내 전형						
		수시모집					정시모집	
		학생부교과전형				학생부 종합전형	가군	
		일반	지역 인재	지역기회 균형	사회적배려 대상자	고교생활 우수자 유형 II	수능 (일반전형)	수능 (지역인재전형)
의과 대학	의예과	14	78	3	0	12	19	13

(1) 수시모집: 학생부교과전형(일반전형)

① 지원자격

- 국내 고등학교 졸업자(2024년 2월 졸업예정자 포함) 또는 법령에 의하여 고등학교 졸업 이상의 학력을 인정받은 자

※ 수능최저학력기준이 있으므로 2024학년도 대학수학능력시험에 응시해야 함

② 전형방법

전형명	선발단계	선발배수	학생부(점수)	합계(전형총점)	수능최저학력기준
학생부교과 (일반전형)	일괄	1배수	100% (1,005점)	100% (1,005점)	적용

---

36) 2024 전남대 모집요강

③ 수능최저학력기준

모집단위	반영 영역	수능최저학력기준
의과대학 (의예과)	국, 영, 수(기하 또는 미적분 중 택1), 과탐(2과목 필수 응시, 평균) 3개 영역 합	5등급 이내

(2) 수시모집: 학생부교과전형(지역인재전형)
① 지원자격

- 호남지역(광주·전남·전북) 소재 고등학교 전 과정(입학부터 졸업까지)을 이수한 고등학교 졸업자(2024년 2월 졸업예정자 포함)
※ 의과대학 의예과 지원자는 수능최저학력기준이 있으므로 2024학년도 대학수학능력시험에 응시해야 함

② 전형방법

전형명	선발단계	선발배수	학생부(점수)	합계(전형총점)	수능최저학력기준
학생부교과 (일반전형)	일괄	1배수	100% (1,005점)	100% (1,005점)	적용

③ 수능최저학력기준

모집단위	반영 영역	수능최저학력기준
의과대학 (의예과)	국, 영, 수(기하 또는 미적분 중 택1), 과탐(2과목 필수 응시) 3개 영역 합	5등급 이내

(3) 수시모집: 학생부종합전형(고교생활우수자전형)
① 지원자격

국내 고등학교 학교생활기록부가 있는 고등학교 졸업자(2024년 2월 졸업예정자 포함)
※ 수능최저학력기준이 적용되는 모집단위는 2024학년도 대학수학능력시험에 응시해야 함
※ 국내 고등학교 석차등급의 성적산출이 불가능한 자는 지원할 수 없음

② 선발방법 및 전형요소별 반영비율

전형명	선발단계	선발배수	서류평가(%)	면접(%)	합계(%)	수능최저학력기준
학생부종합 (고교생활우수자전형Ⅰ)	1단계	6배수	700(100%)	-	700% (100%)	적용
	2단계	1배수	700(70%)	300(30%)	1000 (100%)	

③ 수능최저학력기준

모집단위	반영 영역	수능최저학력기준
의과대학 (의예과)	국, 영, 수(기하 또는 미적분 중 택1), 과탐(2과목 필수 응시) 3개 영역 중	5등급 이내

(4) 정시모집: 수능(가군)
① 지원자격

1. 일반전형
2024학년도 대학수학능력시험(한국사포함) 모집단위(계열별) 반영영역에 응시한 자로서, 고등학교 졸업자(2024년 2월 졸업예정자 포함) 또는 법령에 의하여 고등학교 졸업 이상의 학력을 인정받은 자

2. 지역인재전형
2024학년도 대학수학능력시험(한국사 포함) 반영영역에 응시한 자로서, 호남지역(광주·전남·전북) 소재 고등학교 전 과정(입학부터 졸업까지)을 이수한 고등학교 졸업자(2024년 2월 졸업예정자 포함)

② 전형방법

모집시기	전형유형	전형명	전형요소별 반영비율	
			수능	실기
가군	수능위주	수능(일반전형)	100%	

■ 대학수학능력시험 반영영역

계열	모집단위	국어	수학	탐구	영어	한국사
자연	의예과	선택과목 미지정	기하 또는 미적분 중 택 1	과탐 2과목	등급별 등급점수 반영	

■ 대학수학능력시험 영역별 성적 반영 방법

- 국어, 수학, 탐구영역: 대학수학능력시험 성적의 표준점수를 활용하며, 우리 대학이 자체 산출한 변환표준점수를 반영함(탐구영역은 반드시 2과목을 응시해야 함)

- 영어영역: 대학수학능력시험 성적의 등급을 활용하며, 우리 대학이 정한 등급별 등급점수를 반영함

등급	1	2	3	4	5	6	7	8	9
점수	200	190	180	170	160	150	140	130	0

- 한국사 영역: 대학수학능력시험 성적의 등급을 활용하며, 우리 대학이 정한 등급별 등급점수를 전형총점에 가산하여 반영함

등급	1	2	3	4	5	6	7	8	9
점수			10			9	8	7	0

33) 조선대학교[37]

■ 의과대학 모집인원은 아래와 같습니다.

대학	모집단위	수시모집					정시모집	
		학생부교과			학생부종합		가군	
		정원내			정원내	정원외	수능	
		일반	지역인재	지역기회균형	면접	농어촌	일반	지역인재
의과대학	의예과	16	40	3	5	2	24	32

(1) 수시모집: 학생부교과(일반전형)

① 지원자격

고등학교 졸업(예정)자 또는 법령에 의하여 고등학교 졸업자와 동등 이상의 학력이 있다고 인정된 자

② 전형방법 및 전형요소 반영여부

선발단계	전형요소별 실질반영비율 및 점수				합계 (전형총점)
	학생부		면접	수능최저학력기준	
	교과	출석			
일괄합산	90% (450~405)	10% (50~45)	-	적용	100% (500~450)

※ %는 기본점수를 제외한 최고점과 최저점간 실질반영비율
※ ( )는 기본점수를 포함한 최고점과 최저점
※ 전형총점은 2015 개정교육과정 진로선택과목 가산점 적용으로 총점을 초과할 수 있음

---

37) 2024 조선대 모집요강

③ 수능최저학력기준

수능최저학력기준
국어, 수학(미적분/기하 택1), 영어, 탐구(과학 1과목) 중 3개 영역의 등급의 합이 5이내

*수학(미적분/기하 택1) 등급은 의무 반영

(2) 수시모집: 학생부교과(지역인재)

① 지원자격

호남권(광주광역시, 전라남도, 전라북도) 소재 고교에서 전 교육과정(입학부터 졸업까지)을 이수한 졸업(예정)자

② 전형방법

선발단계	전형요소별 실질반영비율 및 점수				합계 (전형총점)
	학생부		면접	수능최저 학력기준	
	교과	출석			
일괄합산	90% (450~405)	10% (50~45)	-	적용	100% (500~450)

③ 수능최저학력기준

수능최저학력기준
국어, 수학(미적분/기하 택1), 영어, 탐구(고학 1과목) 중 3개 영역의 등급의 합이 5이내

*수학(미적분/기하 택1) 등급은 의무 반영

(3) 수시모집: 학생부교과(지역기회균형)

① 지원자격

호남권(광주광역시, 전라남도, 전라북도) 소재 고교에서 전 교육과정(입학일부터 졸업일까지)을 이수한 졸업(예정)자 중 아래의 자격요건에 해당하는 자 가. 국민기초생활보장법 제2조 제1호(수급권자), 제2호(수급자), 제10호(차상위계층)에 의한 대상자 나. 한부모가족지원법 제5조 또는 제5조의2에 따른 지원대상자 ※ 초중등교육법 제2조에 따른 고등학교 외 고교 졸업 동등 학력자는 지원자격에서 제외

② 전형방법

선발단계	전형요소별 실질반영비율 및 점수				합계 (전형총점)
	학생부		면접	수능최저 학력기준	
	교과	출석			
일괄합산	90% (450~405)	10% (50~45)	-	적용	100% (500~450)

※ %는 기본점수를 제외한 최고점과 최저점간 실질반영비율
※ ( )는 기본점수를 포함한 최고점과 최저점
※ 전형총점은 2015 개정교육과정 진로선택과목 가산점 적용으로 총점을 초과할 수 있음

③ 수능최저학력기준

수능최저학력기준
국어, 수학(미적분/기하 택1), 영어, 탐구(고학 1과목) 중 3개 영역의 등급의 합이 6이내

***수학(미적분/기하 택1) 등급은 의무 반영**

(4) 수시모집: 학생부종합(면접전형)

① 지원자격

학교 교육과정을 충실히 이수한 국내 고등학교 졸업(예정)자 ※ 학교생활기록부에 의하여 국내 고등학교 석차등급, 출결성적(출결상황) 등의 산출이 불가능한자 [(검정고시 출신자 또는 외국의 고등학교 전과정 이수자 등)는 지원할 수 없음]

② 전형방법

선발단계		전형요소별 반영비율 및 점수			합계 (전형총점)
		서류평가 (학생부종합평가)	면접평가	수능최저 학력기준	
다단계	1단계 (5배수)	100% (70~14)	-	적용	100% (70~14)
	2단계 (1배수)	70%(70~14)	30%(30~6)		100%(100~20)

③ 평가방법

구분	평가방법
서류평가 (1단계)	학생부를 바탕으로 교과활동, 비교과활동, 진로역량을 포괄적으로 종합평가
면접평가 (2단계)	- 평가요소: 인성 및 가치관, 전공 및 적성영역에 대한 학업열의 등을 포괄적으로 종합평가 - 전형자료: 학교생활기록부

④ 수능최저학력기준

수능최저학력기준
국어, 수학(미적분/기하 택1), 영어, 탐구(고학 1과목) 중 3개 영역의 등급의 합이 6이내

수학(미적분/기하 택1) 등급은 의무 반영

(5) 수시모집: 학생부종합(농어촌학생전형) *정원외
① 지원자격

구분	자격요건
	아래의 자격요건 중 하나에 해당하는 자

구분	자격요건
유형1	다음 자격요건을 모두 충족하는 자 1. 농어촌 또는 도서.벽지 소재 중 ·고등학교에서 입학부터 졸업까지 전 교육과정을 이수하고 졸업(예정)한 자 2. 중·고등학교 재학기간 동안 지원자 본인과 부모 모두가 우리 대학에서 지정한 농어촌 또는 도서·벽지에 거주한 자
유형2	농어촌 또는 도서.벽지 소재 초·중·고에서 입학부터 졸업까지 전 교육과정을 이수하고, 해당 기간 동안 본인이 농어촌 또는 도서·벽지에 거주한 자

<고등학교 관련 유의사항>
- 특수목적고(과학고, 외국어고, 국제고, 예술고, 체육고, 마이스터고) 졸업(예정)자는 지원할 수 없음
- 2개 이상의 초 ·중 ·고등학교에 재학한 경우 해당 학교 모두가 우리 대학 인정 지역 소재 초 .중 . 고등학교이어야 함
- 고등학교(중학교, 초등학교) 재학 기간 중 행정구역 개편 등으로 읍·면 또는 도서·벽지 지역이 해제된 경우에는 고등학교(중학교, 초등학교) 재학 기간 동안 해당 지역을 읍·면 또는 도서·벽지 지역으로 인정함
[농어촌 또는 도서 ·벽지 인정 지역]
- 「지방자치법」제3조에 의한 읍·면 소재 지역
- 「도서·벽지 교육진흥법 시행규칙」제2조에 규정한 도서 . 벽지 지역
※ [유형 1] 부모의 이혼 및 사망의 경우 다음의 기준에 따라 판단함
- 부모 이혼: 이혼일 이후부터는 친권(양육권이 있을 경우 우선적용)이 있는 부 또는 모
- 부 또는 모 사망: 사망일 이후부터는 생존한 부 또는 모
-입양: 입양일 이후부터는 친권이 있는 양부모(친권과 양육권이 경합하는 경우 양육권 우선적용)
※ 무단전출직권말소, 직권거주불명등록, 신고거주불명등록된 경우 우리 대학에서 인정하는 지역에서 거주하지 않은 것으로 간주함

② 전형방법

선발단계	선발배수	전형요소별 반영비율 및 점수			합계 (전형총점)
		서류평가 (학생부종합평가)	면접평가	수능최저 학력기준	
일괄합산	1배수	100% (100~20)	-	적용	100% (100)

※ %는 기본점수를 제외한 최고점과 최저점간 실질반영비율
※ ( )는 기본점수를 포함한 최고점과 최저점

③ 평가방법

구분	평가방법
서류평가	학생부를 바탕으로 교과활동, 비교과활동, 진로역량을 포괄적으로 종합평가

④ 수능최저학력기준

수능최저학력기준
국어, 수학(미적분/기하 택1), 영어, 탐구(상위 1과목) 중 3개 영역의 등급의 합이 6이내

수학(미적분/기하 택1) 등급은 의무 반영

(6) 정시모집: 수능 가군

① 지원자격

일반전형	고등학교 졸업(예정)자 또는 법령에 의하여 고등학교 졸업자와 동등 이상의 학력이 있다고 인정된 자로서 2023학년도 수능 해당 영역에 응시한 자
지역인재 전형	호남권(광주광역시, 전라남도, 전라북도) 소재 고교에서 전 교육과정을 이수한 졸업(예정)자로서 2024학년도 수능 국어, 수학(미적분/기하 택1), 영어, 탐구(과학 1과목), 한국사에 모두 응시한 자

② 전형요소 반영비율: 수능 100%

수능	면접	실기	학생부		총점
			교과	출석	
100% (800~0)	-	-	-	-	100% (800~0)

③ 모집단위별 수능성적 반영비율

모집단위 계열	수능 영역별 가중치					가산점
	국어	수학	영어	탐구1	총점	
의예과	200 (25%)	280 (35%)	200 (25%)	120 (15%)	800 (100%)	-

※ 탐구영역 : 우수한 1과목 백분위점수 반영(직업탐구는 반영하지 않음)
※ 한국사 가산점 부여로 총점을 초과할 수 있음

34) 제주대학교[38]

■ 의과대학 모집인원은 아래와 같습니다.

모집단위	수시모집			정시모집	
	학생부교과			나군	
	정원내		정원외	정원내	
	일반학생	지역인재	고른기회	일반학생	지역인재
의예과	8	12	2	12	8

(1) 수시모집: 학생부교과(일반학생전형)
① 지원자격

고등학교 졸업자(2024년 2월 졸업예정자 포함) 또는 법령에 의하여 이와 동등 이상의 학력이 있다고 인정되는 자

② 전형요소 및 배점

모집단위	선발단계	학생부교과	면접	전형총점
의예과	일괄합산	1,000점	-	1,000점

③ 선발방법

가. 합격자 선발
: 수능 최저학력기준 총족자 중에서 전형총점 순으로 모집단위별 모집인원의 100%를 합격자로 선발함. 다만, 야간 모집단위는 최저학력기준을 적용하지 않음

나. 예비후보자 결정
1) 합격자를 제외한 다음 순위부터 모집단위별 모집인원의 500%까지 예비후보자로 선발함 (불합격자 제외)
다. 동점자 우선순위 결정기준
: 일반선택 교과 성적 → 공통교과 성적 → 진로선택 교과 성적
(2021년 2월 이전 졸업자 : 3학년 성적 → 2학년 성적 → 1학년 성적)
   ※ 위 기준 적용 후에도 합격선의 순위가 같은 자는 모두 합격 처리

④ 미충원에 따른 결원 처리: 미충원 인원은 정시모집으로 이월함

⑤ 수능 최저학력기준

국어(화법과 작문/ 언어와 매체 택1), 수학(미적분/ 기하 택1), 영어, 탐구(과학) 포함 3개 영역 등급 합 6

※ 탐구영역 2개 과목에 반드시 응시하여야 하며, 2개 과목 평균 등급 적용(소수점 이하 절사, 예: 2.5등급 → 2등급)함

---

38) 2024 제주대 모집요강

(2) 수시모집: 학생부교과(지역인재전형)

① 지원자격

고등학교 졸업자(2024년 2월 졸업예정자 포함)로서 입학부터 졸업까지 고교 전 교육과정을 제주특별자치도 소재 고등학교에서 이수한 자

② 전형방법

• 전형요소별 배점

모집단위	선발단계	학생부교과	전형총점
의예과	일괄합산	1,000점	1,000점

• 기본점수 및 실질 반영점수(비율)

모집단위	선발단계	학생부		면접	
		기본점수	실질반영점수(비율)	기본점수	실질반영점수(비율)
의예과	일괄합산	840점	160점	-	-

③ 선발방법

가. 합격자 선발
: 수능 최저학력기준 총족자 중에서 전형총점 순으로 모집단위별 모집인원의 100%를 합격자로 선발함. 다만, 야간 모집단위는 최저학력기준을 적용하지 않음

나. 예비후보자 결정
1) 합격자를 제외한 다음 순위부터 모집단위별 모집인원의 500%까지 예비후보자로 선발함 (불합격자 제외)
다. 동점자 우선순위 결정기준
: 일반선택 교과 성적 → 공통교과 성적 → 진로선택 교과 성적
(2021년 2월 이전 졸업자 : 3학년 성적 → 2학년 성적 → 1학년 성적)

　　　※ 위 기준 적용 후에도 합격선의 순위가 같은 자는 모두 합격 처리

④ 미충원에 따른 결원 처리: 미충원 인원은 정시모집으로 이월함

⑤ 수능 최저학력기준

국어(화법과 작문/ 언어와 매체 택1), 수학(미적분/ 기하 택1), 영어, 탐구(과학) 포함 3개 영역 등급 합 6

※ 탐구영역 2개 과목에 반드시 응시하여야 하며, 2개 과목 평균 등급 적용(소수점 이하 절사, 예: 2.5등급 → 2등급)함

(3) 수시모집: 학생부전형(고른기회전형) *정원외

① 지원자격

고등학교 졸업자(2024년 2월 졸업예정자 포함) 또는 법령에 의하여 이와 동등 이상의 학력이 있다고 인정되는 자로서 아래 1)~ 3) 중 어느 하나에 해당하는 자
1) 국민기초생활보장법 제2조제1호(수급권자), 제2호(수급자)에 의한 대상자
2) 국민기초생활 보장법 제2조제10호(차상위계층)에 의한 대상자
3) 한부모가족지원법 제5조 또는 제5조의2에 따른 지원대상자

② 전형방법

• 전형요소별 배점

모집단위	선발단계	학생부교과	전형총점
의예과	일괄합산	1,000점	1,000점

• 기본점수 및 실질 반영점수(비율)

모집단위	선발단계	학생부		면접	
		기본점수	실질반영점수(비율)	기본점수	실질반영점수(비율)
의예과	일괄합산	840점	160점	-	-

③ 선발방법

가. 합격자 선발
: 수능 최저학력기준 총족자 중에서 전형총점 순으로 모집단위별 모집인원의 100%를 합격자로 선발함. 다만, 야간 모집단위는 최저학력기준을 적용하지 않음

나. 예비후보자 결정
1) 합격자를 제외한 다음 순위부터 모집단위별 모집인원의 500%까지 예비후보자로 선발함 (불합격자 제외)
다. 동점자 우선순위 결정기준
: 일반선택 교과 성적 → 공통교과 성적 → 진로선택 교과 성적
(2021년 2월 이전 졸업자 : 3학년 성적 → 2학년 성적 → 1학년 성적)

　　　※ 위 기준 적용 후에도 합격선의 순위가 같은 자는 모두 합격 처리

④ 미충원에 따른 결원 처리: 미충원 인원은 정시모집으로 이월함

⑤ 수능 최저학력기준

국어(화법과 작문/ 언어와 매체 택1), 수학(미적분/ 기하 택1), 영어, 탐구(과학) 포함 3개 영역 등급 합 7

(4) 정시모집: 수능(다군 일반학생전형)

① 지원자격

[일반학생전형]
고등학교 졸업자(2024년 2월 졸업예정자 포함) 또는 법령에 의하여 이와 동등 이상의 학력이 있다고 인정되는 자

[지역인재전형]
고등학교 졸업자(2024년 2월 졸업예정자 포함)로서 입학부터 졸업까지 고교 전 교육과정을 제주특별자치도 소재 고등학교에서 이수한 자

② 전형방법

모집단위	모집군	선발단계	전형요소별 배점(실질반영비율)		
			수능	실기	전형총점
의예과	나군	일괄합산	1,000점(100%)	-	1,000점(100%)

③ 수능 반영비율

모집단위	활용지표	국어	수학	영어	탐구	계	한국사
자연계열	백분위	20	30	20	30	100	가산점적용

④ 선발방법

가. 합격자 선발
: 수능 최저학력기준 충족자 중에서 전형총점 순으로 모집단위별 모집인원의 100%를 합격자로 선발함.

나. 예비후보자 결정
: 합격자를 제외한 다음 순위부터 지원자 모두를 예비후보자로 선발함(불합격자 제외)

다. 동점자 우선순위 결정기준
: 수능성적 환산총점 → 수능 수학영역 환산점수 → 수능 영어영역 환산점수 → 수능 국어 환산점수 → 수능 탐구영역 환산점수
※ 수능환산 총점: 수능 성적은 제주대학교 환산기준에 따라 산출된 수능 성적 환산총점을 의미하며 가산점이 있는 경우 가산점을 포함한 점수임
※ 수능 영역별 환산점수: 해당영역 수능 성적을 제주대학교 환산기준에 따라 산출된 해당영역 수능 환산점수를 의미하며, 가산점이 있는 경우 그 가산점을 포함한 점수임
※ 위 기준 적용 후에도 합격선의 순위가 같은 자는 모두 합격 처리

⑤ 미충원에 따른 결원 처리: 미충원 인원은 추가모집으로 선발할 수 있음

35) 건국대학교(글로컬캠퍼스)[39]

■ 의과대학 모집인원은 아래와 같습니다.

| 모집단위 | 수시 | | | | | 정시 | |
| | 학생부종합 | 학생부교과 | | | | 일반 | |
	Cogito 자기추천	지역인재	지역인재-기 초생활차상위	농어촌 (정원외)	재외국민 과 외국인	일반	지역 인재
의예과	12	12	2	2	(2)	9	5

(1) 수시모집: 학생부종합(cogito자기추천)
① 지원자격

- 국내 고등학교 졸업(예정)자 또는 법령에 의하여 이와 동등 이상의 학력이 있다고 인정된 자
- 고등학교 교육과정을 이수하는 과정에서 교과활동과 비교과활동 중 지원모집단위와 관련된 영역에 재능을 가지고 노력하여 성취도가 높다고 자기 자신을 추천할 수 있는 자

② 전형방법

선발단계	서류평가	1단계 성적	면접	합계
1단계(3배수)	1,000(100%)	-	-	1,000(100%)
2단계		700(70%)	300(30%)	1,000(100%)

③ 전형 요소별 실질반영 비율

선발단계	전형요소	최고점	최저점	차이	실질반영비율
1단계	서류평가	1,000	220	780	100%
2단계	1단계 성적	700	154	546	70%
	면접	300	66	234	30%

④ 수능최저학력기준

국어, 수학(미적분 또는 기하 중 택1), 영어, 과학탐구(2과목 평균, 소수점 절사) 3개 영역 합이 4등급 이내, 한국사 4등급 이내

(2) 수시모집: 학생부교과(지역인재전형)
① 지원자격

- 충청북도, 충청남도, 대전광역시, 세종특별자치시 소재 고등학교에 입학하여 전(全) 교육과정을 이수한 졸업(예정)자
* 단, 국내 고등학교 졸업(예정)자의 경우 본교 모집요강에 의해 3개 학기 이상 고교 학생부교과 성적 등급 산출이 가능한 자

---

39) 2024 건국대(글로컬) 모집요강

* 비인가 대안학교 출신자 지원불가
* 인가 대안학교 졸업(예정) 인정기준은 입학일 당시 인가 여부를 기준으로 함

② 전형방법

선발단계	서류평가	1단계 성적	면접	합계
1단계(5배수)	1,000(100%)	-	-	1,000(100%)
2단계		800(80%)	200(20%)	1,000(100%)

③ 전형요소별 실질반영 비율

선발단계	전형요소	최고점	최저점	차이	실질반영비율
1단계	서류평가	1,000	0	1000	100%
2단계	1단계 성적	700	0	700	70%
	면접	300	0	300	30%

④ 수능최저학력기준

국어, 수학(미적분 또는 기하 중 택1), 영어, 과학탐구(2과목 평균, 소수점 절사) 3개 영역 합이 4등급 이내, 한국사 4등급 이내

(3) 수시모집: 학생부교과(지역인재-기초생활 및 차상위)

① 지원자격

- 충청북도, 충청남도, 대전광역시, 세종특별자치시 소재 고등학교에 입학하여 전(全) 교육 과정을 이수한 졸업(예정)자

가. 「국민기초생활보장법」 제2조 제1호 및 제2호에 따른 수급(권)자

나. 「국민기초생활보장법」 제2조 제10호(차상위계층) : 차상위 본인부담금 경감, 차상위 장애수당, 차상위 장애인연금 부가급여, 차상위 자활급여, 한부모가정 지원사업 중 하나 이상의 차상위 복지급여 수급 가구의 학생

다. 「한부모가족지원법」 제5조 또는 제5조의2에 따른 지원대상자

② 전형방법

선발단계	서류평가	1단계 성적	면접	합계
1단계(5배수)	1,000(100%)	-	-	1,000(100%)
2단계		800(80%)	200(20%)	1,000(100%)

③ 전형요소별 실질반영 비율

선발단계	전형요소	최고점	최저점	차이	실질반영비율
1단계	서류평가	1,000	0	1000	100%
2단계	1단계 성적	700	0	700	70%
	면접	300	0	300	30%

④ 수능최저학력기준

국어, 수학(미적분 또는 기하 중 택1), 영어, 과학탐구(2과목 평균, 소수점 절사) 3개 영역 합이 4등급 이내, 한국사 5등급 이내

(4) 수시모집: 학생부교과(농어촌학생, 정원 외)

① 지원자격

- 국내 고등학교 졸업(예정)자로서 원서접수 마감일 현재 다음 각 호 중 하나에 해당하는 자

가. 중학교 입학일부터 고등학교 졸업일까지 「지방자치법」 제3조에 따른 읍·면 지역 또는 「도서·벽지 교육진흥법시행규칙」 제2조에 따른 도서·벽지 지역의 중·고등학교에서 전(全) 교육과정을 연속하여 이수하고, 해당 기간 동안 본인 및 부·모 모두 읍·면 지역 또는 도서· 벽지 지역에 거주한 자

나. 초등학교 입학일부터 고등학교 졸업일까지 「지방자치법」 제3조에 따른 읍·면 지역 또는 「도서·벽지 교육진흥법시행규칙」 제2조에 따른 도서·벽지 지역의 초·중·고등학교 전(全) 교육과정을 연속하여 이수하고, 해당 기간 동안 본인이 읍·면 지역 또는 도서·벽지 지역에 거주한 자

* 과학고, 외국어고, 국제고, 예술고, 체육고 졸업(예정)자 및 고교졸업학력 검정고시 합격 자, 「평생교육법」 제31조에 따른 학교 형태의 평생교육시설, 비인가 대안학교, 마이스터고 및 방송통신고 졸업(예정)자 제외

* 단, 국내 고등학교 졸업(예정)자의 경우 본교 모집요강에 의해 3개 학기 이상 고교 학생 부교과 성적 등급 산출이 가능한 자

* 인가 대안학교 졸업(예정) 인정기준은 입학일 당시 인가 여부를 기준으로 함

* 고교 졸업예정자가 최종 합격할 경우 재학 고등학교의 졸업일까지 지원자격(농어촌 지역 거주 및 농어촌 지역 고교 재학)을 유지해야 하며, 자격을 유지하지 않을 경우 불합격 또 는 입학이 취소될 수 있음

② 전형방법

선발단계	서류평가	1단계 성적	면접	합계
1단계(5배수)	1,000(100%)	-	-	1,000(100%)
2단계		700(70%)	300(30%)	1,000(100%)

③ 전형 요소별 실질반영 비율

선발단계	전형요소	최고점	최저점	차이	실질반영비율
1단계	서류평가	1,000	0	1000	100%
2단계	1단계 성적	700	0	700	70%
	면접	300	0	300	30%

④ 수능최저학력기준

국어, 수학(미적분 또는 기하 중 택1), 영어, 과학탐구(2과목 평균, 소수점 절사) 3개 영역 합이 5등급 이내, 한국사 4등급 이내

(5) 수시모집: 특별전형(재외국민과 외국인전형)
① 지원자격

- 초·중·고등학교 12년 전 교육과정을 이수한 고등학교 졸업(예정)자 또는 법령에 의하여 이와 동등 이상의 학력이 있다고 인정되는 자이면서, 「고등교육법 시행령」제29조 제2항 제2호, 제6호, 제7호 따른 지원자격 부여에 충족되는 재외국민, 외국인, 북한이탈주민 * 전(全) 교육과정 해외이수자이면서 부모와 본인 모두 외국인인 학생은 국제협력센터에서 선발

② 전형방법

선발단계	서류평가	1단계 성적	면접	합계
1단계(5배수)	1,000(100%)	-	-	1,000(100%)
2단계		500(50%)	500(50%)	1,000(100%)

③ 전형 요소별 실질반영 비율

선발단계	전형요소	최고점	최저점	차이	실질반영비율
1단계	서류평가	1,000	0	1000	100%
2단계	1단계 성적	500	0	500	50%
	면접	500	0	500	50%

④ 수능최저학력기준: 적용하지 않음

(6) 정시모집
① 지원자격

일반전형	- 국내 고등학교 졸업(예정)자 또는 법령에 의하여 이와 동등 이상의 학력이 있다고 인정되는 자로서 2024학년도 대학수학능력시험에 응시한 자
지역인재	- 충청북도, 충청남도, 대전광역시, 세종특별자치시 소재 고등학교에 입학하여 전(全) 교육과정을 이수한 졸업(예정)자로서 2024학년도 대학수학능력시험에 응시한 자

② 전형방법: 수능 100% (일괄합산)

③ 전형 요소별 실질반영 비율

전형요소	최고점	최저점	차이	실질반영비율
수능	1000	0	1000	100%

④ 수능 반영방법

가. 반영영역

모집단위	반영영역수	반영 영역
의예과	4	국어 20%, 수학 30%, 영어20%, 과학탐구 30%

36) 동국대학교(경주캠퍼스)[40]

■ 의과대학 모집인원은 아래와 같습니다.

학과	정원내								정원외			
	수시						정시		수시			
	학생부교과				학생부종합		다군					
	교과	불교추천	지역인재	기회균형I	참사람	지역인재	수능	지역인재	농어촌	재외국민	전교육과정해외이수자	외국인
의예과	10	1	10	1	7	9	9	2	2	2	1	1

(1) 수시모집: 학생부위주(교과전형)

① 지원자격

국내 고등학교 졸업자(2024년 2월 졸업예정자 포함) 및 법령에 의하여 동등 이상의 학력이 있다고 인정되는 자   ※ 교과성적 산출불가자 지원 불가

② 전형방법: 학생부 성적 100%

③ 수능최저학력기준

국어, 수학(미적분 또는 기하), 과학탐구 등급의 합 4이내

※ 한의예과, 의예과의 수능최저학력기준 반영시 수학(미적분, 기하) 또는 과학탐구를 반드시 응시하여야 함. 탐구는 상위 1과목 반영. 탐구는 상위 1과목 반영.

---

40) 2024 동국대(경주캠) 모집요강

(2) 수시모집: 학생부위주(불교추천전형)
① 지원자격

고등학교 졸업자(2024년 졸업예정자 포함) 및 법령에 의하여 동등 이상의 학력이 있다고 인정되는 자로서 대한불교조계종 스님이나 대한불교조계종 종립고등학교장의 추천을 받은 자

② 전형방법: 학생부 성적 100%

③ 수능최저학력기준

국어, 수학(미적분 또는 기하), 영어, 과학탐구 중 3개과목 등급의 합 4이내

※ 한의예과, 의예과의 수능최저학력기준 반영시 수학(미적분, 기하) 또는 과학탐구를 반드시 응시하여야 함..   탐구는 상위 1과목 반영.

(3) 수시모집: 학생부위주(지역인재전형)
① 지원자격

대구, 경북지역 소재 고등학교에서 입학일부터 졸업일까지(2024년 졸업예정자 포함) 전 교육과정을 이수한 자

② 전형방법: 학생부 성적 100%

③ 수능최저학력기준

국어, 수학(미적분 또는 기하), 영어, 과학탐구 중 3개과목 등급의 합 4이내

※ 한의예과, 의예과의 수능최저학력기준 반영시 수학(미적분, 기하) 또는 과학탐구를 반드시 응시하여야 함. 탐구는 상위 1과목 반영.

(4) 수시모집: 학생부위주(기회균형Ⅰ전형)
① 지원자격

대구, 경북지역 소재 고등학교에서 입학일부터 졸업일까지(2024년 졸업예정자 포함) 전 교육과정을 이수한 자 중 아래 각 호의 하나에 해당하는 자
- 「국민기초생활보장법」 제2조제1호(수급권자)
- 「국민기초생활보장법」 제2조제10호(차상위계층)
- 「한부모가족지원법」 5조 또는 5조의2에 따른 대상자
- 「국가보훈 기본법」 제3조 제2호의 '국가보훈대상자'로서 국가보훈 관계 법령에 따른 교육지원 대상자(보훈(지)청장이 발행하는 '대학입학 특별전형 대상자 증명서'발급 대상자)

② 전형방법: 학생부 성적 100%

③ 수능최저학력기준

국어, 수학(미적분 또는 기하), 영어, 과학탐구 중 3개과목 등급의 합 4이내

※ 한의예과, 의예과의 수능최저학력기준 반영시 수학(미적분, 기하) 또는 과학탐구를 반드시 응시하여야
함. 탐구는 상위 1과목 반영.

(5) 수시모집: 학생부종합(참사랑전형)

① 지원자격

고등학교 졸업자(2024년 2월 졸업예정자 포함) 및 법령에 의하여 동등 이상 학력이 있다고 인정되는 자

② 전형방법

1단계	서류 100%(5배수)
2단계	1단계 성적 70% + 면접 30%

③ 수능최저학력기준

국어, 수학(미적분 또는 기하), 영어, 과학탐구 중 3개과목 등급의 합 4이내

※ 한의예과, 의예과의 수능최저학력기준 반영시 수학(미적분, 기하) 또는 과학탐구를 반드시 응시하여야
함. 탐구는 상위 1과목 반영.

(6) 수시모집: 학생부종합(지역인재전형)

① 지원자격

대구, 경북지역 소재 고등학교에서 입학일부터 졸업일까지(2024년 졸업예정자 포함) 전 교육과정을 이수한 자

② 전형방법

1단계	서류 100%(5배수)
2단계	1단계 성적 70% + 면접 30%

③ 수능최저학력기준

국어, 수학(미적분 또는 기하), 영어, 과학탐구 중 3개과목 등급의 합 4이내

※ 한의예과, 의예과의 수능최저학력기준 반영시 수학(미적분, 기하) 또는 과학탐구를 반드시 응시하여야
함. 탐구는 상위 1과목 반영.

(7) 수시모집: 학생부위주(농어촌전형, 정원 외)

① 지원자격

국내 고등학교 졸업자(2024년 2월 졸업예정자 포함)로서 다음 각 호의 하나에 해당하는 자
- 농어촌(지방자치법 제3조에 의한 읍. 면지역) 또는 도서·벽지(도서·벽지교육
  진흥법 제2호)에 소재하는 중·고등학교에서 전 교육과정을 이수한 졸업자
  (2024년 2월 예정자 포함)로서, 고등학교 재학기간 중 본인 및 부·모(사망·
  실종·이혼 등의 사유에 해당하는 부·모는 제외) 모두가 해당 지역에 거주
  하고 학교장의 거주사실을 확인 받은 자
- 초, 중, 고 전 교육과정(12년)을 농어촌에 소재하는 학교에서 이수한 졸업자
  (2024년 2월 예정자 포함)로서 학교장의 거주사실을 확인 받은 자

② 전형방법: 학생부 성적 100%

③ 수능최저학력기준

국어, 수학(미적분 또는 기하), 영어, 과학탐구 중 3개과목 등급의 합 4이내

※ **한의예과, 의예과의 수능최저학력기준 반영시 수학(미적분, 기하) 또는 과학탐구를 반드시 응시하여야 함.** 탐구는 상위 1과목 반영.

(8) 수시모집: 재외국민과 외국인(정원 외)

① 지원자격

국내·외 고등학교 졸업자 또는 2022년 2월 이전 졸업예정자로서 우리나라 고등학교 졸업자와 동등의 학력이 있다고 인정되는 자
가. 해당전형 : 재외국민, 전교육과정해외이수자, 북한이탈주민, 외국인
나. 지원자격
1) 재외국민
- 해외근무자 - 역년으로 통산 3년(1,095일) 이상의 해외근무/사업/영업을
목적으로 배우자 및 학생과 함께 해외에 체류한 자
- 해외근무자의 자녀 - 부모 중 1인 이상이 역년으로 통산 3년(1,095일) 이
상을 해외근무자로 재직/사업/영업하는 기간 동안, 해외근무자의 근무지 국가
소재 학교에서 고교과정 1개 학년 이상(해당 기간에 진행되는 학제상의 모든 학기)을 포함
하여 중·고교과정을 3개 학년 이상 수료한 자
- 체류- 각 1개년마다 학생 본인은 3/4이상을, 재직자 및 배우자는 2/3이상
을 해외근무지 국가에서 체류하여야 함
2) 전교육과정해외이수자 :「고등교육법 시행령」제29조제2항 제7호에 따른 대상자로 외
국에서 우리나라 초중등교육에 상응하는 교육과정을 전부 이수한 자
3) 북한이탈주민 :「고등교육법 시행령」제29조 2항 6호에 따른 대상자로 북
한이탈주민에 한 함
4) 외국인 :「고등교육법 시행령」제29조 2항 6호에 따른 대상자로, 우리나라 고교과정과

상응하는 교육과정을 시작하기 전에 **부모와 학생 모두가 외국 국적을 취득한 자 (※ 부모 중 한명이 외국 국적이 아닐 경우 지원 불가)**

② 전형방법: 서류 70% + 면접 30%

③ 수능최저학력기준

국어, 수학(미적분 또는 기하), 영어, 과학탐구 중 3개과목 등급의 합 4이내

※ 한의예과, 의예과의 수능최저학력기준 반영시 수학(미적분, 기하) 또는 과학탐구를 반드시 응시하여야 함. 탐구는 상위 1과목 반영.

(9) 정시모집: 다군 수능전형

① 지원자격

일반	고등학교 졸업(2024년 2월 졸업 예정자 포함)자 및 관계 법령에 의하여 동등 이상의 학력이 있다고 인정되는 자로서 2024학년도 대학수학능력시험에 응시 하여 우리대학 반영영역의 성적을 취득한 자
지역인재	대구, 경북지역 소재 고등학교 졸업자(2024년 졸업예정자 포함)로 해당 지역 고등학교에서 입학부터 졸업까지 전 교육과정을 이수한 자

② 전형방법: 수능 100%

③ 수능 반영방법

계열 / 모집단위	국 어	수 학	영 어	탐 구			가중치
				사회	과학	직업	
의예과 (※ 수학 미적분 또는 기하 반영)	25	35	20		20		의예과: 과탐Ⅱ과목5%

※ 의예과의 수학영역은 미적분, 기하 중 선택반영(한의예과(인문)은 선택과목 지정 없음)
※ 의예과 과학탐구Ⅱ 교과목당 5% 가중치 반영

37) 강원대학교[41]

■ 의과대학 모집인원은 아래와 같습니다.

학과	학생부종합전형	학생부교과전형			정시 가군
	미래인재Ⅱ	일반	지역인재	저소득-지역인재	수능(일반)
의예과	9	10	14	1	15

(1) 수시모집: 학생부종합(미래인재전형)

① 지원자격

국내 고등학교 졸업(예정)자 중 국내 고등학교에서 3학기 이상 교육과정을 이수한 자

② 전형요소 및 반영비율

전형방법	선발단계	모집인원 대비 선발 비율	전형요소 및 실질 반영비율		
			서류평가	면접평가	합계
단계별	1단계	300% 이내	120점(100%)	-	120점(100%)
	2단계	100% 이내	120점(60%)	80점(40%)	200점(100%)

③ 수능최저학력기준: 미적용

④ 서류평가

가. 전형자료 : 학교생활기록부(자기소개서 미제출)

나. 평가방법: 입학사정관 2인이 제출된 자료를 대상으로 평가기준별로 종합적, 정성적으로 평가를 실시하고, 평가위원 간에 일정 점수 이상 차이가 있을 경우 조정평가 실시

다. 평가요소(배점) 및 평가내용

평가 요소	평가 기준 및 주요 평가 내용
학업역량 (30%)	학업에 대한 호기심과 열의가 높고, 우수한 학습 능력과 창의적 문제해결 능력을 지닌 인재 (학업성취도, 학업의지와 태도, 탐구력과 사고력)
전공적합성 (25%)	전공분야의 학습에 대한 목표와 관심사가 명확하고, 자신의 진로를 개발하려는 의지를 지닌 인재 (전공 관련 교과목 이수/성취도, 전공 관심과 이해, 진로개발 활동과 경험)
인성 (24%)	자신의 역할에 성실하게 책임을 다하며, 공동체의 발전과 공공의 문제를 해결하기 위해 자발적으로 협력하고 헌신하는 인재 (공동체의식 및 협업능력, 성실성과 책임감, 의사소통능력)
발전가능성 (21%)	미래를 개척하려는 도전정신과 열정을 지닌 발전 가능성이 있는 인재 (도전정신, 자기주도성, 자기관리능력)

---

41) 2024 강원대 모집요강

⑤ 면접평가

　가. 면접 방법
- 면접 방식: 입학사정관(면접위원) 2인 대 수험생 1인 개별 면접(블라인드 면접)
- 면접 형식: 서류 확인 면접(수험생이 제출한 학교생활기록부의 내용 중심)
- 면접 시간: 수험생 1인 당 10분 내외
　나. 면접 일정 및 장소: 입학본부 홈페이지에 공지
　다. 평가요소(배점) 및 평가내용

평가 요소	평가 기준 및 주요 평가 내용
학업역량 (50%)	고교 교육과정에서 흥미와 관심을 가졌던 문제나 과제에 대하여 스스로 탐구하고 사고하며, 자신에게 주어진 환경과 능력을 최대한 활용하여 성취해 나아가는 능력 (학습탐구경험과 문제해결능력, 지원전공에 대한 관심과 이해정도, 대학에서의 학업목표와 의지)
인성 (30%)	공동체의 발전을 위해 구성원들과 협력하고 소통하고 배려하며, 자신이 맡은 일에 책임과 끈기를 다하여 충실하게 수행하는 태도 (공동체의식 및 협업능력, 성실성과 책임감, 의사소통능력)
잠재역량 (20%)	지원 전공 분야에 대한 탐색, 학습, 활동 과정에서 몰입 또는 집중력을 발휘하여 자기 주도적으로 성장하려고 노력하는 능력 (도전의식, 자기주도성, 자기관리능력)

(2) 수시모집: 학생부교과(일반전형)

　① 지원자격

고등학교 졸업(예정)자 또는 관계 법령에 의하여 이와 동등한 학력이 있다고 인정된 자

　② 전형 요소 및 반영비율

전형방법	모집인원 대비 선발 비율	전형요소 및 실질 반영비율	
		학생부	합계
일괄합산	100%	1,000점(100%)	1,000점(100%)

　③ 수능최저학력기준

국어, 수학, 과학①, 과학② 중 수학(미적분 또는 기하)와 과탐 1과목을 필수 반영한 **3개 영역** **의 합이 5이내** ※ 과학탐구는 다른 과목이어야 함(과학탐구의 동일과목 Ⅰ, Ⅱ는 불가)

　④ 학교생활기록부 반영

　가. **반영과목**: 학생부에 1-1학기부터 3-1학기까지 기록된 반영 교과의 모든 과목(※
　　　　　　졸업생 포함)

※ 공통과목의 "과학탐구실험" 과목은 교과 성적 반영에서 제외
※ 검정고시 합격자: 국어, 영어, 수학, 사회, 과학, 한국사 과목 검정고시 성적 반영
※ 국외 고등학교 성적: 이수한 전 과목 반영

나. **진로선택과목**: 과목별 성취도 기준 가산점 부여
(3학년 1학기까지 이수한 국어, 수학, 영어, 사회, 과학 교과의 진로선택과목 중에서 성취도가 높은 상위 세 과목의 평균 점수를 가산점 부여)

(3) 수시모집: 학생부교과(지역인재전형)
① 지원자격

고등학교 졸업(예정)자로서 학생이 입학일부터 졸업(예정)일까지 강원지역 고등학교에서 전 교육과정을 이수한 자

② 전형요소 및 반영비율: '학생부교과 일반전형'과 같음

③ 수능최저학력기준

국어, 수학, 과학①, 과학② 중 수학(미적분 또는 기하)와 과탐 1과목을 필수 반영한 **3개 영역의 합이 6이내**
※ 과학탐구는 다른 과목이어야 함(과학탐구의 동일과목 Ⅰ, Ⅱ는 불가)

④ 학교생활기록부 반영: '학생부교과 일반전형과 같음'

(4) 수시모집: 학생부교과(저소득-지역인재전형)
① 지원자격

고등학교 졸업(예정)자로서 학생이 입학일부터 졸업(예정)일까지 강원지역 고등학교에서 전 교육과정을 이수한 자로서 아래의 지원 자격 중 어느 하나에 해당하는 자
1. 국민기초생활보장법 제2조제1호(수급권자), 제2호(수급자) 및 제10호(차상위계층)에 의한 자
2. 한부모가족법 제5조 또는 제5조의2에 따른 대상자

② 전형 요소 및 반영비율

전형방법	모집인원 대비 선발 비율	전형요소 및 실질 반영비율	
		학생부	합계
일괄합산	100%	1,000점(100%)	1,000점(100%)

③ 수능최저학력기준

국어, 수학, 과학①, 과학② 중 수학(미적분 또는 기하)와 과탐 1과목을 필수 반영한 **3개 영역의 합이 6이내**
※ 과학탐구는 다른 과목이어야 함(과학탐구의 동일과목 Ⅰ, Ⅱ는 불가)

(5) 정시모집: 가군 수능(일반전형)

① 지원자격

고등학교 졸업(예정)자 또는 관계 법령에 의하여 이와 동등한 학력이 있다고 인정된 자

② 전형요소 및 반영비율: 수능 100%

③ 수능반영방법

반영 영역	국어	수학	영어	과탐 2과목
반영 점수	100	150	100	150

- 수학(미적분, 기하 중 택1)
- 탐구(과탐 2과목)

38) 연세대학교(미래캠퍼스)

■ 의과대학 모집인원은 아래와 같습니다.

학과	수시모집(정원내)						수시모집(정원외)				정시모집
	학생부교과	학생부종합				논술	고른기회 학생부종합				수능
			강원인재								
	교과우수자	학교생활우수자	일반	한마음	기회균형	논술우수자(창의인재)	기초생활연세한마음	농어촌학생	특수교육대상자	북한이탈주민	나군
의예과	19	15	18	2	3	15	1	2	○	○	21

(1) 수시모집: 학생부교과(교과우수자전형)

① 지원자격

국내 정규 고등학교에 입학하여 전 교육과정을 이수한 졸업자 또는 2024년 2월 졸업예정자로서 다음 자격을 만족하는 자
1) 고교 전 교육과정을 국내 고교에서 이수하여야 함
2) 일반고등학교와 종합고등학교의 직업과정 이수자, 특성화고등학교, 마이스터고등학교, 예체능고등학교 출신자는 제외함
3) 지원자는 고교과정 중 다음의 최소 이수 과목 요건을 충족하여야 함

과목	교과 이수 요건	최소 이수 과목 수
공통과목	국어, 수학, 영어, 사회, 과학 교과영역에서 각 교과당 1과목 이상 이수 해당 이수과목은 모두 원점수, 평균, 표준편차, 석차등급이 기재되어야함	5 과목
일반선택과목	국어, 수학, 영어, 사회, 과학 교과영역에서 5과목 이상 이수 해당 이수과목은 모두 원점수, 평균, 표준편차, 석차등급이 기재되어야함	5 과목
진로선택과목	국어, 수학, 영어, 사회, 과학 교과영역에서 1과목 이상 이수	1 과목

※ 사회교과는 한국사, 역사, 도덕을 포함

② 전형방법 및 반영비율

모집단위	교과	면접 (의학적인성)	전형방법
의예과	80%	20%	일괄합산방식(교과+면접)으로 선발함 - 교과: 학교생활기록부 교과성적 - 면접: 의학적 인성 평가(면접시험에 미응시할 경우 불합격 처리함)

③ 대학수학능력시험 자격기준

국어, 수학, 영어, 과탐1, 과탐2 중 4개 영역 등급 합 5 이내
※단, 영어 2등급 및 한국사 4등급 이내

1. 국어 수능선택 과목: 화법과작문, 언어와매체 중 택1
2. 수학 수능선택 과목: 미적분, 기하 중 택1
3. 탐구영역 반영방법: 2과목 각각 반영
4. 의예과 지원자는 과학탐구 4개 과목(물리학, 화학, 생명과학, 지구과학) 중 과목명이 다른 2개의 과목에 응시해야 하며, 동일 과목의 I, II 선택은 불가함
5. 제2외국어/한문은 탐구영역 과목으로 인정하지 않음

(2) 수시모집: 학생부종합(학교생활우수자전형)
① 지원자격

국내 정규 고등학교에 입학하여 전 교육과정을 이수한 졸업자 또는 2024년 2월 졸업예정자 ※ 특성화고 직업과정 이수자(일반고등학교와 종합고등학교의 직업과정 이수자 포함), 마이스터고등학교 출신자는 제외함

② 전형방법 및 반영비율

선발단계	서류	면접	전형방법
1단계	100%	-	학교생활기록부, 자기소개서를 종합평가하여 모집인원의 600% 내외를 면접대상자로 선발함
2단계	70%	30%	1단계 점수와 면접시험 점수의 합 순으로 합격자를 선발함 면접시험에 응시하지 않을 경우 불합격 처리됨

※ 면접시험 : 인성 및 가치관(의예과는 의학적 인성 포함), 서류확인

③ 대학수학능력시험 자격기준

국어, 수학, 영어, 과탐1, 과탐2 중 4개 영역 등급 합 5 이내
※단, 영어 2등급 및 한국사 4등급 이내

6. 국어 수능선택 과목: 화법과작문, 언어와매체 중 택1
7. 수학 수능선택 과목: 미적분, 기하 중 택1
8. 탐구영역 반영방법: 2과목 각각 반영
9. 의예과 지원자는 과학탐구 4개 과목(물리학, 화학, 생명과학, 지구과학) 중 과목명이 다른 2개의 과목
  에 응시해야 하며, 동일 과목의 I, II 선택은 불가함
10. 제2외국어/한문은 탐구영역 과목으로 인정하지 않음

(3) 수시모집: 학생부종합(강원인재 일반전형)

① 지원자격

강원도 소재 정규 고등학교에 입학하여 전 교육과정을 이수한 졸업자 또는 2024년 2월 졸업예정자

② 전형방법 및 반영비율

모집단위	교과	면접(의학적인성)	전형방법
의예과	80%	20%	일괄합산방식(교과+면접)으로 선발함 - 교과: 학교생활기록부 교과성적 - 면접: 의학적 인성 평가(면접시험에 미응시 할 경우 불합격 처리함)

※ 제출서류에 대한 확인 절차가 필요한 경우, 학교나 관련 기관 등을 방문하거나 전화 확인할 수 있음

③ 대학수학능력시험 자격기준

국어, 수학, 영어, 과탐1, 과탐2 중 4개 영역 등급의 합 6 이내
※단, 영어 2등급 및 한국사 4등급 이내

- 국어 수능선택 과목: 화법과작문, 언어와매체 중 택1
- 수학 수능선택 과목: 미적분, 기하 중 택1
- 탐구영역 반영방법: 2과목 각각 반영
- 의예과 지원자는 과학탐구 4개 과목(물리학, 화학, 생명과학, 지구과학) 중 과목명이 다른 2개의 과목
에 응시해야 하며, 동일 과목의 I, II 선택은 불가함
- 제2외국어/한문은 탐구영역 과목으로 인정하지 않음

④ 기타

- 합격자 중 자치단체장 추천을 받은 차상위계층 및 기초생활수급대상자는 최대 12명 까지
자치단체장 장학금 지급

(4) 수시모집: 학생부종합(강원인재 한마음전형)

① 지원자격

강원도 소재 정규 고등학교에 입학하여 전 교육과정을 이수한 졸업자(2024년 2월 졸업예정자 포함)로서 원서접수 마감일까지 국민기초생활보장법 제2조 제1호(수급권자)의 자격을 유지하고 있는 자 ※ 차상위계층은 지원불가

② 전형방법 및 반영비율: 학생부종합 '강원인재 일반전형'과 같음

③ 대학수학능력시험 자격기준: 학생부종합 '강원인재 일반전형'과 같음

(5) 수시모집: 학생부종합(기회균형 전형)

① 지원자격

구분	지원자격기준
국가보훈대상자	「국가보훈 기본법」 제3조 제2호의 '국가보훈대상자'로서 국가보훈관계 법령에 따른 교육지원 대상자이며 [대학입학특별전형 대상자 증명서]를 제출할 수 있는 자
민주화 운동 관련자	「민주화운동관련자 명예회복 및 보상 등에 관한 법률」제2조 2항 각 호에 해당하는 자(민주화운동관련자 명예회복 및 보상심의위원회의 민주화운동관련자증서 발급 가능자) 또는 그의 자녀
직업군인 자녀	군 복무기간 총 15년 이상이며, 직업군인으로 재직 중인 자의 자녀(복무기간은 임관일로부터 산정하며, 휴직기간도 복무기간으로 인정함)
소방공무원의 자녀	소방공무원으로 재직 기간이 10년 이상이며, 2023년 9월 현재 재직 중인 자의 자녀
장애인부모의 자녀	부모 중 1인 이상이 장애인 복지법 제32조에 의하여 장애인 등록(중증 장애인만 해당)을 필한 장애인의 자녀 ※ 중증장애인은 장애등급 폐지 전 1~3급에 준함
조손가정	(외)할아버지, (외)할머니, 손자, 손녀로 구성된 가족으로서 부모가 사망하거나 생사가 분명하지 않은 손자녀(한부모가족 지원사업 대상자 확인서 제출 가능한 자에 한함)
국내외의 벽오지 근무경력이 있는 선교사 및 교역자 또는 의료봉사자의 자녀	국내·외의 벽·오지에서 2013년 1월 1일 ~ 2023년 9월 12일까지의 기간 동안 통산 근무경력 기간이5년 이상이며 2023년 수시모집 원서접수 시작일까지 해당 분야에 재직 중인 자의 자녀
다문화 가정	결혼이전에 외국 국적이었던 친모(친부)와 국적이 대한민국인 친부(친모) 사이에 출생한 대한민국 국적자(단, 결혼이전에 외국 국적이었던 친모(친부)가 과거에 한국국적을 포기한 사실이 있을 경우 지원자격을 인정하지 아니함)
다자녀가정 출신자	지원자, 부, 모 각각의 가족관계증명서로 다자녀(3자녀 이상) 가정 확인이 가능한 자

② 전형요소 및 반영비율: 학생부종합 '강원인재 일반전형'과 같음

③ 대학수학능력시험 자격기준: 학생부종합 '강원인재 일반전형'과 같음

(6) 수시모집: 논술(창의인재전형)
① 지원자격

국내·외 정규 고등학교 졸업자 또는 2024년 2월 졸업예정자, 국내 고등학교 졸업학력 검정고시 합격자, 기타 국내 고교 졸업 학력 인정자

② 전형요소 및 반영비: 논술 100%

③ 논술성적 동점자 처리 방법
- 학교생활기록부 교과과목 중 수학, 과학에 해당하는 과목들을 모두 반영하여 순위를 정함

④ 대학수학능력시험 자격기준

국어, 수학, 과탐1, 과탐2 중 3개 영역 1등급 이상
※ 영어 2등급 및 한국사 4등급 이내

- 국어 수능선택 과목: 화법과작문, 언어와매체 중 택1
- 수학 수능선택 과목: 미적분, 기하 중 택1
- 탐구영역 반영방법: 2과목 각각 반영
- 의예과 지원자는 과학탐구 4개 과목(물리학, 화학, 생명과학, 지구과학) 중 과목명이 다른 2개의 과목에 응시해야 하며, 동일 과목의 I, II 선택은 불가함
- 제2외국어/한문은 탐구영역 과목으로 인정하지 않음

⑤ 논술시험 안내

구분		의예과
출제유형 출제범위 문제 수	수학	•**출제유형**: 대학 학업 수행에 필요한 수리적 사고력 평가 •**출제범위**: 수학 I, 수학 II, 미적분, 기하 •**문제 수**: 3문제 내외
	과학	•**출제유형**: 대학 학업 수행에 필요한 과학적 사고력 평가 •**출제범위**: 물리학(I,II), 화학(I,II), 생명과학(I,II) 중 1개 교과목선택 •**문제 수**: 2문제
시험시간	**2시간**	
답안지 형태	백지	
답안지 글자 수	제한 없음	

※ 논술문제는 고교 교육과정의 범위와 수준을 준수하여 출제함

(7) 수시모집: 학생부종합 고른기회(기초생활연세, 농어촌, 특수교육, 북한이탈)
① 지원자격

구분	지원자격
기초생활 연세한마음	국민기초생활보장수급자로서 국내·외 정규 고등학교 졸업자, 2024년 2월 국내·외 정규 고등학교 졸업예정자, 국내 고등학교 졸업학력 검정고시 합격자, 기타 국내 고교졸업 학력 인정자
농어촌학생	국내 정규 고등학교 졸업자 및 2024년 2월 졸업예정자로서 아래의 조건 중 하나에 해당하는 자 1) 초·중·고교 전 교육과정 농어촌 이수자 :「지방자치법」제3조에 의한 읍.면(광역시, 도, 도.농 통합시의 관할 구역 안에 두는 읍·면) 또는「도서·벽지 교육진흥법」제2조에 따른 도서·벽지 소재 초·중·고등학교에 입학하여 연속된 전 교육과정을 이 수한 졸업자 또는 2023년 2월 졸업예정자로서, 초등학교 입학 시부터 고등학교 졸업시까지 본인이 읍·면·도서·벽지 지역에서 거주한 자 (고교 재학생의 경우 졸업 시까지 본인의 농어촌 거주요건을 충족시켜야 함) 2) 중·고교 전 교육과정 농어촌 이수자 :「지방자치법」제3조에 의한 읍·면(광역시, 도, 도·농 통합시의 관할구역 안에 두는 읍·면) 또는「도서·벽지교육진흥법」제2조에 따른 도서·벽지 소재 중·고등학교에 입학하여 연속된 전 교육과정을 이수한 졸업자 또는 2024년 2월 졸업예정자로서, 학생 재학기간과 학생·부모 거주 충족 기간은 중학교 입학 시부터 고등학교 졸업 시까지 본인과 부모 모두가 읍·면·도서·벽지 지역에서 거주한 자 ※ 농어촌학생 특별전형 세부 지원자격 기준 ① 고등학교(초·중학교) 재학 기간 중 행정구역 개편 등으로 읍·면·도서·벽지 지역이 동 지역·도서 벽지 해제지역으로 변경된 경우 고등학교(초·중학교) 재학 기간 중 해당 지역을 읍·면·도서·벽지 지역으로 인정함 ② 읍·면 소재 과학고, 외국어고, 국제고, 예술고, 체육고에 재학한 사실이 있는 자와 고등학교 졸업학력 검정고시 합격자에게는 지원자격을 부여하지 않음 ③ 부 또는 모의 사망, 이혼 등의 사유가 발생한 경우 연세대학교 미래캠퍼스 입학전형관리위원회가 정하는 바에 따라 지원자격을 부여함
특수교육 대상자	국내·외 정규 고등학교 졸업자, 2024년 2월 국내 정규 고등학교 졸업예정자, 국내 고등학교 졸업학력 검정고시 합격자, 기타 국내 고교졸업 동등 학력 인정자로서「장애인복지법」제32조에 의하여 장애인 등록(중증 장애인만 해당)이 되어 있는 자 또는「국가유공자 등 예우 및 지원에 관한 법률」제4조 등에 의한 상이등급자로 등록(1급부터 7급까지만 인정)되어 있는 자 ※ 중증장애인은 장애등급 폐지 전 1~3급에 준함
북한 이탈주민	고등학교 졸업학력이 인정(국내·외 고교 졸업자 또는 2024년 2월 졸업예정자, 국내 검정고시 합격자, 기 타 고교 졸업 학력 인정자 포함) 되는 자

② 전형요소 및 반영비율

모집단위	교과	면접(의학적인성)	전형방법
의예과	80%	20%	일괄합산방식(교과+면접)으로 선발함 - 교과: 학교생활기록부 교과성적 - 면접: 의학적 인성 평가(면접시험에 미응시 할 경우 불합격 처리함)

③ 대학수학능력시험 자격기준

국어, 수학, 영어, 과탐1, 과탐2 중 4개 영역 등급의 합이 6 이내
※단, 영어 2등급 및 한국사 4등급 이내

- 국어 수능선택 과목: 화법과작문, 언어와매체 중 택1
- 수학 수능선택 과목: 미적분, 기하 중 택1
- 탐구영역 반영방법: 2과목 각각 반영
- 의예과 지원자는 과학탐구 4개 과목(물리학, 화학, 생명과학, 지구과학) 중 과목명이 다른 2개의 과목에 응시해야 하며, 동일 과목의 I, II 선택은 불가함
- 제2외국어/한문은 탐구영역 과목으로 인정하지 않음

(8) 정시모집: 수능 나군(일반전형)

① 지원자격

2024학년도 대학수학능력시험에서 모집계열별 필수 응시영역에 응시하고 아래의 가, 나 조건 중 하나를 충족하는 자 가. 국내·외 정규 고등학교 졸업자 또는 2024년 2월 졸업예정자 나. 국내 고등학교 졸업학력 검정고시 합격자 또는 법령에 의하여 이와 동등 이상의 학력이 있다고 인정된 자

② 대학수학능력시험 필수 응시영역

국어, 수학(미적분/ 기하 중 택1), 영어, 과학탐구(2과목), 한국사

- 과학탐구는 의예과 지원자의 경우 동일 과목 I, II 선택은 불가하나, 다른 계열 지원자는 제한 없음
- 제2외국어/한문은 탐구과목으로 인정하지 않음

③ 전형요소 및 반영비율

학과	대학수학능력시험		총점	선발인원 비율
	국어, 영어, 수학, 탐구	한국사		
의예과	1,000	10	1,010	100%

④ 수능 반영점수 산출방법

- 국어, 수학 : 수능 성적표상의 표준점수를 그대로 적용
- 영어 : 수능 성적표상의 등급에 따른 아래 반영 방법의 환산점수를 반영함
- 탐구(사회, 과학) : 수능 성적표상의 백분위를 활용하여 자체적으로 산출한 「변환점수」를 적용

모집단위	국어	수학	영어	탐구 사회/과학	탐구 과학	소계	반영점수	한국사	총점
의예과	200	300	100	-	300	900	1000 (소계x1,000/900)	10	1,010

1) 탐구과목은 백분위를 활용한 변환표준점수를 반영함
2) 수학 표준점수 총점 200점에 3/2을 곱하여 300점 만점으로 반영함
3) 과학탐구 2과목의 변환표준점수 총점 200점에 3/2을 곱하여 300점 만점으로 반영함

39) 원광대학교[42]

■ 의과대학 모집인원은 아래와 같습니다.

학과	수시모집 학생부종합 정원내 학생부종합	수시모집 학생부종합 정원내 지역인재 I 전북	수시모집 학생부종합 정원내 지역인재 I 광주전남	수시모집 학생부종합 정원내 지역인재 II	수시모집 학생부종합 정원외 기회균형 II	수시모집 학생부종합 정원외 농어촌학생	정시모집 수능 정원내 정시 (나)
의예과	26	33	10	2	2	2	22

(1) 수시모집: 학생부종합

① 지원자격

국내 고등학교 졸업(예정)자 또는 법령에 의하여 동등 이상의 학력이 있다고 인정된 자

② 최저학력기준

국어, 수학(선택 : 미적분, 기하 중 택1), 영어, 과학탐구(2과목 평균) 중 수학 포함 **3개 영역 등급의 합이 6이내**

③ 전형방법

구분	서류평가 최고점	서류평가 최저점	면접 최고점	면접 최저점	총점	비고
1단계	700점	600점	-		700점 (100%)	1단계: 5배수 서류 100%
2단계	700점(1단계성적) (70%)		300	270	1,000점 (100%)	

---

42) 2024 원광대 모집요강

(2) 수시모집: 학생부종합(지역인재Ⅰ 전형)

① 지원자격

전북, 광주·전남 소재의 동일 지역 내 고등학교에서 입학 시부터 졸업 시까지 전 교육과정을 이수한 졸업(예정)자

가. 고등학교 : 고등학교 입학일부터 졸업일까지 동일 지역 내 고등학교에서 교육과정을 이수한 졸업(예정)자

나. 전북 ↔ 광주·전남 소재의 고등학교로의 전학은 인정하지 않음

다. 모집단위 : 의예과

라. 지역구분 : 2개 지역으로 구분하여 모집(①전북 ②광주·전남)

② 수능최저학력기준

국어, 수학(선택 : 미적분, 기하 중 택1), 영어, 과학탐구(상위 1과목) 중 수학 포함 **3개 영역 등급의 합이 6이내**

③ 전형방법

구분	서류평가		면접		총점	비고
	최고점	최저점	최고점	최저점		
1단계	700점	600점	-		700점 (100%)	1단계: 5배수 서류 100%
2단계	700점(1단계성적) (70%)		300	270	1,000점 (100%)	

(3) 수시모집: 학생부종합(지역인재Ⅱ 전형)

① 지원자격

호남권(전북, 광주·전남) 소재의 동일 지역 내 고등학교에서 입학 시부터 졸업 시까지 전 교육과정을 이수한 졸업(예정)자로 아래 하나에 해당하는 자

- 초중등교육법 제2조에 따른 고등학교에 한함 (그 외 고교졸업 동등학력자는 지원자격에 해당하지 않음)

- 2023년 9월 1일 기준 다음 항목에 해당하여야 함

가. 국민기초생활보장법 제2조제1호에 따른 수급권자 및 제2호에 따른 수급자

나. 국민기초생활보장법 제2조제10호에 따른 차상위계층 중 복지급여(차상위 자활급여, 차상위 장애수당, 차상위 장애인연금부가급여, 차상위 본인부담경감)를 받고 있는 가구 학생 또는 차상위계층 확인서 발급 대상 가구 학생

다. 한부모가족지원법 제5조 및 제5조의2에 따른 지원대상 가구 학생

※ 지역을 구분하여 모집하지 않음

② 수능최저학력기준

국어, 수학(선택 : 미적분, 기하 중 택1), 영어, 과학탐구(상위 1과목) 중 수학 포함 **3개 영역 등급의 합이 6이내**

③ 전형방법

구분	서류평가		면접		총점	비고
	최고점	최저점	최고점	최저점		
1단계	700점	600점	-		700점 (100%)	1단계: 5배수 서류 100%
2단계	700점(1단계성적) (70%)		300	270	1,000점 (100%)	

(4) 수시모집: 학생부종합(기회균형Ⅱ, 농어촌전형)_정원 외

① 지원자격

가. 기회균형Ⅱ

국내 고등학교 졸업(예정)자 또는 법령에 의하여 동등 이상의 학력이 있다고 인정된 자 중 다음 중 하나의 항목에 해당하는 자 (2023년 9월 1일 기준 다음 항목에 해당하여야 함)

가. 국민기초생활보장법 제2조 제1호에 따른 수급권자 및 제2호에 따른 수급자

나. 국민기초생활보장법 제2조 제10호에 따른 차상위계층 중 복지급여를 받고 있는 가구의 가구원 또는 차상위계층 확인서 발급 대상 가구의 가구원

※ 복지급여: 차상위 자활급여, 차상위 장애수당, 차상위 장애인연금부가급여, 차상위 본인 부담경감

다. 한부모가족지원법 제5조 및 제5조의2에 따른 지원대상자

※ 2024학년도 수능응시와 관계없이 지원 가능

나. 농어촌학생

국내 고등학교 졸업(예정)자로서 아래 '유형Ⅰ' 또는 '유형 Ⅱ' 중 하나의 자격에 해당하는 자

가. (유형Ⅰ) 농어촌지역 및 도서·벽지 지역에 소재하는 중·고등학교에서 중학교 입학 시부터 고교 졸업 시까지 전 교육과정을 이수한 졸업(예정)자로서 동 재학기간(6년) 동안 본인 및 그의 부모 모두가 농어촌지역 및 도서·벽지지역에 거주한 자

나. (유형Ⅱ) 농어촌지역 및 도서·벽지 지역에 소재하는 초·중·고등학교에서 초등학교 입학 시부터 고교 졸업 시까지 전 교육과정을 이수한 졸업(예정)자로서 동 재학기간(12년) 동안 본인이 농어촌지역 및 도서·벽지지역에 거주한 자

※ 농어촌지역 :「지방자치법」제3조에 따른 읍·면 지역 및 행정구역상 읍·면에 해당하는 전 지역

※ 도서·벽지지역 :「도서·벽지 교육진흥법」제2조에 따른 도서·벽지 지역

다. 지원 자격 유의사항

1) 특목고(과학고, 외국어고, 국제고, 체육고, 예술고) 및 검정고시 합격자는 제외함
2) 재학 중 2개 이상의 학교를 재학한 경우에도 각각 농어촌지역 및 도서·벽지 지역에 해당하는 거주지 및 학교이어야 함
3) 재학 중 행정구역 개편 등으로 지역이 변경된 경우에는 당해 지역을 농어촌지역 및 도서·벽지 지역으로 인정함
4) 주민등록이 직권 말소 또는 신고 말소된 경우에는 농어촌지역 및 도서·벽지 지역에 거주한 것으로 인정하지 않음

라. 부모 이혼 또는 부, 모 중 한 명이 사망·실종(법률상)인 경우에는 다음 기준에 따름(농어촌1유형에 한함)

공통	이혼·사망·실종(법률상) 이전까지 부·모·본인이 농어촌 지역 및 도서·벽지 지역에 거주하여야 함
이혼	법률상 이혼일 이후부터는 친권이 있는 부 또는 모와 본인이 농어촌 지역 및 도서·벽지 지역에 거주하여야 함
사망, 실종	부모 중 한 명이 사망(실종)인 경우, 법률상 사망(실종)일 이후부터는 생존하는 부 또는 모와 본인이 농어촌 지역 및 도서·벽지 지역에 거주하여야 함

※ 2024학년도 수능응시와 관계없이 지원 가능

② **수능최저학력기준: 없음**

③ **전형방법**

구분	서류평가		면접		총점	비고
	최고점	최저점	최고점	최저점		
1단계	700점	600점	-		700점 (100%)	1단계: 5배수 서류 100%
2단계	700점(1단계성적) (70%)		300	270	1,000점 (100%)	

(5) 정시모집: 수능 나군 일반전형
① 지원자격

고등학교 졸업(예정)자, 검정고시 합격자 또는 법령에 의하여 동등 이상의 학력이 있다고 인정된 자로서 2024학년도 대학수학능력시험에 응시한 자

② 수능 지정 응시영역

국어, 수학(미적분, 기하 중 택1), 영어, 한국사, 탐구(과학탐구 2과목) 반영

※ 영어 영역 1등급 100점, 2등급 95점, 3등급 90점, 4등급 80점, 5등급 70점, 6등급 60점, 7등급 55점, 8등급 50점, 9등급 45점
※ 한국사의 경우 가산점으로 1~5등급까지는 5점, 6등급 4점, 7등급 3점, 8등급 2점, 9등급 1점 부여
※ 수능 지정영역 미 응시자의 경우 해당영역은 최저점 처리함(단, 의예과, 치의예과, 한의예과, 약학과의 경우 지정영역 및 지정선택과목 응시오류는 불합격 처리함

4. 2024학년도 치과대학 선발기준

IV. 2024학년도 치과대학 선발기준

1. 치과대학

1) 서울대학교[43]

■ 치의학대학원 학사·전문석사 통합과정(7년) 모집인원은 아래와 같습니다.

모집단위		정원 내			합계
		수시모집	정시모집		
		일반전형	일반전형	지역균형	
치의학전문대학원	치의학과	25	10	10	45

(1) 수시모집: 일반전형

① 지원자격

고등학교 졸업자(2024년 2월 졸업예정자 포함) 또는 법령에 의하여 고등학교 졸업 이상의 학력이 있다고 인정된 자(고등학교 졸업학력 검정고시 합격자), 외국 소재 고등학교 졸업(예정)자 포함)

② 전형방법

모집단위	1단계	2단계
치의학대학원 치의학과	서류평가(100) (2배수)	1단계 성적(100) + 면접 및 구술고사(100)

③ 면접 및 구술고사

모집단위	평가내용 및 방법
의과 대학	·치의학을 전공하는 데 필요한 자질, 적성과 인성을 평가하며, 제시문에 영어 또는 한자가 활용될 수 있음 ·다양한 상황제시와 제출서류 내용을 확인함 ·면접실 당 10분씩 총 4개 면접실에서 진행함(40분 내외)

※ 상황 숙지를 위한 답변 준비 시간을 별도로 부여할 수 있음

(2) 정시모집: 일반전형

① 지원자격

고등학교 졸업자(2024년 2월 졸업예정자 포함) 또는 법령에 의하여 고등학교 졸업 이상의 학력이 있다고 인정된 자(고등학교 졸업학력 검정고시 합격자, 외국 소재 고등학교 졸업(예정)자 포함)로서 2024학년도 수능에서 모집단위별 수능 응시 영역 기준을 충족한 자

---

43) 2024 서울대 모집요강

② 전형방법

■ 전형요소 및 배점

전형단계	1단계	2단계	
모집단위	수능	1단계 성적	교과평가
치의학과	100% (2배수)	80점	20점

치의학과 '적성•인성면접'은 결격 여부를 판단하는 방식으로 활용함

■ 수능 영역별 반영방법

① 국어, 수학, 탐구영역: 성적표에 기재된 표준점수를 활용함

영역	국어	수학	사회/과학/직업탐구
상대 반영비율	100	120	80

② 영어영역: 1등급 감점 없음. 2등급부터 아래와 같이 차등 감점함

등급	1	2	3	4	5	6	7	8	9
감점	0	0.5	2.0	4.0	6.0	8.0	10.0	12.0	14.0

③ 한국사영역: 3등급 이내 감점 없음. 4등급부터 아래와 같이 차등 감점함

등급	1	2	3	4	5	6	7	8	9
감점	0	0	0	0.4	0.8	1.2	1.6	2.0	2.4

④ 제2외국어/한문영역*: 2등급 이내 감점 없음. 3등급부터 아래와 같이 차등 감점함

등급	1	2	3	4	5	6	7	8	9
감점	0	0	0.5	1.0	1.5	2.0	2.5	3.0	3.5

* 2024학년도 수능 응시영역기준 유형 ①(30쪽 참고) 지원자에 한하여 적용함

【1단계】 수능

① 수능 영역별 반영 비율과 감점 기준을 적용한 표준점수 총점

과학탐구영역 조정점수

수능 응시영역기준 유형 ②-1, ②-2(30쪽 참고) 모집단위 지원자는 수능 과학탐구 과목 응시 조합 유형에 따라 다음과 같이 조정점수를 부여하며 수능 표준점수 총점에 합산함

과학탐구 과목 응시 조합	I+I	I+II	II+II
조정점수	없음	3	5

【2단계】 1단계 성적 환산

① (1단계 합격자 최고점 − 1단계 합격자 최저점)이 20점 이상인 경우

20점 × {(지원자 점수 − 1단계 합격자 최저점)/(1단계 합격자 최고점 − 1단계 합격자 최저점)} + 60점

② (1단계 합격자 최고점 − 1단계 합격자 최저점)이 20점 미만인 경우

80점 − (1단계 합격자 최고점 − 지원자 점수)

【2단계】 교과평가

① 평가대상: 전 모집단위 1단계 합격자(미술대학, 사범대학 체육교육과, 음악대학 제외)

② 평가 등급: A(5점) 〉 B(3점) 〉 C(0점)

③ 2명의 평가자가 독립적으로 평가하여 등급을 부여하고 아래 조합에 따라 점수를 부여함

④ 교과평가 점수 = 2인 평가 등급 조합 + 15점

등급 조합 예시	A·A	A·B	B·B	B·C	C·C
배점	5	4	3	1.5	0

(3) 정시모집: 지역균형전형

① 지원자격

소속 고등학교장의 추천을 받은 국내 고등학교 졸업자(2024학년도 2월 졸업예정자 포함, 조기졸업예정자 제외)로서 2023학년도 수능에서 모집단위별 수능 응시영역기준을 충족한 자
※ 고등학교별 추천 인원은 2명 이내이며, 각 고등학교는 반드시 학교장 직인이 날인된 추천자 명단을 서류제출 기간 내에 공문으로 제출해야 함

② 전형방법

■전형요소 및 배점

모집단위	수능	교과평가
치의학과	60점	40점

치의학대학원 치의학과는 '적성·인성면접'을 실시하며 결격 여부를 판단하는 방식으로 활용함

■수능 영역별 반영방법

가. 국어, 수학, 탐구영역: 성적표에 기재된 표준점수를 활용함

영역	국어	수학	사회/과학/직업탐구
상대 반영비율	100	120	80

나. 영어 영역: 1등급 감점 없음. 2등급부터 아래와 같이 차등 감점함

등급	1	2	3	4	5	6	7	8	9
감점	0	0.5	2.0	4.0	6.0	8.0	10.0	12.	14.0

다. 한국사 영역: 3등급 이내 감점 없음. 4등급부터 아래와 같이 차등 감점함

등급	1	2	3	4	5	6	7	8	9
감점	0	0	0	0.4	0.8	1.2	1.6	2.0	2.4

라. 제2외국어/ 한문영역: 2등급 이내 감점 없음. 3등급부터 아래와 같이 차등 감점함

등급	1	2	3	4	5	6	7	8	9
감점	0	0	0.5	1.0	1.5	2.0	2.5	3.0	3.5

<과학탐구영역 조정점수>

수능 응시영역기준 유형2-1, 2-2 모집단위 지원자는 수능 과학탐구 과목 응시 조합 유형에 따라 다음과 같이 조정점수를 부여하며 수능 표준점수 총점에 합산함

과학탐구 과목 응시 조합	Ⅰ+Ⅱ	Ⅰ+Ⅱ	Ⅱ+Ⅱ
조정점수	없음	3	5

<수능 성적 환산>

수능 영역별 반영 비율과 감점 기준을 적용한 표준점수 총점을 아래 점수 산출 방법으로 환산한 점수

① 모집단위 지원자 중 최고점 - 모집단위 지원자 중 최저점이 15점이 이상인 경우

15점 × {(지원자 점수 - 모집단위 중 최저점)/(모집단위 중 최고점 - 모집단위 중 최저점)} + 45점

② 모집단위 지원자 중 최고점 - 모집단위 지원자 중 최저점이 15점 미만인 경우

60점 - (모집단위 중 최고점 - 지원자 점수)

<교과 평가>

① 평가대상: 전 모집단위 지원자
② 평가 등급: A(10점) < B(6점) > C(0점)
③ 2명의 평가자가 독립적으로 평가하여 등급을 부여하고 아래 조합에 따라 점수를 부여함
④ 교과평가 점수 = 2인 평가 등급 조합 + 30점

등급 조합 예시	A*A	A*B	B*B	B*C	C*C
배점	10	8	6	3	0

2) 경희대학교[44]

■ 치과대학 모집인원은 아래와 같습니다.

대학	모집단위	수시			정시	
		학생부종합	학생부교과	논술	수능	기회균형
		학생부종합(네오르네상스전형)	지역균형전형	논술우수자전형	「나」군	농어촌학생
		정원 내	정원 내	정원 내	정원 내	정원 외
치과대학	치의예과	24	13	11	32	1

(1) 수시모집: 학생부종합(네오르네상스전형)
① 지원자격

고등학교 졸업(예정)자 또는 법령에 따라 이와 같은 수준 이상의 학력이 있다고 인정되는 자로서 본교의 인재상인 '문화인', '세계인', '창조인' 중 하나에 해당해야함
• 문화인: 문화 · 예술적 소양을 바탕으로 다양한 공동체 안에서 삶을 완성해 나가는 책임 있는 교양인으로 성장할 잠재력을 갖춘 자
• 세계인: 외국어능력을 바탕으로 지구적 차원에서 타인과 함께 평화를 추구하는 세계시민으로 성장할 잠재력을 갖춘 자
• 창조인: 수학과 과학에 대한 재능과 탐구력을 바탕으로 학문간 경계를 가로지르며 유 · 복합 분야를 개척하는 전문인으로 성장할 잠재력을 갖춘 자

② 전형요소 및 반영비율

• 1단계는 서류평가 성적으로 모집인원의 3배수 내외를 선발, 2단계는 대학수학능력시험 최저학력기준을 충족한 지원자 중 1단계 성적과 면접평가 성적을 합산하여 총점 순으로 선발합니다.
• 2단계 면접평가는 개인당 18분 내외로 진행됩니다.
• 공통서류를 기한 내에 미제출 · 미입력하거나 면접평가에 불참한 경우, 입학전형 대상에서 제외됩니다.
• 자기소개서의 대필 · 허위 작성 확인 시 입학 전 · 후를 막론하고 본교 서류적절성 심의위원회의 심의를 거쳐 전형에서 제외되거나, 합격 또는 입학을 취소합니다.
• 학교생활기록부에 미기재된 사항이 있을 경우, 확인을 위하여 추가 서류 제출을 요구할 수 있습니다.

사정방법	단계	선발비율	구분	전형 요소별 반영 비율		계
				서류평가 성적	면접평가 성적	
다단계	1단계	300% 내외	비율	100%	-	100%
			배점	700점	-	700점
	2단계	100%	비율	70%	30%	100%
			배점	700점	300점	1,000점

③ 제출서류: 학교생활기록부

---

44) 2024 경희대 모집요강

(2) 수시모집: 학생부교과(지역균형전형)

① 지원자격

국내 고등학교 졸업예정자로서 3개 학기 이상의 교과 성적이 있는 학생으로 아래 본교 인재상 ①~④ 중 하나에 부합하여 학교장이 지정 기간 내에 추천한 학생이어야 합니다.
① 문화인재: 풍부한 독서와 교과 외 활동을 통한 입체적 사유능력, 토론 및 글쓰기 능력, 문화·예술적 소양을 고루 갖춘 학생
② 글로벌인재: 외국어 능력, 세계 문제에 대한 관심과 활동 등을 기반으로 '지속가능하고 공평한 세계'를 만드는 데 기여하고자 하는 학생
③ 리더십인재: 전교학생(부)회장, 학급(부)회장, 동아리(부)회장 등 리더십 활동, 팀워크에 기반한 사회 현장 활동을 통해 '더 나은 사회(공동체)' 건설에 헌신하고자 하는 학생
④ 과학인재: 주제탐구, 과제연구, 탐험, 발명, 창업 등 창의적 도전정신과 과학적 사고력이 남다른 학생
※ 추천 인원: 2022년 4월 1일 기준, 고등학교 3학년 재학 인원의 5% 이내(소수점 첫째 자리에서 버림하여 계산)
※ 초·중등교육법 시행령 제76조의3에서 정하는 고등학교에 한해 지원자격 인정[영재학교, 각종학교(학력인정 평생교육시설, 대안학교 등), 방송통신고, 산업체부설고, 고등기술학교는 제외

② 전형요소 및 반영비율

- 대학수학능력시험 최저학력기준을 충족한 지원자 중 학교생활기록부 교과 및 비교과(출결·봉사) 영역 성적과 교과종합평가 성적을 합산하여 총점 순으로 선발합니다.
- 공통서류를 기한 내에 미제출한 경우, 입학전형 대상에서 제외됩니다.
- 학생부교과전형 교과종합평가는 <수시 학생부위주전형 전형 요소별 평가 방법> 참고.
- 학교생활기록부 반영 방법은 <학교생활기록부 성적 반영 방법>을 참고하기 바랍니다.

사정 방법	구분	전형 요소별 반영 비율		계
		학교생활기록부 교과,비교과(출결·봉사) 성적	교과종합평가	
일괄합산	비율	70%	30%	100%
	배점	700점	300점	1,000점

③ 최저학력기준

※ 2024학년도 수시모집 최저학력기준은 2023년 11월에 실시되는 대학수학능력시험 성적을 활용합니다

계열/모집단위	대학수학능력시험 최저학력기준
치의예과	국어, 수학(미적분/기하), 영어, 과학탐구(1과목) 중 3개 영역 등급의 합이 4 이내이고, 한국사 5등급 이내

※ 한의예과(인문) 수학은 확률과 통계, 탐구는 사회탐구를 반영합니다.
※ 자연 및 의·약학 계열 수학은 미적분, 기하 중 1개 과목, 탐구는 과학탐구를 반영합니다.
※ 탐구영역은 상단 계열/모집단위 지정 탐구영역 중 상위 1개 과목을 반영합니다.
※ 한국사는 본교의 대학수학능력시험 최저학력기준 충족조건과 상관없이 필수 응시해야하는 과목입니다.

④ 제출서류: 학교생활기록부(공통)

(3) 수시모집: 논술(논술우수자전형)

① 지원자격

고등학교 졸업(예정)자 또는 법령에 따라 이와 같은 수준 이상의 학력이 있다고 인정되는 자

② 전형요소 및 반영비율

• 대학수학능력시험 최적학력기준을 충족한 지원자 중 논술고사 성적과 학교생활기록부 교과 및 비교과(출결·봉사) 영역 성적을 합산하여 총점 순으로 선발합니다.

사정 방법	구분	전형 요소별 반영 비율		계
		논술고사 성적	학교생활기록부 교과·비교과 성적	
일괄 합산	비율	70%	30%	100%
	배점	700점	300점	1,000점

③ 최저학력기준

※ 2024학년도 수시모집 최저학력기준은 2023년 11월에 실시되는 대학수학능력시험 성적을 활용합니다

계열/모집단위	대학수학능력시험 최저학력기준
의예과·한의예과(자연)·치의예과·약학과	국어, 수학(미적분/기하), 영어, 과학탐구(1과목) 중 3개 영역 등급의 합이 4 이내이고, 한국사 5등급 이내

※ 한의예과(인문) 수학은 확률과 통계, 탐구는 사회탐구를 반영합니다.
※ 자연 및 의·약학 계열 수학은 미적분, 기하 중 1개 과목, 탐구는 과학탐구를 반영합니다.
※ 탐구영역은 상단 계열/모집단위 지정 탐구영역 중 상위 1개 과목을 반영합니다.
※ 한국사는 본교의 대학수학능력시험 최저학력기준 충족조건과 상관없이 필수 응시해야하는 과목입니다.

④ 논술고사

※ 고등학교 교과과정에서 출제되며, 고등학교 교육과정을 충실히 이수한 학생이라면 쉽게 접근할 수 있는 수준입니다.
※ 단순 암기나 전문 지식이 아닌 논리적인 사고력을 평가합니다.
※ 기출 논술문제, 예시답안, 채점기준과 논술특강 동영상은 본교 입학처 홈페이지 (iphak.khu.ac.kr)에 항시 공개됩니다.
※ 세부내용은 추후 변경될 수 있으므로, 최종 확정 내용은 2024학년도 원서접수 이전에 본교 입학처 홈페이지 (iphak.khu.ac.kr)에서 모집요강 등을 통해 반드시 확인하기 바랍니다

구분	자연계열(의·약학계)
문항 수	- 수학, 과학 각 4문항 내외
형식	- 문항별 지정된 답안란에 작성(노트형식)
시간	- 120분
특징	- 수리논술, 과학논술 출제 - 수학은 필수 - 과학은 물리학, 화학, 생명과학 중 1과목 선택

(4) 정시모집: 수능 「나」군
① 지원자격

가. 수능위주

고등학교 졸업(예정)자 또는 법령에 따라 이와 같은 수준 이상의 학력이 있다고 인정되는 자

※ 2024학년도 대학수학능력시험에서 지원 모집단위별 수능 반영영역을 응시해야함

나. 고른기회전형-농·어촌학생

국내고등학교 졸업예정자로서 아래의 <유형 1>과 <유형2> 중 하나에 해당해야 합니다.

※ 단, 농어촌지역(읍 또는 면) 또는 도서·벽지 소재 특수목적고 중 과학고등학교, 외국어고등학교, 국제고등학교, 예술고등학교, 체육고등학교와 자율형사립고등학교 졸업(예정)자는 지원대상에서 제외합니다.

※ 입학부터 졸업까지 해당 조건을 충족시켜야 하며, 2개 이상의 학교에서 재학한 경우 재학 고교 모두가 반드시 고교유형 조건을 충족시켜야 합니다.

※ 고교 유형이 재학 중에 변경된 경우, 입학 또는 전입 당시의 고교 유형을 기준으로 합니다.

※ 지원자격은 연속된 연수만을 인정합니다.

유형1	- 아래의 1~2를 모두 충족하는 자 1. 농어촌지역(읍 또는 면) 또는 도서벽지에 소재하는 국내 중학교 입학부터 고등학교 졸업까지 재학한 자 2. 국내 중학교 입학부터 고등학교 졸업까지 본인 및 부모 모두가 농어촌지역(읍 또는 면) 또는 도서벽지에서 거주한 자
유형2	- 아래의 1~2를 모두 충족하는 자 1. 농어촌지역(읍 또는 면) 또는 도서벽지에 소재하는 국내 초등학교 입학부터 고등학교 졸업까지 재학한자 2. 국내 초등학교 입학부터 고등학교 졸업까지 본인이 농어촌지역(읍 또는 면) 또는 도서벽지에서 거주한 자

※ 농어촌 지역(읍 또는 면)의 의미: 군 지역과 시 지역 중 읍면 지역을 의미합니다.

※ 재학 기간 중, 행정구역이 읍 또는 면에서 동으로 변경된 경우의 처리

- 지원자격 인정: 고등학교(중학교, 초등학교) 재학 중 행정구역 개편 등으로 주소지/재학 학교 소재지가 읍 또는 면에서 동으로 변경된 경우, 해당 학교에 재학하는 기간 동안에만 지원자격 인정(해당 주소지에 계속 거주하면서 전학 또는 상급학교로 진학하는 경우에는 지원자격 불인정)

- 지원자격 미인정: 초등학교 또는 중학교, 고등학교 재학 중 행정구역 개편 등으로 읍 또는 면에서 동으로 변경된 지역에 계속 거주하면서 전학 또는 상급학교(중학교, 고등학교)로 진학한 경우 지원자격 미인정

※ 도서 벽지의 의미: 도서벽지 교육진흥법 시행규칙 제2조에 해당하는 지역을 의미합니다.

※ 본인 및 부모 모두가 농어촌지역 또는 도서벽지에서 거주함의 의미: 국내 중학교 입학부터 고등학교 졸업까지 지원자 및 부모 모두가 농어촌지역 또는 도서 벽지에서 거주함을 의미합니다. 단, 부모가 이혼한 경우, 이혼 시점부터 졸업까지 부모 중 1인(지원자와 부모의 거주지가 모두 다른 경우, 친권자 기준)과 농어촌지역 또는 도서 벽지에서 거주한 경우도 인정합니다.

※ 2개 이상의 학교에서 재학한 경우 해당 학교 모두가 반드시 읍면 또는 도서벽지에 소재해야 하되, 동일한 지역이 아니어도 무방합니다.

※ <대학입학전형 기본사항>에 의거, 거주지에서 직장소재지까지 부모의 출퇴근 가능 여부를 파악하며, 이는 서류평가에 반영될 수 있습니다

② 전형요소 및 반영비율

사정 방법	구분	전형 요소별 반영 비율 대학수학능력시험	계
일괄 합산	비율	100%	100%
	배점	800점	800점

③ 수능최저학력기준: 없음

3) 연세대학교[45)]

■ 치과대학 모집인원은 아래와 같습니다.

모집 단위	수시(정원 내)				정시 (정원 내)	정시 (정원 외)	
	학생부 교과전형	학생부종합전형		논술	일반 전형	고른기회전형	
	추천형	활동 우수형	기회 균형Ⅰ			연세한마음	농어촌학생
치의예과	10	12	2	10	26	1	1

(1) 수시모집: 학생부교과전형: 추천형(정원 내)
① 지원자격

- 국내 고등학교 3학년 재학생으로 2024년 2월 졸업예정이며, 소속 고등학교장의 추천을 받은 자로서 다음 자격을 모두 만족하는 자
- 고등학교별 추천인원은 학교별 최대 10명이며, 추천방법은 추후 발표하는 수시모집요강 참조
1) 고교 전 교육과정을 국내 고교에서 이수하여야 함
2) 특성화고/ 마이스터고 과정 이수자 (일반고등학교와 종합고등학교의 직업과정 이수자 포함), 영재학교, 검정고시 출신자는 제외함
3) 지원자는 고교과정 중 다음의 최소 이수 과목 요건을 충족하여야함

과목	교과 이수 요건	최소 이수 과목 수
공통과목	- 국어, 수학, 영어, 사회, 과학 교과영역에서 각 교과 당 1과목 이상 이수 - 해당 이수과목은 원점수, 평균, 표준편차, 석차등급이 기재되어야함	5과목
일반선택과목	- 국어, 수학, 영어, 사회, 과학 교과영역에서 5과목 이상 이수 - 해당 이수과목은 원점수, 평균, 표준편차, 석차등급이 기재되어야 함	5과목
진로선택과목	- 국어, 수학, 영어, 사회, 과학 교과영역에서 1과목 이상 이수	1과목

---

45) 2024 연세대 모집요강

② 전형요소 및 반영비율: 단계별 전형

단계	학생부교과	면접평가	내용
1단계	100%	-	모집단위별 모집인원의 5배수를 2단계 평가 대상자로 선발함
2단계	70%	30%	제시문 기반 면접(세부 내용은 추후 수시모집 요강 참조)

③ 대학수학능력시험 최저학력기준: 없음

④ 학교생활기록부교과영역 반영방법

• 반영교과: 전 과목 반영

구분	반영 교과	배점
반영과목 A	국어, 수학, 영어, 사회(한국사, 역사, 도덕 포함), 과학	100점
반영과목 B	국어, 수학, 영어, 사회(한국사, 역사, 도덕 포함), 과학 제외 기타 과목	최대 5점 감점

• **반영방법**
- 반영과목 A는 공통과목(30%), 일반선택과목(50%), 진로선택과목(20%)의 비율로 반영하며 학년별 비율은 적용하지 않음
- 반영과목 A의 공통과목과 일반선택과목은 원점수, 평균, 표준편차를 활용한 Z점수(50%)와 석차등급을 활용한 등급점수(50%)를 교과 이수단위 가중 평균하여 반영함
- 반영과목 A의 진로선택과목(전문교과 포함)은 3단계 평가 A/B/C를 기준으로 A=20, B=15, C=10로 계산함(5단계 평가의 경우 A/B → A, C/D → B, E → C로 계산함)
- 반영과목 A의 등급점수는 다음과 같이 환산하여 적용함

교과등급	1등급	2등급	3등급	4등급	5등급	6등급	7등급	8등급	9등급
반영점수	100	95	87.5	75	60	40	25	12.5	5

- 반영과목 B는 석차등급 9등급 또는 성취도 C(A/B/C 기준)인 경우에 한하여 이수단위를 기준으로 최대 5점까지 감점함

• **자세한 산출 방법은 추후 발표하는 수시모집요강 참조**

(2) 수시모집: 학생부종합전형: 활동우수형(정원 내)
-학생부종합(국제형)은 국내고와 해외고/검정고시 출신자로 구분하여 선발함

구분	지원자격
활동우수형	국내외 고등학교 졸업자(2024년 2월 졸업예정자 포함) 또는 법령에 의하여 고등학교 졸업 이상의 학력이 있다고 인정된 자(고등학교 졸업학력 검정고시 합격자 포함)

① 전형요소 및 반영비율: 단계별 전형

단계	서류평가	면접평가	내용
1단계	100%	-	- 제출한 서류를 종합적으로 평가함 - 모집인원의 일정배수를 2단계 평가 대상자로 선발함 - 인문· 통합 (생활과학대학·간호대학 모집단위)·국제계열 3배수, 자연계열 4배수
2단계	60%	40%	- 제시문 기반 면접 - 국제형에 한하여 제시문이 영어로 출제될 수 있음 ※ 세부내용은 추후 수시모집 요강 참조

② 대학수학능력시험 최저학력기준

전형명	계열	국어, 수학, 탐구 2과목(사회탐구/과학탐구)	영어	한국사
활동 우수형	의예·치의예·약학	1등급 2개 이상 (국어, 수학 중 1개 과목 포함)	3등급 이내	4등급 이내

[자연(의예.치의예.약학 포함)] 수학: 공통+선택(미적분, 기하 중 택 1), 탐구: 과학탐구만 반영

(3) 수시모집: 학생부종합전형: 기회균형 I (정원 내)
① 지원자격

• 국내·외 고등학교 졸업자(2024년 2월 졸업예정자 포함) 또는 법령에 의하여 고등학교 졸업 이상의 학력이 있다고 인정된 자
(고등학교 졸업학력 검정고시 합격자 포함)로서 다음의 지원자격 중 하나의 자격을 갖춘 자
※ 단, 농어촌학생의 경우 국내 정규 고등학교 졸업자 또는 졸업예정자에 한함

구분	지원자격
기회균형 I	- 국가보훈대상자:「국가보훈 기본법」 제3조 제2호에 따른 '국가보훈대상자'로서 국가보훈 관계 법령에 따른 교육지원 대상자 - 기초생활수급자:「국민기초생활 보장법」 제2조 제1호(수급권자), 제2호(수급자)에 의한 대상자 - 차상위계층:「국민기초생활 보장법」 제10호(차상위계층) 중 복지급여를 받고 있는 가구의 세대 구성원 또는 차상위계층 확인서 발급 대상 가구의 세대 구성원 - 한부모가족:「한부모가족지원법」 제5조 또는 제5조의 2에 따른 지원 대상 가구의 세대 구성원 - 농어촌학생: 고른기회전형(농어촌학생) 지원자격을 충족한 자 ※ 영재학교, 특목고, 특성화고(일반고등학교와 종합고등학교의 직업과정 이수자 포함)/마이스터고 등에서 재학한 사실이 있는 자는 기회균형(농어촌학생)으로 지원할 수 없음

② 전형요소 및 반영비율: 단계별 전형

단계	서류평가	면접평가	내용
1단계	100%	-	- 제출한 서류를 종합적으로 평가함 - 모집인원의 일정배수를 2단계 평가 대상자로 선발함
2단계	60%	40%	- 제시문 기반 면접 ※ 세부내용은 추후 수시모집 요강 참조

③ 대학수학능력시험 최저학력기준: 적용하지 않음

(4) 수시모집: 논술전형 (정원 내)
① 지원자격

*국내·외 정규 고등학교 졸업자 및 2023년 2월 졸업예정자 *국내 고등학교 졸업자격 검정고시 합격자

② .전형요소 및 반영비율
-일괄합산 전형으로서 논술성적 100%로 합격자를 선발함.

구분	논술성적	내용
		자연계열
일괄합산	100%	• 논술유형: 대학 수학에 필요한 기본 학업역량 및 논리력, 창의력, 종합적 사고능력 등을 평가하기 위한 논술시험 • 출제형식 - 수학과목(60점), 과학과목(40점) - 수학 및 과학과목 출제범위는 고교 교육과정(2015 개정 교육과정) 보통교과(진로선택 포함) 전체 - 과학과목은 물리학, 화학, 생명과학, 지구과학 중 각 모집단위별로 전공 특성을 반영한 지정된 과목(모집단위별 1~4과목) 에서 1개 과목을 원서접수 시 선택하여 응시

- 자연계열 모집단위별 과학과목 선택: 원서접수 시 모집단위별 지정과목 중 1과목 선택
- **치의예과 : 화학, 생명과학 중 택1**

(5) 정시모집: 일반전형(가군)
① 지원자격 및 계열별 대학수학능력시험 필수 응시영역
• 국내·외 고등학교 졸업자(2023년 2월 졸업예정자 포함) 또는 법령에 의하여 고등학교 졸업 이상의 학력이 있다고 인정된 자 (고등학교 졸업학력 검정고시 합격자 포함)로서 다음의 수능 응시조건을 충족한 자

계열	필수응시영역	비고
치의예	국어, 수학, 영어, 과학탐구, 한국사	- 수학: 공통 + 선택(미적분, 기하 중 택 1) - 과학탐구: 물리학, 화학, 생명과학, 지구과학 중 서로 다른 두 과목 선택 (Ⅰ·Ⅱ 구분 없음)

② 전형요소 및 반영점수

계열/모집단위	구분	대학수학능력시험		총점
		한국사	한국사 이외과목	
자연	일괄합산	10	1,000	1,010

③ 대학수학능력시험 반영점수 산출방법

모집단위	국어	수학	영어	탐구 과학	반영성적
자연	200	300ⓑ	100	300ⓒ	1,000(총점×1,000/900)

ⓑ 자연계열(의예 포함)의 수학은 표준점수 200점에 3/2을 곱하여 300점 만점으로 반영함
ⓒ 자연계열(의예 포함)의 과학탐구 영역은 두 과목의 표준점수 총점 200점에 3/2을 곱하여 300점 만점으로 반영함
※ 대학수학능력시험은 표준점수를 사용하여 반영함. 다만, 수능 영역 및 유형별 점수 보정이 필요한 경우에 한하여 대학수학능력시험 성적표 상의 백분위를 활용하여 우리대학교가 자체적으로 산출한 변환점수를 반영함
※ 영어와 한국사는 등급에 대하여 다음의 등급별 점수 또는 등급별 가산점을 반영함

(6) 정시모집: 고른기회전형 - 연세한마음, 농어촌학생 (정원 외)
   ① 정시모집 모집군: 가군

   ② 지원자격

구분	지원자격
연세 한마음 학생	- 국내·외 고등학교 졸업자(2024년 2월 졸업예정자 포함) 또는 법령에 의하여 고등학교 졸업 이상의 학력이 있다고 인정된 자(고등학교 졸업학력 검정고시 합격자 포함)로서 「국민기초생활 보장법」 제2조 제1호(수급권자), 제2호(수급자)에 의한 대상자
농어촌 학생	- 국내 고등학교 졸업자(2024년 2월 졸업예정자 포함)로서 다음 중 하나에 해당하는 자 ▶ 초·중·고교 전과정 농어촌 이수자: 「지방자치법」 제3조에 의한 읍·면(광역시, 도, 도·농 통합시의 관할구역 안에 두는 읍·면) 또는 「도서·벽지 교육진흥법 시행규칙」 제2조에 따른 도서·벽지 소재 초·중·고등학교에 입학하여 전 교육과정을 이수한 졸업(예정)자로서, 초·중·고등학교 재학 기간 중 읍·면·도서·벽지 지역에서 거주한 자(고교졸업 시까지 농어촌 거주요건을 충족시켜야 함) ▶ 중·고교 전과정 농어촌 이수자: 「지방자치법」 제3조에 의한 읍·면(광역시, 도, 도·농 통합시의 관할구역 안에 두는 읍·면) 또는 「도서·벽지 교육진흥법 시행규칙」 제2조에 따른 도서·벽지 소재 중·고등학교에 입학하여 전 교육과정을 이수한 졸업(예정)자로서, 중·고등학교 재학 기간 중 본인과 부·모 모두가 읍·면·도서·벽지 지역에서 거주한 자(고교졸업 시까지 농어촌 거주요건을 충족시켜야 함)

		※ 영재학교, 특목고, 특성화고 등에서 재학한 사실이 있는 자는 농어촌 학생으로 지원할 수 없음

③ 전형요소 및 반영점수 : 일반전형과 동일함

④ 대학수학능력시험 반영점수 산출방법: 일반전형과 동일

4) 강릉원주대학교[46]

■치과대학 모집인원은 아래와 같습니다.

대학	모집단위	수시모집					정원외	정시모집 (다군)			
		정원내					학생부종합	정원 내			정원외
		학생부교과		학생부종합				수능일반	지역인재		수능일반
		지역교과	기회균형	해람인재	지역인재	지역인재저소득	농어촌		일반	저소득	농어촌
치과대학	치의예과	4	2	12	5	1	2	16+★	★	★	★

※ 정시 모집 '군' 인원의 '★' 표기는 수시모집 미충원 인원 이월 시 선발

(1) 수시모집: 학생부교과(지역교과)
① 지원자격

2024년 2월까지 초중등교육법 제2조에 따른 고등학교 졸업(예정)자로서 입학 시부터 졸업 시까지 강원지역 고등학교에서 전 교육과정을 이수한 자

② 전형요소 및 반영비율

선발방법	선발비율 (%)	반영비율	
		학생부교과	합계
일괄합산	100	100 (1,000)	100 (1,000)

③ 수능최저학력기준

국어(화법과 작문, 언어와 매채 중 택1), 수학(확률과 통계, 미적분, 기하 중 택1), 영어, 탐구(우수 1과목) 4개 영역 중 3개 영역(수학 필수) 합산 등급 6

---

46) 2024 강릉원주대 모집요강

(2) 수시모집: 학생부교과(기회균형)
　　① 지원자격

【저소득】

2024년 2월까지 초중등교육법 제2조에 따른 고등학교 졸업(예정)자 또는 관련 법령에 의하여 이와 동등 이상의 학력이 있다고 인정되는 자로서 아래의 자격요건 중 하나를 만족하는 자
　① 「국민기초생활보장법」제2조 제1호에 따른 수급권자, 제2호에 따른 수급자
　② 「국민기초생활보장법」제2조 제10호에 따른 차상위계층
　③ 「한부모가족지원법」제5조 또는 제5조의2에 따른 지원 대상자

【농·어촌】

2024년 2월까지 초중등교육법 제2조에 따른 고등학교 졸업(예정)자로서 아래 ① 또는②의 조건 중 하나를 만족하는 자
　① 「지방자치법」제3조에 따른 읍·면 또는 「도서·벽지 교육진흥법」 제2조에 따른 도서·벽지 지역에 소재하는 중학교 및 고등학교에서 1학년 입학일부터 졸업일까지 전 교육과정을 이수하고 동일기간 동안 본인 및 부모 모두가 농어촌지역 또는 도서·벽지 지역에 함께 거주한 자 **(유형Ⅰ)**
　② 「지방자치법」제3조에 따른 읍·면 또는 「도서·벽지 교육진흥법」 제2조에 따른 도서·벽지 지역에 소재하는 초등학교, 중학교 및 고등학교의 전 교육과정을 이수하고 본인이 농어촌 지역 또는 도서·벽지 지역에 거주한 자 **(유형Ⅱ)**

※ 검정고시출신자, 특수목적고 출신자 제외
※ 고교졸업 이후 또는 재학 중 읍·면이 동으로 행정구역이 개편된 경우 동을 읍·면으로 보아 자격을 부여
※ 부 또는 모가 사망, 이혼 사유에 해당하는 경우에도 지원 가능
※ 부모가 이혼한 경우에는 법률상의 이혼일 이후부터 친권자의 주소지 기준으로 함
※ 부모 중 일방이 사망·실종된 경우에는 법률상의 사망일 또는 실종일 이후부터 생존하는 부 또는 모를 기준으로 하고, 쌍방이 사망·실종된 경우에는 실종일 또는 사망일 이후부터 지원자의 주민등록을 기준으로 함
※ 입양한 양자의 경우에는 법률상의 입양일부터 친권이 있는 양부모를 기준으로 하되, 친권과 양육권이 서로 경합될 때에는 양육권을 우선으로 함

【국가보훈대상자】

2024년 2월까지 초중등교육법 제2조에 따른 고등학교 졸업(예정)자 또는 관련 법령에 의하여 이와 동등 이상의 학력이 있다고 인정되는 자로서 「국가보훈기본법」 제3조제2호에 따른 국가보훈대상자로서 국가보훈 관계 법령에 따른 교육지원 대상자

【서해 5도 학생】

2024년 2월까지 초중등교육법 제2조에 따른 고등학교 졸업(예정)자로서 아래 ① 또는 ②의 조건 중 하나를 만족하는 자
① 서해 5도에서 친권자 또는 후견인과 함께 거주하면서 서해 5도에 설립된 중학교　　및 고

등학교의 모든 교육과정을 이수한 자

② 서해 5도에 거주하면서 서해 5도에 설립된 초등학교, 중학교 및 고등학교의 모든 교육과정을 이수한 자

② 전형요소 및 반영비율

선발방법	선발비율 (%)	반영비율	
		학생부교과	합계
일괄합산	100	100 (1,000)	100 (1,000)

③ 수능최저학력기준

국어(화법과 작문, 언어와 매체 중 택1), 수학(확률과 통계, 미적분, 기하 중 택1), 영어, 과학 탐구(우수 1과목) 4개 영역 중 3개 영역(수학 필수) 합산 등급 6

(3) 수시모집: 학생부종합(해람인재)
① 지원자격

2024년 2월까지 초중등교육법 제2조에 따른 고등학교 졸업(예정)자 또는 관련 법령에 의하여 이와 동등 이상의 학력이 있다고 인정되는 자

② 전형요소 및 반영비율

선발방법	선발비율 (%)	반영비율		
		학생부교과	면접평가	합계
1단계	500	100 (800)		100 (800)
2단계	100	80 (800)	20 (200)	100 (1,000)

③ 수능최저학력기준

국어(화법과 작문, 언어와 매체 중 택1), 수학(확률과 통계, 미적분, 기하 중 택1), 영어, 과학 탐구(우수 1과목) 4개 영역 중 3개 영역(수학 필수) 합산 등급 6

(4) 수시모집: 학생부종합(지역인재)

2024년 2월까지 초중등교육법 제2조에 따른 고등학교 졸업(예정)자로서 입학일부터 졸업(예정)일까지 강원지역 고등학교에서 전 교육과정을 이수한 자

① 전형요소 및 반영비율

선발방법	선발비율 (%)	반영비율		
		학생부교과	면접평가	합계
1단계	500	100 (800)		100 (800)
2단계	100	80 (800)	20 (200)	100 (1,000)

② 수능최저학력기준

국어(화법과 작문, 언어와 매채 중 택1), 수학(확률과 통계, 미적분, 기하 중 택1), 영어, 과학 탐구(우수 1과목) 4개 영역 중 3개 영역(수학 필수) 합산 등급 6

(5) 수시모집: 학생부종합(지역인재 저소득)

2024년 2월까지 초중등교육법 제2조에 따른 고등학교 졸업(예정)자로서 아래 1과 2 자격요건을 모두 충족하는 자
1. 입학일부터 졸업(예정)일까지 강원지역 고등학교에서 전 교육과정을 이수한 자
2. 아래의 어느 하나에 해당하는 국민기초생활보장법 등에 따른 저소득층
- 국민기초생활보장법 제2조제1호에 따른 수급권자, 제2호에 따른 수급자
- 국민기초생활보장법 제2조 제10호에 따른 차상위계층
- 한부모가족지원법 제5조 또는 제5조의2에 따른 지원 대상자

① 전형요소 및 반영비율

선발방법	선발비율 (%)	반영비율		
		학생부교과	면접평가	합계
1단계	500	100 (800)		100 (800)
2단계	100	80 (800)	20 (200)	100 (1,000)

② 수능최저학력기준

국어(화법과 작문, 언어와 매채 중 택1), 수학(확률과 통계, 미적분, 기하 중 택1), 영어, 과학 탐구(우수 1과목) 4개 영역 중 3개 영역(수학 필수) 합산 등급 6

(6) 수시모집: 학생부종합(농어촌)_정원외

2024년 2월까지 초중등교육법 제2조에 따른 고등학교 졸업(예정)자로서 아래 유형 I 또는 유형 II에 해당하는 자

① 「지방자치법」제3조에 따른 읍·면 또는 「도서·벽지 교육진흥법」 제2조에 따른 도서·벽지 지역에 소재하는 중학교 및 고등학교에서 1학년 입학일부터 졸업일까지 전 교육과정을 이수하고 동일기간 동안 본인 및 부모 모두가 농어촌지역 또는 도서·벽지 지역에 함께 거주한 자 (유형 I)

② 「지방자치법」제3조에 따른 읍·면 또는 「도서·벽지 교육진흥법」 제2조에 따른 도서·벽지 지역에 소재하는 초등학교, 중학교 및 고등학교의 전 교육과정을 이수하고 본인이 농어촌 지역 또는 도서·벽지 지역에 거주한 자 (유형 II)

※ 검정고시출신자, 특수목적고 출신자 제외
※ 고교졸업 이후 또는 재학 중 읍·면이 동으로 행정구역이 개편된 경우 동을 읍·면으로 보아 자격을 부여
※ 부 또는 모가 사망, 이혼 사유에 해당하는 경우에도 지원 가능
※ 부모가 이혼한 경우에는 법률상의 이혼일 이후부터 친권자의 주소지 기준으로 함
※ 부모 중 일방이 사망·실종된 경우에는 법률상의 사망일 또는 실종일 이후부터 생존하는 부 또는 모를 기준으로 하고, 쌍방이 사망·실종된 경우에는 실종일 또는 사망일 이후부터 지원자의 주민등록을 기준으로 함
※ 입양한 양자의 경우에는 법률상의 입양일부터 친권이 있는 양부모를 기준으로 하되, 친권과 양육권이 서로 경합될 때에는 양육권을 우선으로 함

① 전형요소 및 반영비율

선발방법	선발비율 (%)	반영비율		
		학생부교과	면접평가	합계
1단계	500	100 (800)		100 (800)
2단계	100	80 (800)	20 (200)	100 (1,000)

② 수능최저학력기준

국어(화법과 작문, 언어와 매채 중 택1), 수학(확률과 통계, 미적분, 기하 중 택1), 영어, 과학 탐구(우수 1과목) 4개 영역 중 3개 영역(수학 필수) 합산 등급 6

(7) 정시모집(다군): 수능일반

① 지원자격

2024년 2월까지 초중등교육법 제2조에 따른 고등학교 졸업(예정)자 또는 관련 법령에 의하여 이와 동등 이상의 학력이 있다고 인정되는 자로서 2024학년도 대학수학능력시험에 응시한 자

② 전형요소 및 반영비율

전형명		모집단위	선발방법	선발비율(%)	전형요소별 반영비율(%) 및 반영점수 ※ ( )안은 반영점수	
					수능	합계
정원내	일반(다군)	해당 모집단위	일괄합산	100	100 (1,000)	100 (1,000)

③ 수능 영역별 반영과목 및 반영비율

모집계열 및 모집단위	수능 반영 비율 (%)	수능 성적 활용 지표	국어 화법과 작문, 언어와 매체 중 택 1	수학 확률과 통계, 미적분, 기하 중 택 1	영어*	탐구 과학	한국사**
치의예과	100	백분위	20	25	20	30 (2과목 평균***)	5

(8) 정시모집(다군): 지역인재(일반)

① 지원자격

2024년 2월까지 초중등교육법 제2조에 따른 고등학교 졸업(예정)자로서 입학일부터 졸업(예정)일까지 강원지역 고등학교에서 전 교육과정을 이수하고 2024학년도 대학수학능력시험에 응시한 자

② 전형요소 및 반영비율

전형명		모집단위	선발방법	선발비율(%)	전형요소별 반영비율(%) 및 반영점수 ※ ( )안은 반영점수	
					수능	합계
정원내	지역인재	해당 모집단위	일괄합산	100	100 (1,000)	100 (1,000)

③ 수능 영역별 반영과목 및 반영비율

모집계열 및 모집단위	수능 반영 비율 (%)	수능 성적 활용 지표	국어 화법과 작문, 언어와 매체 중 택 1	수학 확률과 통계, 미적분, 기하 중 택 1	영어*	탐구 과학	한국사**
치의예과	100	백분위	20	25	20	30 (2과목 평균***)	5

(9) 정시모집(다군): 지역인재(저소득)

① 지원자격

2024년 2월까지 초중등교육법 제2조에 따른 고등학교 졸업(예정)자로서 아래 1과 2 자격 요건을 모두 충족하며 2024학년도 대학수학능력시험에 응시한 자
1. 입학일부터 졸업(예정)일까지 강원지역 고등학교에서 전 교육과정을 이수한 자
2. 아래의 어느 하나에 해당하는 국민기초생활보장법 등에 따른 저소득층
- 국민기초생활보장법 제2조제1호에 따른 수급권자, 제2호에 따른 수급자
- 국민기초생활보장법 제2조 제10호에 따른 차상위계층
- 한부모가족지원법 제5조 또는 제5조의2에 따른 지원 대상자

② 전형요소 및 반영비율

전형명		모집단위	선발방법	선발비율(%)	전형요소별 반영비율(%) 및 반영점수 ※ ( )안은 반영점수	
					수능	합계
정원내	지역인재	해당 모집단위	일괄합산	100	100 (1,000)	100 (1,000)

③ 수능 영역별 반영과목 및 반영비율

모집계열 및 모집단위	수능 반영비율 (%)	수능 성적 활용 지표	국어 화법과 작문, 언어와 매체 중 택 1	수학 확률과 통계, 미적분, 기하 중 택 1	영어*	탐구 과학	한국사**
치의예과	100	백분위	20	25	20	30 (2과목 평균***)	5

(10) 정시모집(다군): 수능일반(농어촌)_정원외

① 지원자격

2024년 2월까지 초중등교육법 제2조에 따른 고등학교 졸업(예정)자로서 아래 유형Ⅰ 또는 유형Ⅱ에 해당하는 자
① 「지방자치법」제3조에 따른 읍·면 또는 「도서·벽지 교육진흥법」 제2조에 따른 도서·벽지 지역에 소재하는 중학교 및 고등학교에서 1학년 입학일부터 졸업일까지 전 교육과정을 이수하고 동일기간 동안 본인 및 부모 모두가 농어촌지역 또는 도서·벽지 지역에 함께 거주한 자 (유형Ⅰ)
② 「지방자치법」제3조에 따른 읍·면 또는 「도서·벽지 교육진흥법」 제2조에 따른 도서·벽지 지역에 소재하는 초등학교, 중학교 및 고등학교의 전 교육과정을 이수하고 본인이 농어촌 지역 또는 도서·벽지 지역에 거주한 자 (유형Ⅱ)
※ 검정고시출신자, 특수목적고 출신자 제외
※ 고교졸업 이후 또는 재학 중 읍·면이 동으로 행정구역이 개편된 경우 동을 읍·면으로 보아 자격을 부여
※ 부 또는 모가 사망, 이혼 사유에 해당하는 경우에도 지원 가능

※ 부모가 이혼한 경우에는 법률상의 이혼일 이후부터 친권자의 주소지 기준으로 함
※ 부모 중 일방이 사망·실종된 경우에는 법률상의 사망일 또는 실종일 이후부터 생존하는 부 또는 모를 기준으로 하고, 쌍방이 사망·실종된 경우에는 실종일 또는 사망일 이후부터 지원자의 주민등록을 기준으로 함
※ 입양한 양자의 경우에는 법률상의 입양일부터 친권이 있는 양부모를 기준으로 하되, 친권과 양육권이 서로 경합될 때에는 양육권을 우선으로 함

② 전형요소 및 반영비율

전형명		모집단위	선발방법	선발비율(%)	전형요소별 반영비율(%) 및 반영점수 ※ ( )안은 반영점수	
					수능	합계
정원내	지역인재	해당 모집단위	일괄합산	100	100 (1,000)	100 (1,000)

③ 수능최저학력기준

국어(화법과 작문, 언어와 매체 중 택1), 수학(확률과 통계, 미적분, 기하 중 택1), 영어, 과학 탐구(우수 1과목) 4개 영역 중 3개 영역(수학 필수) 합산 등급 6

○ 면접고사 (학교생활기록부 확인 면접)

▣ 평가항목 및 반영점수

평가항목	평가지표	반영비율	반영점수
발전가능성	■ 구체적인 목표의식과 지적 호기심을 가지고 학업성취를 위한 노력을 하였는가 ■ 학교교육과정과 학교활동에 자기주도적으로 참여하여 성취한 경험이 있는가	25%	200
인성	■ 공동체 의식과 공감능력 등 사회요구역량을 갖춘 인재인가 ■ 배려·나눔·협력·갈등관리 능력 등 올바른 가치관을 지니고 있는가	30%	
전공관심도	■ 모집단위에 대한 열정과 관심, 구체적인 목표의식을 가지고 있는가 ■ 관심분야에 대한 잠재력과 기초역량을 가지고 있는가	45%	

5) 단국대학교(천안캠퍼스)[47]

■ 치과대학 모집인원은 아래와 같습니다.

계열	대학	모집단위	수시 학생부종합 DKU인재 면접	정시 수능위주 나군
자연	치과	치의예과	20	50

(1) 수시모집: 학생부종합(DKU인재)

① 지원자격

국내 정규 고등학교 졸업(예정)자로서 3개 학기 이상 성적을 취득한 자
※ 의학계열, 약학계열 : 위 조건과 함께 2024학년도 대학수학능력시험에 응시한 자(수능최저학력기준 있음, 11쪽 참조)
※ 학생부 반영교과가 없거나, 국내 고등학교 성적체계와 다른 경우 지원 불가

② 전형방법

모집 시기	전형유형	전형명	선발모형	전형요소별 반영비율(%)		
				학생부	서류	수능
수시	학생부위주	학생부종합	1단계(3~4배수)	100		
			2단계	1단계 성적 70 + 면접 30		

■ 학생부종합전형 평가내용 및 방법

전형명		평가방법	평가내용
정원내	DKU인재	서류평가	학교생활기록부를 통하여 학업역량, 전공적합성, 인성 및 발전가능성 등을 종합평가
		면접평가	학교생활기록부를 기반으로 한 질의응답을 통하여 서류 진위여부, 전공적합성, 인성 및 발전가능성 등을 종합평가

■ 대학수학능력시험 최저학력기준

전형명	모집시기	캠퍼스	모집단위	적용기준
DKU인재	수시	천안	의학계열	국어, 수학(미적분/기하), 영어, 탐구(과탐 2개 과목 평균) 중 수학 포함 3개 영역 합 5등급 이내

■ 학교생활기록부 성적 반영

모집 시기	계열	반영교과 및 반영비율(%)				활용지표	비고
		국어	수학	영어	과학		
수시	의학	20	30	30	20	석차등급(9등급)	· 전학년 동일하게 적용 - 재학생: 3학년 1학기까지 - 졸업생: 3학년 2학기까지

---

47) 2024 단국대(천안) 모집요강

■ 면접고사

전형명	모집단위	면접고사	면접방법
DKU인재	의예과	학교생활기록부와 자기소개서를 기반으로 한 질의응답을 통하여 서류 진위여부, 전공적합성, 의료인으로서의 발전가능성, 인성 등을 종합평가	디테일 평가

(2) 정시모집: 수능위주(나군)
① 지원자격

국내 정규 고등학교 졸업(예정)자 또는 법령에 의하여 고등학교 졸업 이상의 학력이 있다고 인정된 자[고등학교 졸업학력 검정고시 합격자, 외국 소재 고등학교 졸업(예정)자 포함]
※ 2023학년도 대학수학능력시험 응시자에 한함

② 전형방법

정원구분	모집시기	전형유형	전형명	선발모형	전형요소별 반영비율(%)
					수능
정원내	정시	수능위주	일반학생	일괄합산	100

■ 대학수학능력시험 성적 반영: 영역별 반영비율

계열	모집단위	국어	수학 미적분/기하	영어	탐구 과탐	한국사	백분위 점수의 가산점 부여
의학	치의예과	20	40	15	25	등급별 가산점 부여	과탐Ⅱ 5%

■ 수능 영어등급 점수(100점 기준)

등급	1	2	3	4	5	6	7	8	9
분할기준 (원점수)	100 ~90	89 ~80	79 ~70	69 ~60	59 ~50	49 ~40	39 ~30	29 ~20	19 ~0
의학	100	80	70	40	30	20	15	5	0

■ 수능 한국사등급 점수(1,000점 기준)

등급	1	2	3	4	5	6	7	8	9
분할기준 (원점수)	50 ~40	39 ~35	34 ~30	29 ~25	24 ~20	19 ~15	14 ~10	9 ~5	4 ~0
가산점	5			4		3	2	1	0

6) 조선대학교[48]

■ 치과대학 모집인원은 아래와 같습니다.

대학	모집 단위	수시모집					정시모집	
		학생부교과			학생부종합		가군	
		정원내			정원내	정원외	수능	
		일 반	지역 인재	지역기회 균형	면접	농어촌	일반	지역인재
의과 대학	치의예과	13	25	2	6	1	13	21

(1) 수시모집: 학생부교과(일반전형)
① 지원자격

고등학교 졸업(예정)자 또는 법령에 의하여 고등학교 졸업자와 동등 이상의 학력이 있다고 인정된 자

② 전형방법 및 전형요소 반영여부

선발단계	전형요소별 실질반영비율 및 점수				합계 (전형총점)
	학생부		면접	수능최저 학력기준	
	교과	출석			
일괄합산	90% (450~405)	10% (50~45)	-	적용	100%(500~450)

※ %는 기본점수를 제외한 최고점과 최저점간 실질반영비율
※ ( )는 기본점수를 포함한 최고점과 최저점
※ 전형총점은 2015 개정교육과정 진로선택과목 가산점 적용으로 총점을 초과할 수 있음

③ 수능최저학력기준

수능최저학력기준
국어, 수학(미적분/기하 택1), 영어, 탐구(과학 1과목) 중 3개 영역의 등급의 합이 5이내

(2) 수시모집: 학생부교과(지역인재전형)
① 지원자격

- 호남권(광주광역시, 전라남도, 전라북도) 소재 고교에서 전 교육과정(입학부터 졸업까지)을 이수한 졸업(예정)자

② 전형방법 및 전형요소 반영여부: 학생부교과 '일반전형'과 동일

---

48) 2024 조선대 모집요강

③ 수능최저학력기준

수능최저학력기준
국어, 수학(미적분/기하 택1), 영어, 탐구(과학 1과목) 중 3개 영역의 등급의 합이 6이내

(3) 수시모집: 학생부교과(지역기회균형)
① 지원자격

호남권(광주광역시, 전라남도, 전라북도) 소재 고교에서 전 교육과정(입학일부터 졸업일까지)을 이수한 졸업(예정)자 중 아래의 자격요건에 해당하는 자 ○「국민기초생활보장법」 제2조 제1호(수급권자), 제2호(수급자), 제10호(차상위계층)에 의한 대상자 ○「한부모가족지원법」 제5조 또는 제5조의2에 따른 지원대상자

② 전형방법: 학생부교과 '일반전형'과 동일

③ 수능최저학력기준

수능최저학력기준
국어, 수학(미적분/기하 택1), 영어, 탐구(과학 1과목) 중 3개 영역의 등급의 합이 7이내

(4) 수시모집: 학생부종합(면접전형)
① 지원자격

학교 교육과정을 충실히 이수한 국내 고등학교 졸업(예정)자 ※ 학교생활기록부에 의하여 국내 고등학교 석차등급, 출결성적(출결상황) 등의 산출이 불가능한자 (검정고시 출신자 또는 외국의 고등학교 전과정 이수자 등)는 지원할 수 없음

② 전형방법

선발단계		전형요소별 반영비율 및 점수			합계 (전형총점)
		서류평가 (학생부종합평가)	면접평가	수능최저 학력기준	
다단계	1단계(5배수)	100% (70~14)	-	적용	100% (70~14)
	2단계(1배수)	70% (70~14)	30% (30~6)		100% (100~20)

※ %는 기본점수를 제외한 최고점과 최저점간 실질반영비율
※ ( )는 기본점수를 포함한 최고점과 최저점

③ 평가방법

구분	평가방법
1단계 (서류평가)	(5배수 선발) 학생부를 바탕으로 교과활동, 진로역량, 비교과활동을 포괄적으로 종합평가
2단계 (면접평가)	- 평가요소: 인성 및 가치관, 전공 및 적성영역에 대한 학업열의 등을 포괄적으로 종합평가 - 전형자료: 학교생활기록부

④ 수능최저학력기준

수능최저학력기준
국어, 수학(미적분/기하 택1), 영어, 탐구(과학 1과목) 중 3개 영역의 등급의 합이 6이내

(5) 수시모집: 학생부종합(농어촌학생전형) *정원외

① 지원자격

- 아래의 [유형 1]과 [유형 2] 중 하나에 해당하는 자
- (유형1) : 아래 자격요건을 모두 충족하는 자
-농어촌 또는 도서.벽지 소재 중.고등학교에서 전 교육과정을 이수하고 졸업(예정)한 자
-중.고등학교 재학기간 동안 지원자 본인과 부모 모두가 우리 대학에서 지정한 농어촌 또는 도서.벽지에 거주한 자
- (유형2) : 농어촌 또는 도서.벽지 소재 초 · 중 · 고 전 교육과정을 이수하고, 해당 기간 동안 본인이 농어촌 또는 도서.벽지에 거주한 자

<고등학교 관련 유의사항>
- 특수목적고(과학고, 외국어고, 국제고, 예술고, 체육고, 마이스터고) 졸업(예정)자는 지원할 수 없음
- 2개 이상의 초 ·중 ·고등학교에 재학한 경우 해당 학교 모두가 우리 대학 인정 지역 소재 초 . 중 . 고등학교이어야 함
- 고등학교(중학교, 초등학교) 재학 기간 중 행정구역 개편 등으로 읍·면 또는 도서·벽지 지역이 해제된 경우에는 고등학교(중학교, 초등학교) 재학 기간 동안 해당 지역을 읍·면 또는 도서·벽지 지역으로 인정함

<농어촌 또는 도서.벽지 인정 지역>
- 「지방자치법」제3조에 의한 읍·면 소재 지역
- 「도서·벽지 교육진흥법 시행규칙」제2조에 규정한 도서 . 벽지 지역
※ [유형 1] 부모의 이혼 및 사망의 경우 다음의 기준에 따라 판단함
- 부모 이혼: 이혼일 이후부터는 친권(양육권이 있을 경우 우선적용)이 있는 부 또는 모
- 부 또는 모 사망: 사망일 이후부터는 생존한 부 또는 모
- 입양: 입양일 이후부터는 친권이 있는 양부모(친권과 양육권이 경합하는 경우 양육권 우선적용)
※ 무단전출직권말소, 직권거주불명등록, 신고거주불명등록된 경우 우리 대학에서 인정하는 지역에서 거주하지 않은 것으로 간주함

② 전형방법

선발단계	전형요소별 반영비율 및 점수			합계 (전형총점)
	서류평가 (학생부종합평가)	면접평가	수능최저 학력기준	
일괄합산	100% (100~20)	-	적용	100% (100)

③ 평가방법

구분	평가방법
서류평가	학생부를 바탕으로 교과활동, 비교과활동, 진로역량을 포괄적으로 종합평가

④ 수능최저학력기준

수능최저학력기준
국어, 수학(미적분/기하 택1), 영어, 탐구(과학 1과목) 중 3개 영역의 등급의 합이 7이내

(6) 정시모집: 수능 가군

① 지원자격

일반전형	고등학교 졸업(예정)자 또는 법령에 의하여 고등학교 졸업자와 동등 이상의 학력이 있다고 인정된 자로서 2024학년도 수능 해당 영역에 응시한 자
지역인재 전형	호남권(광주광역시, 전라남도, 전라북도) 소재 고교에서 전 교육과정을 이수한 졸업(예정)자로서 2024학년도 수능 국어, 수학(미적분/기하 택1), 영어, 탐구(과학 1과목), 한국사에 모두 응시한 자

② 전형요소 반영비율: 수능 100%

수능	면접	실기	학생부		총점
			교과	출석	
100% (800~0)	-	-	-	-	100% (800~0)

③ 모집단위별 수능성적 반영비율

모집단위 계열	수능 영역별 가중치					가산점
	국어	수학	영어	탐구1	총점	
치의예과	200 (25%)	280 (35%)	200 (25%)	120 (15%)	800 (100%)	-

※탐구영역 : 우수한 1과목 백분위점수 반영
※한국사 가산점 부여로 총점을 초과할 수 있음

7) 전북대학교[49]

■ 치과대학 모집인원은 아래와 같습니다.

모집단위		수시모집				정시모집	
		정원 내				정원내	
		학생부종합	학생부교과			가군	
			일반학생	고른기회		일반학생 (수능)	지역인재 2유형
		큰사람		지역인재 1유형	지역인재 2유형		
치과대학	치의예과	4	3	5	18	5	5

(1) 수시모집: 학생부종합(큰사람전형)
① 지원자격

- 2024학년도 대학수학능력시험에서 모집단위별 수능반영 영역을 모두 응시한 자(수능 한국사 영역 응시 필수)
- 국내 고교 졸업(예정)자로 학생부 성적이 있는 자 또는 고등학교 졸업(예정)자와 동등한 학력소지자

② 전형방법 및 전형요소별 반영점수

전형 유형	선발 단계	모집인원 대비 선발비율	전형요소별 반영점수(실질반영비율, %)				
			서류 평가	1단계 성적	면접	수능 성적	합계
큰사람	1단계	300%	1,000 (100)				1,000 (100)
	2단계	100%		700 (70)	300 (30)	최저 학력기준 적용	

■ 대학수학능력시험 성적활용

2. 수능성적 반영영역						
대학명	모집단위	국어	수학	영어	탐구	한국사
의과대학	의예과	○	○	○	과학	○

※ 위 표와는 별도로 한국사 영역은 반드시 응시하여야 함
※ 수학: 기하 또는 미적분 중 택1

2. 수능성적 반영방법
- 2024학년도 수능 성적만을 반영
- 탐구영역은 특정과목을 지정하지 않으며 2과목 반영

---

49) 2024 전북대 모집요강

- 모집단위별로 반영하는 수능영역을 하나라도 응시하지 않았을 경우에는 불합격 처리
- 수시 전형 수능최저학력기준 반영방법

구분	수능최저학력기준 반영방법
의예과	- 모집단위별로 반영하는 수능 3개(국어, 수학, 영어, 탐구)영역의 등급합이 6 이내(탐구영역 상위 1과목 등급 반영)

(2) 수시모집: 학생부교과(일반학생전형)

① 지원자격

- 2024학년도 대학수학능력시험에서 모집단위별 수능반영 영역을 모두 응시한 자(수능 한 국사 영역 응시 필수)
- 국내 고등학교 졸업(예정)자로 국내 고등학교에서 취득한 학생부 성적이 있는 자 또는 고등학교 졸업(예정)자와 동등한 학력소지자

② 전형방법 및 전형요소별 반영점수

전형 유형	선발 모형	모집인원 대비 선발비율	전형요소별 반영점수(실질반영비율, %)					
			학생부	입상 실적	실기 고사	면접	수능 성적	합계
일반 학생	일괄 합산	100%	1,000 (100)				최저 학력기준 적용	1,000 (100)

▪ 대학수학능력시험 성적활용: 상기 학생부 종합(큰사람 전형)과 같음

(3) 수시모집: 학생부교과(지역인재전형 1유형)

① 지원자격

- 2024학년도 대학수학능력시험에서 모집단위별 수능반영 영역을 모두 응시한 자(수능 한 국사 영역 응시 필수)
- 호남권(전라북도, 광주광역시, 전라남도) 소재 고등학교에서 전 교육과정 (입학부터 졸업 까지)을 이수한 고등학교 졸업(예정)자
※ 「초·중등교육법」 제2조에 따른 고등학교 외 고교 졸업 동등 학력자는 지원   자 격에서 제외

② 전형방법 및 전형요소별 반영점수: 상기 학생부 교과(일반학생전형)과 같음

③ 대학수학능력시험 성적활용: 학생부 종합(큰사람 전형)과 같음

(4) 수시모집: 학생부교과(지역인재전형 2유형)
① 지원자격

- 2024학년도 대학수학능력시험에서 모집단위별 수능반영 영역을 모두 응시한 자(수능 한 국사 영역 응시 필수)
- 전라북도에 소재하는 고등학교에서 전 교육과정을 이수하고 졸업(예정)한 자로서 입학일 로부터 졸업일까지 부 또는 모와 학생 모두가 전북지역에 거주한 자
  ※「초·중등교육법」제2조에 따른 고등학교 외 고교 졸업 동등 학력자는 지원 자격에서 제외

② 전형방법 및 전형요소별 반영점수: 상기 학생부 교과(일반학생전형)과 같음

③ 대학수학능력시험 성적활용: 학생부 종합(큰사람 전형)과 같음

(5) 정시모집: 수능(가군 일반학생전형)
① 지원자격

공통사항: 2024학년도 대학수학능력시험에서 모집단위별 수능반영 영역을 모두 응시한 자(수능 한국사 영역 응시 필수)
1. 가군: 일반학생전형
- 고등학교 졸업(예정)자 또는 법령에 의하여 고등학교 졸업이상의 학력이 있다고 인정되는 자
2. 가군: 지역인재전형
- 전라북도에 소재하는 고등학교에서 전 교육과정을 이수하고 졸업(예정)한 자로서 입학일로부터 졸업일까지 부 또는 모와 학생 모두가 전북지역에 거주한 자
  ※「초·중등교육법」제2조에 따른 고등학교 외 고교 졸업 동등 학력자는 지원 자격에서 제외

② 전형방법 및 전형요소별 반영점수

모집군	모집계열(단위)	모집인원 대비 선발비율	전형요소별 반영점수(실질반영비율, %)			
			학교생활 기록부	대학수학 능력시험	실기고사	합계
가군	치과대학	100%		500점(100)		500점(100)

■ 대학수학능력시험 성적활용

1. 수능성적 반영영역

대학명	모집단위	국어	수학	영어	탐구	한국사
치과대학	치의예과	○	○	○	과학	○

※ 위 표와는 별도로 한국사 영역은 반드시 응시하여야 함
※ 수학: 기하 또는 미적분 중 택1

2. 수능성적 반영방법
- 2024학년도 수능 성적만을 반영
- 탐구영역은 특정과목을 지정하지 않으며 2과목 반영
- 모집단위별로 반영하는 수능영역을 하나라도 응시하지 않았을 경우에는 불합격 처리

3. 대학수학능력시험 영역별 반영비율(정시모집 적용)

계열(학과)	영역별 반영비율(%)					
	국어	수학	영어	탐구	한국사	계
치과대학	30%	40%	가산점	30%(2과목)	가산점	100%

1) 수능 영어영역 가산점 부여
- 가산점 = 변환점수 × (수능반영총점 / 500점)

8) 부산대학교 치의학전문대학원[50]

■ 치의학전문대학원 모집인원은 아래와 같습니다.

대학	모집단위	수시			정시	
		학생부교과	학생부종합		수능 나군	
		지역인재	지역인재	저소득층학생 지역인재	일반	지역
		정원내			정원내	
치의학 전문 대학원	학·석사통합과정	10	14	1	5	10

(1) 수시모집: 학생부교과(지역인재전형)
① 지원자격

국내 정규 고등학교 졸업(예정)자로서 **입학부터 졸업까지 부산, 울산, 경남 지역에 소재**하는 고등학교의 **전 교육과정을 이수한 자**(2학년 수료예정자 중 상급학교 조기입학 자격을 부여받은 자 포함)
※ 「초·중등교육법」 제2조에 따른 고등학교 외 고교 졸업 동등 학력자는 지원 자격에서 제외함

② 전형방법: 학생부 교과 100%

전형요소	학교생활기록부		계
	교과	학업역량 평가	
반영비율	80%	20%	100%

---

50) 2024 부산대 치의학전문대학원 모집요강

- 학생부 지정교과 성적 고득점자 순으로 선발함
- 미충원 인원은 정시모집 모집단위별 해당 모집군으로 이월하여 선발함

③ 대학수학능력시험 최저학력기준

모집계열	최저학력기준	공통기준
자연계	국어, 영어, 수학(미적분, 기하 중 택1), 과학탐구 영역 중 **수학 포함 3개 영역 등급 합 4 이내**	한국사 4등급 이내

※ 탐구영역은 2과목 평균을 반영함
※ 탐구영역(과탐) 과목은 수험자가 자유 선택하여 응시하고 반드시 2과목을 응시하여야 함
※ 의예과, 약학부, 치의학전문대학원 학·석사 통합과정 미충원 인원은 정시 수능(지역인재전형)으로 이월함

(2) 수시모집: 학생부종합(지역인재전형)
① 지원자격

국내 정규 고등학교 졸업(예정)자로서 **입학부터 졸업까지 부산, 울산, 경남 지역에 소재**하는 고등학교의 **전 교육과정을 이수한 자**(2학년 수료예정자 중 상급학교 조기입학 자격을 부여받은 자 포함)
※「초·중등교육법」제2조에 따른 고등학교 외 고교 졸업 동등 학력자는 지원자격에서 제외함

② 전형방법
가. 전형요소 및 반영비율

선발단계	전형요소별 반영비율		계
	서류평가(학생부)	면접	
1단계 (3~4배수)	100%	-	100%
2단계	80%	20%	100%

나. 선발방법

- 1단계 : 서류(학생부)평가 성적순으로 모집단위 모집인원의 3~4배수를 면접대상자로 선발함. **의과대학 의예과 4배수 내외, 그 외 모집단위 면접대상자는 모집정원의 3배수 내외**
- 2단계 : 면접대상자 중 1단계 성적과 면접 성적을 합산하여 고득점자 순으로 선발함

다. 대학수학능력시험 최저학력기준

모집계열	최저학력기준	공통기준
자연계	국어, 영어, 수학(미적분, 기하 중 택1), 과학탐구 영역 중 수학 포함 **3개 영역 등급 합 4 이내**	한국사 4등급 이내

※ 탐구 2과목 평균을 반영함

(3) 수시모집: 학생부종합(지역인재 저소득층학생전형)

① 지원자격

아래 지원 자격 1과 2 모두 해당되는 자

1. 국내 정규 고등학교 졸업(예정)자로서 아래 자격요건 ①, ② 중 하나에 해당되는 자

　①「국민기초생활보장법」제2조제1호(수급권자), 제2호(수급자), 제10호(차상위계층)에 의한 대상자

　②「한부모가족지원법」제5조 또는 제5조의2에 따른 지원대상자

2. 국내 정규 고등학교 졸업(예정)자로서 **입학부터 졸업까지 부산, 울산, 경남 지역에 소재**하는 고등학교의 **전 교육과정을 이수한 자**(2학년 수료예정자 중 상급학교 조기입학 자격을 부여받은 자 포함)

　※「초·중등교육법」제2조에 따른 고등학교 외 고교 졸업 동등 학력자는 지원자격에서 제외함

② 전형방법

　가. 전형요소 및 반영비율: 서류평가(학생부) 100%

　나. 선발방법: 서류(학생부)를 종합평가하여 고득점자 순으로 선발함

　다. 미충원 인원은 정시모집 모집단위별 해당 모집군으로 이월하여 선발함

　라. 대학수학능력시험 최저학력기준

모집계열	최저학력기준	공통기준
자연계	국어, 영어, 수학(미적분, 기하 중 택1), 과학탐구 영역 중 **수학 포함 3개 영역 등급 합 4 이내**	한국사 4등급 이내

※ 탐구 2과목 평균을 반영함

(4) 정시모집 (수능전형)

① 지원자격

고등학교 졸업(예정)자 또는 법령에 의하여 이와 동등 이상의 학력이 있다고 인정된 자로서 2024학년도 대학수학능력시험에서 다음의 필수 응시영역에 응시한 자

모집계열	대학수학능력 필수 응시영역	비고
자연계	국어, 수학(미적분, 기하 중 택1), 영어, 과학탐구, 한국사	탐구과목은 2과목을 자유 선택하여 응시하여야 함(2과목 성적을 반영함)

② 전형방법

가. 전형요소 및 반영비율

- 수능 100%

나. 선발방법

- 수능 성적 고득점자 순으로 선발함

(5) 정시모집 (수능 지역인재전형)

① 지원자격

국내 정규 고등학교 졸업(예정)자로서 **입학부터 졸업까지 부산, 울산, 경남 지역에 소재**하는 고등학교의 **전 교육과정을 이수한 자**(2학년 수료예정자 중 상급학교 조기입학 자격을 부여받은 자 포함)

※「초·중등교육법」제2조에 따른 고등학교 외 고교 졸업 동등 학력자는 지원 자격에서 제외함

모집계열	대학수학능력 필수 응시영역	비고
자연계	국어, 수학(미적분, 기하 중 택1), 영어, 과학탐구, 한국사	탐구과목은 2과목을 자유 선택하여 응시하여야 함(2과목 성적을 반영함)

※ 과학탐구영역은 2과목 성적을 반영함

② 전형방법

가. 전형요소 및 반영비율

- 수능 100%

나. 선발방법

- 수능 성적 고득점자 순으로 선발함

9) 경북대학교[51]

■ 치과대학 모집인원은 아래와 같습니다.

대학	모집단위	수시							정시
		학생부교과			학생부종합			논술	나군
		교과우수자	지역인재	지역인재 기초생활 수급자등대상자	일반학생	지역인재	지역인재추천	논술(AAT)	
치과대학	치의예과	4	8	2	9	11	3	5	18

(1) 수시모집: 학생부교과(교과우수자전형)

① 지원자격

2022년 이후 국내 정규 고등학교 졸업(예정)자(2학년 수료예정자 중 상급학교 조기입학 자격을 부여받은 자 포함)
※ 국내 정규 고등학교는 고교 졸업 학력 인정학교에 한함
※ 국내 고교에서 3개 학기 이상 성적을 취득한 국내 고교 졸업(예정)자에 한함

② 전형요소별 배점

모집단위	사정단계	선발인원	전형요소별 배점(반영비율)		합계
			학생부		
			교과	서류평가	
치의예과	일괄합산	100%	400점 (100%)	100점 (20%)	500점(100%)

③ 서류평가

가. 평가자료: 학교생활기록부
나. 평가방법 및 내용
1) 제출된 평가 자료를 바탕으로 평가기준에 따라 종합적으로 평가함
2) 다수의 평가위원이 100점 만점으로 평가하며, 이 평가점수의 평균을 수험생의 성적으로 함
다. 반영점수: 100점(최고점) ~ 0점(최저점)

④ 선발방법

가. 합격자 결정: 수능최저학력기준 충족자 중에서 전형요소 성적 총점의 고득점 순으로 모집단위별 모집인원의 100%를 합격자로 선발함
나. 후보자 결정: 불합격 처리되지 않은 자 전원을 후보자로 선발함

---

51) 2024 경북대 모집요강

⑤ 학교생활기록부 반영

1. 교과영역 성적 반영방법

<고등학교 졸업(예정)자>

가. 반영과목 : 고등학교 과정 전 학년 이수 과목 중 본교가 지정한 국어, 수학, 영어, 사회, 과학 교과 관련 전 과목 성적을 다음과 같이 반영함

모집단위	반영교과	반영학기
자연계열	국어, 수학, 영어, 사회, 과학, 한국사	졸업자 및 졸업예정자: 3학년 1학기까지

나. 반영방법 : 과목별 등급을 점수화하여 반영함

  1) 학생부 교과 성적 산출: $\sum$(과목별등급점수×과목별단위수)/$\sum$과목별단위수

  ※ 소수점 아래 세 번째 자리에서 반올림

다. 학생부 교과 성적(진로선택과목제외) 등급별 점수

	1	2	3	4	5	6	7	8	9
학생부교과	400	390	380	370	360	350	300	200	0
논술(AAT)	150	145	140	135	130	120	100	50	0

<검정고시 출신자>

가. 반영과목(6과목): 국어, 수학, 영어, 사회, 과학, 한국사

나. 반영방법: 과목별 성적을 학생부 적용 등급으로 점수화하여 반영

  - 산출식: $\sum$(과목별등급점수×과목별단위수)/6 (※ 소수점 아래 세 번째 자리에서 반올림)

다. 검정고시 성적별 학생부 교과성적 점수

	100점 이하~97점 이상	96점 이하~91점 이상	90점 이하~81점 이상	80점 이하~70점 이상	70점 미만
학생부교과	380	350	300	200	0
논술(AAT)	140	120	100	50	0

⑥ 최저수학능력기준

해당전형	모집단위	국어, 수학, 영어, 탐구(1과목)	한국사
학생부교과	치의예과	상위 3개 영역 등급 합이 4 이내	응시

(2) 수시모집: 학생부교과(지역인재전형)

① 지원자격

입학에서 졸업(2024년 2월 말 이전 졸업예정자 포함)까지 고등학교 전 과정을 대구·경북 지역 고등학교에서 이수한 자)

② 전형요소별 배점

모집단위	사정단계	선발인원	전형요소별 배점(반영비율)		
			학생부교과	인적성면접	합계
치의예과	일괄합산	100%	400(80%)	100(20%)	500점(100%)

③ 서류평가

가. 평가자료: 학교생활기록부

나. 평가방법 및 내용

1) 제출된 평가 자료를 바탕으로 평가기준에 따라 종합적으로 평가함

2) 다수의 평가위원이 100점 만점으로 평가하며, 이 평가점수의 평균을 수험생의 성적으로 함

다. 반영점수: 100점(최고점) ~ 0점(최저점)

④ 선발방법

가. 합격자 결정: 수능최저학력기준 충족자 중에서 전형요소 성적 총점의 고득점 순으로 모집단위별 모집인원의 100%를 합격자로 선발함

나. 후보자 결정: 불합격 처리되지 않은 자 전원을 후보자로 선발함

⑤ 학교생활기록부 반영

2. 교과영역 성적 반영방법

<고등학교 졸업(예정)자>

가. 반영과목 : 고등학교 과정 전 학년 이수 과목 중 본교가 지정한 국어, 수학, 영어, 사회, 과학 교과 관련 전 과목 성적을 다음과 같이 반영함

모집단위	반영교과	반영학기
자연계열	국어, 수학, 영어, 사회, 과학, 한국사	졸업자 및 졸업예정자: 3학년 1학기까지

나. 반영방법 : 과목별 등급을 점수화하여 반영함

　1) 학생부 교과 성적 산출: $\sum$(과목별등급점수×과목별단위수)/$\sum$과목별단위수

　※ 소수점 아래 세 번째 자리에서 반올림

다. 학생부 교과 성적(진로선택과목제외) 등급별 점수

	1	2	3	4	5	6	7	8	9
학생부교과	400	390	380	370	360	350	300	200	0
논술(AAT)	150	145	140	135	130	120	100	50	0

<검정고시 출신자>

가. 반영과목(6과목): 국어, 수학, 영어, 사회, 과학, 한국사

나. 반영방법: 과목별 성적을 학생부 적용 등급으로 점수화하여 반영

　- 산출식: $\sum$(과목별등급점수×과목별단위수)/6 (※ 소수점 아래 세 번째 자리에서 반올림)

다. 검정고시 성적별 학생부 교과성적 점수

	100점 이하~97점 이상	96점 이하~91점 이상	90점 이하~81점 이상	80점 이하~70점 이상	70점 미만
학생부교과	380	350	300	200	0
논술(AAT)	140	120	100	50	0

⑥ 최저수학능력기준

해당전형	모집단위	국어, 수학, 영어, 탐구(2과목)	한국사
학생부교과	치의예과	탐구영역 필수, 상위 3개 영역 등급 합이 4 이내	응시

※ 탐구 2과목의 평균(소수점 절사)을 반영함

(3) 수시모집: 학생부교과(지역인재 기초생활수급자등대상자전형)

① 지원자격

2024년 국내 고등학교 졸업예정자로서 입학일부터 졸업일까지 고등학교 전 과정을 대구, 경북 지역 고등학교에서 이수하고 소속(출신) 고등학교장의 추천을 받은 자 중 아래 자격요건 가~다 중 하나에 해당하는 자

※ 고교별 추천 가능 인원: 모집단위별 1명

가. 기초생활 수급자

나. 차상위 복지급여를 받는 가구의 학생

※ 차상위 복지급여: 차상위 본인부담 경감 대상자, 차상위 자활 급여대상자, 차상위 장애수당 및 장애인연금 부가급여 대상자, 한부모 가족지원 대상자

다. 차상위계층 확인사업 대상 가구의 학생

② 전형요소별 배점

모집단위	사정단계	선발인원	전형요소별 배점(반영비율)		
			학생부 교과	서류평가	합계
치의예과	일괄합산	100%	400점 (80%)	100점 (20%)	500점 (100%)

③ 서류평가

가. 평가자료: 학교생활기록부

나. 평가방법 및 내용

- 제출된 평가자료를 바탕으로 평가기준에 따라 종합적으로 평가함

- 다수의 평가위원이 100점 만점으로 평가하며, 이 평가점수의 평균을 수험생의 성적으로 함
- 반영점수: 100점(최고점) ~ 0점(최저점)

④ 최저수학능력기준

해당전형	모집단위	국어, 수학, 영어, 탐구(1과목)	한국사
학생부교과	치의예과	탐구영역 필수, 3개 영역 등급 합이 5 이내	응시

⑤ 선발방법

가. 합격자 결정: 최저수학능력기준 충족자 중에서 전형요소 성적 총합의 고득점 순으로 모집단위별 모집인원의 100%를 합격자로 선발함
나. 후보자 결정: 불합격 처리되지 않은 자 전원을 후보자로 선발함

(4) 수시모집: 학생부종합(일반학생전형)
① 지원자격

고등학교 졸업자(2024년 2월 말 이전 졸업예정자 포함) 또는 법령에 의하여 고등학교 졸업 이상의 학력이 있다고 인정되는 자

② 전형요소별 배점

모집단위	사정단계	선발인원	전형요소별 배점(반영비율)	
			서류평가	합계
치의예과	일괄합산	100%	500점(100%)	500점(100%)

③ 서류평가

1) 평가자료 : 학교생활기록부
2) 평가방법 및 내용
 가) 제출된 평가지료를 바탕으로 학업역량, 전공적합성, 발전가능성, 인성 등을 종합적으로 평가
 나) 다수의 평가위원이 500점 만점으로 평가하며, 이 평가점수의 평가점수를 수험생의 성적으로 함
 다) 반영점수 : 500(최고점) ~ 0점(최저점)

④ 최저수학능력기준

해당전형	모집단위	국어, 수학, 영어, 탐구(1과목)	한국사
학생부종합	치의예과	탐구영역 필수, 3개 영역 등급 합이 4 이내	응시

⑤ 선발방법

가. 합격자 결정: 최저수학능력기준 충족자 중에서 전형요소 성적 총합의 고득점 순으로 모집단위별 모집인원의 100%를 합격자로 선발함
나. 후보자 결정: 불합격 처리되지 않은 자 전원을 후보자로 선발함

(5) 수시모집: 학생부종합(지역인재전형)

① 지원자격

입학에서 졸업(2024년 2월 말 이전 졸업예정자 포함)까지 고등학교 전 과정을 대구·경북 지역 소재 고등학교에서 이수한 자

② 전형요소별 배점

모집단위	사정단계	선발인원	전형요소별 배점(반영비율)		
			서류평가	면접	합계
치의예과	1단계	500%	350(100%)	-	350점(100%)
	2단계	100%	350(70%)	150(30%)	500점(100%)

※ 면접성적이 면접반영점수의 60% 미만인 자는 모집인원에 관계없이 불합격

③ 서류평가 및 면접

가. 서류평가
1) 평가자료 : 학교생활기록부
2) 평가방법 및 내용
가) 제출된 평가지료를 바탕으로 종합적으로 평가함
나) 다수의 평가위원이 350점 만점으로 평가하며, 이 평가점수의 평가점수를 수험생의 성적으로 함
3) 반영점수 : 350(최고점) ~ 0점(최저점)
나. 면접
1) 평가내용 및 방법
가) 수험생 개인별로 다음과 같이 10분 내외로 진행하며 평가기준에 따라 종합적으로 평가함
나) 다수의 평가위원이 150점 만점으로 평가하며, 이 평가점수의 평균을 수험생의 성적으로 함
2) 반영점수 : 150점(최고점) ~ 0점(최저점)

④ 최저수학능력기준

해당전형	모집단위	국어, 수학, 영어, 탐구(1과목)	한국사
학생부종합	치의예과	상위 3개 영역 등급 합이 4이내	응시

⑤ 선발방법

가. 합격자 결정
1) 1단계 사정: 서류평가 성적순으로 모집인원의 500% 선발
2) 2단계 사정: 전형요소 성적 총점의 고득점 순으로 모집단위별 모집인원의 100%를 합격자로 선발함
나. 후보자 결정: 불합격 처리되지 않은 자 전원을 후보자로 선발함

(6) 수시모집: 종합(지역인재 학교장추천전형)

① 지원자격

2024년 국내 고등학교 졸업예정자로서 입학일부터 졸업일까지 고등학교 전 과정을 대구, 경북 지역 고등학교에서 이수하고 소속(출신) 고등학교장의 추천을 받은 자
※ 고교별 추천 가능 인원: 1인

② 전형요소별 배점

모집단위	사정단계	선발인원	전형요소별 배점(반영비율)		
			서류평가	면접	합계
치의예과	1단계	500%	350점 (100%)	-	350점 (100%)
	2단계	100%	350점 (70%)	150점 (30%)	500점 (100%)

③ 서류평가 및 면접

가. 서류평가
1) 평가자료 : 학교생활기록부
2) 평가방법 및 내용
가) 제출된 평가자료를 바탕으로 종합적으로 평가함
나) 다수의 평가위원이 350점 만점으로 평가하며, 이 평가점수의 평가점수를 수험생의 성적으로 함
3) 반영점수 : 350(최고점) ~ 0점(최저점)
나. 면접
1) 평가내용 및 방법
가) 수험생 개인별로 다음과 같이 10분 내외로 진행하며 평가기준에 따라 종합적으로 평가함
나) 다수의 평가위원이 150점 만점으로 평가하며, 이 평가점수의 평균을 수험생의 성적으로 함
2) 반영점수 : 150점(최고점) ~ 0점(최저점)

④ 최저수학능력기준: 없음

⑤ **선발방법**

가. 합격자 결정
1) 1단계 사정: 서류평가 성적순으로 모집인원의 500% 선발
2) 2단계 사정: 전형요소 성적 총점의 고득점 순으로 모집단위별 모집인원의 100%를 합격자로 선발함
나. 후보자 결정: 불합격 처리되지 않은 자 전원을 후보자로 선발함

(7) 수시모집: 논술(논술(AAT)전형)
① 지원자격

고등학교 졸업자(2024년 2월 말 이전 졸업예정자 포함) 또는 법령에 의하여 고등학교 졸업 이상의 학력이 있다고 인정되는 자

② 전형요소별 배점

모집단위	사정단계	선발인원	전형요소별 배점(반영비율)		
			학생부	논술	합계
			교과	(AAT)	
치의예과	일괄합산	100%	150점 (30%)	350점 (70%)	500점 (100%)

③ 논술(AAT)고사

가. 문제유형 : 3종(인문계열, 자연계열Ⅰ, 자연계열Ⅱ)
1) 자연계열Ⅰ: 수학(수학, 수학Ⅰ, 수학Ⅱ, 미적분)과 교과목 통합형(수학, 자연과학 등)
2) 자연계열Ⅱ: 수학(수학, 수학Ⅰ, 수학Ⅱ, 미적분)과 의학논술
※ 자연계열Ⅱ 응시 모집단위 : 의예과, 치의예과, 수의예과
나. 답안 유형 : 논술형, 약술형, 풀이형
다. 반영점수 : 350점(최고점) ~ 0점(최저점)
라. 고사시간 : 100분

④ 최저수학능력기준

해당전형	모집단위	국어, 수학, 영어, 탐구(1과목)	한국사
학생부종합	치의예과	탐구영역 필수, 상위 3개 영역 등급 합이 4이내	응시

⑤ 선발방법

가. 합격자 결정: 최저수학능력기준 충족자 중에서 전형요소 성적 총합의 고득점 순으로 모집단위별 모집인원의 100%를 합격자로 선발함
나. 후보자 결정: 불합격 처리되지 않은 자 전원을 후보자로 서날함

(8) 학생부종합 농어촌학생전형
① 지원자격

가. 고등학교 졸업자(2023년 2월 말 이전 졸업예정자 포함)

나. 다음 중 어느 하나에 해당하는 자

 1) 6년 과정 이수자: 농어촌 소재 중고등학교에서 입학부터 졸업까지 전 교육과정을 이수한 자로서, 수험생의 중고등학교 교육과정 이수 기간 동안 본인 및 부모 모두 농어촌 지역에 거주한 자

 2) 12년 과정 이수자: 농어촌 소재 초중고등학교에서 입학부터 졸업까지 전 교육과정을 이수 및 거주한 자

※ 농어촌 소재라 함은 지방자치법 제3조에 따른 읍/면 지역 및 도서벽지 교육진흥법 시행규칙 제2조에 따른 도서, 벽지 지역을 말함

※ 재학 중 또는 졸업 이후 읍면이 행정구역 개편으로 동으로 된 경우 동을 읍면으로 인정

※ 농어촌소재 특수목적고(과학고, 외국어고, 국제고, 예술고, 체육고, 마이스터고)와 자율형사립고 출신자는 지원할 수 없음

※ 농생명산업, 수산, 해운계열고등학교는 행정구역상 기초지방자치단체인 '시'의 '동'소재라 하더라도 농어촌학생전형 대상학교에 포함되며, 이 경우에도 농어촌 거주요건은 충족해야 함

② 전형요소별 배점

모집단위	사정단계	선발인원	전형요소별 배점(반영비율)		합계
			서류평가		
치의예과	일괄합산	100%	500(100%)		500점(100%)

③ 서류평가: 학생부종합(일반학생전형)과 동일

④ 수능최저학력기준

해당전형	모집단위	국어, 수학, 영어, 탐구(1과목)	한국사
학생부종합	치의예과	상위 3개 영역 등급 합이 4이내	응시

⑤ 선발방법

가. 합격자 결정: 최저수학능력기준 충족자 중에서 전형요소 성적 총합의 고득점 순으로 모집단위별 모집인원의 100%를 합격자로 선발함

나. 후보자 결정: 미등록으로 인한 결원 발생 시 예비 후보자 중에서 총점의 고득점자 순으로 선발함

(9) 정시모집: 수능 '나'군

① 지원자격

고등학교 졸업자(2024년 2월 말 이전 졸업예정자 포함) 또는 법령에 의하여 고등학교 졸업 이상의 학력이 있다고 인정되는 자

② 전형요소별 배점

모집단위	사정단계	선발인원	전형요소별 배점(반영비율)		
			수능	실기고사	합계
치의예과	일괄합산	100%	1,000점 (100%)	-	1,000점 (100%)

③ 대학수학능력시험 성적 반영 방법

가. 영역(과목)별 환산 표준점수 반영 기준

모집단위		국어	수학	영어	탐구	합계
자연계열	치의예과	200	300	100	200	800

※ 단, 탐구영역은 수능 성적표상의 백분위를 활용하여 우리 대학교가 자체 산출한 변환표준점수를 적용

나. 영역(과목)별 반영점수 산출

모집단위	반영점수 산출
치의예과	본인 취득 표준점수 합 × 1000/800

다. 영어 반영방법 : 등급별 차등 반영점수(환산 표준점수) 적용

등급	1등급	2등급	3등급	4등급	5등급	6등급	7등급	8등급	9등급
반영 점수	100	97	92	87	82	77	72	67	62

라. 한국사 반영방법 : 등급별 차등 가점 부여

등급	1등급	2등급	3등급	4등급	5등급	6등급	7등급	8등급	9등급
추가 점수	10	10	10	10	9.8	9.6	9.4	9.2	9.0

④ 선발방법

가. 합격자 결정: 각 전형요소 성적 총점이 고득점 순으로 모집단위별 모집인원의 100%를 합격자로 선발함
나. 후보자 결정: 불합격 처리되지 않은 자 전원을 후보자로 선발함

10) 전남대학교[52]

■ 치과대학 모집인원은 아래와 같습니다.

구분	정원 내 전형						
	수시모집					정시모집	
	학생부교과전형				학생부종합전형	수능 가군	
	일반	지역인재	사회적 배려대상자	지역기회균형	고교생활우수자 유형 I	일반전형	지역인재전형
치의학전문대학원	5	12	1	1	4	4	8

(1) 수시모집: 학생부교과전형(일반전형)

① 지원자격

- 국내 고등학교 졸업자(2024년 2월 졸업예정자 포함) 또는 법령에 의하여 고등학교 졸업 이상의 학력을 인정받은 자
※ 수능최저학력기준이 있으므로 2024학년도 대학수학능력시험에 응시해야 함

② 전형방법

전형명	전형요소		반영점수			반영비율	
			기본점수	실질점수	배점	명목비율	실질비율
학생부교과	학생부	석차등급산출과목 (공통/일반선택 등)	750	250	1005	100%	100%
		진로선택	0	5			
		합계	750	255	1005	100%	100%

③ 수능최저학력기준

모집단위	반영 영역	수능최저학력기준
치의학전문대학원	국, 영, 수(기하 또는 미적분 중 택1), 과탐(1과목) 3개 영역 중	5등급 이내

(2) 수시모집: 학생부교과전형(지역인재전형)

① 지원자격

- 호남지역(광주·전남·전북) 소재 고등학교 전 과정(입학부터 졸업까지)을 이수한 고등학교 졸업자(2024년 2월 졸업예정자 포함)

---

52) 2024 전남대 모집요강

② 전형방법

전형명	전형요소		반영점수			반영비율	
			기본점수	실질점수	배점	명목비율	실질비율
학생부교과	학생부	석차등급산출과목 (공통/일반선택 등)	750	250	1005	100%	100%
		진로선택	0	5			
	합계		750	255	1005	100%	100%

③ 수능최저학력기준

모집단위	반영 영역	수능최저학력기준
치의학전 문대학원	국, 영, 수(기하 또는 미적분 중 택1), 과탐(1과목) 3개 영역 중	6등급 이내

(3) 수시모집: 학생부교과전형(사회적배려대상자전형)
① 지원자격

2024학년도 대학수학능력시험(한국사포함) 모집단위(계열별) 반영영역에 응시한 자로서, 고등학교 졸업자(2024년 2월 졸업예정자 포함) 또는 법령에 의하여 고등학교 졸업 이상의 학력을 인정받은 자이며 아래의 대상 중 한 가지에 해당하는 자

구분	지원자격
국가보훈대상자	- 국가보훈기본법 제3조 제2호에 따른 '국가보훈대상자'로서 국가 보훈관계 법령에 따른 교육지원대상자로 보훈(지)청장이 발행하는 대학입학특별전형대상자증명서 발급 대상자
기초생활수급자, 차상위계층, 한부모가족 지원대상자	- 국민기초생활보장법 제2조제1호(수급권자),제2호(수급자),제10호 (차상위계층)에 의한 대상자 - 한부모가족지원법 제5조 또는 제5조의2에 의한 대상자

② 전형방법

전형명	전형요소		반영점수			반영비율	
			기본점수	실질점수	배점	명목비율	실질비율
학생부교과	학생부	석차등급산출과목 (공통/일반선택 등)	750	250	1005	100%	100%
		진로선택	0	5			
	합계		750	255	1005	100%	100%

③ 수능최저학력기준

모집단위	반영 영역	수능최저학력기준
치의학전문대학원	국, 영, 수(기하 또는 미적분 중 택1), 과탐(1과목) 3개 영역 중	7등급 이내

(4) 수시모집: 학생부교과전형(지역기회균형)

① 지원자격

- 호남 지역(광주·전남·전북) 소재 고등학교 전 과정을 이수(입학 일부터 졸업 일까지)한 고등학교 졸업자(2024년 2월 졸업예정자 포함)로 아래 지원자격 중 하나에 해당하는 자
※「초·중등교육법」 제2조에 따른 고등학교 외 고교 졸업 동등 학력자는 지원자격에서 제외
※ 수능최저학력기준이 적용되는 모집단위는 2024학년도 대학수학능력시험에 응시해야 함

구분	지원자격
기초생활수급자, 차상위계층, 한부모가족 지원대상자	• 「국민기초생활 보장법」 제2조제1호(수급권자), 제2호(수급자), 제10호(차상위계층)에 의한 대상자 • 「한부모가족지원법」 제5조 또는 제5조의2에 의한 대상자

② 전형방법

전형명	전형요소		반영점수			반영비율	
			기본점수	실질점수	배점	명목비율	실질비율
학생부교과	학생부	석차등급산출과목 (공통/일반선택 등)	750	250	1005	100%	100%
		진로선택	0	5			
	합계		750	255	1005	100%	100%

③ 수능최저학력기준

모집단위	반영 영역	수능최저학력기준
치의학전문대학원	국, 영, 수(기하 또는 미적분 중 택1), 과탐(1과목) 3개 영역 중	7등급 이내

(5) 수시모집: 학생부종합전형(고교생활우수자전형Ⅰ)

① 지원자격

국내 고등학교 학교생활기록부가 있는 고등학교 졸업자(2024년 2월 졸업예정자 포함) ※ 수능최저학력기준이 적용되는 모집단위는 2024학년도 대학수학능력시험에 응시해야 함 ※ 국내 고등학교 석차등급의 성적산출이 불가능한 자는 지원할 수 없음

② 선발방법 및 전형요소별 반영비율

전형명	선발단계	선발배수	전형요소별 반영점수 및 비율			수능최저 학력기준
			서류평가(%)	면접(%)	합계(%)	
학생부종합 (고교생활 우수자전형 유형Ⅰ)	1단계	6배수	700 (100%)	-	700(100%)	미적용
	2단계	1배수	700(70%)	300(30%)	1,000(100%)	

③ 수능최저학력기준

모집단위	반영 영역	수능최저학력기준
치의학전 문대학원	국, 영, 수(기하 또는 미적분 중 택1), 과탐(1과목) 3개 영역 중	6등급 이내

(6) 정시모집: 수능(가군)

① 지원자격

1. 일반전형

2024학년도 대학수학능력시험(한국사포함) 모집단위(계열별) 반영영역에 응시한 자로서, 고등학교 졸업자(2024년 2월 졸업예정자 포함) 또는 법령에 의하여 고등학교 졸업 이상의 학력을 인정받은 자

2. 지역인재전형

2024학년도 대학수학능력시험(한국사 포함) 반영영역에 응시한 자로서, 호남지역(광주·전남·전북) 소재 고등학교 전 과정(입학부터 졸업까지)을 이수한 고등학교 졸업자(2024년 2월 졸업예정자 포함)

② 전형방법

모집시기	전형유형	전형명	전형요소별 반영비율	
			수능	실기
가군	수능위주	수능(일반전형)	100%	

■ 대학수학능력시험 반영영역

계열	모집단위	국어	수학	탐구	영어	한국사
치의학전문대		선택과목 미지정	기하 또는 미적분 중 택 1	과탐 2과목	등급별 등급점수 반영	

■ 대학수학능력시험 영역별 성적 반영 방법

- 국어, 수학, 탐구영역: 대학수학능력시험 성적의 표준점수를 활용하며, 우리 대학이 자체 산출한 변환표준점수를 반영함(탐구영역은 반드시 2과목을 응시해야 함)

- 수능 영역별 반영비율

계열	수능					등급점수	계	전형총점
	변환표준점수(비율)					영어		
	국어	수학	탐구		소계			
			1과목	2과목				
자연	240점 (30%)	320점 (40%)	120점 (15%)	120점 (15%)	800점 (100%)	200점	1,000점	1,000점

- 영어영역: 대학수학능력시험 성적의 등급을 활용하며, 우리 대학이 정한 등급별 등급점수를 반영함

등급	1	2	3	4	5	6	7	8	9
점수	200	190	180	170	160	150	140	130	0

- 한국사 영역: 대학수학능력시험 성적의 등급을 활용하며, 우리 대학이 정한 등급별 등급점수를 전형총점에 가산하여 반영함

등급	1	2	3	4	5	6	7	8	9
점수	10					9	8	7	0

11) 원광대학교[53]

■ **치과대학 모집인원은 아래와 같습니다.**

학과	수시모집						정시모집
	학생부종합						수능
	정원내				정원외		정원내
	학생부종합	지역인재Ⅰ		지역인재Ⅱ	기회균형Ⅱ	농어촌학생	정시 (나)
		전북	광주전남				
치의예과 (자연)	12	22	10	2	2	2	28
치의예과 (인문)	2	-	-	-	-	-	-

(1) 수시모집: 학생부종합

① 지원자격

국내 고등학교 졸업(예정)자 또는 법령에 의하여 동등 이상의 학력이 있다고 인정된 자

② 최저학력기준

　가. 자연계열

국어, 수학(선택 : 미적분, 기하 중 택1), 영어, 과학탐구(2과목 평균) 중 수학 포함 **3개 영역 등급의 합이 6이내**

　나. 인문계열

국어, 수학, 영어, 사회탐구(2과목 평균) 중 수학 포함 **3개 영역 등급의 합이 6이내**

③ 전형방법

구분	서류평가		면접		총점	비고
	최고점	최저점	최고점	최저점		
1단계	700점	600점	-		700점 (100%)	1단계: 5배수 서류 100%
2단계	700점(1단계성적) (70%)		300	270	1,000점 (100%)	

(2) 수시모집: 학생부종합(지역인재Ⅰ 전형)

① 지원자격

전북, 광주·전남 소재의 동일 지역 내 고등학교에서 입학 시부터 졸업 시까지 전 교육과정을 이수한 졸업(예정)자

가. 고등학교 : 고등학교 입학일부터 졸업일까지 동일 지역 내 고등학교에서 교육과정을 이수한 졸업(예정)자

나. 전북 ↔ 광주·전남 소재의 고등학교로의 전학은 인정하지 않음

---

53) 2024 원광대 모집요강

다. 모집단위 : 의예과
라. 지역구분 : 2개 지역으로 구분하여 모집(①전북 ②광주·전남)

② 수능최저학력기준
가. 자연계열

국어, 수학(선택 : 미적분, 기하 중 택1), 영어, 과학탐구(2과목 평균) 중 수학 포함 **3개 영역 등급의 합이 6이내**

나. 인문계열

국어, 수학, 영어, 사회탐구(2과목 평균) 중 수학 포함 **3개 영역 등급의 합이 6이내**

③ 전형방법

구분	서류평가		면접		총점	비고
	최고점	최저점	최고점	최저점		
1단계	700점	600점	-		700점 (100%)	1단계: 5배수 서류 100%
2단계	700점(1단계성적) (70%)		300	270	1,000점 (100%)	

(3) 수시모집: 학생부종합(지역인재Ⅱ 전형)
① 지원자격

호남권(전북, 광주·전남) 소재의 동일 지역 내 고등학교에서 입학 시부터 졸업 시까지 전 교육과정을 이수한 졸업(예정)자로 아래 하나에 해당하는 자 - 초중등교육법 제2조에 따른 고등학교에 한함 (그 외 고교졸업 동등학력자는 지원자격에 해당하지 않음) - 2023년 9월 1일 기준 다음 항목에 해당하여야 함 가. 국민기초생활보장법 제2조제1호에 따른 수급권자 및 제2호에 따른 수급자 나. 국민기초생활보장법 제2조제10호에 따른 차상위계층 중 복지급여(차상위 자활급여, 차상위 장애수당, 차상위 장애인연금부가급여, 차상위 본인부담경감)를 받고 있는 가구 학생 또는 차상위계층 확인서 발급 대상 가구 학생 다. 한부모가족지원법 제5조 및 제5조의2에 따른 지원대상 가구 학생 ※ 지역을 구분하여 모집하지 않음

② 수능최저학력기준
가. 자연계열

국어, 수학(선택 : 미적분, 기하 중 택1), 영어, 과학탐구(2과목 평균) 중 수학 포함 **3개 영역 등급의 합이 6이내**

나. 인문계열

국어, 수학, 영어, 사회탐구(2과목 평균) 중 수학 포함 **3개 영역 등급의 합이 6이내**

③ 전형방법

구분	서류평가		면접		총점	비고
	최고점	최저점	최고점	최저점		
1단계	700점	600점		-	700점 (100%)	1단계: 5배수 서류 100%
2단계	700점(1단계성적) (70%)		300	270	1,000점 (100%)	

(4) 수시모집: 학생부종합(기회균형Ⅱ, 농어촌전형)_정원 외

① 지원자격

가. 기회균형Ⅱ

국내 고등학교 졸업(예정)자 또는 법령에 의하여 동등 이상의 학력이 있다고 인정된 자 중 다음 중 하나의 항목에 해당하는 자 (2023년 9월 1일 기준 다음 항목에 해당하여야 함)

가. 국민기초생활보장법 제2조 제1호에 따른 수급권자 및 제2호에 따른 수급자

나. 국민기초생활보장법 제2조 제10호에 따른 차상위계층 중 복지급여를 받고 있는 가구의 가구원 또는 차상위계층 확인서 발급 대상 가구의 가구원

※ 복지급여: 차상위 자활급여, 차상위 장애수당, 차상위 장애인연금부가급여, 차상위 본인부담경감

다. 한부모가족지원법 제5조 및 제5조의2에 따른 지원대상자

※ 2024학년도 수능응시와 관계없이 지원 가능

나. 농어촌학생

국내 고등학교 졸업(예정)자로서 아래 '유형Ⅰ' 또는 '유형 Ⅱ' 중 하나의 자격에 해당하는 자

가. (유형Ⅰ) 농어촌지역 및 도서·벽지 지역에 소재하는 중·고등학교에서 중학교 입학 시부터 고교 졸업 시까지 전 교육과정을 이수한 졸업(예정)자로서 동 재학기간(6년) 동안 본인 및 그의 부모 모두가 농어촌지역 및 도서·벽지지역에 거주한 자

나. (유형Ⅱ) 농어촌지역 및 도서·벽지 지역에 소재하는 초·중·고등학교에서 초등학교 입학 시부터 고교 졸업 시까지 전 교육과정을 이수한 졸업(예정)자로서 동 재학기간(12년) 동안 본인이 농어촌지역 및 도서·벽지지역에 거주한 자

※ 농어촌지역 :「지방자치법」제3조에 따른 읍·면 지역 및 행정구역상 읍·면에 해당하는 전 지역

※ 도서·벽지지역 :「도서·벽지 교육진흥법」제2조에 따른 도서·벽지 지역

다. 지원 자격 유의사항

1) 특목고(과학고, 외국어고, 국제고, 체육고, 예술고) 및 검정고시 합격자는 제외함

2) 재학 중 2개 이상의 학교를 재학한 경우에도 각각 농어촌지역 및 도서·벽지 지역에 해당하는 거주지 및 학교이어야 함

3) 재학 중 행정구역 개편 등으로 지역이 변경된 경우에는 당해 지역을 농어촌지역 및 도

서·벽지 지역으로 인정함

4) 주민등록이 직권 말소 또는 신고 말소된 경우에는 농어촌지역 및 도서·벽지 지역에 거주한 것으로 인정하지 않음

라. 부모 이혼 또는 부, 모 중 한 명이 사망·실종(법률상)인 경우에는 다음 기준에 따름(농어촌1유형에 한함)

공통	이혼·사망·실종(법률상) 이전까지 부·모·본인이 농어촌 지역 및 도서·벽지 지역에 거주하여야 함
이혼	법률상 이혼일 이후부터는 친권이 있는 부 또는 모와 본인이 농어촌 지역 및 도서·벽지 지역에 거주하여야 함
사망, 실종	부모 중 한 명이 사망(실종)인 경우, 법률상 사망(실종)일 이후부터는 생존하는 부 또는 모와 본인이 농어촌 지역 및 도서·벽지 지역에 거주하여야 함

※ 2024학년도 수능응시와 관계없이 지원 가능

② 수능최저학력기준: 없음

③ 전형방법

구분	서류평가		면접		총점	비고
	최고점	최저점	최고점	최저점		
1단계	700점	600점	-		700점 (100%)	1단계: 5배수 서류 100%
2단계	700점(1단계성적) (70%)		300	270	1,000점 (100%)	

(5) 정시모집: 수능 나군 일반전형

① 지원자격

고등학교 졸업(예정)자, 검정고시 합격자 또는 법령에 의하여 동등 이상의 학력이 있다고 인정된 자로서 2024학년도 대학수학능력시험에 응시한 자

② 수능 지정 응시영역

국어, 수학(미적분, 기하 중 택1), 영어, 한국사, 탐구(과학탐구 2과목) 반영

※ 영어 영역 1등급 100점, 2등급 95점, 3등급 90점, 4등급 80점, 5등급 70점, 6등급 60점, 7등급 55점, 8등급 50점, 9등급 45점

※ 한국사의 경우 가산점으로 1~5등급까지는 5점, 6등급 4점, 7등급 3점, 8등급 2점, 9등급 1점 부여

※ 수능 지정영역 미 응시자의 경우 해당영역은 최저점 처리함(단, 의예과, 치의예과, 한의예과, 약학과의 경우 지정영역 및 지정선택과목 응시오류는 불합격 처리함

5. 2024학년도 한의과대학 선발기준

V. 2024학년도 한의과대학 선발기준

1. 한의과대학

1) 경희대학교[54]

■ 한의과대학 모집인원은 아래와 같습니다.

대학	모집단위	수시			정시	
		학생부종합	학생부교과	논술	수능위주	기회균형
		학생부종합(네오르네상스전형)	지역균형전형	논술우수자 전형	「나」군	농어촌학생
한의과 대학	한의예과 (자연)	22	8	16	32	1
	한의예과 (인문)	9	3	5	13	-

(1) 수시모집: 학생부종합(네오르네상스전형)

① 지원자격

고등학교 졸업(예정)자 또는 법령에 따라 이와 같은 수준 이상의 학력이 있다고 인정되는 자로서 본교의 인재상인 '문화인', '세계인', '창조인' 중 하나에 해당해야함
· 문화인: 문화·예술적 소양을 바탕으로 다양한 공동체 안에서 삶을 완성해 나가는 책임 있는 교양인으로 성장할 잠재력을 갖춘 자
· 세계인: 외국어능력을 바탕으로 지구적 차원에서 타인과 함께 평화를 추구하는 세계시민으로 성장할 잠재력을 갖춘 자
· 창조인: 수학과 과학에 대한 재능과 탐구력을 바탕으로 학문간 경계를 가로지르며 유·복합 분야를 개척하는 전문인으로 성장할 잠재력을 갖춘 자

② 전형요소 및 반영비율

· 1단계는 서류평가 성적으로 모집인원의 4배수 내외를 선발, 2단계는 대학수학능력시험 최저학력기준을 충족한 지원자 중 1단계 성적과 면접평가 성적을 합산하여 총점 순으로 선발합니다.
· 2단계 면접평가는 개인당 8분 내외(단, 의학계열은 18분 내외)로 진행됩니다.
· 공통서류를 기한 내에 미제출·미입력하거나 면접평가에 불참한 경우, 입학전형 대상에서 제외됩니다.
· 자기소개서의 대필·허위 작성 확인 시 입학 전·후를 막론하고 본교 서류적절성 심의위원회의 심의를 거쳐 전형에서 제외되거나, 합격 또는 입학을 취소합니다.
· 학교생활기록부에 미기재된 사항이 있을 경우, 확인을 위하여 추가 서류 제출을 요구할 수 있습니다.

---

54) 2024 경희대 모집요강

| 사정방법 | 단계 | 선발비율 | 구분 | 전형 요소별 반영 비율 | | 계 |
				서류평가 성적	면접평가 성적	
다단계	1단계	300% 내외	비율	100%	-	100%
			배점	700점	-	700점
	2단계	100%	비율	70%	30%	100%
			배점	700점	300점	1,000점

■ 수능 최저학력기준 - 없음

■ 제출서류: 학교생활기록부(공통), 자기소개서(공통)

(2) 수시모집: 학생부교과(지역균형전형)
① 지원자격

국내 고등학교 졸업예정자로서 3개 학기 이상의 교과 성적이 있는 학생으로 아래 본교 인재상 ①~④ 중 하나에 부합하여 학교장이 지정 기간 내에 추천한 학생이어야 합니다.
① 문화인재: 풍부한 독서와 교과 외 활동을 통한 입체적 사유능력, 토론 및 글쓰기 능력, 문화·예술적 소양을 고루 갖춘 학생
② 글로벌인재: 외국어 능력, 세계 문제에 대한 관심과 활동 등을 기반으로 '지속가능하고 공평한 세계'를 만드는 데 기여하고자 하는 학생
③ 리더십인재: 전교학생(부)회장, 학급(부)회장, 동아리(부)회장 등 리더십 활동, 팀워크에 기반한 사회 현장 활동을 통해 '더 나은 사회(공동체)' 건설에 헌신하고자 하는 학생
④ 과학인재: 주제탐구, 과제연구, 탐험, 발명, 창업 등 창의적 도전정신과 과학적 사고력이 남다른 학생
※ 추천 인원: 2022년 4월 1일 기준, 고등학교 3학년 재학 인원의 5% 이내(소수점 첫째 자리에서 버림하여 계산)
※ 초·중등교육법 시행령 제76조의3에서 정하는 고등학교에 한해 지원자격 인정[영재학교, 각종학교(학력인정 평생교육시설, 대안학교 등), 방송통신고, 산업체부설고, 고등기술학교는 제외]

② 전형요소 및 반영비율

| 사정방법 | 구분 | 전형 요소별 반영 비율 | | 계 |
		학교생활기록부 교과·비교과(출결,봉사) 성적	교과종합평가	
일괄합산	비율	70%	30%	100%
	배점	700점	300점	1,000점

③ 수능최저학력기준

계열/모집단위	최저학력기준
한의예과(인문)	국어, 수학, 영어, 사회/과학탐구(1과목) 중 3개 영역 등급의 합이 4 이내이고, 한국사 5등급 이내
한의예과(자연)	국어, 수학, 영어, 과학탐구(1과목) 중 3개 영역 등급의 합이 4 이내이고, 한국사 5등급 이내

※ 수학 선택과목은 인문계열 확률과통계, 미적분, 기하 중 1개 과목, 자연 및 의·약학계열 미적분, 기하 중 1개 과목을 반영합니다.

※ 탐구영역은 상위 1개 과목을 반영합니다.

※ 한국사는 본교의 대학수학능력시험 최저학력기준 충족조건과 상관없이 필수 응시해야하는 과목입니다.

④ 제출서류: 학교생활기록부(공통)

(3) 수시모집: 논술(논술우수자전형)
① 지원자격

고등학교 졸업(예정)자 또는 법령에 따라 이와 같은 수준 이상의 학력이 있다고 인정되는 자

② 전형요소 및 반영비율

• 대학수학능력시험 최적학력기준을 충족한 지원자 중 논술고사 성적과 학교생활기록부 교과 및 비교과(출결·봉사) 영역 성적을 합산하여 총점 순으로 선발합니다.

사정 방법	구분	전형 요소별 반영 비율		계
		논술고사 성적	학교생활기록부 교과·비교과 성적	
일괄 합산	비율	70%	30%	100%
	배점	700점	300점	1,000점

③ 논술고사

구분	자연계열(의·약학계)
문항 수	- 수학, 과학 각 4문항 내외
형식	- 문항별 지정된 답안란에 작성(노트형식)
시간	- 120분
특징	- 수리논술, 과학논술 출제 - 수학은 필수 - 과학은 물리학, 화학, 생명과학 중 1과목 선택

※ 고등학교 교과과정에서 출제되며, 고등학교 교육과정을 충실히 이수한 학생이라면 쉽게 접근할 수 있는 수준입니다.

※ 단순 암기나 전문 지식이 아닌 논리적인 사고력을 평가합니다.

※ 기출 논술문제, 예시답안, 채점기준과 논술특강 동영상은 본교 입학처 홈페이지(iphak.khu.ac.kr)에 항시 공개됩니다.

※ 세부내용은 추후 변경될 수 있으므로, 최종 확정 내용은 2024학년도 원서접수 이전에 본교 입학처 홈페이지 (iphak.khu.ac.kr)에서 모집요강 등을 통해 반드시 확인하기 바랍니다

■ 수능 최저학력기준

계열/모집단위	최저학력기준
한의예과(인문)	국어, 수학, 영어, 사회/과학탐구(1과목) 중 3개 영역 등급의 합이 4 이내이고, 한국사 5등급 이내
한의예과(자연)	국어, 수학, 영어, 과학탐구(1과목) 중 3개 영역 등급의 합이 4 이내이고, 한국사 5등급 이내

※ 한국사는 본교의 대학수학능력시험 최저학력기준 충족조건과 상관없이 필수 응시해야 하는 과목입니다.

(4) 정시모집: 수능 「나」군
① 지원자격

가. 수능위주 전형

고등학교 졸업(예정)자 또는 법령에 따라 이와 같은 수준 이상의 학력이 있다고 인정되는 자

※ 2024학년도 대학수학능력시험에서 지원 모집단위별 수능 반영영역을 응시해야함

나. 고른기회전형-농·어촌학생

국내고등학교 졸업예정자로서 아래의 <유형 1>과 <유형2> 중 하나에 해당해야 합니다.

※ 단, 농어촌지역(읍 또는 면) 또는 도서·벽지 소재 특수목적고 중 과학고등학교, 외국어고등학교, 국제고등학교, 예술고등학교, 체육고등학교와 자율형사립고등학교 졸업(예정)자는 지원대상에서 제외합니다.

※ 입학부터 졸업까지 해당 조건을 충족시켜야 하며, 2개 이상의 학교에서 재학한 경우 재학 고교 모두가 반드시 고교유형 조건을 충족시켜야 합니다.

※ 고교 유형이 재학 중에 변경된 경우, 입학 또는 전입 당시의 고교 유형을 기준으로 합니다.

※ 지원자격은 연속된 연수만을 인정합니다.

유형1	- 아래의 1~2를 모두 충족하는 자 1. 농어촌지역(읍 또는 면) 또는 도서벽지에 소재하는 국내 중학교 입학부터 고등학교 졸업까지 재학한 자 2. 국내 중학교 입학부터 고등학교 졸업까지 본인 및 부모 모두가 농어촌지역 (읍 또는 면) 또는 도서벽지에서 거주한 자
유형2	- 아래의 1~2를 모두 충족하는 자 1. 농어촌지역(읍 또는 면) 또는 도서벽지에 소재하는 국내 초등학교 입학부터 고등학교 졸업까지 재학한자 2. 국내 초등학교 입학부터 고등학교 졸업까지 본인이 농어촌지역(읍 또는 면) 또는 도서벽지에서 거주한 자

※ 농어촌 지역(읍 또는 면)의 의미: 군 지역과 시 지역 중 읍면 지역을 의미합니다.

※ 재학 기간 중, 행정구역이 읍 또는 면에서 동으로 변경된 경우의 처리

 - 지원자격 인정: 고등학교(중학교, 초등학교) 재학 중 행적구역 개편 등으로 주소지/재학 학교 소재지가 읍 또는 면에서 동으로 변경된 경우, 해당 학교에 재학하는 기간 동안에만 지원자격 인정(해당 주소지에 계속 거주하면서 전학 또는 상급학교로 진학하는 경우에는 지원자격 불인정)

 - 지원자격 미인정: 초등학교 또는 중학교, 고등학교 재학 중 행정구역 개편 등으로 읍 또는 면에서 동으로 변경된 지역에 계속 거주하면서 전학 또는 상급학교(중학교, 고등학교)로 진학한 경우 지원자격 미인정

※ 도서 벽지의 의미: 도서벽지 교육진흥법 시행규칙 제2조에 해당하는 지역을 의미합니다.

※ 본인 및 부모 모두가 농어촌지역 또는 도서벽지에서 거주함의 의미: 국내 중학교 입학부터 고등학교 졸업까지 지원자 및 부모 모두가 농어촌지역 또는 도서 벽지에서 거주함을 의미합니다. 단, 부모가 이혼한 경우, 이혼 시점부터 졸업까지 부모 중 1인(지원자와 부모의 거주지가 모두 다른 경우, 친권자 기준)과 농어촌지역 또는 도서 벽지에서 거주한 경우도 인정합니다.

※ 2개 이상의 학교에서 재학한 경우 해당 학교 모두가 반드시 읍면 또는 도서벽지에 소재해야 하되, 동일한 지역이 아니어도 무방합니다.

※ <대학입학전형 기본사항>에 의거, 거주지에서 직장소재지까지 부모의 출퇴근 가능 여부를 파악하며, 이는 서류평가에 반영될 수 있습니다

② 전형요소 및 반영비율

사정 방법	구분	전형 요소별 반영 비율	계
		대학수학능력시험	
일괄 합산	비율	100%	100%
	배점	800점	800점

■ 수능 최저학력기준: 없음

2) 가천대학교[55]

■ 한의예과 모집인원은 아래와 같습니다.

모집단위	수시			정시
	학생부교과		학생부종합	일반전형 1
	학생부우수자	농어촌	가천의약학	가군
의예과	5	1	20	15

(1) 수시모집: 학생부교과(지역균형전형)

① 지원자격

고교졸업(예정)자 및 법령에 따라 이와 같은 수준 이상의 학력이 있다고 인정되고, 해당 고등학교장의 추천을 받은 사람

② 전형방법: 학생부 교과 100%

③ 수능최저학력기준

계열/모집단위	반영영역	최적학력기준
의예과	국어, 수학(기하, 미적분), 영어, 과학탐구(2과목)	2개영역 각 1등급 (탐구영역 적용시 2과목 모두 1등급)

(2) 수시모집: 학생부교과(농어촌 전형)

① 지원자격

국내 고등학교(농어촌 소재지) 졸업(예정)자로 아래의 유형1과 유형2 중 하나에 해당되는 사람

<유형1>

1. 지방자치법 제3조에 의한 읍·면지역 및 도서·벽지지역 교육진흥법 시행규칙 제2조에 의한 지역
2. 국내 중학교 입학에서 고등학교 졸업(6년)까지 본인 및 부모 모두 농어촌 지역 거주
3. 중, 고등학교의 소재지가 농어촌 지역이어야 함
4. 검정고시출신자 및 특수목적고(과학고, 외국어고, 국제고, 예술고, 체육고) 출신자 제외

※ 재학기간 내 무단전출 및 기타 사유로 인한"직권(신고)말소"등이 1일이라도 있는 경우 (부모 포함) 지원할 수 없습니다.
※ 재학기간과 거주기간은 연속된 연수만을 인정합니다.
※ 고교졸업 이후 및 고교재학기간 중 읍·면에서 동으로 행정구역이 개편된 경우도 지원 가능합니다.
  (단, 동으로 행정구역이 개편된 후 주소지를 이전한 경우는 농어촌 읍·면지역으로 인정하지 않음)

---

55) 2024 가천대 모집요강

<유형2>
1. 지방자치법 제3조에 의한 읍·면지역 및 도서·벽지지역 교육진흥법 시행규칙 제2조에 의한 지역
2. 국내 초등학교 입학에서 고등학교 졸업(12년)까지 본인이 농어촌 지역 거주
3. 초, 중, 고등학교의 소재지가 농어촌 지역이어야 함
4. 검정고시출신자 및 특수목적고(과학고, 외국어고, 국제고, 예술고, 체육고) 출신자 제외

※ 재학기간 내 무단전출 및 기타 사유로 인한"직권(신고)말소"등이 1일이라도 있는 경우 지원할 수 없습니다.
※ 재학기간과 거주기간은 연속된 연수만을 인정합니다.
※ 고교졸업 이후 및 고교재학기간 중 읍·면에서 동으로 행정구역이 개편된 경우도 지원 가능합니다.
  (단, 동으로 행정구역이 개편된 후 주소지를 이전한 경우는 농어촌 읍·면지역으로 인정하지 않음)

② 전형방법: 학생부 교과 100%

③ 수능최저학력기준

계열/모집단위	반영영역	최적학력기준
의예과	국어, 수학(기하, 미적분), 영어, 과학탐구(2과목)	2개 영역 각 1등급 (탐구 영역 적용시 2과목 모두 1등급)

(3) 학생부종합(가천의약학 전형)
① 지원자격

고교졸업(예정)자 및 법령에 따라 이와 같은 수준 이상의 학력이 있다고 인정된 사람

② 전형방법

1단계	서류100% (4배수)
2단계	1단계평가 50% + 면접 50%

③ 수능최저학력기준

계열/모집단위	반영영역	최적학력기준
한의예과	국어, 수학(기하, 미적분), 영어, 과학탐구(2과목)	2개영역 각 1등급 (탐구영역 적용시 2과목 모두 1등급)

(4) 정시모집: 일반전형(수능 '가'군)
① 지원자격

2024학년도 대학수학능력시험 응시자로서 고교졸업(예정)자 및 법령에 따라 이와 같은 수준 이상의 학력이 있다고 인정되는 사람

② 전형방법: 수능100%

③ 수능 영역별 반영비율

계열/모집단위		수능영역별 반영비율(%)				한국사
		국어	수학	영어	탐구	
			기하, 미적분		과학	
자연	한의예과	25	30	20	25 (2과목)	필수

※ 대학수학능력시험 점수 활용지표는 백분위를 활용

3) 상지대학교[56]

■ 한의과대학 모집인원은 아래와 같습니다.

모집단위	수시							정시		
	정원 내						정원 외	수능위주		
	학생부교과			학생부종합			학생부교과			
	일반	교과 강원 인재	교과 강원 인재균형	종합 일반	종합 강원 인재	종합 강원 인재 균형	농어촌 학생	일반	지역 인재 Ⅰ	지역 인재 Ⅱ
한의예과	5	3	1	7	7	1	3	21	▲	■

※ "▲": 수시모집 지역인재Ⅰ,Ⅲ 미충원 이월 인원 선발(한의예과, 간호학과에 한함)
※ "■": 수시모집 지역인재Ⅱ, Ⅳ 미충원 이월 인원 선발(한의예과, 간호학과에 한함)

(1) 수시모집: 학생부교과(일반)
① 지원자격

고등학교를 졸업(예정)한 사람이나 법령에 따라 이와 같은 수준 이상의 학력이 있다고 인정된 사람

② 전형방법: 교과 100%

---

56) 2024 상지대 모집요강

③ 수능최저학력기준

• 수능 반영영역: 국어, 수학, 영어, 탐구 중 상위 3개 영역 (탐구영역을 반영할 때는 2개 과목 평균에서 소수점을 버린 등급으로 반영 하며, 직탐은 제외합니다.) • 수능 최저학력기준(3개 영역 등급 합이 다음 기준 중 1개 충족) ① 4등급 이내 ② 단, 수학(미적분/기하)과 탐구(과학 2개)를 모두 반영하는 경우 5등급 이내 [②번 기준은 수학(미적분/기하) 및 탐구(과학 2개)를 응시하더라도 수능 최저학력기준 계산 시 모두 반영되어야 적용됩니다. (수학 또는 탐구 중 하나라도 미반영 시 1번 기준 적용)]

(2) 수시모집: 학생부교과(교과강원인재, 교과강원인재균형)
① 지원자격
가. 교과강원인재

강원지역 고등학교 입학 및 졸업(예정)자

나. 교과강원인재균형

강원지역 고등학교 입학 및 졸업(예정)이면서 기초생활수급자(수급권자, 수급자 모두 해당), 차상위계층, 한부모가족지원대상자 중 어느 하나에 해당되는

② 전형방법: 교과 100%

③ 수능최저학력기준

• 수능 반영영역: 국어, 수학, 영어, 탐구 중 상위 3개 영역 (탐구영역을 반영할 때는 2개 과목 평균에서 소수점을 버린 등급으로 반영 하며, 직탐은 제외합니다.) • 수능 최저학력기준(3개 영역 등급 합이 다음 기준 중 1개 충족) ① 5등급 이내 ② 단, 수학(미적분/기하)과 탐구(과학 2개)를 모두 반영하는 경우 6등급 이내 [②번 기준은 수학(미적분/기하) 및 탐구(과학 2개)를 응시하더라도 수능 최저학력기준 계산 시 모두 반영되어야 적용됩니다. (수학 또는 탐구 중 하나라도 미반영 시 1번 기준 적용)]

※ 추가서류제출자는 모집요강을 참고하시기 바랍니다.

(3) 수시모집: 학생부종합(종합일반)
① 지원자격

국내 고등학교 졸업(예정)자 중 국내 고등학교에서 4개 학기 이상 교육과정을 이수한 자

② 전형요소별 반영비율

- 학생부종합 100%(교과 40%, 비교과 60%)
- 면접, 자기소개서, 추천서 없음

③ 비교과 서류 평가방법

- 입학사정관 2인이 전형자료를 종합적, 정성적으로 평가하며, 평균점수가 340점 미만이면 과락으로 불합격 처리됩니다.
- 서류평가 기준

평가항목	평가 요소별 평가 내용	최고점
진로 역량	① 전공 관련 교과 이수 노력 고교에서 전공(계열)에 필요한 과목을 선택하여 이수한 정도 ② 진로 탐색 활동과 경험 자신의 진로를 탐색하는 과정에서 이루어진 활동이나 경험 및 노력 정도	250점
학업 역량	① 학업성취도 고교 교육과정에서 이수한 교과의 성취수준이나 학업 발전의 정도 ② 학업태도 및 탐구활동 학업을 수행하고 학습해 나가려는 의지와 노력	200점
공동체 역량	① 성실성과 규칙 준수 책임감을 바탕으로 자신의 의무를 다하고, 공동체의 기본 윤리와 원칙을 준수하는 태도 ② 협업과 소통 능력 공동체의 목표를 달성하기 위해 협력하며, 구성원들과 합리적인 소통을 할 수 있는 능력	150점

④ 수능최저학력기준

• 수능 반영영역: 국어, 수학, 영어, 탐구 중 상위 3개 영역 (탐구영역을 반영할 때는 2개 과목 평균에서 소수점을 버린 등급으로 반영 하며, 직탐은 제외합니다.) • 수능 최저학력기준(3개 영역 등급 합이 다음 기준 중 1개 충족) ① 4등급 이내 ② 단, 수학(미적분/기하)과 탐구(과학 2개)를 모두 반영하는 경우 5등급 이내 [②번 기준은 수학(미적분/기하) 및 탐구(과학 2개)를 응시하더라도 수능 최저학력기준 계산 시 모두 반영되어야 적용됩니다. (수학 또는 탐구 중 하나라도 미반영 시 1번 기준 적용)]

(4) 수시모집: 학생부종합(종합강원인재, 종합강원인재균형)

　　　가. 교과강원인재

강원지역 고등학교 입학 및 졸업(예정)자

　　　나. 교과강원인재균형

강원지역 고등학교 입학 및 졸업(예정)이면서 기초생활수급자(수급권자, 수급자 모두 해당), 차상위계층, 한부모가족지원대상자 중 어느 하나에 해당되는

② 전형요소별 반영비율

- 학생부종합 100%(교과 40%, 비교과 60%) - 면접, 자기소개서, 추천서 없음

③ 비교과 서류 평가방법

- 입학사정관 2인이 전형자료를 종합적, 정성적으로 평가하며, 평균점수가 340점 미만이면 과락으로 불합격 처리됩니다.
- 서류평가 기준

평가항목	평가 요소별 평가 내용	최고점
진로 역량	① 전공 관련 교과 이수 노력 　고교에서 전공(계열)에 필요한 과목을 선택하여 이수한 정도 ② 진로 탐색 활동과 경험 　자신의 진로를 탐색하는 과정에서 이루어진 활동이나 경험 및 　노력 정도	250점
학업 역량	① 학업성취도 　고교 교육과정에서 이수한 교과의 성취수준이나 학업 발전의 　정도 ② 학업태도 및 탐구활동 　학업을 수행하고 학습해 나가려는 의지와 노력	200점
공동체 역량	① 성실성과 규칙 준수 　책임감을 바탕으로 자신의 의무를 다하고, 공동체의 기본 윤리와 　원칙을 준수하는 태도 ② 협업과 소통 능력 　공동체의 목표를 달성하기 위해 협력하며, 구성원들과 합리적인 　소통을 할 수 있는 능력	150점

④ **수능최저학력기준**

• 수능 반영영역: 국어, 수학, 영어, 탐구 중 상위 3개 영역 (탐구영역을 반영할 때는 2개 과목 평균에서 소수점을 버린 등급으로 반영 하며, 직탐은 제외합니다.)
• 수능 최저학력기준(3개 영역 등급 합이 다음 기준 중 1개 충족)
① 5등급 이내
② 단, 수학(미적분/기하)과 탐구(과학 2개)를 모두 반영하는 경우 6등급 이내
[②번 기준은 수학(미적분/기하) 및 탐구(과학 2개)를 응시하더라도 수능 최저학력기준 계산 시 모두 반영되어야 적용됩니다. (수학 또는 탐구 중 하나라도 미반영 시 1번 기준 적용)]

(5) 수시모집: 학생부교과(농어촌)_정원외

① 지원자격

2024년 2월까지 초중등교육법 제2조에 따른 고등학교 졸업(예정)자로서 아래 ① 또는② 의 조건 중 하나를 만족하는 자
① 「지방자치법」제3조에 따른 읍·면 또는 「도서·벽지 교육진흥법」 제2조에 따른 도서·벽지 지역에 소재하는 중학교 및 고등학교에서 1학년 입학일부터 졸업일까지 전 교육과정을 이수하고 동일기간 동안 본인 및 부모 모두가 농어촌지역 또는 도서·벽지 지역에 함께 거주한 자 **(유형Ⅰ)**
② 「지방자치법」제3조에 따른 읍·면 또는 「도서·벽지 교육진흥법」 제2조에 따른 도서·벽지 지역에 소재하는 초등학교, 중학교 및 고등학교의 전 교육과정을 이수하고 본인이 농어촌 지역 또는 도서·벽지 지역에 거주한 자 **(유형Ⅱ)**

② 전형요소별 반영비율: 학생부교과 100%

③ 수능최저학력기준

• 수능 반영영역: 국어, 수학, 영어, 탐구 중 상위 3개 영역 (탐구영역을 반영할 때는 2개 과목 평균에서 소수점을 버린 등급으로 반영 하며, 직탐은 제외합니다.)
• 수능 최저학력기준(3개 영역 등급 합이 다음 기준 중 1개 충족)
① 4등급 이내
② 단, 수학(미적분/기하)과 탐구(과학 2개)를 모두 반영하는 경우 5등급 이내
[②번 기준은 수학(미적분/기하) 및 탐구(과학 2개)를 응시하더라도 수능 최저학력기준 계산 시 모두 반영되어야 적용됩니다. (수학 또는 탐구 중 하나라도 미반영 시 1번 기준 적용)]

(6) 정시모집: 수능(다군 일반전형)

　　① 지원자격

- 고등학교를 졸업한 사람이나 법령에 따라 이와 같은 수준 이상의 학력이 있다고 인정된 사람으로 아래 자격을 갖춘 사람
- 한의과대학 수능 선택영역에 따른 구분
　A형(21명): 수학(미적분/기하)와 탐구(과학 2개) 선택 필수
　B형(15명): 제한 없음

② **전형요소별 반영비율: 수능 100%**

모집단위	국어영역	수학영역	영어영역	탐구영역
한의예과	20%	40%	20%	20% (직탐불가)

4) 세명대학교[57]

■ 한의과대학 모집인원은 아래와 같습니다.

단과 대학	모집단위	수시모집				정시모집
		정원내		정원외		나군
		학생부교과	학생부종합	학생부교과		정원내
		지역인재	학생부	농어촌	기초생활/	수능위주
		(교과)	종합	학생	차상위/한부모	일반
한의과대학	한의예과	18	7	2이내	2이내	15+수시이월

(1) 수시모집: 학생부교과(지역인재전형)

　　① 지원자격

-2016년 ~ 2024년 2월 국내 고등학교 졸업(예정)자 중 입학일로부터 졸업일까지 충청권 소재 고등학교에서 전(全) 교육과정을 이수한 자
※ 2개 이상의 고등학교에서 재학한 경우, 해당 고등학교 모두 충청권에 소재하여야함 (충청권 : 대전광역시, 세종특별자치시, 충청북도, 충청남도)
※ 검정고시 출신자 지원 불가

---

57) 2024 세명대 모집요강

② 전형방법

모집단위	학생부(교과성적)	사정총점
한의예과	100%	1,000점

③ 수능 최저학력기준

모집단위	반영 영역수 및 반영내용		최저학력 반영방법(탐구영역 미반영)		
			국어	수학	영어
한의예과	..	반영여부	●	●	●
		반영기준	등급 합 5이내		

※ 영역별 등급 제한 없음
※ 국어, 수학의 경우 선택과목은 관계없으며, 탐구영역은 반영하지 않음

(2) 수시모집: 학생부종합전형
① 지원자격

2016년 ~ 2024년 2월 이전 국내 고등학교 졸업(예정)자

② 전형방법

모집단위	서류평가	면접고사	사정총점
한의예과	100%	-	100점

③ 수능 최저학력기준

모집단위	반영 영역수 및 반영내용		최저학력 반영방법(탐구영역 미반영)		
			국어	수학	영어
한의예과	..	반영여부	●	●	●
		반영기준	등급 합 5이내		

※ 영역별 등급 제한 없음
※ 국어, 수학의 경우 선택과목은 관계없으며, 탐구영역은 반영하지 않음

(3) 수시모집: 학생부교과(농어촌학생) * 정원외
① 지원자격

•2016년 ~ 2024년 2월 이전 국내 고등학교 졸업(예정)자 중 아래의 어느 한 기준(유형 Ⅰ 또는 유형 Ⅱ)에 해당하는 자
① 유형 Ⅰ [중.고교 6년 과정]
중학교 입학일로부터 고등학교 졸업일까지 농어촌 지역★ 의 중.고등학교에서 전(全) 교육과정을 이수하고, 중.고등학교 재학기간 중 지원자 본인 및 부모 모두 농어촌 지역★에 거주한 자

② 유형 Ⅱ [초.중.고교 12년 과정]
초등학교 입학일로부터 고등학교 졸업일까지 농어촌 지역★ 의 초·중·고등학교에서 전(全) 교육과정을 이수하고, 초.중.고등학교 재학기간 중 지원자 본인이 농어촌 지역★에 거주한 자
※ 유형Ⅱ의 경우 부모의 농어촌 지역 거주여부 미적용
※ 농어촌 지역★ : 지방자치법 제3조에 의한 읍.면 지역 또는 도서.벽지 교육진흥법 시행규칙 제2조에 따른 지역

② 전형방법: 교과성적 100%

③ 수능 최저학력기준

모집단위	반영 영역수 및 반영내용		최저학력 반영방법(탐구영역 미반영)		
			국어	수학	영어
한의예과	..	반영여부	●	●	●
		반영기준	등급 합 5이내		

※ 영역별 등급 제한 없음
※ 국어, 수학의 경우 선택과목은 관계없으며, 탐구영역은 반영하지 않음

(4) 수시모집: 학생부교과(기초생활수급자 및 차상위계층, 한부모가족전형)
① 지원자격

2024년 2월 이전 고등학교 졸업(예정)자 또는 법령에 의하여 이와 동등 이상의 학력이 있다고 인정된 자 중 아래의 어느 한 기준에 해당하는 자
• 국민기초생활보장법 제2조 제1호, 제2호에 따른 수급(권)자
• 국민기초생활보장법 제2조 제10호에 따른 차상위계층으로 복지급여를 받고 있는 가구의 학생
• 국민기초생활보장법 제2조 제10호 및 동법 시행령 제3조에 따른 차상위계층으로 소득인정액이 중위소득의 50% 이하인 차상위계층 확인서 발급 대상(구 우선돌봄 차상위) 가구의 학생
• 한부모가족지원법 제5조 및 제5조의2에 따른 지원 대상자

② 전형방법: 교과성적 100%

③ 수능 최저학력기준

모집단위	반영 영역수 및 반영내용		최저학력 반영방법(탐구영역 미반영)		
			국어	수학	영어
한의예과	..	반영여부	●	●	●
		반영기준	등급 합 5이내		

※ 영역별 등급 제한 없음
※ 국어, 수학의 경우 선택과목은 관계없으며, 탐구영역은 반영하지 않음

(5) 정시모집: 수능(나군 일반)
① 지원자격

2024년 2월 이전 고등학교 졸업(예정)자 또는 법령에 의하여 이와 동등 이상의 학력이 있다고 인정된 자 ※ 수능 미응시(결시)자 지원 가능(단, 0점 처리)

② 전형방법

모집단위	수능	고사	사정총점
한의예과	100%	-	1,000점

③ 수능성적 반영방법

모집단위	반영 영역수	국어	수학	탐구	영어	한국사	반영방법
		백분위			등급		
한의예과	4	30%	30%	30%	10%	X	① 국어 30% ② 수학 30% ③ 탐구 2과목 평균 30% ④ 영어 10%

5) 대전대학교[58]

■ 한의과대학 모집인원은 아래와 같습니다.

모집 단위	수시모집						정시모집	
	정원 내					정원외	가	
	교과면접	교과중점	지역인재Ⅰ	지역인재Ⅱ	혜화인재	농어촌	일반전형	지역인재
한의 예과	15	15	23	2	5	3이내	8	4

(1) 수시모집: 학생부교과(교과면접전형)
① 지원자격

- 고등학교 졸업(예정)자 또는 법령에 의하여 동등 이상의 학력이 있다고 인정되는 자 ※ 2024학년도 대학수학능력시험 응시하여 수능최저학력기준 충족

---

58) 2024 대전대 모집요강

② 전형요소 및 반영비율

전형명		반영비율(%) 및 점수				수능최저학력기준
		학생부		면접고사		
교과 면접 전형	1단계 [8배수]	100%		-		• 한의예과: 국어, 수학, 영어, 탐구 영역을 응시하고 **3개 영역 등급 합이 5등급 이내** - 탐구영역: 한국사를 포함한 상위 2개 영역 평균 반영
		최고	최저			
		600	512			
	2단계	60%		40%		
		최고	최저	최고	최저	
		600	512	400	340	

(2) 수시모집: 학생부교과(교과중점전형)

① 지원자격

- 고등학교 졸업(예정)자 또는 법령에 의하여 동등 이상의 학력이 있다고 인정되는 자
※ 수능최저학력기준 적용학과는 2024학년도 대학수학능력시험 응시하여 수능최저학력기준 충족
※ 고등학교 교과성적은 과목별 성적이 기재된 경우만 인정(학기/학년/계열별 통합 석차 미인정)

② 전형요소 및 반영비율

전형명	반영비율(%) 및 점수		수능최저학력기준
	학생부		
교과중점 전형	100%		• 한의예과: 국어, 수학, 영어, 탐구 영역을 응시하고 3개 영역 등급 합이 5등급 이내 - 탐구영역: 한국사를 포함한 상위 2개 영역 평균 반영
	최고	최저	
	1,000	908	

(3) 수시모집: 학생부교과(지역인재Ⅰ 전형)

① 지원자격

• 대전·세종·충청남도·충청북도 소재 고등학교 졸업(예정)자
※ 고교 졸업(예정)이란 입학 시부터 졸업 시까지 대전·세종·충청남도·충청북도 소재 고교에 재학을 의미

② 전형요소 및 반영비율

전형명	반영비율(%) 및 점수		수능최저학력기준
	학생부		
교과중점 전형	100%		• 한의예과: 국어, 수학, 영어, 탐구 영역을 응시하고 3개 영역 등급 합이 6등급 이내 - 탐구영역: 한국사를 포함한 상위 2개 영역 평균 반영
	최고	최저	
	1,000	908	

(4) 수시모집: 학생부교과(지역인재Ⅱ 전형)

① 지원자격

• 대전·세종·충청남도·충청북도 소재 고등학교 졸업(예정)자로서 다음 각 호에 해당되는 자 ※ 고교 졸업(예정)이란 입학 시부터 졸업 시까지 대전·세종·충청남도·충청북도 소재 고교에 재학을 의미 - 국민기초생활보장법 제2조 제1호에 의한 수급권자 및 그 자녀, 제2호에 의한 수급자 및   그 자녀 - 국민기초생활보장법 제2조 제10호에 의한 차상위계층 - 한부모가족지원법 제5조 및 제5조의2에 의한 지원대상자

② 전형요소 및 반영비율

전형명	반영비율(%) 및 점수 학생부		수능최저학력기준
교과중점 전형	100%		• 한의예과: 국어, 수학, 영어, 탐구 영역을 응시하고 **3** **개 영역 등급 합이 6등급 이내** - 탐구영역: 한국사를 포함한 상위 2개 영역 평균 반영
	최고	최저	
	1,000	908	

(5) 수시모집: 학생부종합(혜화인재전형)

① 지원자격

국내 고교 졸업(예정)자 또는 법령에 의하여 동등 이상의 학력이 있다고 인정되는 자 (단, 학교생활기록부가 없는 자는 지원할 수 없음)

② 전형요소 및 반영비율

전형명		반영비율(%) 및 점수				비고
		서류종합평가		면접고사		
혜화 인재 전형	1단계 [5배수]	100%		-		- 서류종합평가 : 학교생활기 록부에 대한 정성적 평가 - 서류종합평가 시 학생부교 과성적은 정량적으로 산출하 지 않으며, 입학사정관이 전 체 학업 성취도, 전공 관련 교과목 성취도, 성적향상 추 이 등을 정성적으로 평가
		최고 700	최저0			
	2단계	70%		30%		
		최고 700	최저0	최고 300	최저 0	

③ 수능최저학력기준

국어, 수학, 영어, 탐구 영역을 응시하고 3개 영역 등급 합이 6등급 이내 (탐구영역 반영 교과전형과 동일)

(6) 수시모집: 학생부교과(농어촌학생전형)

① 지원자격

- 국내 고교 졸업(예정)자로서 다음 각 호에 해당되는 자
 ① 본인이 농어촌지역 소재 학교에서 중학교 입학 시부터 고등학교 졸업 시까지(6년) 교육과정을 이수하고 본인 및 부모 모두가 농어촌지역에서 거주한 자
 ※ 2024년 2월 졸업예정자의 경우 등록기간까지의 기간을 적용
 ※ 부모가 사망·이혼한 경우 사망·이혼 시점부터 졸업 시까지 부모 중 1인과 농어촌지역에서 거주한 경우도 인정
 ② 본인이 농어촌지역 소재 학교에서 초등학교 입학 시부터 고등학교 졸업 시까지(12년) 교육과정을 이수하고 농어촌지역에서 거주한 자
 ※ 2024년 2월 졸업예정자의 경우 등록기간까지의 기간을 적용

② 전형요소 및 반영비율

전형명	반영비율(%) 및 점수		수능최저학력기준
	학생부		
교과중점 전형	100%		• 한의예과: 국어, 수학, 영어, 탐구 영역을 응시하고 3개 영역 등급 합이 5등급 이내
	최고	최저	- 탐구영역: 한국사를 포함한 상위 2개 영역 평균 반영
	1,000	908	

(7) 정시모집: 수능(가군 일반전형)

① 지원자격

고등학교 졸업(예정)자 또는 법령에 의하여 동등 이상의 학력이 있다고 인정되는 자
※ 2024학년도 대학수학능력시험을 응시하고 모집단위별 반영영역 충족

② 전형요소 및 반영비율

전형명		반영비율(%) 및 점수		면접고사
		학생부		
가군	일반전형	100%		-
		최고 1000	최저 0	

③ 대학수학능력시험 반영 비율

모집단위	국어	수학	영어	탐구	반영영역 수	비고
한의예과	27%	28%	20%	25%	4개	4개 영역 반영

(8) 정시모집: 수능(가군 지역인재전형)
① 지원자격

대전·세종·충청남도·충청북도 소재 고교 졸업(예정)자
※ 고교졸업(예정)이란 입학 시부터 졸업 시까지 대전·세종·충청남도·충청북도 소재 고교에 재학을 의미
※ 2024학년도 대학수학능력시험을 응시하고 모집단위별 반영영역 충족

② 전형요소 및 반영비율

전형명		반영비율(%) 및 점수		
		학생부		면접고사
가군	일반전형	100%		-
		최고 1000	최저 0	

③ 대학수학능력시험 반영 비율

모집단위	국어	수학	영어	탐구	반영영역 수	비고
한의예과	27%	28%	20%	25%	4개	4개 영역 반영

6) 우석대학교[59)]

■ 한의과대학 모집인원은 아래와 같습니다.

학과명	수시					정시(나)
	학생부교과			학생부교과		수능위주
	정원 내			정원 외		정원 내
	일반학생 (교과중심)	지역인재	지역인재 (기회균형)	지역인재	농어촌학생	일반학생
한의예과	10	13	1	1	1	6

(1) 수시모집: 학생부교과(일반학생[교과중심전형])
① 지원자격

고등학교 졸업(예정)자 또는 법령에 의하여 위와 동등 이상의 학력이 있다고 인정된 자

---

59) 2024 우석대 모집요강

② 전형요소별 반영비율

모형	선발방법	
	학생부교과성적	출결
일괄선발	400 (100%)	

③ 최저학력기준

모집단위	최저학력기준
한의예과	국어, 수학, 영어, 과/사(2과목 평균) 중 **수학 포함 3개 영역 등급의 합이 6 이내**

※ 수학(기하, 미적분)을 반영할 경우 1개 등급 상향
※ 수능 최저학력 기준은 소수점 절사

(2) 수시모집: 학생부교과(지역인재전형)

① 지원자격

- 전북, 전남, 광주 지역 고등학교 졸업(예정자)
(입학부터 졸업까지 전북, 전남, 광주 지역 고등학교에 재학하여야 함)

② 전형요소별 반영비율

모형	선발방법	
	학생부교과성적	출결
일괄선발	400 (100%)	

③ 최저학력기준

모집단위	최저학력기준
한의예과	국어, 수학, 영어, 과/사(2과목 평균) 중 **수학 포함 3개 영역 등급의 합이 6 이내**

※ 수학(기하, 미적분)을 반영할 경우 1개 등급 상향
※ 수능 최저학력 기준은 소수점 절사

(3) 수시모집: 학생부교과(기회균형) *정원외

① 지원자격

고등학교 졸업(예정)자 또는 법령에 의하여 위와 동등 이상의 학력이 있다고 인정된 자 중 기초생활수급자, 한부모가정대상자 및 차상위계층의 본인 또는 자녀
※ 기초생활수급자 및 한부모가정대상자는 본인이 해당되어야 함.

② 전형요소별 반영비율

	선발방법	
모형	학생부교과성적	출결
일괄선발	400 (100%)	

③ 최저학력기준

모집단위	최저학력기준
한의예과	국어, 수학, 영어, 과/사(2과목 평균) 중 **수학 포함 3개 영역** 등급의 합이 **6 이내**

※ 수학(기하, 미적분)을 반영할 경우 1개 등급 상향
※ 수능 최저학력 기준은 소수점 절사

(4) 수시모집: 학생부교과(농어촌학생전형)
① 지원자격

고등학교졸업(예정)자로서 다음 [유형1] 또는 [유형2]에 해당되는 자
유형1 : 지방자치법제3조에 의한 읍·면지역소재 중·고등학교 전 교육과정(6년) 이수(예정)자로서 재학기간 (입학에서졸업까지)동안 본인 및 부모 모두가 읍·면지역 또는 도서·벽지에 거주한 자
유형2 : 지방자치법제3조에 의한 읍·면지역소재 초·중·고등학교 전 교육과정(12년) 이수(예정)자로서 재학기간(입학에서졸업까지)동안 본인이 읍·면지역 또는 도서·벽지에 거주한 자

② 전형요소별 반영비율

	선발방법	
모형	학생부교과성적	출결
일괄선발	400 (100%)	

③ 최저학력기준

모집단위	최저학력기준
한의예과	국어, 수학, 영어, 과/사(2과목 평균) 중 **수학 포함 3개 영역** 등급의 합이 **6 이내**

※ 수학(기하, 미적분)을 반영할 경우 1개 등급 상향
※ 수능 최저학력 기준은 소수점 절사

(5) 정시모집: 수능(가군 일반학생전형)

① 지원자격

고등학교 졸업(예정)자, 검정고시 합격자 또는 법령에 의하여 이와 동등 이상의 학력이 있다고 인정된 자로서 2024학년도 대학수학능력시험에 응시한 자

② 전형방법: 수능 100%

③ 대학수학능력시험 반영비율

모집 단위	반영비율				가산점	산출지표
	국어	수학	영어	과탐/사탐 중 2과목 평균	- 한국사: 산출표 참조 - 기하 또는 미적분 응시자 (수학영역 취득점수의 10% 가산)	백분위
한의 예과	20%	30%	20%	30%		

▪ 영어 등급별 환산점수 산출표

등급	1	2	3	4	5	6	7	8	9
점수	100	95	90	85	80	75	70	65	60

▪ 한국사 가산점수 산출표

등급	1	2	3	4	5	6	7	8	9
점수	5					4	3	2	1

7) 동신대학교[60]

▪ 한의과대학 모집인원은 아래와 같습니다.

모집단위	수시					정시(가군)
	정원 내			정원 외		정원 내
	학생부교과			학생부교과		수능위주
	일반	지역학생	지역학생 기회균형	농어촌학생	수급자 및 차상위계층	일반
한의예과	12	16	2	2	2	20

---

60) 2024 동신대 모집요강

(1) 수시모집: 학생부교과(일반전형)
① 지원자격

고등학교 졸업(예정)자 또는 관련법령에 의하여 동등 이상의 학력이 있다고 인정된 자

② 전형요소별 반영비율 및 반영방법

전형	모집단위	적용대상 고교졸업 년도	학생부 요소별 반영비율(%)	
			교과성적	출결상황
일반전형	한의예과	전체 학년도	80	20

③ 수능 최저학력기준

전형유형	세부전형	모집단위	수능최저학력기준
학생부교과	일반전형	한의예과	수능 국어, 수학, 영어, 탐구(상위 1개 과목) 영역 중 **상위 3개 영역 등급의 합이 5이내**, 한국사 응시자

(2) 수시모집: 학생부교과(지역학생전형)
① 지원자격

광주광역시, 전라남도, 전라북도 지역 고등학교 졸업(예정)자 (단, 입학부터 졸업까지 해당지역 고교에 재학하여야 함)

② 전형요소별 반영방법

전형	모집단위	적용대상 고교졸업 년도	학생부 요소별 반영비율(%)	
			교과성적	출결상황
일반전형	한의예과	전체 학년도	80	20

③ 수능 최저학력기준

전형유형	세부전형	모집단위	수능최저학력기준
학생부교과	지역학생 전형	한의예과	수능 국어, 수학, 영어, 탐구(상위 1개 과목) 영역 중 **상위 3개 영역 등급의 합이 5이내**, 한국사 응시자

(3) 수시모집: 학생부교과(농어촌학생)
① 지원자격

국내 정규 고등학교 졸업자 및 2024년 2월 고등학교 졸업예정자로서 지방자치법 제3조에 의한 읍·면지역 및 도서·벽지 교육진흥법 시행규칙 제2조에 의한 지역에서 12년(초1학년~고교 입학에서 졸업까지) 동안 교육과정을 이수하고 본인이 상기 지역에 거주한 자

② 전형요소별 반영비율 및 반영방법

전형	모집단위	적용대상 고교졸업 년도	학생부 요소별 반영비율(%)	
			교과성적	출결상황
일반전형	한의예과	전체 학년도	80	20

③ 수능최저학력기준

전형유형	세부전형	모집단위	수능최저학력기준
학생부교과	지역학생전형	한의예과	수능 국어, 수학, 영어, 탐구(상위 1개 과목) 영역 중 **상위 3개 영역 등급의 합이 6이내**, 한국사 응시자

(4) 수시모집: 학생부교과(기초수급자 및 차상위계층)
① 지원자격

고등학교 졸업(예정)자 또는 관련법령에 의하여 동등 이상의 학력이 있다고 인정된 자 중, 「국민기초생활보장법」 제2조 제1호에 따른 수급권자, 제2호에 따른 수급자, 제10에 따른 차상위계층, 「한부모 가족지원법」제5조의2에 따른 지원대상자

② 전형요소별 반영비율 및 반영방법

전형	모집단위	적용대상 고교졸업 년도	학생부 요소별 반영비율(%)	
			교과성적	출결상황
수급자 및 차상위	한의예과	전체 학년도	80	20

③ 수능 최저학력기준

전형유형	세부전형	모집단위	수능최저학력기준
학생부교과	기초생활수급자 및 차상위계층	한의예과	수능 국어, 수학, 영어, 탐구(상위 1개 과목) 영역 중 **상위 3개 영역 등급의 합이 6이내**, 한국사 응시자

(5) 정시모집: 수능(가군 일반전형)
① 지원자격

고등학교 졸업자 및 2024년 2월 졸업예정자이거나 관련 법령에 의하여 고등학교 졸업자와 동등이상의 학력이 있다고 인정되는 자

② 수능 영역별 반영비율: 수능 100

모집시기	모집 단위	수능성적 활용지표	반영 영역 수	수능 영역별 반영비율(%)				
				국어	수학	영어	사회/과학	한국사
정시(가군)	한의예과	백분위	5	25	25	20	20	10

8) 대구한의대학교[61]

■ 한의과대학 모집인원은 아래와 같습니다.

모집단위	수시								정시
	정원 내						정원 외		정원 내
	학생부교과				학생부종합		학생부종합		수능위주
	일반	면접	고른기회	지역인재	일반	지역인재	농어촌학생	기초및차상위	나군
한의예과 (자연)	12	9	3	12	8	16	5	5	12
한의예과 (인문)	4	4	2	6	4	8	-	-	8

(1) 수시모집: 학생부교과(일반전형)
① 지원자격

고등학교 졸업(예정)자 또는 법령에 의해 동등 이상의 자격이 있다고 인정된 자

② 전형방법: 학생부 교과 100%

---

61) 2024 대구한의대 모집요강

③ 수능 최저학력기준

모집단위	수능 최저학력기준
한의예과(자연)	4개 영역[국어/수학/과탐/영어] 중 **상위 3개 영역 등급 합 5이내** (단, 학생부교과(**고른기회전형**), 학생부종합(**농어촌, 기초및차상위전형**) 3개 영역 **등급 합 6이내**) ※ 수학 선택과목: 미적분, 기하 중 택1
한의예과(인문)	4개영역[국어/수학/사탐/영어] 중 **상위 3개 영역 등급 합 4이내** [**단, 학생부교과(고른기회전형) 3개영역 등급 합 5이내**]

* 탐구영역은 1과목 반영(한국사, 제2외국어/한문은 반영 안함), 수능 최저학력기준 적용시 한국사 영역 필수 응시

(2) 수시모집: 학생부교과(면접전형)
① 지원자격

고등학교 졸업(예정)자 또는 법령에 의해 동등 이상의 자격이 있다고 인정된 자

② 전형방법

전형명	모집단위		학생부교과	수능	면접	실기	기타서류
학생부교과 (면접전형)	한의예과	1단계 (10배수)	80%	-	-	-	출결20%
		2단계	56%	-	30%	-	출결14%

③ 수능 최저학력기준

모집단위	수능 최저학력기준
한의예과(자연)	4개 영역[국어/수학/과탐/영어] 중 **상위 3개 영역 등급 합 5이내** (단, 학생부교과(**고른기회전형**), 학생부종합(**농어촌, 기초및차상위전형**) 3개 영역 **등급 합 6이내**) ※ 수학 선택과목: 미적분, 기하 중 택1
한의예과(인문)	4개영역[국어/수학/사탐/영어] 중 **상위 3개 영역 등급 합 4이내** [**단, 학생부교과(고른기회전형) 3개영역 등급 합 5이내**]

* 탐구영역은 1과목 반영(한국사, 제2외국어/한문은 반영 안함), 수능 최저학력기준 적용시 한국사 영역 필수 응시

(3) 수시모집: 학생부교과(고른기회전형)
① 지원자격

고등학교 졸업(예정)자 또는 법령에 의해 동등 이상의 자격이 있다고 인정된 자 중 보훈대상자, 만학도(만25세이상), 기초생활수급자 및 차상위계층, 농어촌학생에 해당하는 자

② 전형방법

전형명	모집단위	학생부교과	수능	면접	실기	기타서류
학생부교과 (고른기회전형)	한의예과	100%	-	-	-	-

③ 수능 최저학력기준

모집단위	수능 최저학력기준
한의예과(자연)	4개 영역[국어/수학/과탐/영어] 중 **상위 3개 영역 등급 합 5이내** (단, 학생부교과(**고른기회전형**), 학생부종합(**농어촌, 기초및차상위전형**) 3개 영역 **등급 합 6이내**) ※ 수학 선택과목: 미적분, 기하 중 택1
한의예과(인문)	4개영역[국어/수학/사탐/영어] 중 **상위 3개 영역 등급 합 4이내** [**단, 학생부교과(고른기회전형) 3개영역 등급 합 5이내**]

* 탐구영역은 1과목 반영(한국사, 제2외국어/한문은 반영 안함), 수능 최저학력기준 적용시 한국사 영역 필수 응시

(4) 수시모집: 학생부교과(지역인재전형)
① 지원자격

대구, 경북지역 고등학교 졸업(예정)자로서 입학부터 졸업까지 해당지역에서 전 교육과정을 이수한 자

② 전형방법

전형명	모집단위	학생부교과	수능	면접	실기	기타
학생부종합 (지역인재전형)	한의예과	80%	-	-	-	출결 20%

③ 수능 최저학력기준

모집단위	수능 최저학력기준
한의예과(자연)	4개 영역[국어/수학/과탐/영어] 중 **상위 3개 영역 등급 합 5이내** (단, 학생부교과(**고른기회전형**), 학생부종합(**농어촌, 기초및차상위전형**) 3개 영역 **등급 합 6이내**) ※ 수학 선택과목: 미적분, 기하 중 택1
한의예과(인문)	4개영역[국어/수학/사탐/영어] 중 **상위 3개 영역 등급 합 4이내** [**단, 학생부교과(고른기회전형) 3개영역 등급 합 5이내**]

* 탐구영역은 1과목 반영(한국사, 제2외국어/한문은 반영 안함), 수능 최저학력기준 적용시 한국사 영역 필수 응시

(5) 수시모집: 학생부종합(일반전형)

① 지원자격

고등학교 졸업(예정)자 또는 법령에 의해 동등 이상의 자격이 있다고 인정된 자

② 전형방법

전형명	모집단위	학생부교과	수능	면접	실기	기타서류
학생부종합	한의예과	-	-	-	-	서류평가 100%

③ 수능 최저학력기준

모집단위	수능 최저학력기준
한의예과(자연)	4개 영역[국어/수학/과탐/영어] 중 **상위 3개 영역 등급 합 5이내** (단, 학생부교과**(고른기회전형)**, 학생부종합**(농어촌, 기초및차상위전형) 3개 영역 등급 합 6이내)** ※ 수학 선택과목: 미적분, 기하 중 택1
한의예과(인문)	4개영역[국어/수학/사탐/영어] 중 **상위 3개 영역 등급 합 4이내** **[단, 학생부교과(고른기회전형) 3개영역 등급 합 5이내]**

* 탐구영역은 1과목 반영(한국사, 제2외국어/한문은 반영 안함), 수능 최저학력기준 적용시 한국사 영역 필수 응시

(6) 수시모집: 학생부종합(지역인재전형)

① 지원자격

대구, 경북지역 고등학교 졸업(예정)자로서 입학부터 졸업까지 해당지역에서 전 교육과정을 이수한 자

② 전형방법

전형명	모집단위	학생부교과	수능	면접	실기	기타서류
학생부종합	한의예과	-	-	-	-	서류평가 100%

③ 수능 최저학력기준

모집단위	수능 최저학력기준
한의예과(자연)	4개 영역[국어/수학/과탐/영어] 중 **상위 3개 영역 등급 합 5이내** (단, 학생부교과**(고른기회전형)**, 학생부종합**(농어촌, 기초및차상위전형) 3개 영역 등급 합 6이내)** ※ 수학 선택과목: 미적분, 기하 중 택1
한의예과(인문)	4개영역[국어/수학/사탐/영어] 중 **상위 3개 영역 등급 합 4이내** **[단, 학생부교과(고른기회전형) 3개영역 등급 합 5이내]**

* 탐구영역은 1과목 반영(한국사, 제2외국어/한문은 반영 안함), 수능 최저학력기준 적용시 한국사 영역 필수 응시

(7) 수시모집: 학생부종합(농어촌학생전형)

① 지원자격

고등학교 졸업(예정)자로서 다음 중 하나에 해당하여 출신 고등학교장의 확인을 받은 자
1) 농어촌지역 중고교 6년간 거주(부모포함)
2) 농어촌지역 초중고 12년간 거주(부모포함)

② 전형방법

전형명	모집단위	학생부교과	수능	면접	실기	기타서류
학생부교과 (농어촌학생전형)	한의예과	-	-	-	-	서류 100%

③ 수능 최저학력기준

모집단위	수능 최저학력기준
한의예과(자연)	4개 영역[국어/수학/과탐/영어] 중 상위 3개 영역 등급 합 5이내 (단, 학생부교과(고른기회전형), 학생부종합(농어촌, 기초및차상위전형) 3개 영역 등급 합 6이내) ※ 수학 선택과목: 미적분, 기하 중 택1
한의예과(인문)	4개영역[국어/수학/사탐/영어] 중 상위 3개 영역 등급 합 4이내 [단, 학생부교과(고른기회전형) 3개영역 등급 합 5이내]

* 탐구영역은 1과목 반영(한국사, 제2외국어/한문은 반영 안함), 수능 최저학력기준 적용시 한국사 영역 필수 응시

(8) 수시모집: 학생부종합(기초 및 차상위계층전형)

① 지원자격

고등학교 졸업(예정)자 또는 법령에 의해 동등 이상의 자격이 있다고 인정된 자로서 기초생활수급자 또는 차상위계층에 해당하는 자

② 전형방법

전형명	모집단위	학생부교과	수능	면접	실기	기타
학생부교과 (기초및차상위계층전형)	한의예과	-	-	-	-	서류 100%

③ 수능 최저학력기준

모집단위	수능 최저학력기준
한의예과(자연)	4개 영역[국어/수학/과탐/영어] 중 **상위 3개 영역 등급 합 5이내** (단, 학생부교과**(고른기회전형)**, 학생부종합**(농어촌, 기초및차상위전형)** 3개 영역 **등급 합 6이내**)
	※ 수학 선택과목: 미적분, 기하 중 택1
한의예과(인문)	4개영역[국어/수학/사탐/영어] 중 **상위 3개 영역 등급 합 4이내** **[단, 학생부교과(고른기회전형) 3개영역 등급 합 5이내]**

* 탐구영역은 1과목 반영(한국사, 제2외국어/한문은 반영 안함), 수능 최저학력기준 적용시 한국사 영역 필수 응시

(9) 정시모집: 수능(나군 일반)

① 지원자격

고등학교 졸업(예정)자 또는 법령에 의해 동등 이상의 자격이 있다고 인정된 자

② 전형방법

전형명	모집단위	학생부교과	수능	면접	실기	기타서류
수능(일반전형)	한의예과		100%			

③ 수능 영역별 반영비율

계열	국어	수학		영어	탐구	탐구 과목 반영 수	가산 점	비고
		미적분, 기하	확률과 통계					
한의예과 (자연)	25%	25%	-	25%	25%(과탐)	2	없음	국어+수학+영어 +과탐 *수학: 미적분, 기하 중 택1
한의예과 (인문)	25%	-	25%	25%	25%(사탐)	2	없음	국어+수학+영어 +사탐 *수학: 확률과 통계

9) 동의대학교[62]

■ 한의과대학 모집인원은 아래와 같습니다.

모집단위		수시모집				정시모집
		정원 내				일반학생
		일반 고교과	학교생활 우수자(면접)	고른기회		
				지연인재 교과	지역인재교과 (저소득층)	<나군>
한의예과	수학<미적분/기하>	10	9	14	1	12
	수학<확률과통계>					4

(1) 수시모집: 학생부교과(일반고교과전형)
① 지원자격

- 일반계고교 졸업(예정)자 또는 검정고시출신자 등 법령에 의한 동등학력 소지자
(단, 체육고, 예술고, 특성화고[특성(직업), 특성(대안)], 마이스터고, 종합고의 전문계열, 학력인정고, 방송통신고, 각종학교는 지원불가 - 학생부교과(특성화고전형)으로 지원 가능)
- 일반계고교 졸업(예정)자 : 일반고, 자율고, 과학고, 외국어고, 국제고, 영재고, 종합고의 보통과 출신자

② 전형방법: 학생부 교과 100%
③ 수능 최저학력기준

수능 최저학력기준
국어(화법과작문 또는 언어와매체) / 수학(확률과 통계 또는 미적분 또는 기하) / 영어, 탐구 영역 중 **3개 영역 등급 합이 5 이내**

④ 제출서류

구분	제출서류
고교 졸업(예정)자	① 고교 학교생활기록부 1부 ※ 온라인 동의자는 제출서류 없음
검정고시 출신자	① 검정고시 합격증서 사본 또는 합격증명서 1부 ② 검정고시 성적증명서 1부 ※ 온라인 동의자는 제출서류 없음
외국고교 졸업(예정)자	① 공증받은 졸업(예정)증명서 1부 ② 공증받은 성적증명서 1부

---

62) 2024 동의대 모집요강

(2) 수시모집: 학생부종합(학교생활우수자(면접)전형)

① 지원자격

- 일반계고교 졸업(예정)자
- 일반계고교 졸업(예정)자 : 일반고, 자율고, 과학고, 외국어고, 국제고, 영재고, 종합고의 보통과 출신자

② 전형방법

- 1단계: 서류 100%
  ※ 1단계 사정비율: 모집단위별 모집인원의 6배수
- 2단계: 1단계 성적70% + 면접고사 30%

③ 수능 최저학력기준: 없음(수능 미응시자도 지원 가능)

④ 서류평가

① 입학사정관 2인이 학교생활기록부에 기재된 지원자의 고교 재학기간 동안의 학교생활을 토대로 인성, 학업역량, 전공적합성을 정성적·종합적으로 평가
② 서류 평가영역 및 배점

평가영역 \ 등급	1	2	3	4	5	평가위원
인성	200	185	170	155	140	모집단위별 입학사정관 2인
학업역량	400	370	340	310	280	
전공적합성	400	370	340	310	280	
계	1000	925	850	775	700	

※ 1단계 최고점: 1,000점, 최저점: 700점/ 2단계 최고점: 700점, 최저점: 490점

⑤ 면접고사 (블라인드 면접)

① 지원동기 및 학업계획, 학업역량, 전공적합성과 관련된 공통질문을 발표하도록 하고 이를 통해 면접고사 평가영역에 해당하는 지원자의 역량을 평가
② 면접은 교과지식을 묻는 문항이 아니며, 지원자의 고교 생활 중 개인의 입장과 경험을 바탕으로 평가영역과 관련된 자기주도적 노력 사례를 묻는 문항이며, 학생부 기재 내용의 확인 문항을 포함
③ 입학사정관 2인이 수험생 1명을 대상으로 평가하고 면접시간은 1인당 10분 이내
④ 블라인드 면접 실시(수험번호/성명/출신고교/부모직업 등 노출 금지, 교복 착용 금지)
⑤ 면접고사 평가영역 및 배점 : 최고점 - 300점, 최저점 - 210점

평가영역 \ 등급	1	2	3	4	5	평가위원
학업역량	180	166.5	153	139.5	126	모집단위별 입학사정관 2인
전공적합성	120	111	102	93	84	
계	300	277.5	255	232.5	210	

⑥ 제출서류

고교 졸업(예정)자: 고교 학교생활기록부 1부(학생부 전산자료 온라인 제공 동의자는 제출할 필요 없음)

(3) 수시모집: 학생부교과(지역인재교과전형)
① 지원자격

부산, 울산, 경남지역에 소재하는 고등학교에서 입학부터 졸업까지 전 교육과정을 이수하거나 이수하고 있는 고교 졸업(예정)자

② 전형방법: 학생부교과 100%

③ 수능 최저학력기준

전형 및 모집단위		수능 최저학력기준
지역인재	한의예과	국어(화법과작문 또는 언어와매체) / 수학(확률과 통계 또는 미적분 또는 기하) / 영어/ 탐구(사탐/과탐 영역 관계없이 2과목 평균) **3개 영역 등급 합이 5 이내**

④ 제출서류

• 고교 학교생활기록부 1부 (학생부 전산자료 온라인 제공 동의자는 제출할 필요 없음)
※ 최종합격자 중 고교 졸업예정자는 졸업 이후 발급한 고교 졸업증명서 추가 제출

(4) 수시모집: 학생부교과(지역인재교과(저소득층)전형)
① 지원자격

부산, 울산, 경남지역에 소재하는 고등학교에서 입학부터 졸업까지 전 교육과정을 이수하거나 이수하고 있는 고교 졸업(예정)자로서, 국민기초생활보장법 제2조 제1호(수급권자), 제2호(수급자), 제10호(차상위 계층)에 의한 대상자 및 한부모가족지원법 제5조 또는 제5조의2에 따른 지원 대상자
국민기초생활보장법에 따른 수급권자(수급자) 및 차상위 복지급여 수급자(차상위 장애수당, 차상위 자활급여, 한부모가정지원사업, 차상위 장애인연금 부가급여, 차상위 본인 부담경감 대상자)

② 전형방법: 학생부교과 100%

③ 수능 최저학력기준

전형 및 모집단위		수능 최저학력기준
지역인재	한의예과	국어(화법과작문 또는 언어와매체) / 수학(확률과 통계 또는 미적분 또는 기하) / 영어/ 탐구(사탐/과탐 영역 관계없이 2과목 평균) **3개 영역 등급 합이 5 이내**

④ 제출서류

구분		제출서류
학력 서류		고교 학교생활기록부 1부(온라인 동의자는 제출할 필요 없음)
지원자격 서류	기초생활수급권자	지원자 본인을 기준으로 국민기초생활수급자증명서 1부
	차상위계층	차상위계층확인서, 차상위본인부담경감대상자증명서, 장애수당대상자증명서, 장애인연금대상자증명서, 한부모가족증명서 중 택 1 ※ 수급자증명서를 지원자 본인 명의로 발급이 불가한 경우, 주민등록등본 1부 추가 제출(주민등록등본은 주민번호 전체가 기재된 서류 발급)

※ 최종등록자 중 고교 졸업예정자는 졸업 이후 발급한 고교 졸업증명서 추가 제출
※ 제출서류는 2023년 9월 1일 이후 발급한 서류에 한함

(5) 정시모집: 수능(나군 일반학생전형)
① 지원자격

-고등학교 졸업(예정)자 또는 기타 법령에 의하여 이와 동등 이상의 학력이 있다고 인정된 자로서, 2024학년도 대학수학능력시험(이하 "수능")에 응시한 자

② 전형방법: 수능 100%

③ 수능 반영 방법
가. 수학(미적분/기하) 응시자

구분 \ 영역	국어	수학	영어	탐구(2과목)
반영비율	25%	25%	25%	25%
선택과목 지정	화법과작문 / 언어와매체 중 택1	미적분 / 기하 중 택1	-	사회탐구 또는 과학탐구 ※ 지정과목은 없으며, 영역과 관계없이 2과목 반영
활용지표	표준점수	표준점수	등급에 따른 변환점수	백분위에 따른 변환표준점수

나. 수학(확률과 통계) 응시자

구분 \ 영역	국어	수학	영어	탐구(2과목)
반영비율	25%	25%	25%	25%
선택과목 지정	화법과작문 / 언어와매체 중 택1	확률과통계	-	사회탐구 또는 과학탐구 ※ 지정과목은 없으며, 영역과 관계없이 2과목 반영
활용지표	표준점수	표준점수	등급에 따른 변환점수	백분위에 따른 변환표준점수

10) 부산대학교 한의학전문대학원[63]

■ 한의학전문대학원 모집인원은 아래와 같습니다.

대학	모집단위	수시		정시
		학생부교과	논술	수능 가군
		지역인재	지역	일반
		정원내		정원내
한의학 전문 대학원	학·석사 통합과정	15	5	5

(1) 수시모집: 학생부교과(지역인재전형)
① 지원자격

국내 정규 고등학교 졸업(예정)자로서 **입학부터 졸업까지 부산, 울산, 경남 지역에 소재**하는 고등학교의 **전 교육과정을 이수한 자**(2학년 수료예정자 중 상급학교 조기입학 자격을 부여받은 자 포함)
※「초·중등교육법」제2조에 따른 고등학교 외 고교 졸업 동등 학력자는 지원 자격에서 제외함

② 전형방법: 학생부 교과 100%

전형요소	학교생활기록부		계
	교과	학업역량 평가	
반영비율	80%	20%	100%

- 학생부 지정교과 성적 고득점자 순으로 선발함
- 미충원 인원은 정시모집 모집단위별 해당 모집군으로 이월하여 선발함

③ 대학수학능력시험 최저학력기준

모집계열	최저학력기준	공통기준
자연계	국어, 영어, 수학(미적분, 기하 중 택1), 과학탐구 영역 중 **수학 포함 3개 영역 등급 합 4 이내**	한국사 4등급 이내

※ 탐구영역은 2과목 평균을 반영함
※ 탐구영역(과탐) 과목은 수험자가 자유 선택하여 응시하고 반드시 2과목을 응시하여야 함
※ 의예과, 약학부, 치의학전문대학원 학·석사 통합과정 미충원 인원은 정시 수능(지역인재전형)으로 이월함

---

63) 2024 부산대 한의학전문대학원 모집요강

(2) 논술

① 지원자격

국내 정규 고등학교 졸업(예정)자로서 **입학부터 졸업까지 부산, 울산, 경남 지역에 소재**하는 고등학교의 **전 교육과정을 이수한 자**(2학년 수료예정자 중 상급학교 조기입학 자격을 부여받은 자 포함)
※「초·중등교육법」제2조에 따른 고등학교 외 고교 졸업 동등 학력자는 지원자격에서 제외함

② 전형방법

가. 전형요소 및 반영비율

전형요소	학교생활기록부		논술	계
	교과	비교과		
반영비율	30%	-	70%	100%

※ 단, 국내 고교에서 3개 학기 미만의 성적을 취득한 자, 외국 고교 졸업(예정)자, 검정고시 출신자, 석차등급 미기재자, 기타 본교가 인정하는 학생부 성적을 산출할 수 없는 자는 우리 대학교 자체 기준에 따라 학생부 성적을 처리함

나. 선발방법: 학생부 성적과 논술 성적을 합산하여 고득점자 순으로 선발함
다. 미충원 인원은 정시모집 모집단위별 해당 모집군으로 이월하여 선발함

③ 논술고사 시험유형 및 시간

가. 문항유형: 수리 논술
나. 시험시간: 100분

④ 대학수학능력시험 최저학력기준

모집계열	최저학력기준	공통기준
자연계	국어, 영어, 수학(미적분, 기하 중 택1), 과학탐구 영역 중 **수학 포함 3개 영역 등급 합 4** 이내 ※ 의예과에 한해 탐구 2과목 평균을 반영함	한국사 4등급 이내

※ 과학탐구 과목은 수험자가 자유 선택하되 반드시 2과목을 응시하여야 하며, 의예과는 2과목 평균을, 약학부는 상위1과목을 반영함
※ 의예과, 약학부 미충원 인원은 정시 지역인재전형으로 이월함

(3) 정시모집 (수능전형)

① 지원자격

고등학교 졸업(예정)자 또는 법령에 의하여 이와 동등 이상의 학력이 있다고 인정된 자로서 2024학년도 대학수학능력시험에서 다음의 필수 응시영역에 응시한 자

모집계열	대학수학능력 필수 응시영역	비고
자연계	국어, 수학(미적분, 기하 중 택1), 영어, 과학탐구, 한국사	탐구과목은 2과목을 자유 선택하여 응시하여야 함(2과목 성적을 반영함)

② 전형방법

가. 전형요소 및 반영비율
- 수능 100%
나. 선발방법
- 수능 성적 고득점자 순으로 선발함

11) 원광대학교[64]

▪ 한의예과 모집인원은 아래와 같습니다.

학과	수시모집						정시모집
	학생부종합						수능
	정원내				정원외		정원내
	학생부	지역인재 I		지역	기회	농어촌	정시 (나)
	종합	전북	광주전남	인재 II	균형 II	학생	
한의예과 (자연)	9	12	9	2	2	3	34
한의예과 (인문)	4	9	6	-	-	-	5

(1) 수시모집: 학생부종합
① 지원자격

국내 고등학교 졸업(예정)자 또는 법령에 의하여 동등 이상의 학력이 있다고 인정된 자

② 최저학력기준
가. 자연계열

국어, 수학(선택 : 미적분, 기하 중 택1), 영어, 과학탐구(2과목 평균) 중 수학 포함 **3개 영역 등급의 합이 6이내**

나. 인문계열

국어, 수학, 영어, 사회탐구(2과목 평균) 중 수학 포함 **3개 영역 등급의 합이 6이내**

③ 전형방법

구분	서류평가		면접		총점	비고
	최고점	최저점	최고점	최저점		
1단계	700점	600점	-		700점 (100%)	1단계: 5배수 서류 100%
2단계	700점(1단계성적) (70%)		300	270	1,000점 (100%)	

64) 2024 원광대 모집요강

(2) 수시모집: 학생부종합(지역인재Ⅰ 전형)

① 지원자격

전북, 광주·전남 소재의 동일 지역 내 고등학교에서 입학 시부터 졸업 시까지 전 교육과정을 이수한 졸업(예정)자

가. 고등학교 : 고등학교 입학일부터 졸업일까지 동일 지역 내 고등학교에서 교육과정을 이수한 졸업(예정)자

나. 전북 ↔ 광주·전남 소재의 고등학교로의 전학은 인정하지 않음

다. 모집단위 : 의예과

라. 지역구분 : 2개 지역으로 구분하여 모집(①전북 ②광주·전남)

② 수능최저학력기준

가. 자연계열

국어, 수학(선택 : 미적분, 기하 중 택1), 영어, 과학탐구(상위 1과목) 중 수학 포함 **3개 영역 등급의 합이 6이내**

나. 인문계열

국어, 수학, 영어, 사회탐구(2과목 평균) 중 수학 포함 **3개 영역 등급의 합이 6이내**

③ 전형방법

구분	서류평가		면접		총점	비고
	최고점	최저점	최고점	최저점		
1단계	700점	600점	-		700점 (100%)	1단계: 5배수 서류 100%
2단계	700점(1단계성적) (70%)		300	270	1,000점 (100%)	

(3) 수시모집: 학생부종합(지역인재Ⅱ 전형)

① 지원자격

호남권(전북, 광주·전남) 소재의 동일 지역 내 고등학교에서 입학 시부터 졸업 시까지 전 교육과정을 이수한 졸업(예정)자로 아래 하나에 해당하는 자

- 초중등교육법 제2조에 따른 고등학교에 한함 (그 외 고교졸업 동등학력자는 지원자격에 해당하지 않음)
- 2023년 9월 1일 기준 다음 항목에 해당하여야 함

가. 국민기초생활보장법 제2조제1호에 따른 수급권자 및 제2호에 따른 수급자

나. 국민기초생활보장법 제2조제10호에 따른 차상위계층 중 복지급여(차상위 자활급여, 차상위 장애수당, 차상위 장애인연금부가급여, 차상위 본인부담경감)를 받고 있는 가구 학생 또는 차상위계층 확인서 발급 대상 가구 학생

다. 한부모가족지원법 제5조 및 제5조의2에 따른 지원대상 가구 학생

※ 지역을 구분하여 모집하지 않음

② 수능최저학력기준

　　　　가. 자연계열

국어, 수학(선택 : 미적분, 기하 중 택1), 영어, 과학탐구(상위 1과목) 중 수학 포함 **3개 영역 등급의 합이 6이내**

　　　　나. 인문계열

국어, 수학, 영어, 사회탐구(2과목 평균) 중 수학 포함 **3개 영역 등급의 합이 6이내**

③ 전형방법

구분	서류평가		면접		총점	비고
	최고점	최저점	최고점	최저점		
1단계	700점	600점		-	700점 (100%)	1단계: 5배수 서류 100%
2단계	700점(1단계성적) (70%)		300	270	1,000점 (100%)	

(4) 수시모집: 학생부종합(기회균형Ⅱ, 농어촌전형)_정원 외

① 지원자격

　　　　가. 기회균형Ⅱ

국내 고등학교 졸업(예정)자 또는 법령에 의하여 동등 이상의 학력이 있다고 인정된 자 중 다음 중 하나의 항목에 해당하는 자 (2023년 9월 1일 기준 다음 항목에 해당하여야 함)

가. 국민기초생활보장법 제2조 제1호에 따른 수급권자 및 제2호에 따른 수급자

나. 국민기초생활보장법 제2조 제10호에 따른 차상위계층 중 복지급여를 받고 있는 가구의 가구원 또는 차상위계층 확인서 발급 대상 가구의 가구원

※ 복지급여: 차상위 자활급여, 차상위 장애수당, 차상위 장애인연금부가급여, 차상위 본인부담경감

다. 한부모가족지원법 제5조 및 제5조의2에 따른 지원대상자

※ 2024학년도 수능응시와 관계없이 지원 가능

　　　　나. 농어촌학생

국내 고등학교 졸업(예정)자로서 아래 '유형Ⅰ' 또는 '유형 Ⅱ' 중 하나의 자격에 해당하는 자

가. (유형Ⅰ) 농어촌지역 및 도서·벽지 지역에 소재하는 중·고등학교에서 중학교 입학 시부터 고교 졸업 시까지 전 교육과정을 이수한 졸업(예정)자로서 동 재학기간(6년) 동안 본인 및 그의 부모 모두가 농어촌지역 및 도서·벽지지역에 거주한 자

나. (유형Ⅱ) 농어촌지역 및 도서·벽지 지역에 소재하는 초·중·고등학교에서 초등학교 입학 시부터 고교 졸업 시까지 전 교육과정을 이수한 졸업(예정)자로서 동 재학기간(12년) 동안 본인이 농어촌지역 및 도서·벽지지역에 거주한 자

※ 농어촌지역 :「지방자치법」제3조에 따른 읍·면 지역 및 행정구역상 읍·면에 해당하는

전 지역

※ 도서·벽지지역 :「도서·벽지 교육진흥법」제2조에 따른 도서·벽지 지역

다. 지원 자격 유의사항

1) 특목고(과학고, 외국어고, 국제고, 체육고, 예술고) 및 검정고시 합격자는 제외함

2) 재학 중 2개 이상의 학교를 재학한 경우에도 각각 농어촌지역 및 도서·벽지 지역에 해당하는 거주지 및 학교이어야 함

3) 재학 중 행정구역 개편 등으로 지역이 변경된 경우에는 당해 지역을 농어촌지역 및 도서·벽지 지역으로 인정함

4) 주민등록이 직권 말소 또는 신고 말소된 경우에는 농어촌지역 및 도서·벽지 지역에 거주한 것으로 인정하지 않음

라. 부모 이혼 또는 부, 모 중 한 명이 사망·실종(법률상)인 경우에는 다음 기준에 따름(농어촌1유형에 한함)

공통	이혼·사망·실종(법률상) 이전까지 부·모·본인이 농어촌 지역 및 도서·벽지 지역에 거주하여야 함
이혼	법률상 이혼일 이후부터는 친권이 있는 부 또는 모와 본인이 농어촌 지역 및 도서·벽지 지역에 거주하여야 함
사망, 실종	부모 중 한 명이 사망(실종)인 경우, 법률상 사망(실종)일 이후부터는 생존하는 부 또는 모와 본인이 농어촌 지역 및 도서·벽지 지역에 거주하여야 함

※ 2024학년도 수능응시와 관계없이 지원 가능

② 수능최저학력기준: 없음

③ 전형방법

구분	서류평가		면접		총점	비고
	최고점	최저점	최고점	최저점		
1단계	700점	600점	-		700점 (100%)	1단계: 5배수 서류 100%
2단계	700점(1단계성적) (70%)		300	270	1,000점 (100%)	

(5) 정시모집: 수능 나군 일반전형

① 지원자격

고등학교 졸업(예정)자, 검정고시 합격자 또는 법령에 의하여 동등 이상의 학력이 있다고 인정된 자로서 2024학년도 대학수학능력시험에 응시한 자

② 수능 지정 응시영역

국어, 수학(미적분, 기하 중 택1), 영어, 한국사, 탐구(과학탐구 2과목) 반영

※ 영어 영역 1등급 100점, 2등급 95점, 3등급 90점, 4등급 80점, 5등급 70점, 6등급 60점, 7등급 55점, 8등급 50점, 9등급 45점

※ 한국사의 경우 가산점으로 1~5등급까지는 5점, 6등급 4점, 7등급 3점, 8등급 2점, 9등급 1점 부여
※ 수능 지정영역 미 응시자의 경우 해당영역은 최저점 처리함(단, 의예과, 치의예과, 한의예과, 약학과의 경우 지정영역 및 지정선택과목 응시오류는 불합격 처리함

12) 동국대학교(경주)[65]

■ 한의예과 모집인원은 아래와 같습니다.

학과	정원내								정원외		
	수시						정시		수시		
	학생부교과				학생부종합		다군				
	교과	불교추천	지역인재	기회균형I	참사람	지역인재	수능	지역인재	농어촌	재외국민	전교육과정해외이수자
유형1	17						10			2	1
유형2		1	14	2	8	14	4	2	3	3	1

(1) 수시모집: 학생부위주(교과)
① 지원자격

국내 고등학교 졸업자(2024년 2월 졸업예정자 포함) 및 법령에 의하여 동등 이상의 학력이 있다고 인정되는 자   ※ 교과성적 산출불가자 지원 불가

② 전형방법: 학생부 성적 100%

③ 수능최저학력기준

국어, 수학(미적분 또는 기하), 과학탐구 등급의 합 5이내

※ 한의예과, 의예과의 수능최저학력기준 반영시 수학(미적분, 기하) 또는 과학탐구를 반드시 응시하여야 함. 탐구는 상위 1과목 반영. 탐구는 상위 1과목 반영.

(2) 수시모집: 학생부위주(불교추천전형)
① 지원자격

고등학교 졸업자(2024년 졸업예정자 포함) 및 법령에 의하여 동등 이상의 학력이 있다고 인정되는 자로서 대한불교조계종 스님이나 대한불교조계종 종립고등학교장의 추천을 받은 자

---

65) 2024 동국대(경주) 모집요강

② 전형방법: 학생부 성적 100%

③ 수능최저학력기준

국어, 수학(미적분 또는 기하), 영어, 과학탐구 중 3개과목 등급의 합 5이내

※ **한의예과, 의예과의 수능최저학력기준 반영시 수학(미적분, 기하) 또는 과학탐구를 반드시 응시하여야**
함. 탐구는 상위 1과목 반영.

(3) 수시모집: 학생부위주(지역인재전형)
① 지원자격

대구, 경북지역 소재 고등학교에서 입학일부터 졸업일까지(2024년 졸업예정자 포함) 전 교육과정을 이수한 자

② 전형방법: 학생부 성적 100%

③ 수능최저학력기준

국어, 수학(미적분 또는 기하), 영어, 과학탐구 중 3개과목 등급의 합 5이내

※ **한의예과, 의예과의 수능최저학력기준 반영시 수학(미적분, 기하) 또는 과학탐구를 반드시 응시하여야**
함. 탐구는 상위 1과목 반영.

(4) 수시모집: 학생부위주(기회균형Ⅰ전형)
① 지원자격

대구, 경북지역 소재 고등학교에서 입학일부터 졸업일까지(2024년 졸업예정자 포함) 전 교육과정을 이수한 자 중 아래 각 호의 하나에 해당하는 자 -「국민기초생활보장법」제2조제1호(수급권자) -「국민기초생활보장법」제2조제10호(차상위계층) -「한부모가족지원법」5조 또는 5조의2에 따른 대상자 -「국가보훈 기본법」제3조 제2호의 '국가보훈대상자'로서 국가보훈 관계 법령에 따른 교육지원 대상자(보훈(지)청장이 발행하는 '대학입학 특별전형 대상자 증명서'발급 대상자)

② 전형방법: 학생부 성적 100%

③ 수능최저학력기준

국어, 수학(미적분 또는 기하), 영어, 과학탐구 중 3개과목 등급의 합 5이내

※ **한의예과, 의예과의 수능최저학력기준 반영시 수학(미적분, 기하) 또는 과학탐구를 반드시 응시하여야**
함. 탐구는 상위 1과목 반영.

(5) 수시모집: 학생부종합(참사랑전형)
① 지원자격

고등학교 졸업자(2024년 2월 졸업예정자 포함) 및 법령에 의하여 동등 이상 학력이 있다고 인정되는 자

② 전형방법

1단계	서류 100%(5배수)
2단계	1단계 성적 70% + 면접 30%

③ 수능최저학력기준

국어, 수학(미적분 또는 기하), 영어, 과학탐구 중 3개과목 등급의 합 5이내

※ **한의예과, 의예과의 수능최저학력기준 반영시 수학(미적분, 기하) 또는 과학탐구를 반드시 응시하여야 함.** 탐구는 상위 1과목 반영.

(6) 수시모집: 학생부종합(지역인재전형)
① 지원자격

대구, 경북지역 소재 고등학교에서 입학일부터 졸업일까지(2024년 졸업예정자 포함) 전 교육과정을 이수한 자

② 전형방법

1단계	서류 100%(5배수)
2단계	1단계 성적 70% + 면접 30%

③ 수능최저학력기준

국어, 수학(미적분 또는 기하), 영어, 과학탐구 중 3개과목 등급의 합 5이내

※ **한의예과, 의예과의 수능최저학력기준 반영시 수학(미적분, 기하) 또는 과학탐구를 반드시 응시하여야 함.** 탐구는 상위 1과목 반영.

(7) 수시모집: 학생부위주(농어촌전형, 정원 외)
① 지원자격

국내 고등학교 졸업자(2024년 2월 졸업예정자 포함)로서 다음 각 호의 하나에 해당하는 자 - 농어촌(지방자치법 제3조에 의한 읍. 면지역) 또는 도서·벽지(도서·벽지교육 진흥법 제2호)에 소재하는 중·고등학교에서 전 교육과정을 이수한 졸업자 (2024년 2월 예정자 포함)로서, 고등학교 재학기간 중 본인 및 부·모(사망·실종·이혼 등의 사유에 해당하는 부·모는 제외) 모두가 해당 지역에 거주하고 학교장의 거주사실을 확인 받은 자 - 초, 중, 고 전 교육과정(12년)을 농어촌에 소재하는 학교에서 이수한 졸업자 (2024년 2월 예정자 포함)로서 학교장의 거주사실을 확인 받은 자

② 전형방법: 학생부 성적 100%

③ 수능최저학력기준

국어, 수학(미적분 또는 기하), 영어, 과학탐구 중 3개과목 등급의 합 5이내

※ 한의예과, 의예과의 수능최저학력기준 반영시 수학(미적분, 기하) 또는 과학탐구를 반드시 응시하여야
함. 탐구는 상위 1과목 반영.

(8) 수시모집: 재외국민과 외국인(정원 외)
① 지원자격

국내·외 고등학교 졸업자 또는 2022년 2월 이전 졸업예정자로서 우리나라 고등학교 졸업
자와 동등의 학력이 있다고 인정되는 자
가. 해당전형 : 재외국민, 전교육과정해외이수자, 북한이탈주민, 외국인
나. 지원자격
1) 재외국민
- 해외근무자 - 역년으로 통산 3년(1,095일) 이상의 해외근무/사업/영업을
목적으로 배우자 및 학생과 함께 해외에 체류한 자
- 해외근무자의 자녀 - 부모 중 1인 이상이 역년으로 통산 3년(1,095일) 이
상을 해외근무자로 재직/사업/영업하는 기간 동안, 해외근무자의 근무지 국가
소재 학교에서 고교과정 1개 학년 이상(해당 기간에 진행되는 학제상의 모든 학기)을 포함
하여 중·고교과정을 3개 학년 이상 수료한 자
- 체류- 각 1개년마다 학생 본인은 3/4이상을, 재직자 및 배우자는 2/3이상
을 해외근무지 국가에서 체류하여야 함
2) 전교육과정해외이수자 :「고등교육법 시행령」제29조제2항 제7호에 따른 대상자로 외
국에서 우리나라 초중등교육에 상응하는 교육과정을 전부 이수한 자
3) 북한이탈주민 :「고등교육법 시행령」제29조 2항 6호에 따른 대상자로 북
한이탈주민에 한 함
4) 외국인 :「고등교육법 시행령」제29조 2항 6호에 따른 대상자로, 우리나라 고교과정과
상응하는 교육과정을 시작하기 전에 **부모와 학생 모두가 외국 국적을 취득한 자 (※ 부모
중 한명이 외국 국적이 아닐 경우 지원 불가)**

② 전형방법: 서류 70% + 면접 30%

③ 수능최저학력기준

국어, 수학(미적분 또는 기하), 영어, 과학탐구 중 3개과목 등급의 합 5이내

※ 한의예과, 의예과의 수능최저학력기준 반영시 수학(미적분, 기하) 또는 과학탐구를 반드시 응시하여야
함. 탐구는 상위 1과목 반영.

(9) 정시모집: 다군 수능전형

① 지원자격

일반	고등학교 졸업(2024년 2월 졸업 예정자 포함)자 및 관계 법령에 의하여 동등 이상의 학력이 있다고 인정되는 자로서 2024학년도 대학수학능력시험에 응시 하여 우리대학 반영영역의 성적을 취득한 자
지역인재	대구, 경북지역 소재 고등학교 졸업자(2024년 졸업예정자 포함)로 해당 지역 고등학교에서 입학부터 졸업까지 전 교육과정을 이수한 자

② 전형방법: 수능 100%

③ 수능 반영방법

계열 / 모집단위	국 어	수 학	영 어	탐 구			가중치
				사회	과학	직업	
의예과 (※ 수학 미적분 또는 기하 반영)	25	35	20		20		의예과: 과탐Ⅱ과목5%

※ 의예과의 수학영역은 미적분, 기하 중 선택반영(한의예과(인문)은 선택과목 지정 없음)

※ 의예과 과학탐구Ⅱ 교과목당 5% 가중치 반영음)

6. 2024학년도 약학대학 선발기준

VI. 2024학년도 약학대학 선발기준

1. 약학대학
1) 서울대학교[66]
■ 약학계열 모집인원은 아래와 같습니다.

모집단위		정원 내 전형					정원 외 전형		
		수시모집			정시모집 '나'군		정시모집 '나'군		
		지역균형전형	일반전형	기회균형특별전형 사회통합	지역균형전형	일반전형	기회균형특별전형 농어촌	기회균형특별전형 저소득	기회균형특별전형 특수,북한
약학대학	약학계열	11	29	3	10	10	3	5	2

(1) 수시모집 지역균형전형
① 지원 자격

소속 고등학교장의 추천을 받은 2024년 2월 국내 고등학교 졸업예정자 (조기졸업예정자 제외)
※ 고등학교별 추천 인원은 2명 이내이며, 각 고등학교는 반드시 학교장 직인이 날인된 추천자 명단을 서류제출 기간 내에 공문으로 제출해야 함

② 전형방법
가. 전형요소 및 배점

모집단위	1단계	2단계	
	서류평가	1단계 성적	면접
전 모집단위	100 (3배수)	70	30

- 전 모집단위에서 수능 최저학력기준을 적용하며, 반드시 모집단위별 수능 응시영역기준 및 인정 기준을 준수해야 함

나. 지역균형선발전형 수능 최저학력기준

모집단위	수능 최저학력기준
전 모집단위	4개 영역(국어, 수학, 영어, 탐구) 중 3개 영역 등급 합이 7등급 이내

- 탐구영역의 등급은 2개 과목 등급 평균을 반영함

---

66) 2024 서울대 대입기본계획

(2) 수시모집 일반전형
① 지원 자격

고등학교 졸업자 (2024년 2월 졸업예정자 포함) 또는 법령에 의하여 고등학교 졸업 이상의 학력이 있다고 인정된 자(고등학교 졸업학력 검정고시 합격자, 외국소재 고등학교 졸업 (예정)자 포함)

② 전형방법
가. 전형요소 및 배점

모집단위	1단계	2단계		
	서류평가	1단계 성적	면접 및 구슬고사	교직적성·인성면접
전 모집단위	100 (2배수)	100	100	-

③ 수능 최저학력기준: 없음

④ 면접 및 구술고사

모집단위	평가내용 및 방법
약학대학	수학(자연) 관련 제시문을 활용하여 전공적성 및 학업능력 평가 (45분 내외)

(3) 수시모집 기회균형특별전형(사회통합 전형)
① 지원 자격

고등학교 졸업자(2024년 2월 졸업예정자 포함) 또는 법령에 의하여 고등학교 졸업 이상의 학력이 있다고 인정된 자로서 지원서 접수 마감일 기준으로 아래 중 하나의 자격을 유지하고 있는 자

가. 농어촌 학생

가. 농어촌 재학(중학교 3년 + 고등학교 3년) + 농어촌 거주 6년(지원자·부·모)
「지방자치법」 제3조에 의한 읍·면(농어촌) 지역 또는 「도서·벽지 교육진흥법」 제2조에 따른 도서·벽지 지역 소재 중·고등학교에서 전 교육과정을 이수하고 지원자와 부모 모두가 중학교 입학일부터 고등학교 졸업일까지 읍·면(농어촌) 지역 또는 도서·벽지 지역에 거주한 자
나. 농어촌 재학(초등학교 6년 + 중학교 3년 + 고등학교 3년) + 농어촌 거주 12년(지원자)
「지방자치법」 제3조에 의한 읍·면(농어촌) 지역 또는 「도서·벽지 교육진흥법」 제2조에 따른 도서·벽지 지역 소재 초·중·고등학교에서 전 교육과정을 이수하고 지원자 본인이 초등학교 입학일부터 고등학교 졸업일까지 읍·면(농어촌) 지역 또는 도서·벽지 지역에 거주한 자
+ 읍·면 또는 도서·벽지 지역 소재 과학고, 영재고, 외국어고, 국제고, 예술고, 체육고, 국내학력인정 외국교육기관은 농어촌 학교로 인정하지 않음

나. 저소득 학생

구분	내용

다. 「국민기초생활 보장법」제2조 제1호에 따른 수급권자 또는 제2조 제2호에 따른 수급자
라. 「국민기초생활 보장법」제2조 제10호에 따른 차상위계층 중 복지급여(차상위 자활급여, 차상위 장애수당, 차상위 장애인연금부가급여, 차상위 본인부담경감)를 받고 있는 가구 학생 또는 차상위계층 확인서 발급 대상 가구 학생
마. 「한부모가족지원법」제5조 및 제5조의2에 따른 지원대상 가구 학생

다. 국가보훈대상자

바. 「국가보훈 기본법」제3조 제2호에 따른 '국가보훈대상자'에 해당하고 국가보훈 관계 법령에 따른 교육지원 대상자로 지원서 접수 마감일 기준으로 보훈(지)청장이 발급하는 '대학입학특별전형대상자증명서'를 제출할 수 있는 자

라. 서해 5도 학생

사. 서해 5도 재학(중학교 3년 + 고등학교 3년) + 서해 5도 거주 6년(지원자·친권자 혹은 후견인) 「서해 5도 지원 특별법」제2조에 의한 서해 5도 지역 소재 중·고등학교에서 전 교육과정을 이수하고 지원자와 친권자(혹은 후견인) 모두가 중학교 입학일부터 고등학교 졸업일까지 서해 5도 지역에 거주한 자
아. 서해 5도 재학(초등학교 6년 + 중학교 3년 + 고등학교 3년) + 서해 5도 거주 12년(지원자) 「서해 5도 지원 특별법」제2조에 의한 서해 5도 지역 초·중·고등학교에서 전 교육과정을 이수하고 지원자 본인이 초등학교 입학일부터 고등학교 졸업일까지 서해 5도 지역에 거주한 자

마. 자립지원 대상 아동

자. 「아동복지법 시행령」제38조제2항 해당자로 고등학교 입학일부터 지원서 접수 마감일 기준으로 생활 중인 자 또는 고등학교 졸업일까지 생활한 자(단, 검정고시 출신자는 중학교 졸업 학력 취득 후 아동복지시설에서 3년 이상 생활한 자)

② 전형방법
가. 전형요소 및 배점

모집단위	1단계	2단계	
	서류평가	1단계 성적	면접
전 모집단위 (미술대학, 음악대학 제외)	100 (2배수)	70	30

③ 수능 최저학력기준: 적용하지 않음

(4) 정시모집 수능위주전형 ('나'군 지역균형전형)

① 지원자격

소속 고등학교장의 추천을 받은 국내 고등학교 졸업자(2024학년도 2월 졸업예정자 포함, 조기졸업예정자 제외)로서 2024학년도 수능에서 모집단위별 수능 응시영역기준을 충족한 자

※ 고등학교별 추천 인원은 2명 이내이며, 각 고등학교는 반드시 학교장 직인이 날인된 추천자 명단을 서류제출 기간 내에 공문으로 제출해야 함

② 전형방법

모집단위	수능	교과평가
의과대학 의예과	60점	40점

③ 수능 영역별 반영방법

가. 국어, 수학, 탐구영역: 성적표에 기재된 표준점수를 활용함

영역	국어	수학	사회/과학/직업탐구
상대 반영비율	100	120	80

나. 영어 영역: 1등급 감점 없음. 2등급부터 아래와 같이 차등 감점함

등급	1	2	3	4	5	6	7	8	9
감점	0	0.5	2.0	4.0	6.0	8.0	10.0	12.	14.0

다. 한국사 영역: 3등급 이내 감점 없음. 4등급부터 아래와 같이 차등 감점함

등급	1	2	3	4	5	6	7	8	9
감점	0	0	0	0.4	0.8	1.2	1.6	2.0	2.4

라. 제2외국어/ 한문영역: 2등급 이내 감점 없음. 3등급부터 아래와 같이 차등 감점함

등급	1	2	3	4	5	6	7	8	9
감점	0	0	0.5	1.0	1.5	2.0	2.5	3.0	3.5

<과학탐구영역 조정점수>

수능 응시영역기준 유형2-1, 2-2 모집단위 지원자는 수능 과학탐구 과목 응시 조합 유형에 따라 다음과 같이 조정점수를 부여하며 수능 표준점수 총점에 합산함

과학탐구 과목 응시 조합	I + II	I + II	II + II
조정점수	없음	3	5

<h3><수능 성적 환산></h3>

수능 영역별 반영 비율과 감점 기준을 적용한 표준점수 총점을 아래 점수 산출 방법으로 환산한 점수

① 모집단위 지원자 중 최고점 - 모집단위 지원자 중 최저점이 15점이 이상인 경우

$$15점 × \{(지원자 점수 - 모집단위 중 최저점)/(모집단위 중 최고점 - 모집단위 중 최저점)\} + 45점$$

② 모집단위 지원자 중 최고점 - 모집단위 지원자 중 최저점이 15점 미만인 경우

$$60점 - (모집단위 중 최고점 - 지원자 점수)$$

마. 교과평가

① 평가대상: 전 모집단위 지원자
② 평가 등급: A(10점) < B(6점) > C(0점)
③ 2명의 평가자가 독립적으로 평가하여 등급을 부여하고 아래 조합에 따라 점수를 부여함
④ 교과평가 점수 = 2인 평가 등급 조합 + 30점

등급 조합 예시	A*A	A*B	B*B	B*C	C*C
배점	10	8	6	3	0

(5) 정시모집 수능위주 전형 ('나'군 일반전형)
① 지원자격

고등학교 졸업자(2024년 2월 졸업예정자 포함) 또는 법령에 의하여 고등학교 졸업 이상의 학력이 있다고 인정된 자(고등학교 졸업학력 검정고시 합격자, 외국 소재 고등학교 졸업(예정)자 포함)로서 2024학년도 수능에서 모집단위별 수능 응시영역기준을 충족한 자

② 전형방법

모집단위	1단계	2단계	
	수능	1단계 성적	교과평가
의과대학	100% (2배수)	80점	20점

- 수능 영역별 반영방법

① 국어, 수학, 탐구영역: 성적표에 기재된 표준점수를 활용함

영역	국어	수학	사회/과학/직업탐구
상대 반영비율	100	120	80

② 영어영역: 1등급 감점 없음. 2등급부터 아래와 같이 차등 감점함

등급	1	2	3	4	5	6	7	8	9
감점	0	0.5	2.0	4.0	6.0	8.0	10.0	12.0	14.0

③ 한국사영역: 3등급 이내 감점 없음. 4등급부터 아래와 같이 차등 감점함

등급	1	2	3	4	5	6	7	8	9
감점	0	0	0	0.4	0.8	1.2	1.6	2.0	2.4

④ 제2외국어/한문영역*: 2등급 이내 감점 없음. 3등급부터 아래와 같이 차등 감점함

등급	1	2	3	4	5	6	7	8	9
감점	0	0	0.5	1.0	1.5	2.0	2.5	3.0	3.5

* 2024학년도 수능 응시영역기준 유형 ①(30쪽 참고) 지원자에 한하여 적용함

- 점수 산출 방법

【1단계】 수능

① 수능 영역별 반영 비율과 감점 기준을 적용한 표준점수 총점

과학탐구영역 조정점수

수능 응시영역기준 유형 ②-1, ②-2(30쪽 참고) 모집단위 지원자는 수능 과학탐구 과목 응시 조합 유형에 따라 다음과 같이 조정점수를 부여하며 수능 표준점수 총점에 합산함

과학탐구 과목 응시 조합	I + I	I + II	II + II
조정점수	없음	3	5

【2단계】 1단계 성적 환산

① (1단계 합격자 최고점 – 1단계 합격자 최저점)이 20점 이상인 경우

20점 × {(지원자 점수 – 1단계 합격자 최저점)/(1단계 합격자 최고점 – 1단계 합격자 최저점)} + 60점

② (1단계 합격자 최고점 – 1단계 합격자 최저점)이 20점 미만인 경우

80점 – (1단계 합격자 최고점 – 지원자 점수)

【2단계】 교과평가

① 평가대상: 전 모집단위 1단계 합격자(미술대학, 사범대학 체육교육과, 음악대학 제외)
② 평가 등급: A(5점) 〉 B(3점) 〉 C(0점)
③ 2명의 평가자가 독립적으로 평가하여 등급을 부여하고 아래 조합에 따라 점수를 부여함
④ 교과평가 점수 = 2인 평가 등급 조합 + 15점

등급 조합 예시	A·A	A·B	B·B	B·C	C·C
배점	5	4	3	1.5	0

(6) 정원 외) 정시모집 '나'군 기회균형특별전형 (농어촌·저소득)
가. 지원자격

■ 농어촌 학생

고등학교 졸업자(2024년 2월 졸업예정자 포함)로서 아래의 '가' 또는 '나'에 해당하고, 2024학년도 수능에서 모집단위별 수능 응시영역기준을 충족한 자

가. 농어촌 재학(중학교 3년 + 고등학교 3년) + 농어촌 거주 6년(지원자·부·모)
「지방자치법」 제3조에 의한 읍·면(농어촌) 지역 또는 「도서·벽지 교육진흥법」 제2조에 따른 도서·벽지 지역 소재 중·고등학교에서 전 교육과정을 이수하고 지원자와 부모 모두가 중학교 입학일부터 고등학교 졸업일까지 읍·면(농어촌) 지역 또는 도서·벽지 지역에 거주한 자

나. 농어촌 재학(초등학교 6년 + 중학교 3년 + 고등학교 3년) + 농어촌 거주 12년(지원자)
「지방자치법」 제3조에 의한 읍·면(농어촌) 지역 또는 「도서·벽지 교육진흥법」 제2조에 따른 도서·벽지 지역 소재 초·중·고등학교에서 전 교육과정을 이수하고 지원자 본인이 초등학교 입학일부터 고등학교 졸업일까지 읍·면(농어촌) 지역 또는 도서·벽지 지역에 거주한 자

※ 읍·면 또는 도서·벽지 지역 소재 과학고, 영재고, 외국어고, 국제고, 예술고, 체육고, 국내학력인정 외국교육기관은 농어촌 학교로 인정하지 않음

■ 저소득 학생

고등학교 졸업자(2024년 2월 졸업예정자 포함) 또는 법령에 의하여 고등학교 졸업 이상의 학력이 있다고 인정된 자로서, 지원서 접수 마감일 기준으로 아래 '가-다' 중 하나의 자격을 유지하고 2024학년도 수능에서 모집단위별 수능 응시영역기준을 충족한 자
가. 「국민기초생활 보장법」 제2조 제1호에 따른 수급권자 또는 제2조 제2호에 따른 수급자
나. 「국민기초생활 보장법」 제2조 제10호에 따른 차상위계층 중 복지급여(차상위 자활급여, 차상위 장애수당, 차상위 장애인연금부가급여, 차상위 본인부담경감)를 받고 있는 가구 학생 또는 차상위계층 확인서 발급 대상 가구 학생
다. 「한부모가족지원법」 제5조 및 제5조의 2에 따른 지원대상 가구 학생

---

② 전형방법
- 전형요소 및 배점

* 전 모집단위(미술대학, 음악대학 제외)에서 수능 최저학력기준을 적용함

모집단위	전형요소 및 배점
의과대학	수능 100%

* 수능 최저학력기준(수능 응시영역기준 포함)을 적용함 : 4개 영역(국어, 수학, 영어, 탐구) 중 3개 영역 등급 합이 7등급 이내

③ 수능 최저학력기준

모집단위	수능 최저학력기준
전 모집단위 (미술대학, 음악대학 제외)	4개 영역(국어, 수학, 영어, 탐구) 중 3개 영역 등급 합이 7등급 이내

④ 전형요소별 평가방법(수능 영역별 반영방법)

① 국어, 수학, 탐구영역: 성적표에 기재된 표준점수를 활용함

영역	국어	수학	사회/과학/직업탐구
상대 반영비율	100	120	80

② 영어영역: 1등급 감점 없음. 2등급부터 아래와 같이 차등 감점함

등급	1	2	3	4	5	6	7	8	9
감점	0	0.5	2.0	4.0	6.0	8.0	10.0	12.0	14.0

③ 한국사영역: 3등급 이내 감점 없음. 4등급부터 아래와 같이 차등 감점함

등급	1	2	3	4	5	6	7	8	9
감점	0	0	0	0.4	0.8	1.2	1.6	2.0	2.4

④ 제2외국어/한문영역*: 2등급 이내 감점 없음. 3등급부터 아래와 같이 차등 감점함

등급	1	2	3	4	5	6	7	8	9
감점	0	0	0.5	1.0	1.5	2.0	2.5	3.0	3.5

* 2024학년도 수능 응시영역기준 유형 ①(30쪽 참고)지원자에 한하여 적용함

<과학탐구영역 조정점수>

수능 응시영역기준 유형2-1, 2-2 모집단위 지원자는 수능 과학탐구 과목 응시 조합 유형에 따라 다음과 같이 조정점수를 부여하며 수능 표준점수 총점에 합산함

과학탐구 과목 응시 조합	Ⅰ+Ⅱ	Ⅰ+Ⅱ	Ⅱ+Ⅱ
조정점수	없음	3	5

(7) 정원 외) 정시모집 '나'군 기회균형특별전형(특수교육대상자·북한이탈주민)
① 지원자격

- 특수교육대상자

가. 고등학교 졸업자(2024년 2월 졸업예정자 포함) 또는 법령에 의하여 고등학교 졸업 이상의 학력이 있다고 인정된 자
나. 「장애인복지법」 제32조에 의하여 장애인 등록이 되어 있는 자 중 '장애의 정도가 심한 장애인' 또는 '국가유공자 등 예우 및 지원에 관한 법률' 제4조 및 제6조에 의해 등록이 되어 있는 자 중에서 장애인복지법에 의한 '장애의 정도가 심한 장애인' 기준에 상응하는 자
다. 2024학년도 수능에서 모집단위별 수능 응시영역기준을 충족한 자(음악대학 제외)

- 북한이탈주민

가. 최근 9년 이내(지원서 접수 마감일 기준)에 입국한 북한이탈주민으로서 고등학교 졸업자(2024년 2월 졸업예정자 포함) 또는 법령에 의하여 이와 동등 이상의 학력이 있다고 인정된 자
나. 2024학년도 수능에서 모집단위별 수능 응시영역기준을 충족한 자(음악대학 제외)

② 전형방법
- 전형요소 및 배점

모집단위	서류평가	면접
의예과	60	40

2) 가톨릭대학교[67]

■ 약학계열 모집인원은 아래와 같습니다.

모집단위	입학정원	정원내							정원 외	
		수시				정시			수시	
		학생부교과	학생부종합	논술	소계	수능	소계	총계	학생부종합	
		지역균형전형	학교장추천전형	논술전형		가			기회균형Ⅱ전형	농어촌학생전형
약학과	30	4	8	8	20	10	10	30	3	2

(1) 수시모집: 학생부교과(지역균형전형)
① 지원자격

2015년 2월 이후 국내 고등학교 졸업(예정)자 중 3학년 1학기까지 3개 학기 이상의 성적이 있는 자로 출신 고등학교의 추천을 받은 자
※ 학교생활기록부 반영교과 중 각 교과영역에 해당하는 세부과목이 없는 경우 지원할 수 없음
※ 특성화고(종합고의 보통과 제외), 산업수요 맞춤형 고등학교(마이스터고), 방송통신고, 특수학교, 각종학교, 외국인학교, 산업체부설고등학교, 대안학교, 고등학교 학력인정 평생교육시설 출신자, 학생부 성적체계가 다른 고교 출신자는 지원할 수 없음

② 전형방법: 학생부 교과 100%

③ 수능최저학력기준

국어(화법과작문/ 언어와매체), 수학(미적분/기하), 영어, 과탐(1과목) 중 **3개 영역 등급 합 5 이내**

④ 학생부교과 반영방법
가. 반영 요소 및 반영 비율

학년별 반영비율			교과	비교과	비고
1학년	2학년	3학년	100%	-	졸업(예정)자: 3학년 1학기까지 성적 반영
100% (학년별 가중치 없음)					

---

67) 2024 가톨릭대 기본계획

나. 반영 교과 및 반영 방법
① 반영 방법: 석차 등급을 이수단위로 가중 평균한 환산석차등급 활용
② 모집단위별 반영교과

모집단위	수능 최저기준	교과별반영방법	
		공통/일반선택과목	진로선택과목
약학과	국어, 영어, 수학, 한국사, 사회(역사/ 도덕 포함), 과학	반영교과 전과목의 석차등급 및 이수단위 반영	**수학, 과학교과 전과목의 성취도 환산점수 반영**

③ 진로선택과목 반영방법

성취도	A	B	C
등급	1	2	3

(2) 수시모집: 학생부종합(학교장추천전형)
① 지원자격

국내 고등학교 졸업(예정)자로서 출신 고등학교장의 추천을 받은 자 (고교별 추천인원 제한 없음)

② 전형방법

1단계 (4배수)	서류종합평가 100% (학생부)
2단계	1단계 성적 70% + 면접평가 30%

③ 서류종합평가 요소

평가요소(반영비율)	학업역량(35%), 전공(계열)적합성(30%), 인성(20%), 발전가능성(15%)
평가방법	학생부에 나타난 지원자의 인재 역량을 평가요소에 따라 종합,정성 평가

④ 면접평가 요소

평가요소 (반영비율)	전공(계열)적합성(50%), 인성(30%), 발전가능성(20%)
평가방법	지원자의 제출서류 내용의 진실성 및 가치를 확인하기 위한 10분 내외 개별면접

⑤ 수능최저학력기준

국어(화법과작문/언어와매체), 수학(미적분/기하), 영어, 과탐(1과목) 중 **3개 영역 등급 합 5 이내**

(3) 수시모집: 논술전형
① 지원자격

고등학교 졸업(예정)자 또는 법령에 의하여 고등학교 졸업 동등 이상의 학력이 있다고 인정된 자

② 전형방법

논술 70% + 학생부(교과) 30%

③ 학생부교과 반영방법
가. 반영 요소 및 반영 비율

학년별 반영비율			교과	비교과	비고
1학년	2학년	3학년	100%	-	졸업(예정)자: 3학년 1학기까지 성적 반영
100% (학년별 가중치 없음)					

나. 반영 교과 및 반영 방법
① 반영 방법: 석차 등급을 이수단위로 가중 평균한 환산석차등급 활용
② 모집단위별 반영교과

모집단위	수능 최저기준	교과별반영방법	
		공통/일반선택과목	진로선택과목
약학과	국어, 영어, 수학, 한국사, 사회(역사/ 도덕 포함), 과학	반영교과 전과목의 석차등급 및 이수단위 반영	**수학, 과학교과 전과목의 성취도** 환산점수 반영

③ 진로선택과목 반영방법

성취도	A	B	C
등급	1	2	3

④ 수능최저학력기준

국어(화법과작문/언어와매체), 수학(미적분/기하), 영어, 과탐(1과목) 중 **3개 영역 등급 합 5 이내**

⑤ 전형요소별 실질 반영 비율

전형요소	최고점	최저점	실질반영비율
논술	70	0	88.6%
학생부교과	30	21	11.4%

⑥ 논술고사 내용

모집단위	시간	문항수	유형	출제경향
약학과	90분	3문항	수리 논술	• 고교 교육과정의 범위와 수준에 맞는 문제 출제 •고교 교육과정 범위 내의 수리적 혹은 과학적 원리를 제시하는 제시문을 활용하여 문제를 올바르게 분석하고 해결하는지를 평가

(4) 수시모집: 학생부종합(고른기회Ⅱ전형, 정원 외)
① 지원자격

고등학교 졸업(예정)자 또는 법령에 의하여 고등학교 졸업 동등 이상의 학력이 있다고 인정된 자로서 원서접수 마감일 기준으로 아래의 사항 중 어느 하나에 해당하는 자
1.「국민기초생활보장법」제2조 제1호, 제2호에 따른 수급(권)자
2.「국민기초생활보장법」제2조 제10호에 따른 차상위 계층
3.「한부모가족지원법」제5조 및 제5조의 2에 따른 지원대상자

② 전형방법

서류종합평가 100% (학생부)

③ 서류종합평가 요소

평가요소(반영비율)	학업역량(35%), 전공(계열)적합성(30%), 인성(20%), 발전가능성(15%)
평가방법	학생부에 나타난 지원자의 인재 역량을 평가요소에 따라 종합,정성평가

④ 수능최저학력기준

국어(화법과작문/언어와매체), 수학(미적분/기하), 영어, 과탐(1과목) 중 **3개 영역 등급 합 7 이내**

(5) 수시모집: 학생부종합(농어촌학생전형, 정원 외)
① 지원자격

국내 고등학교 졸업(예정)자로서 아래의 지원자격 중 어느 하나에 해당하는 자

1. 유형 1(6년) : 학생 본인이 농어촌지역에 소재한 학교에서 중학교 입학 시부터 고등학교 졸업 시까지 전 교육과정을 이수하고 같은 기간 부·모·학생(본인) 모두가 농어촌 지역에 거주한 자
2. 유형 2(12년) : 학생 본인이 농어촌지역에 소재한 학교에서 초·중·고 전 교육과정을 이수하고, 같은 기간 본인이 농어촌지역에 거주한 자

※ 농어촌지역:「지방자치법」제3조에 따른 읍·면 지역 및 「도서·벽지 교육진흥법 시행규칙」제2조에 따른 도서·벽지 지역
※ 특수목적고등학교(과학고, 외국어고, 국제고, 예술고, 체육고, 마이스터고), 평생교육법에 따른 학력인정 평생교육시설, 검정고시, 비인가 대안학교 졸업(예정)자는 지원할 수 없음
※ 유형 1의 경우 학생 재학기간과 학생·부모 거주 충족 기간은 중학교 입학 시부터 고등학교 졸업 시까지, 유형 2의 경우 학생 재학기간과 학생 거주 충족 기간은 초등학교 입학 시부터 고등학교 졸업 시까지 임
※ 재학기간과 거주기간은 연속된 연수만을 인정함

② 전형방법

서류종합평가 100% (학생부)

③ 서류종합평가 요소

평가요소(반영비율)	학업역량(35%), 전공(계열)적합성(30%), 인성(20%), 발전가능성(15%)
평가방법	학생부, 자기소개서에 나타난 지원자의 인재 역량을 평가요소에 따라 종합·정성 평가

④ 수능최저학력기준

국어(화법과작문/언어와매체), 수학(미적분/기하), 영어, 과탐(1과목) 중 **3개 영역 등급 합 7 이내**

(6) 정시모집: 수능 '가'군 (일반전형)
① 지원자격

고등학교 졸업(예정)자 또는 법령에 의하여 고등학교 졸업 동등 이상의 학력이 있다고 인정된 자로서 2024학년도 대학수학능력시험에 응시한 자

② 전형방법: 수능 100%

③ 수능 영역별 반영비율

모집단위	국어		수학			영어	탐구	가산점
	화법과작문	언어와매체	미적분	기하	확률과통계		과학	
약학과	30		40		-	-	30	영어/한국사

3) 강원대학교[68]

■ 약학계열 모집인원은 아래와 같습니다.

학과	학생부 종합전형	학생부교과전형				정시 가군
	미래인재Ⅱ	일반	지역인재	저소득 -지역인재	저소득층학생 (정원외)	수능(일반)
약학과	9	15	10	1	4	15

(1) 수시모집: 학생부종합(미래인재전형)
① 지원자격

국내 고등학교 졸업(예정)자 중 국내 고등학교에서 3학기 이상 교육과정을 이수한 자

② 전형요소 및 반영비율

전형방법	선발단계	모집인원 대비 선발 비율	전형요소 및 실질 반영비율		
			서류평가	면접평가	합계
단계별	1단계	300% 이내	120점(100%)	-	120점(100%)
	2단계	100% 이내	120점(60%)	80점(40%)	200점(100%)

③ 수능최저학력기준: 미적용

④ 서류평가
가. 전형자료 : 학교생활기록부(자기소개서 미제출)
나. 평가방법: 입학사정관 2인이 제출된 자료를 대상으로 평가기준별로 종합적, 정성적으로 평가를 실시하고, 평가위원 간에 일정 점수 이상 차이가 있을 경우 조정평가 실시
다. 평가요소(배점) 및 평가내용

평가 요소	평가 기준 및 주요 평가 내용
학업역량 (30%)	학업에 대한 호기심과 열의가 높고, 우수한 학습 능력과 창의적 문제해결 능력을 지닌 인재 (학업성취도, 학업의지와 태도, 탐구력과 사고력)
전공적합성 (25%)	전공분야의 학습에 대한 목표와 관심사가 명확하고, 자신의 진로를 개발하려는 의지를 지닌 인재 (전공 관련 교과목 이수/성취도, 전공 관심과 이해, 진로개발 활동과 경험)
인 성 (24%)	자신의 역할에 성실하게 책임을 다하며, 공동체의 발전과 공공의 문제를 해결하기 위해 자발적으로 협력하고 헌신하는 인재 (공동체의식 및 협업능력, 성실성과 책임감, 의사소통능력)
발전가능성 (21%)	미래를 개척하려는 도전정신과 열정을 지닌 발전 가능성이 있는 인재 (도전정신, 자기주도성, 자기관리능력)

---

68) 2024 강원대 모집요강

⑤ 면접평가

　　가. 면접 방법

- 면접 방식: 입학사정관(면접위원) 2인 대 수험생 1인 개별 면접(블라인드 면접)
- 면접 형식: 서류 확인 면접(수험생이 제출한 학교생활기록부의 내용 중심)
- 면접 시간: 수험생 1인 당 10분 내외

　　나. 면접 일정 및 장소: 입학본부 홈페이지에 공지

　　다. 평가요소(배점) 및 평가내용

평가 요소	평가 기준 및 주요 평가 내용
학업역량 (50%)	고교 교육과정에서 흥미와 관심을 가졌던 문제나 과제에 대하여 스스로 탐구하고 사고하며, 자신에게 주어진 환경과 능력을 최대한 활용하여 성취해 나아가는 능력 (학습탐구경험과 문제해결능력, 지원전공에 대한 관심과 이해정도, 대학에서의 학업목표와 의지)
인성 (30%)	공동체의 발전을 위해 구성원들과 협력하고 소통하고 배려하며, 자신이 맡은 일에 책임과 끈기를 다하여 충실하게 수행하는 태도 (공동체의식 및 협업능력, 성실성과 책임감, 의사소통능력)
잠재역량 (20%)	지원 전공 분야에 대한 탐색, 학습, 활동 과정에서 몰입 또는 집중력을 발휘하여 자기 주도적으로 성장하려고 노력하는 능력 (도전의식, 자기주도성, 자기관리능력)

(2) 수시모집: 학생부교과(일반전형)

① 지원자격

고등학교 졸업(예정)자 또는 관계 법령에 의하여 이와 동등한 학력이 있다고 인정된 자

② 전형 요소 및 반영비율

전형방법	모집인원 대비 선발 비율	전형요소 및 실질 반영비율	
		학생부	합계
일괄합산	100%	1,000점(100%)	1,000점(100%)

③ 수능최저학력기준

국어, 수학, 과학①, 과학② 중 수학(미적분 또는 기하)와 과탐 1과목을 필수 반영한 **3개 영역**의 합이 **7**이내 ※ 과학탐구는 다른 과목이어야 함(과학탐구의 동일과목 Ⅰ, Ⅱ는 불가)

④ 학교생활기록부 반영

　　가. **반영과목**: 학생부에 1-1학기부터 3-1학기까지 기록된 반영 교과의 모든 과목(※ 졸업생 포함)

※ 공통과목의 "과학탐구실험" 과목은 교과 성적 반영에서 제외
※ 검정고시 합격자: 국어, 영어, 수학, 사회, 과학, 한국사 과목 검정고시 성적 반영
※ 국외 고등학교 성적: 이수한 전 과목 반영

나. 진로선택과목: 과목별 성취도 기준 가산점 부여
(3학년 1학기까지 이수한 국어, 수학, 영어, 사회, 과학 교과의 진로선택과목 중에서 성취도가
높은 상위 세 과목의 평균 점수를 가산점 부여)

(3) 수시모집: 학생부교과(지역인재전형)
① 지원자격

고등학교 졸업(예정)자로서 학생이 입학일부터 졸업(예정)일까지 강원지역 고등학교에서 전 교육과정을 이수한 자

② 전형요소 및 반영비율: '학생부교과 일반전형'과 같음

③ 수능최저학력기준

국어, 수학, 과학①, 과학② 중 수학(미적분 또는 기하)와 과탐 1과목을 필수 반영한 **3개 영역**의 **합이 8이내**
※ 과학탐구는 다른 과목이어야 함(과학탐구의 동일과목 Ⅰ, Ⅱ는 불가)

④ 학교생활기록부 반영: '학생부교과 일반전형과 같음'

(4) 수시모집: 학생부교과(저소득-지역인재전형)
① 지원자격

고등학교 졸업(예정)자로서 학생이 입학일부터 졸업(예정)일까지 강원지역 고등학교에서 전 교육과정을 이수한 자로서 아래의 지원 자격 중 어느 하나에 해당하는 자
1. 국민기초생활보장법 제2조제1호(수급권자), 제2호(수급자) 및 제10호(차상위계층)에 의한 자
2. 한부모가족법 제5조 또는 제5조의2에 따른 대상자

② 전형 요소 및 반영비율

전형방법	모집인원 대비 선발 비율	전형요소 및 실질 반영비율	
		학생부	합계
일괄합산	100%	1,000점(100%)	1,000점(100%)

③ 수능최저학력기준

국어, 수학, 과학①, 과학② 중 수학(미적분 또는 기하)와 과탐 1과목을 필수 반영한 **3개 영역**의 **합이 8이내**
※ 과학탐구는 다른 과목이어야 함(과학탐구의 동일과목 Ⅰ, Ⅱ는 불가)

(5) 수시모집: 학생부교과(저소득층학생전형)

① 지원자격

고등학교 졸업(예정)자 또는 관계 법령에 의하여 동등한 학력이 있다고 인정된 자로서 아래의 지원 자격 중 어느 하나에 해당하는 자
1. 국민기초생활보장법 제2조제1호(수급권자), 제2호(수급자) 및 제10호(차상위계층)에 의한 자
2. 한부모가족지원법 제5조 또는 제5조의2에 따른 대상자

② 전형 요소 및 반영비율

전형방법	모집인원 대비 선발 비율	전형요소 및 실질 반영비율	
		학생부	합계
일괄합산	100%	1,000점(100%)	1,000점(100%)

③ 수능최저학력기준

국어, 수학, 과학①, 과학② 중 수학(미적분 또는 기하)와 과탐 1과목을 필수 반영한 **3개 영역**
의 합이 8이내
※ 과학탐구는 다른 과목이어야 함(과학탐구의 동일과목 Ⅰ, Ⅱ는 불가)

(6) 정시모집: 가군 수능(일반전형)

① 지원자격

고등학교 졸업(예정)자 또는 관계 법령에 의하여 이와 동등한 학력이 있다고 인정된 자

② 전형요소 및 반영비율: 수능 100%

③ 수능반영방법

반영 영역	국어	수학	영어	과탐 2과목
반영 점수	100	150	100	150

- **수학(미적분, 기하 중 택1)**
- **탐구(과탐 2과목)**

4) 경북대학교[69]

■ 약학계열 모집인원은 아래와 같습니다.

모집단위	수시모집					정시모집
	정원내				정원외	정원내
	학생부교과		학생부종합			가군
	교과우수자	지역인재 기초생활수급자등대상자	지역인재	농어촌학생		
약학대학	10	1	14	3		5

(1) 수시모집: 학생부교과(교과우수자전형)
① 지원자격

2022년 이후 국내 정규 고등학교 졸업(예정)자(2학년 수료예정자 중 상급학교 조기입학 자격을 부여받은 자 포함)
※ 국내 정규 고등학교는 고교 졸업 학력 인정학교에 한함
※ 국내 고교에서 3개 학기 이상 성적을 취득한 국내 고교 졸업(예정)자에 한함

② 전형요소별 배점

모집단위	사정단계	선발인원	전형요소별 배점(반영비율)		합계
			학생부		
			교과	서류평가	
치의예과	일괄합산	100%	400점 (100%)	100점 (20%)	500점(100%)

③ 서류평가

가. 평가자료: 학교생활기록부
나. 평가방법 및 내용
1) 제출된 평가 자료를 바탕으로 평가기준에 따라 종합적으로 평가함
2) 다수의 평가위원이 100점 만점으로 평가하며, 이 평가점수의 평균을 수험생의 성적으로 함
다. 반영점수: 100점(최고점) ~ 0점(최저점)

④ 선발방법

가. 합격자 결정: 수능최저학력기준 충족자 중에서 전형요소 성적 총점의 고득점 순으로 모집단위별 모집인원의 100%를 합격자로 선발함
나. 후보자 결정: 불합격 처리되지 않은 자 전원을 후보자로 선발함

---

69) 2024 경북대 모집요강

⑤ 학교생활기록부 반영

1. 교과영역 성적 반영방법
<고등학교 졸업(예정)자>
가. 반영과목 : 고등학교 과정 전 학년 이수 과목 중 본교가 지정한 국어, 수학, 영어, 사회, 과학 교과 관련 전 과목 성적을 다음과 같이 반영함

모집단위	반영교과	반영학기
자연계열	국어, 수학, 영어, 사회, 과학, 한국사	졸업자 및 졸업예정자: 3학년 1학기까지

나. 반영방법 : 과목별 등급을 점수화하여 반영함
  1) 학생부 교과 성적 산출: ∑(과목별등급점수×과목별단위수)/∑과목별단위수
  ※ 소수점 아래 세 번째 자리에서 반올림
다. 학생부 교과 성적(진로선택과목제외) 등급별 점수

	1	2	3	4	5	6	7	8	9
학생부교과	400	390	380	370	360	350	300	200	0
논술(AAT)	150	145	140	135	130	120	100	50	0

<검정고시 출신자>
가. 반영과목(6과목): 국어, 수학, 영어, 사회, 과학, 한국사
나. 반영방법: 과목별 성적을 학생부 적용 등급으로 점수화하여 반영
  - 산출식: ∑(과목별등급점수×과목별단위수)/6 (※ 소수점 아래 세 번째 자리에서 반올림)
다. 검정고시 성적별 학생부 교과성적 점수

	100점 이하~97점 이상	96점 이하~91점 이상	90점 이하~81점 이상	80점 이하~70점 이상	70점 미만
학생부교과	380	350	300	200	0
논술(AAT)	140	120	100	50	0

⑥ 최저수학능력기준

해당전형	모집단위	국어, 수학, 영어, 탐구(1과목)	한국사
학생부교과	약학대	상위 3개 영역 등급 합이 5 이내	응시

(2) 수시모집: 학생부교과(지역인재 기초생활수급자등대상자전형)
① 지원자격

2024년 국내 고등학교 졸업예정자로서 입학일부터 졸업일까지 고등학교 전 과정을 대구, 경북 지역 고등학교에서 이수하고 소속(출신) 고등학교장의 추천을 받은 자 중 아래 자격요건 가~다 중 하나에 해당하는 자
※ 고교별 추천 가능 인원: 모집단위별 1명

가. 기초생활 수급자
나. 차상위 복지급여를 받는 가구의 학생
※ 차상위 복지급여: 차상위 본인부담 경감 대상자, 차상위 자활 급여대상자, 차상위 장애
수당 및 장애인연금 부가급여 대상자, 한부모 가족지원 대상자
다. 차상위계층 확인사업 대상 가구의 학생

② 전형요소별 배점

모집단위	사정단계	선발인원	전형요소별 배점(반영비율)		
			학생부 교과	서류평가	합계
의예과 치의예과 약학과	일괄합산	100%	400점 (80%)	100점 (20%)	500점 (100%)

③ 서류평가

가. 평가자료: 학교생활기록부
나. 평가방법 및 내용
- 제출된 평가자료를 바탕으로 평가기준에 따라 종합적으로 평가함
- 다수의 평가위원이 100점 만점으로 평가하며, 이 평가점수의 평균을 수험생의 성적으로 함
- 반영점수: 100점(최고점) ~ 0점(최저점)

④ 최저수학능력기준

해당전형	모집단위	국어, 수학, 영어, 탐구(1과목)	한국사
학생부교과	의예과	탐구영역 필수, 3개 영역 등급 합이 5 이내	응시

⑤ 선발방법

가. 합격자 결정: 최저수학능력기준 충족자 중에서 전형요소 성적 총합의 고득점 순으로
모집단위별 모집인원의 100%를 합격자로 선발함
나. 후보자 결정: 불합격 처리되지 않은 자 전원을 후보자로 선발함

(3) 수시모집: 학생부종합(지역인재전형)
① 지원자격

입학에서 졸업(2024년 2월 말 이전 졸업예정자 포함)까지 고등학교 전 과정을 대구·경북
지역 소재 고등학교에서 이수한 자

② 전형요소별 배점

모집단위	사정단계	선발인원	전형요소별 배점(반영비율)		
			서류평가	면접	합계
의예과	1단계	500%	350(100%)	-	350점(100%)
	2단계	100%	350(70%)	150(30%)	500점(100%)

※ 면접성적이 면접반영점수의 60% 미만인 자는 모집인원에 관계없이 불합격

③ 서류평가 및 면접

가. 서류평가
  1) 평가자료 : 학교생활기록부
  2) 평가방법 및 내용
  가) 제출된 평가지료를 바탕으로 종합적으로 평가함
   나) 다수의 평가위원이 350점 만점으로 평가하며, 이 평가점수의 평가점수를 수험생의 성적으로 함
  3) 반영점수 : 350(최고점) ~ 0점(최저점)

나. 면접
  1) 평가내용 및 방법
   가) 수험생 개인별로 다음과 같이 10분 내외로 진행하며 평가기준에 따라 종합적으로 평가함
   나) 다수의 평가위원이 150점 만점으로 평가하며, 이 평가점수의 평균을 수험생의 성적으로 함
  2) 반영점수 : 150점(최고점) ~ 0점(최저점)

④ 최저수학능력기준

해당전형	모집단위	국어, 수학, 영어, 탐구(1과목)	한국사
학생부종합	약학과	탐구영역 필수, 상위 3개 영역 등급 합이 5이내	응시

⑤ 선발방법

가. 합격자 결정
  1) 1단계 사정: 서류평가 성적순으로 모집인원의 500% 선발
  2) 2단계 사정: 전형요소 성적 총점의 고득점 순으로 모집단위별 모집인원의 100%를 합격자로 선발함
나. 후보자 결정: 불합격 처리되지 않은 자 전원을 후보자로 선발함

(4) 수시모집: 학생부종합(농어촌학생전형, 정원 외)
① 지원자격

다음 가, 나의 조건을 모두 충족하여야 함

가. 고등학교 졸업자(2024년 2월 말 이전 졸업예정자 포함)

나. 다음 중 어느 하나에 해당되는 자

1) 6년 과정 이수자: 농어촌 소재 중/고등학교에서 입학부터 졸업까지 전 교육과정을 이수한 자로서, 수험생의 중/고등학교 교육과정 이수 기간 동안 본인 및 부모 모두 농어촌 지역에 거주한 자

2) 12년 과정 이수자: 농어촌 소재 초/중/고등학교에서 입학부터 졸업까지 전 교육과정을 이수 및 거주한 자

> ※ 농어촌 소재라 함은 「지방자치법」 제3조에 따른 읍/면 지역 및 「도서벽지 교육진흥법 시행규칙」 제2조에 따른 도서, 벽지 지역을 말함
> ※ 재학 중 또는 졸업 이후 읍면이 행정구역 개편으로 동으로 된 경우 동을 읍면으로 인정
> ※ 농어촌 소재 특수목적고(과학고, 외국어고, 국제고, 예술고, 체육고, 마이스터고)와 자율형사립고 출신자는 지원할 수 없음
> ※ 농생명산업, 수산, 해운계열고등학교는 행정구역상 기초지방자치단체인 '시'의 '동' 소재라 하더라도 농어촌 학생전형 대상 학교에 포함하며, 이 경우에도 농어촌 거주 요건은 충족해야 함

② 전형요소별 배점

사정단계	선발인원	전형요소별 배점(반영비율)	
		서류평가	합계
일괄합산	100%	500점(100%)	500점(100%)

③ 서류평가: 학생부종합(일반학생전형)과 같음

④ 수능최저학력기준

탐구영역 포함, 상위 3개 영역 등급 합 5이내
수학은 미적분과 기하 중 택1만 가능,
탐구영역은 과탐이며 2과목 평균(소수점 절사)을 반영함

⑤ 선발방법
가. **합격자 결정**: 전형요소 성적 총점의 고득점 순으로 모집단위별 모집인원의 100%를 합격자로 선발함

※ 약학과의 경우 수능최저학력기준 충족자 중에서 전형요소 성적 총점의 고득점 순으로 모집단위별 모집인원의 100%를 합격자로 선발함

나. **후보자 결정**: 불합격 처리되지 않은 자 전원을 후보자로 선발함

(5) 수시모집: 학생부종합(기초생활수급자등대상자전형, 정원 외)

① 지원자격

다음 가, 나의 조건을 모두 충족하여야 함

가. 고등학교 졸업자(2024년 2월 말 이전 졸업예정자 포함) 또는 법령에 의하여 고등학교 졸업이상의 학력이 있다고 인정되는 자

나. 다음 1) ~ 3) 중 어느 하나에 해당되는 자

1) 기초생활 수급자

2) 차상위 복지급여를 받는 가구의 학생

※ 차상위 복지급여: 차상위 본인부담 경감 대상자, 차상위 자활 대상자, 차상위 장애수당 및 장애인연금 부가급여 대상자, 한부모 가족지원 대상자

3) 우선돌봄 차상위 가구의 학생

② 전형요소별 배점

사정단계	선발인원	전형요소별 배점(반영비율)	
		서류평가	합계
일괄합산	100%	500점(100%)	500점(100%)

③ 서류평가: 학생부종합(일반학생전형)과 같음

④ 수능최저학력기준

탐구영역 포함, 상위 3개 영역 등급 합 6이내

수학은 미적분과 기하 중 택1만 가능,

탐구영역은 과탐이며 2과목 평균(소수점 절사)을 반영함

⑤ 선발방법

가. **합격자 결정**: 전형요소 성적 총점의 고득점 순으로 모집단위별 모집인원의 100%를 합격자로 선발함

나. **후보자 결정**: 불합격 처리되지 않은 자 전원을 후보자로 선발함

(6) 정시모집: 수능'가'군
① 지원자격

고등학교 졸업자(2024년 2월 말 이전 졸업예정자 포함) 또는 법령에 의하여 고등학교 졸업 이상의 학력이 있다고 인정되는 자

② 전형요소별 배점

모집단위	사정단계	선발인원	전형요소별 배점(반영비율)		
			수능	실기고사	합계
약학과	일괄합산	100%	1,000점 (100%)	-	1,000점 (100%)

③ 대학수학능력시험 성적 반영 방법

가. 영역(과목)별 환산 표준점수 반영 기준

모집단위		국어	수학	영어	탐구	합계
자연계열	약학과	200	300	100	200	800

※ 단, 탐구영역은 수능 성적표상의 백분위를 활용하여 우리 대학교가 자체 산출한 변환표준점수를 적용

나. 영역(과목)별 반영점수 산출

모집단위	반영점수 산출
약학과	본인 취득 표준점수 합 × 1000/800

다. 영어 반영방법 : 등급별 차등 반영점수(환산 표준점수) 적용

등급	1등급	2등급	3등급	4등급	5등급	6등급	7등급	8등급	9등급
반영 점수	100	97	92	87	82	77	72	67	62

라. 한국사 반영방법 : 등급별 차등 가점 부여

등급	1등급	2등급	3등급	4등급	5등급	6등급	7등급	8등급	9등급
추가 점수	10	10	10	10	9.8	9.6	9.4	9.2	9.0

④ 선발방법

가. 합격자 결정: 각 전형요소 성적 총점이 고득점 순으로 모집단위별 모집인원의 100%를 합격자로 선발함

인적성 면접에서 합격한 자 중 각 전형요소 성적 총점이 고득점 순으로 모집단위별 모집인원의 100%를 합격자로 선발함

나. 후보자 결정: 불합격 처리되지 않은 자 전원을 후보자로 선발함

5) 경상국립대학교[70]

■ 약학계열 모집인원은 아래와 같습니다.

모집단위	입학정원	수시						정시	
		정원내				정원외		수능	
		학생부교과		학생부종합		학생부종합		가군	
		일반	지역인재	일반	지역인재	농어촌	기초생활	일반	지역
약학과	30	7	6	3	4	3	3	6	6

(1) 수시모집: 학생부교과(일반전형)

① 지원자격

국내 소재 고등학교 졸업(예정)자 또는 법령에 의하여 동등 이상의 학력이 있다고 인정되는 자

② 전형요소별 반영비율 및 배점

모집단위	사정단계	학생부(교과)	실기	전형총점
전 모집단위(체육교육과 제외)	일괄	1,000점(100%)	-	1,000점(100%)

③ 기본점수 및 실질반영점수

모집단위	학생부(교과)		실기	
	기본점수	실질반영	기본점수	실질반영
전 학과(체육교육과 제외)	850점	150점	-	-

④ 수능최저학력기준

모집계열 및 단과대학		수능 반영영역				영어	탐구 2		한국사
		국어		수학					
		공통	선택 1	공통	선택 1	영어	사회	과학	한국사
자연계열	약학대*(미적분 또는 기하)	◎	◎	◎	◎	◎	-	◎	◎

국어, 영어, 수학, 탐구 중 상위 **3개 영역 합 5** ,탐구 1개 반영
국어, 수학(미적분 또는 기하), 영어, 과탐 중 수학 필수반영

⑤ 제출서류: 학교생활기록부(온라인제공 미동의자만 제출)

---

70) 2024 경상국립대 모집요강

(2) 수시모집: 학생부교과(지역인재전형)

① 지원자격

경남 부산 울산지역 소재 고등학교 졸업(예정)자로 해당지역 소재 고교 입학부터 졸업(예정)까지 전 과정을 이수한 자
※「초·중등교육법」제2조에 따른 고등학교 외 고교 졸업 동등 학력자에 대하여 지원자격을 부여할 수 없음

② 전형요소별 반영비율 및 배점

모집단위	사정단계	학생부(교과)	전형총점
약학과	일괄	1,000점(100%)	1,000점(100%)

③ 기본점수 및 실질반영점수

모집단위	학생부	
	기본점수	실질 반영점수
약학과	850점	150점

④ 수능최저학력기준

모집계열 및 단과대학		수능 반영영역							
		국어		수학		영어	탐구 2		한국사
		공통	선택1	공통	선택1		사회	과학	
자연계열	**약학대***(미적분 또는 기하)	◎	◎	◎	◎	◎	-	◎	◎

국어, 영어, 수학, 탐구 중 상위 **3개 영역 합 6** ,탐구 1개 반영
국어, 수학(미적분 또는 기하), 영어, 과탐 중 수학 필수반영

⑤ 제출서류: 학교생활기록부 (온라인제공 미동의자만 제출)

(3) 수시모집: 학생부종합(일반전형)

① 지원자격

국내 소재 고등학교 졸업(예정)자 또는 법령에 의하여 동등 이상의 학력이 있다고 인정되는 자

② 전형방법

가. 전형요소별 반영배점

모집단위	사정단계	선발비율	서류평가	면접평가	전형총점
약학대	1단계	500%	1,000점(100%)	-	1,000점(100%)
	2단계	100%	800점 (1단계 80%)	200점(20%)	1,000점(100%)

나. 기본점수 및 실질반영점수

모집단위	사정단계	서류평가		면접평가	
		기본점수	실질반영점수	기본점수	실질반영점수
약학대	1단계	850점(85%)	150점(15%)		
	2단계	680(85%)	120(15%)	170점(85%)	30점(15%)

③ 수능최저학력기준

모집계열 및 단과대학		수능 반영영역							
		국어		수학		영어	탐구 2		한국사
		공통	선택1	공통	선택1		사회	과학	
자연계열	약학대*(미적분 또는 기하)	◎	◎	◎	◎	◎	-	◎	◎

국어, 영어, 수학, 탐구 중 상위 **3개 영역 합 6** ,탐구 1개 반영
국어, 수학(미적분 또는 기하), 영어, 과탐 중 수학 필수반영

④ 제출서류: 학교생활기록부(온라인제공 미동의자만 제출)

(4) 수시모집: 학생부종합(지역인재전형)

① 지원자격

경남·부산·울산지역 소재 고등학교 졸업(예정)자로 해당지역 소재 고교 입학부터 졸업(예정)까지 전 과정을 이수한 자
※「초·중등교육법」제2조에 따른 고등학교 외 고교 졸업 동등 학력자에 대하여 지원자격을 부여할 수 없음

② 전형방법

가. 전형요소별 반영배점

모집단위	사정단계	선발비율	서류평가	면접평가	전형총점
전 모집단위 (의예과 제외)	일괄	100%	1,000점(100%)	-	1,000점(100%)

나. 기본점수 및 실질반영점수

모집단위	사정단계	서류평가		면접평가	
		기본점수	실질반영점수	기본점수	실질반영점수
전 모집단위 (의예과 제외)	일괄	850점(85%)	150점(15%)		

③ 수능최저학력기준

모집계열 및 단과대학		수능 반영영역							
		국어		수학		영어	탐구 2		한국사
		공통	선택1	공통	선택1		사회	과학	
자연계열	**약학대***(미적분 또는 기하)	◎	◎	◎	◎	◎	-	◎	◎

국어, 영어, 수학, 탐구 중 상위 **3개 영역 합 6** ,탐구 1개 반영
국어, 수학(미적분 또는 기하), 영어, 과탐 중 수학 필수반영

④ 제출서류: 학교생활기록부(온라인제공 미동의자만 제출)

(5) 수시모집: 학생부종합(농어촌학생전형, 정원 외)
① 지원자격

국내 소재 고등학교 졸업(예정)자로서 다음의 하나에 해당하는 자

① 유형Ⅰ:「지방자치법」제3조에 따른 읍·면 지역 또는 「도서·벽지 교육진흥법시행규칙」제2조에 따른 도서·벽지 중·고등학교에서 **중학교 입학 시부터 고등학교 졸업 시까지 전 교육과정(6년)**을 이수하고 졸업(예정)한 자로서 재학기간 중 **부모와 본인 모두가 농·어촌 또는 도서·벽지에 거주한 자**

② 유형Ⅱ:「지방자치법」제3조에 따른 읍·면 지역 또는 「도서·벽지 교육진흥법시행규칙」제2조에 따른 도서·벽지 초·중·고등학교에서 **초등학교 입학 시부터 고등학교 졸업 시까지 전 교육과정(12년)**을 이수하고 졸업(예정)한 자로서 재학기간 중 **본인이 농·어촌 또는 도서·벽지에 거주한 자**

공통사항

* **농어촌지역:**「지방자치법」제3조에 의한 읍·면지역,「도서·벽지교육진흥법」제2조에서 정한 도서·벽지지역
* **졸업예정자**는 고교 졸업 시까지 농어촌지역에 거주하여야 함(고교 졸업 이후의 주소지는 농어촌지역이 아니어도 됨)

지원가능 기준

① 지원 자격은 연속된 년 수만을 인정함
② 농어촌지역의 적용은 지원자의 재학기간 당시의 행정구역 단위를 기준으로 함
③ 재학기간 중 읍/면 행정구역이 동 지역 개편된 경우에는 농어촌지역으로 인정함
④ 농어촌지역 특성화고(대안학교, 평생교육법에 의한 학력인정학교 포함) 출신자는 가능함
⑤ 2개 이상의 학교에 재학한 경우, 해당 학교 모두가 농어촌지역에 소재한 학교이어야 함(동일지역이 아니라도 지원가능)
⑥ 부모와 학생의 거주지 또는 거주지와 학교 소재지가 동일한 농어촌지역이 아니라도 가능함
⑦ 부모가 이혼한 경우, 이혼 전의 부모 주소지는 농어촌지역이어야 하고, 이혼 시점부터 졸업까지 친권자(혹은 양육권자)의 주소지도 농어촌지역이어야 함
⑧ 부 또는 모, 부모 모두가 사망·실종한 경우에는 법률상의 사망·실종일 이전까지의 주소지가 농어촌지역이어야 하고, 법률상의 사망·실종일 이후부터는 생존하는 부 또는 모, 또는 친권(또는 양육권) 있는 자가 농어촌지역에

거주하여야 함

① **유형 I**의 경우, 중학교 입학 일부터 고등학교 졸업(예정) 시까지 부·모·학생 중 1인이 단 하루라도 주민등록상 거주지가 농어촌지역이 아닌 곳으로 전출·입한 사실이 있는 자

② 중·고등학교 교육과정 중 일부를 농어촌지역이 아닌 곳에 소재한 중·고등학교에 재학한 자(**유형 II**의 경우, 초등학교 포함)

③ 농어촌지역에 소재한 특수목적고(과학고, 외국어고, 예술고, 체육고, 국제고 등) 출신자

④ 중·고등학교 졸업학력 검정고시 합격자(**유형 II**의 경우, 초등학교 포함)

② 전형방법

가. 전형요소별 반영배점

모집단위	사정단계	선발비율	서류평가	면접평가	전형총점
전 모집단위(의예과 제외)	일괄	100%	1,000점(100%)	-	1,000점(100%)

나. 기본점수 및 실질반영점수

모집단위	사정단계	서류평가		면접평가	
		기본점수	실질반영점수	기본점수	실질반영점수
전 모집단위	일괄	850점(85%)	150점(15%)		

③ 수능최저학력기준

모집계열 및 단과대학		수능 반영영역							
		국어		수학		영어	탐구 2		한국사
		공통	선택1	공통	선택1		사회	과학	
자연계열	약학대*(미적분 또는 기하)	◎	◎	◎	◎	◎	-	◎	◎

국어, 영어, 수학, 탐구 중 상위 **3개 영역 합 6**, 탐구 1개 반영
국어, 수학(미적분 또는 기하), 영어, 과탐 중 수학 필수반영

④ 제출서류

■ 학교생활기록부(온라인제공 미동의자만 제출)
■ 지원자 자격확인을 위한 서류

자격유형	제출서류	세부 제출사항
① 유형 I	① 지원자격심사 신청서 1부	【본교 서식】
	② 부·모·지원자의 주민등록초본 각 1부	- 주민등록초본은 주민등록번호 명시 필수 - 주소변경내역 포함 필수 - 주소가 변경된 경우에는 세대주와 관계 사항을 모두 포함하여 발급된 서류 제출
	③ 가족관계증명서 1부	- 가족관계증명서는 지원자 기준으로 제출 - 부모가 외국인일 경우 외국인등록사실증명서(군청, 읍·면·동 주민센터 발급)를 추가 제출

	④ 중·고교 학교생활기록부 각 1부	지원자격 확 인 용	- 중학교 생활기록부는 별도 제출 - 고등학교 생활기록부는 온라인제공 동의 시 미제출	
	⑤ 기타 지원 자격 확인에 필요한 서류 각 1부	양육권 판결문 등(해당자)		
		중고교재학 전체기간중 해 당 자	부·모의 이 혼	지원자 기본증명서 1부 및 부 또는 모 혼인 관계 증명서 1부
			부·모의 사 망	사망일자가 표기된 말소자 초본 1부 또는 제적등본(사망자 기본증명서) 1부
① 유형 Ⅱ	① 지원자격심사 신청서 1부	【본교 서식】		
	② 지원자의 주민등록초본 1부	- 주민등록초본은 주민등록번호 명시 필수 - 개인 인적사항 변경내역과 모든 주소변경내역 포함 필수		
	③ 초·중·고교 학교생활기록부 각 1부	지원자격 확 인 용	- 초 • 중학교 생활기록부는 별도 제출 - 고등학교 생활기록부는 온라인제공 동의 시 미제출	

※ 지원 자격 확인이 필요한 경우에는 추가적으로 지원 자격 관련 서류 제출을 요구할 수 있음

(6) 수시모집: 학생부종합(기초생활수급자 등 전형, 정원 외)
① 지원자격

국내 소재 고등학교 졸업(예정)자 또는 법령에 의하여 동등 이상의 학력이 있다고 인정되는 자로서 아래 ① ~ ③항의 하나에 해당되는 자
① 기초생활수급자 대상 : 「국민기초생활보장법」제2조제1호 또는 제2호에 따른 수급권자 가구의 학생
② 차상위계층 대상 : 「국민기초생활보장법」제2조제10호에 따른 차상위계층 가구의 학생
③ 한부모가족 대상 : 「한부모가족지원법」 제5조및제5조의2에 따른 지원대상자 가구의 학생

② 전형방법
가. 전형요소별 반영배점

모집단위	사정단계	선발비율	서류평가	면접평가	전형총점
약학과	일괄	100%	1,000점(100%)	-	1,000점(100%)

나. 기본점수 및 실질반영점수

모집단위	사정단계	서류평가		면접평가	
		기본점수	실질반영점수	기본점수	실질반영점수
약학과	일괄	850점(85%)	150점(85%)		

③ 수능최저학력기준

모집계열 및 단과대학		수능 반영영역							
		국어		수학		영어	탐구 2		한국사
		공통	선택1	공통	선택1		사회	과학	
자연계열	약학대*(미적분 또는 기하)	◎	◎	◎	◎	◎	-	◎	◎

국어, 영어, 수학, 탐구 중 상위 **3개 영역 합 6** ,탐구 1개 반영
국어, 수학(미적분 또는 기하), 영어, 과탐 중 수학 필수반영

④ 제출서류

- 학교생활기록부(온라인제공 미동의자만 제출)
- 지원자 자격확인을 위한 서류

자격유형	제출서류	발급기관
기초생활수급자	- 국민기초생활수급자 증명서 1부	시·군·구청 읍·면·동 주민자치센터
차상위계층	- 차상위 복지급여 수급 확인서 1부	
한부모가족 지원대상	- 한부모 가족 증명서 1부	

※ 본인 명의의 발급서류(본인명의의 서류가 아닐 경우, 가족관계증명서 1부 제출)

(7) 정시모집: 수능 '가'군 일반전형

① 지원자격

2024학년도 대학수학능력시험 응시자로서, 고등학교 졸업(예정)자 또는 법령에 의하여 고등학교 졸업 이상의 학력이 있다고 인정되는 자

② 전형방법

가. 전형요소별 반영비율 및 배점

모집군	모집단위	사정단계	수능	실기	전형총점
㉮.㉯.㉰군	전 모집단위	일괄	1,000점(100%)	-	1,000점(100%)

※교차지원은 가능하나 이공·자연계열의 경우 과탐 가산점 반영(과탐Ⅰ 영역 2과목 응시자 5%, 과탐Ⅰ, Ⅱ응시자는 10%)
※약학대(미적분 또는 기하 가산점 10% 반영)

나. 기본점수 및 실질반영점수

모집단위	수능		실기	
	기본점수	실질반영	기본점수	실질반영
전 학과(사범대, 민속무용 제외)	0점	1,000점	-	-

③ 제출서류: 해당 없음

④ 수능 영역별 반영비율

모집계열	국어	영어	수학	탐구	반영비율(총점)
약학과	25%(250점)	20%(200점)	30%(300점)	25%(250점)	100%(1,000점)

(8) 정시모집: 수능 '가'군(지역인재전형)

① 지원자격

2024학년도 대학수학능력시험 응시자로서, 고등학교 입학부터 졸업까지 전 교육과정을 경남,부산,울산지역 소재 고등학교에서 이수한 졸업(예정) 자

※초중등교육법 제2조에 따른 고등학교 외 고교 졸업 동등 학력자에 대하여 지원자격을 부여할 수 없음

② 전형방법

가. 전형요소별 반영비율 및 배점

모집군	모집단위	사정단계	수능	전형총점
㉮군	약학과	일괄	1,000점(100%)	1,000점(100%)

나. 기본점수 및 실질반영점수

모집단위	수능	
	기본점수	실질반영
약학과	0점	1,000점

③ 제출서류: 학교생활기록부(온라인제공 미동의자만 제출)

④ 수능 영역별 반영비율

모집계열	국어	영어	수학	탐구	반영비율(총점)
약학과	25%(250점)	20%(200점)	30%(300점)	25%(250점)	100%(1,000점)

6) 경성대학교[71]

■ 약학계열 모집인원은 아래와 같습니다.

학과	모집정원	수시					정시	총합계
		정원 내			정원외		정원내	
		일반계 고교면접	지역 인재	지역인재 (저소득층)	농어촌	저소득층	'가'군 일반	
약학과	50	10	19	1	4	4	20	58

(1) 수시모집: 학생부 교과 (일반계고면접전형)

① 지원자격

ㅇ 국내 정규 고등학교 졸업(예정)자로서 다음의 기준 중 하나에 해당되는 자
- 일반고, 자율고, 과학고, 외국어고, 국제고, 영재학교 졸업(예정)자
- 종합고의 보통학과, 교육부인가 대안학교 졸업(예정)자
- 예술고, 체육고 등 예체능계열의 특목고 졸업(예정)자는 예체능계열의 학과로만 지원 가능
※ 방송통신고 졸업(예정)자는 지원할 수 없음
※ 학교생활기록부 석차 등급 산출이 불가능한 자는 지원 불가

② 전형방법

가. 1단계: 학생부 교과 100%(모집인원의 5배수 선발)
나. 2단계: 1단계 성적 80% + 면접 20%

③ 제출서류: 없음

(2) 수시모집: 학생부교과 (지역인재전형)

① 지원자격

ㅇ 국내 정규 고등학교 졸업(예정)자로서 입학부터 졸업까지 부산·울산·경남지역에 소재하는 고등학교의 전 교육과정을 이수한자(2학년 수료 예정자 중 상급학교 조기 입학 자격 부여자 포함)
※ 「초·중등교육법」제2조에 따른 고등학교 외 고교 졸업 동등 학력자는 지원자격에서 제외함
※ 학교생활기록부 석차 등급 산출이 불가능한 자는 지원 불가

② 전형방법: 학생부 교과 100%

③ 수능최저학력기준

적용학과	수능 최저학력기준
약학과	국어, 영어, 수학(미적분, 기하 택1), 과탐(1과목) 중 3개 영역의 합이 5등급 이내

---

71) 2024 경성대 모집요강

④ 제출서류: 없음

(3) 수시모집: 학생부교과 (지역인재(저소득층)전형)
① 지원자격

○ 국내 정규 고등학교 졸업(예정)자로서 입학부터 졸업까지 부산·울산·경남지역에 소재하는 고등학교의 전 교육과정을 이수한자(2학년 수료 예정자 중 상급학교 조기 입학 자격 부여자 포함) 중 아래 각 호의 어느 하나에 해당되는 자
1. 국민기초생활보장법 제2조 제1호(수급권자) 및 제2호(수급자)에 의한 대상자
2. 차상위계층(원서접수 마감일 기준 자격이 있는 경우)
- 국민기초생활보장법 제2조 제10호(차상위계층)에 따른 대상자
- 차상위계층의 인정범위
  1) 차상위 복지급여 수급자: 차상위 건강보험본인부담금 경감, 차상위 장애수당, 차상위 장애인 연금부가급여, 차상위 자활근로자 중 하나 이상의 급여를 받고 있는 가구의 학생
  2) 차상위 복지급여 비수급자: 우선돌봄 차상위 가구의 학생
3. 한부모가족 지원대상자(원서접수 마감일 기준 자격이 있는 경우)
- 한부모 가족지원법 제5조 및 제5조의2에 따른 지원대상자
- 초중등교육법 제2조에 따른 고등학교 외 고교 졸업 동등 학력자는 지원자격에서 제외함
- 학교생활기록부 석차 등급 산출이 불가능한 자는 지원 불가

② 전형방법: 학생부 교과 100%

③ 수능 최저학력기준

적용학과	수능 최저학력기준
약학과	국어, 영어, 수학(미적분, 기하 택1), 과탐(1과목) 중 3개 영역의 합이 6등급 이내

(4) 수시모집: 학생부교과 농어촌전형(정원 외)
① 지원자격

○ 2015년 2월 이후 국내 고등학교 졸업(예정)자로서 다음 지원 자격 중 하나에 해당하는 자(졸업예정자는 졸업일 기준 농어촌 거주)
※ 학교생활기록부 석차 등급 산출이 불가능한 자는 지원 불가
<자격1> 농어촌 지역(읍, 면) 소재 중·고교 6년 전 교육과정을 중학교 입학 시부터 고등학교 졸업 시까지 이수한 자로서 재학 기간 중 학생 및 부모 모두가 농어촌 지역에 거주한 자
<자격2> 농어촌 지역(읍, 면) 소재 초·중·고교 12년 전 교육과정을 초등학교 입학 시부터 고등학교 졸업 시까지 이수 및 거주한 자(학생은 재학 기간 농어촌 지역에 거주하여야 하며, 부모의 거주지는 관계없음)
○ 유의 사항

- 고교 졸업 이후 또는 재학 중 읍·면이 동으로 행정구역 개편된 경우는 자격을 인정함
- 도서벽지 교육진흥법 시행규칙 제2조에 의거 도서벽지로 지정된 지역은 농어촌 지역으로 인정함
- 「초·중등교육법 시행령」 제90조에 따른 특수목적고는 제외함
- 농어촌전형의 합격자가 졸업 요건 미충족 또는 졸업일 이전에 이사 등으로 자격을 상실한 경우 입학이 취소되며 "정시모집 및 추가모집"에 지원할 수 없음

② 전형방법: 학생부 교과 100%

③ 수능최저학력기준

적용학과	수능 최저학력기준
약학과	국어, 영어, 수학(미적분, 기하 택1), 과탐(1과목) 중 3개 영역의 합이 6등급 이내

④ 제출서류

구분	제출 서류
자격 1	○ 지원자격 확인서(학교장 직인 날인) 1부 ○ 학생, 부, 모 주민등록초본 각 1부(주소지 변동사항 포함) ○ 중학교 학교생활기록부 1부(재학 중인 고등학교 및 인근지역 초·중·고 또는 주민센터 발급) ○ 가족관계증명서(학생명의) 1부 ※ 부, 모가 사망한 경우 사망한 부 또는 모의 기본증명서(상세) 1부(2007년 이전에 사망한 경우 제적등본1부)를 추가로 제출 ※ 부, 모가 이혼한 경우 친권이 있는 부 또는 모의 혼인관계증명서(상세) 1부, 학생의 기본증명서(상세)1부를 추가로 제출 ※ 상기 서류는 2023년 9월 1일 이후에 발급한 서류에 한함
자격 2	○ 지원자격 확인서(학교장 직인 날인) 1부 ○ 학생 주민등록초본 1부(주소지 변동사항 포함) ○ 초등학교 및 중학교 학교생활기록부 1부(재학 중인 고등학교 및 인근지역 초·중·고 또는 주민센터 발급) ※ 상기 서류는 2023년 9월 1일 이후에 발급한 서류에 한함

(5) 수시모집: 학생부교과 저소득층전형(정원 외)
① 지원자격

○ 국내 정규 고등학교 졸업(예정)자, 고등학교 졸업학력 검정고시 합격자 또는 법령에 의하여 고등학교 졸업 이상의 학력이 있다고 인정되는 자로서 아래 각 호의 어느 하나에 해당되는 자
① 국민기초생활보장 수급권자(원서접수 마감일 기준 자격이 있는 경우)
- 「국민기초생활 보장법」 제2조 제1호(수급권자) 및 제2호(수급자)에 의한 대상자
② 차상위계층(원서접수 마감일 기준 자격이 있는 경우)
- 「국민기초생활 보장법」 제2조 제10호(차상위계층)에 따른 대상자

> - 차상위계층의 인정범위
> * 차상위 복지급여 수급자 : 차상위 건강보험본인부담금 경감, 차상위 장애수당, 차상위 장애인연금부가급여, 차상위 자활근로자 중 하나 이상의 급여를 받고 있는 가구의 학생
> * 차상위 복지급여 비수급자 : 우선돌봄 차상위 가구의 학생
> ③ 한부모가족 지원대상자(원서접수 마감일 기준 자격이 있는 경우)
> - 한부모가족지원법」 제5조 및 제5조의2에 따른 지원대상자

② 전형방법: 학생부교과 100%

③ 수능최저학력기준

적용학과	수능 최저학력기준
약학과	국어, 영어, 수학(미적분, 기하 택1), 과탐(1과목) 중 3개 영역의 합이 6등급 이내

④ 제출서류

> ○ 국민기초생활보장 수급권자 : 국민기초생활수급자 증명서(시·군·구청 또는 주민센터 발급) 1부
> ○ 차상위계층
> - 차상위 본인부담경감대상자 증명서(국민건강보험공단 발급) 1부
> - 장애인수당 대상자 확인서(시·군·구청 또는 주민센터 발급) 1부
> - 장애인연금 대상자 확인서(시·군·구청 또는 주민센터 발급) 1부
> - 자활근로자 확인서(시·군·구청 또는 주민센터 발급) 1부
> - 차상위계층 확인서(시·군·구청 또는 주민센터 발급) 1부
> ○ 한부모가족 지원대상자
> - 한부모가족 확인서(시·군·구청 또는 주민센터 발급) 1부
> ※ 수급권자가 본인이 아닌 경우 : 부(모) 기준 가족관계증명서 1부 제출
> ※ 모든 서류는 제출일로부터 7일 이내 발급된 것에 한함
> ○ 2014년 2월 이전 졸업자는 고교 학교생활기록부 1부 제출(학교장 직인 날인)
> ○ 외국 고등학교 졸업(예정)자는 아래의 서류를 영어 이외의 언어인 경우 한국어로 공증 번역하여 제출
> - 고등학교 졸업(예정)증명서 1부
> - 외국 고등학교 수학 전 과정 성적증명서 1부
> - 출입국사실증명서 1부
> - 아포스티유 확인서 또는 학교소재국 한국영사관 영사 확인서 1부
> ○ 검정고시 온라인 제공 미동의자는 검정고시 <합격증명서 1부> 및 <성적증명서 1부> 제출

(6) 정시모집: 수능 일반전형
① 지원자격

> ○ 국내 정규 고등학교 졸업(예정)자, 고등학교 졸업학력 검정고시 합격자 또는 법령에 의하여 동등 이상의 학력이 있다고 인정되는 자로서 2024학년도 대학수학능력시험에 응시한 자

② 전형방법: 수능100%

③ 제출서류: 없음
ㅇ 2015년 2월 이전 졸업자는 고교 학교생활기록부 1부 제출(학교장 직인 날인)
ㅇ 검정고시 온라인 제공 미동의자는 검정고시 <합격증명서 1부> 제출
ㅇ외국 고등학교 졸업(예정)자는 아래의 서류를 영어 이외의 언어인 경우 한국어로 공증 번역
하여 제출
- 고등학교 졸업(예정)증명서 1부
- 출입국사실증명서 1부
- 아포스티유 확인서 또는 학교소재국 한국영사관 영사 확인서 1부

④ 수능성적 반영방법

전형	반영 방법	활용 점수
일반전형 약학과	국어, 영어, 수학(미적분, 기하 중 택1) 3개 영역과 과학탐구 영역 2과목을 합산	• 4개 영역의 표준점수 합산점수 활용 •영어는 등급을 표준점수로 환산하여 반영 •과학은 백분위를 활용하여 우리 대학교에서 산출한 변환점수 반영 •국어 25%, 영어 20%, 수학 30%, 과학 25% 반영

7) 경희대학교[72)](#)

■ 약학계열 모집인원은 아래와 같습니다.

모집단위	수시모집			정시모집		
	학생부교과	학생부종합	논술	수능		
	지역균형전형	네오르네상스전형	논술우수자전형	수능위주전형	농어촌학생	수급자 등
약학과	6	12	8	15	2	2

(1) 수시모집: 학생부교과 지역균형전형
① 지원자격

국내 고등학교 졸업예정자로서 3개 학기 이상의 교과 성적이 있는 학생으로 아래 본교 인재상 ①~④ 중 하나에 부합하여 학교장이 지정 기간 내에 추천한 학생이어야 합니다.
① 문화인재: 풍부한 독서와 교과 외 활동을 통한 입체적 사유능력, 토론 및 글쓰기 능력, 문화·예술적 소양을 고루 갖춘 학생
② 글로벌인재: 외국어 능력, 세계 문제에 대한 관심과 활동 등을 기반으로 '지속가능하고 공평한 세계'를 만드는 데 기여하고자 하는 학생
③ 리더십인재: 전교학생(부)회장, 학급(부)회장, 동아리(부)회장 등 리더십 활동, 팀워크에 기반한 사회 현장 활동을 통해 '더 나은 사회(공동체)' 건설에 헌신하고자 하는 학생
④ 과학인재: 주제탐구, 과제연구, 탐험, 발명, 창업 등 창의적 도전정신과 과학적 사고력이 남다른 학생
※ 추천 인원: 2022년 4월 1일 기준, 고등학교 3학년 재학 인원의 5% 이내(소수점 첫째 자리에서 버림하여 계산)
※ 초·중등교육법 시행령 제76조의3에서 정하는 고등학교에 한해 지원자격 인정[영재학교, 각종학교(학력인정 평생교육시설, 대안학교 등), 방송통신고, 산업체부설고, 고등기술학교는 제외]

② 최저학력기준

※ 2024학년도 수시모집 최저학력기준은 2022년에 실시되는 대학수학능력시험 성적을 활용합니다

모집단위	대학수학능력시험 최저학력기준
약학과	국어, 수학, 영어, 과학탐구(1과목) 중 3개 영역 등급의 합이 4 이내이고, 한국사 5등급 이내

※ 수학 선택과목은 인문계열 확률과통계, 미적분, 기하 중 1개 과목, 자연 및 의·약학계열 미적분, 기하 중 1개 과목을 반영합니다.
※ 탐구영역은 상위 1개 과목을 반영합니다.
※ 한국사는 본교의 대학수학능력시험 최저학력기준 충족조건과 상관없이 필수 응시해야하는 과목입니다.

③ 전형요소 및 반영 비율

※ 대학수학능력시험 최저학력기준을 충족한 지원자 중 학교생활기록부 교과 및 비교과(출결·봉사) 영역 성적과 교과종합평가 성적을 합산하여 총점 순으로 선발합니다.

---

72) 2024 경희대 모집요강

※ 공통서류를 기한 내에 미제출·미입력한 경우, 입학전형 대상에서 제외됩니다.
※ 학교생활기록부 반영 방법은 <학교생활기록부 성적 반영 방법>(pp.55~56)을 참고하기 바랍니다.

사정 방법	구분	전형 요소별 반영 비율		계
		학교생활기록부 교과, 비교과(출결.봉사) 성적	교과종합평가	
일괄합산	비율	70%	30%	100%
	배점	700점	300점	1,000점

④ 제출서류: 학교생활기록부(공통)

(2) 수시모집: 학생부종합 네오르네상스전형
① 지원자격

고등학교 졸업(예정)자 또는 법령에 따라 이와 같은 수준 이상의 학력이 있다고 인정되는 자로서 본교의 인재상인 '문화인', '세계인', '창조인' 중 하나에 해당해야 합니다.
① 문화인: 문화·예술적 소양을 바탕으로 다양한 공동체 안에서 삶을 완성해 나가는 책임 있는 교양인으로 성장할 잠재력을 갖춘 자
② 세계인: 외국어능력을 바탕으로 지구적 차원에서 타인과 함께 평화를 추구하는 세계시민으로 성장할 잠재력을 갖춘 자
③ 창조인: 수학과 과학에 대한 재능과 탐구력을 바탕으로 학문간 경계를 가로지르며 융·복합 분야를 개척하는 전문인으로 성장할 잠재력을 갖춘 자

② 최저학력기준: 없음

③ 전형요소 및 반영비율

※ 1단계는 서류평가 성적으로 모집인원의 3배수 내외를 선발하며, 2단계는 1단계 성적과 면접평가 성적을 합산하여 총점 순으로 선발합니다.
※ 2단계 면접평가는 개인당 8분 내외(단, 의·약학계열은 18분 내외)로 진행됩니다.
공통서류를 기한 내에 미제출·미입력하거나 면접평가에 불참한 경우, 입학전형 대상에서 제외됩니다.
※ 자기소개서의 대필·허위 작성 확인 시 입학 전·후를 막론하고 본교 서류적절성 심의위원회의 심의를 거쳐 전형에서 제외하거나, 합격 또는 입학을 취소합니다.
※ 학교생활기록부에 미기재된 사항이 있을 경우, 확인을 위하여 추가 서류 제출을 요구할 수 있습니다.
※ 학생부종합전형 서류평가 방법은 <학생부위주전형 전형요소별 평가 방법>(pp.44~47), <학생부종합전형 자기소개서 작성 유의사항>(p.48), <학생부종합전형 서류적절성 검증 및 처리절차>(p.49), <학생맞춤형장학 안내>(pp.50~51)를 참고하기 바랍니다.

| 사정 방법 | 단계 | 선발비율 | 구분 | 전형요소별 반영비율 | | 계 |
				서류평가 성적	면접평가 성적	
다단계	1단계	300% 내외	비율	100%	-	100%
			배점	700점	-	700점
	2단계	100%	비율	70%	30%	100%
			배점	700점	300점	1,000점

④ 제출서류: 학교생활기록부(공통), 자기소개서(공통)

(3) 수시모집: 논술우수자전형

① 지원자격

고등학교 졸업(예정)자 또는 법령에 따라 이와 같은 수준 이상의 학력이 있다고 인정되는 자여야 합니다.

② 최저학력기준

※ 2024학년도 수시모집 최저학력기준은 2023년에 실시되는 대학수학능력시험 성적을 활용합니다

계열/모집단위	대학수학능력시험 최저학력기준
약학과	국어, 수학, 영어, 과학탐구(1과목) 중 3개 영역 등급의 합이 4 이내이고, 한국사 5등급 이내

※ 수학 선택과목은 인문계열 확률과통계, 미적분, 기하 중 1개 과목, 자연 및 의·약학계열 미적분, 기하 중 1개 과목을 반영합니다.
※ 탐구영역은 상위 1개 과목을 반영합니다.
※ 한국사는 본교의 대학수학능력시험 최저학력기준 충족조건과 상관없이 필수 응시해야하는 과목입니다

③ 전형요소 및 반영비율

| 사정 방법 | 구분 | 전형 요소별 반영 비율 | | 계 |
		학교생활기록부 교과, 비교과(출결,봉사) 성적	논술고사 성적	
일괄합산	비율	30%	70%	100%
	배점	300점	700점	1,000점

※ 대학수학능력시험 최저학력기준을 충족한 지원자 중 논술고사 성적과 학교생활기록부 교과 및 비교과 (출결·봉사) 영역 성적을 합산하여 총점 순으로 선발합니다.

④ 논술고사

※ 2024학년도 경희대학교 논술고사는 인문·체육계열[인문·체육계, 사회계]과 자연계열[자연계, 의·약학계]로 구분하여 시행됩니다.
※ 고등학교 교과과정에서 출제되며, 고등학교 교육과정을 충실히 이수한 학생이라면 쉽게 접근할 수 있는 수준입니다.
※ 단순 암기나 전문 지식이 아닌 논리적인 사고력을 평가합니다.
※ 기출 논술문제, 예시답안, 채점기준과 논술특강 동영상은 본교 입학처 홈페이지

(iphak.khu.ac.kr)에 항시 공개됩니다.

※ 세부내용은 추후 변경될 수 있으므로, 최종 확정 내용은 2023학년도 원서접수 이전에 본교 입학처 홈페이지 (iphak.khu.ac.kr)에서 모집요강 등을 통해 반드시 확인하기 바랍니다.

구분	약학계
문항 수	- 수학, 과학 각 4문항 내외
형식	- 문항별 지정된 답안란에 작성(노트 형식)
시간	- 120분
특징	- 수리논술, 과학논술 출제 - 수학은 필수, 과학은 물리학, 화학, 생명과학 중 1과목 선택

(4) 정시모집: 수능 '나'군

① 지원자격

원서접수 마감일 현재 다음 각 호 중 하나에 해당해야 합니다.

※ 2024학년도 대학수학능력시험에서 지원 모집단위별 수능 반영영역을 응시해야 합니다

가. 수능

고등학교 졸업(예정)자 또는 법령에 따라 이와 같은 수준 이상의 학력이 있다고 인정되는 자여야 합니다.

나. 고른기회전형-농·어촌학생

국내 고등학교 졸업(예정)자로서 아래의 <유형 1>과 <유형 2> 중 하나에 해당해야 합니다.

※ 단, 농·어촌지역(읍 또는 면) 또는 도서·벽지 소재 특수목적고 중 과학고등학교, 외국어고등학교, 국제고등학교, 예술고등학교, 체육고등학교와 자율형사립고등학교 졸업(예정)자는 지원대상에서 제외합니다.

※ 입학부터 졸업까지 해당 조건을 충족시켜야 하며, 2개 이상의 학교에서 재학한 경우 재학 고교 모두가 반드시 고교유형 조건을 충족시켜야 합니다.

※ 고교 유형이 재학 중에 변경된 경우, 입학 또는 전입 당시의 고교 유형을 기준으로 합니다.

※ 지원자격은 연속된 연수만을 인정합니다.

유형 1	- 아래의 ① ~ ②를 모두 충족하는 자 ① 농·어촌지역(읍 또는 면) 또는 도서·벽지에 소재하는 국내 중학교 입학부터 고등학교 졸업까지 재학한 자 ② 국내 중학교 입학부터 고등학교 졸업까지 본인 및 부모 모두가 농·어촌지역(읍 또는 면) 또는 도서·벽지에서 거주한 자
유형 2	- 아래의 ① ~ ②를 모두 충족하는 자 ① 농·어촌지역(읍 또는 면) 또는 도서·벽지에 소재하는 국내 초등학교 입학부터 고등학교 졸업까지 재학한 자 ② 국내 초등학교 입학부터 고등학교 졸업까지 본인이 농·어촌지역(읍 또는 면) 또는 도서·벽지에서 거주한 자

※ 농·어촌 지역(읍 또는 면)의 의미: 군 지역과 시 지역 중 읍·면 지역을 의미합니다.
※ 재학 기간 중, 행정구역이 읍 또는 면에서 동으로 변경된 경우의 처리
- 지원자격 인정: 고등학교(중학교, 초등학교) 재학 중 행정구역 개편 등으로 주소지/재학 학교
소재지가 읍 또는 면에서 동으로 변경된 경우, 해당 학교에 재학하는 기간 동안에만 지원자격 인
정(해당 주소지에 계속 거주하면서 전학 또는 상급학교로 진학하는 경우에는 지원자격 불인정)
- 지원자격 미인정: 초등학교 또는 중학교, 고등학교 재학 중 행정구역 개편 등으로 읍 또는 면
에서 동으로 변경된 지역에 계속 거주하면서 전학 또는 상급학교(중학교, 고등학교)로 진학한 경
우 지원자격 미인정
※ 도서·벽지의 의미: 도서·벽지 교육진흥법 시행규칙 제2조에 해당하는 지역을 의미합니다.
※ 본인 및 부모 모두가 농·어촌지역 또는 도서·벽지에서 거주함의 의미: 국내 중학교 입학부터
고등학교 졸업까지 지원자 및 부모 모두가 농·어촌지역 또는 도서·벽지에서 거주함을 의미합니
다. 단, 부모가 이혼한 경우, 이혼 시점부터 졸업까지 부모 중 1인(지원자와 부모의 거주지가 모
두 다른 경우, 친권자 기준)과 농·어촌지역 또는 도서·벽지에서 거주한 경우도 인정합니다.
※ 2개 이상의 학교에서 재학한 경우 해당 학교 모두가 반드시 읍·면 또는 도서·벽지에 소재해야
하되, 동일한 지역이 아니어도 무방합니다.
※ <대학입학전형 기본사항>에 의거, 거주지에서 직장소재지까지 부·모의 출퇴근 가능 여부를 파
악하며, 이는 서류평가에 반영될 수 있습니다.

다. 고른기회전형-기초생활수급자·차상위계층.한부모가족지원대상자
고등학교 졸업(예정)자 또는 법령에 따라 이와 같은 수준 이상의 학력이 있다고 인정되는
자로서 원서접수 마감일 현재 아래 ① ~ ② 중 하나에 해당해야 합니다.
①「국민기초생활보장법」 제2조 제1호(수급권자), 제2호(수급자), 제10호(차상위계층)에 의
한 대상자
②「한부모가족지원법」 제5조 또는 제5조의2에 따른 지원대상자

② 최저학력기준 : 없음

③ 대학수학능력시험 성적 반영 방법

계열	국어		수학			탐구		영어	한국사	계열
	화법과 작문	언어와 매체	확률과 통계	미적분	기하	사탐	과탐			
자연	20% (1과목)	-	35% (1과목)		-		30% (2과목)	15%	-	약학 대학

※ 한국사는 본교의 대학수학능력시험 반영 영역과 상관없이 필수 응시해야 하는 과목입니다.
※ 한국사는 1~4등급은 만점(감점없음), 5등급부터 감점 적용

8) 계명대학교[73]

■ 약학계열 모집인원은 아래와 같습니다.

모집단위	수시모집			정시모집		
	학생부교과			수능일반	수능(정원 외)	
	일반	지역	지역기회균형	'다'군	농어촌	고른기회
약학과	6	15	1	8	2	4

(1) 수시모집: 학생부교과(일반)전형

① 지원자격

고등학교 졸업(예정)자 및 법령에 의하여 동등 이상 학력이 있다고 인정되는 자

② 전형요소 및 반영비율

모집구분	전형명	학과(전공)	실질반영비율	
수시	학생부교과(일반전형)	약학과	1단계	교과 100%(10배수 선발)
			2단계	1단계 성적 90% + 다중인적성면접 10%

③ 수능최저학력기준

구분	수능 최저학력기준
약학과	국어, 영어, 수학, 탐구 중 상위 **3개** 영역의 등급 합이 3이내 ※ 수학(미적분 또는 기하) 및 과탐 2개 과목 필수 응시

④ 평가방법

수능최저학력기준 충족자 중에서 교과 100%로 선발
4. 1단계 학생부 100%를 반영하여 10배수 선발
5. 다중인적성면접: 총 30분 내외로 3개 고사실에서 면접위원 2명이 수험생 개별 면접
6. 수능최저학력기준 충족자 중에서 2단계(1단계 성적 90% + 다중인적성면접 10%) 합산 총점의 고득점 순으로 선발

<전형요소 및 반영비율> - 단계선발
1단계: 학생부 100%(10배수 선발)
2단계: 1단계 성적 90% + 다중인적성면접 10%

---

73) 2024 계명대 모집요강

⑤ 동점자 처리기준

- 1순위: 면접 성적 우수자
- 2순위: 영어 교과 성적 우수자
- 3순위: 수학 교과 성적 우수자
- 4순위: 국어 교과 성적 우수자
※ 의예과 1단계 선발 시 합격선에 있는 동점자는 모두 선발함.
※ 동점자 처리 기준 적용 후에도 동점자가 발생할 경우 동순위로 처리하여, 합격선에 있는 동순위자는 모두 선발함

(2) 수시모집: 학생부교과(지역전형)
① 지원자격

입학에서 졸업(예정)까지 고등학교 전 교육과정을 대구·경북지역 고등학교에서 이수한 자

② 전형요소 및 반영비율

모집구분	전형명	학과(전공)	실질반영비율	
수시	학생부교과 (지역전형)	약학과	1단계	교과 100%(10배수 선발)
			2단계	1단계 성적 90% + 다중인적성면접 10%

③ 수능최저학력기준

구분	수능 최저학력기준
약학과	국어, 영어, 수학, 탐구 중 상위 3개 영역의 등급 합이 3이내 ※ 수학(미적분 또는 기하) 및 과탐 2개 과목 필수 응시

④ 평가방법

수능최저학력기준 충족자 중에서 교과 100%로 선발
1. 1단계 학생부 100%를 반영하여 10배수 선발
2. 다중인적성면접: 총 30분 내외로 3개 고사실에서 면접위원 2명이 수험생 개별 면접
3. 수능최저학력기준 충족자 중에서 2단계(1단계 성적 90% + 다중인적성면접 10%) 합산 총점의 고득점 순으로 선발

<전형요소 및 반영비율> - 단계선발
1단계: 학생부 100%(10배수 선발)
2단계: 1단계 성적 90% + 다중인적성면접 10%

⑤ 동점자 처리기준

- 1순위: 면접 성적 우수자
- 2순위: 영어 교과 성적 우수자
- 3순위: 수학 교과 성적 우수자
- 4순위: 국어 교과 성적 우수자
※ 의예과 1단계 선발 시 합격선에 있는 동점자는 모두 선발함.
※ 동점자 처리 기준 적용 후에도 동점자가 발생할 경우 동순위로 처리하여, 합격선에 있는 동순위자는 모두 선발함

(3) 수시모집: 학생부교과(지역기회균형전형)
① 지원자격

입학에서 졸업(예정)까지 고등학교 전 교육과정을 대구·경북지역 고등학교에서 이수하고, 다음의 지원자격 중 하나에 해당하는 자
- 차상위 건강보험료 본인부담 경감대상자
- 기초생활수급자
- 차상위 자활급여 대상자
- 차상위 장애수당 대상사
- 장애인연금 부가급여 대상자
- 한부모가족 지원사업 대상자
- 차상위계층확인서 발급 대상자

② 전형요소 및 반영비율

모집구분	전형명	학과(전공)	실질반영비율	
수시	학생부교과 (지역기회 균형전형)	약학과	1단계	교과 100%(10배수 선발)
			2단계	1단계 성적 90% + 다중인적성면접 10%

③ 수능최저학력기준

구분	수능 최저학력기준
약학과	국어, 영어, 수학, 탐구 중 상위 3개 영역의 등급 합이 3이내 ※ 수학(미적분 또는 기하) 및 과탐 2개 과목 필수 응시

④ 평가방법

수능최저학력기준 충족자 중에서 교과 100%로 선발
1. 1단계 학생부 100%를 반영하여 10배수 선발
2. 다중인적성면접: 총 30분 내외로 3개 고사실에서 면접위원 2명이 수험생 개별 면접
3. 수능최저학력기준 충족자 중에서 2단계(1단계 성적 90% + 다중인적성면접 10%) 합산
총점의 고득점 순으로 선발

<전형요소 및 반영비율> - 단계선발
1단계: 학생부 100%(10배수 선발)
2단계: 1단계 성적 90% + 다중인적성면접 10%

⑤ 동점자 처리기준

- 1순위: 면접 성적 우수자
- 2순위: 영어 교과 성적 우수자
- 3순위: 수학 교과 성적 우수자
- 4순위: 국어 교과 성적 우수자
※ 의예과 1단계 선발 시 합격선에 있는 동점자는 모두 선발함.
※ 동점자 처리 기준 적용 후에도 동점자가 발생할 경우 동순위로 처리하여, 합격선에 있는 동순위자는 모두 선발함

(4) 정시모집: 수능 (일반, 농어촌, 고른기회전형) - 다군
① 지원자격
가. 일반전형

고등학교 졸업(예정)자 또는 법령에 의하여 이와 동등 이상의 학력이 있다고 인정된 자로서 2024학년도 대학수학능력시험에 응시한 자

나. 농어촌전형

- 고등학교 졸업(예정)자 또는 법려에 의하여 이와 동등 이상의 학력이 있다고 인정된 자로서 2024학년도 대학수학능력시험에 응시한 자로서 아래 중 하나에 해당하는 자
① 농어촌 소재지 학교에서 중학교 입학일로부터 고등학교 졸업일(재학기간)까지 전 교육과정을 이수한 자로서 재학기간 중 본인 및 부모 모두가 농어촌 역에 거주한 자
② 농어촌 소재지 학교에서 초등학교 입학일로부터 고등학교 졸업일(재학기간)까지 전 교육과정을 이수한 자로서 재학기간 중 학생 본인이 농어촌 지역에 거주한 자
• 농어촌 소재지 학교: 지방자치법 제3조에 의한 읍·면지역 및 도서·벽지지역 고육진흥법 시행규칙 제2조에 의한 지역에 소재하는 학교
• 검정고시 출신자 및 특수목적고(과학고, 외국어고, 국제고, 예술고, 체육고)제외
• 부·모·학생의 거주지 또는 거주지와 학교 소재지가 동일한 읍·면이 아니더라도 가능함
• 기타 상세 내용은 추후 홈페이지 모집요강 참조

② 전형요소 및 반영비율

구분	모집군	전형명	정원구분	모집단위	전형요소 및 반영비율
정시모집	다군	수능(일반)전형	정원내	약학과	수능 100%

③ 정시모집 수능 영역별 반영비율(백분위 성적 반영)

계열, 학과 (전공)		영역별 반영비율					한국사	지정 응시 및 가산점
		국어	수학 미적분 기하	영어	탐구			
					과학	과목수		
자연	약학과	25%	25%	25%	25%	2개 과목 평균 반영	필수 응시 및 가산점 부여	수학 미적분, 기하 및 과탐 2개 과목 필수

■ 영어 등급별 반영점수표

등급	1등급	2등급	3등급	4등급	5등급	6등급	7등급	8등급	9등급
점수	100점	95점	90점	85점	80점	75점	70점	65점	60점

■ 한국사 반영

등급		1~2등급	3~4등급	5~6등급	7~8등급	9등급
가산점	자연 (400점)	5점	4.5점	4점	3.5점	3점

- 한국사는 필수 응시하여야 하며, 등급별로 가산점을 부여함[총 400점 기준, 최대 5점 (3.75점) 범위 내]

9) 고려대학교(세종)[74]

■ 약학계열 모집인원은 아래와 같습니다.

학과	수시모집							정시모집	
	논술		학생부교과	학생부종합				수능	
	일반	지역인재	농어촌학생	크림슨인재	지역인재	지역인재/사회배려자	사회배려자	일반	지역인재
약학과	6	6	3	5	6	1	3	4	5

(1) 수시모집: 논술전형

① 지원자격

가. 일반전형

국내외 정규 고등학교 졸업(예정)자 또는 관련법령에 의하여 이와 동등 이상의 학력이 있다고 인정된 자

※ 외국에서 고등학교를 졸업한 경우, 학력 인정 여부는 해당 국가별 학제 및 학기 등을 고려하여 판단

나. 지역인재전형

세종특별자치시, 대전광역시, 충청남도, 충청북도 소재 고등학교에 입학하여 전 교육과정을 이수한 졸업(예정)자

※ 고등학교는 초중등교육법 제2조에 따른 고등학교에 한

② 수능최저학력기준

모집단위	최저학력기준
약학과	국어, 수학, 영어, 과탐 중 **3개 영역 등급의 합이 5 이내**

※ 탐구영역은 2개 과목 평균등급으로 반영함

③ 전형요소별 반영비율

구분	전형요소별 반영비율			
	구분	논술	학생부(교과)	계
일괄전형	비율	70%	30%	100%
	배점	350점	150점	500점

④ 학교생활기록부 반영방법: 국어, 영어, 수학, 과학 교과(군)에 해당하는 과목

⑤ 논술고사

구분	문제유형	답안유형	고사시간
약학과	수리 논술II	논술형, 약술형, 풀이형	90분

- 수리과학적 개념에 대한 통합적 이해 정도를 파악하고 관련된 문제해결력 및 논리력을 평가함

---

74) 2024 고려대(세종) 모집요강

(2) 수시모집: 학생부교과(농어촌전형)
① 지원자격

국내 고등학교 2023년 1월 이후 졸업(예정)자 중 원서접수 마감일 현재 학생부에 5학기 이상 교과 성적이 기재되어 있고 해당 고등학교장의 농어촌학생 확인서를 받은자로서 다음 지원자격 중 하나에 해당하고 아래 계열별 과목 이수단위 기준을 충족하는 자

1) 국내 고등학교는 고교졸업 학력 인정학교에 한함
2) 5학기 이상 모두 과목별 '원점수, 평균, 석차등급/성취도'가 기재되어야 함

구분	농어촌학생 지원자격
중고 6년	농어촌지역 소재 중고등학교에서 중학교 입학일부터 고등학교 졸업일까지 6년 전 교육과정을 이수하고, 해당 재학기간에 본인, 부모 모두가 계속 농어촌지역에 거주한 자
초중고 12년	농어촌 지역 소재 초중고등학교에서 초등학교 입학일부터 고등학교 졸업일까지 12년 전 교육과정을 이수하고, 해당 재학기간에 계속 농어촌지역에 거주한 자

② 수능최저학력기준

모집단위	최저학력기준
약학과	국어, 수학(미적분/ 기하 중 택1), 영어, 과탐 중 3개 영역 등급의 합이 5 이내

※ 탐구영역은 2개 과목 평균등급으로 반영함

③ 전형요소별 반영비율

모집단위	전형요소별 반영비율		비고
약학과	1단계	학생부교과 100%	모집인원의 5배수 선발
	2단계	1단계 성적70% + 면접 30%	

④ 학생부 반영 교과 및 비율

반영교과		학년별 반영비율		
		1학년	2학년	3학년
자연계	국어, 영어, 수학, 과학 교과에 해당하는 과목	100% (학년별 가중치 없음)		

⑤ 면접

본 대학교 인재상에 부합하는 역량과 지원자의 학생부에 기재된 내용 등을 확인하고, 논리적·복합적 사고력, 문제해결력, 의사소통 능력 등을 갖추고 있는지 종합적으로 평가함

(3) 수시모집: 종합(크림슨인재, 지역인재, 지역인재-사회배려자, 사회배려자)

① 지원자격

가. 크림슨인재

국내외 정규 고등학교 졸업(예정)자 또는 관련법령에 의하여 이와 동등 이상의 학력이 있다고 인정된 자
※ 외국에서 고등학교를 졸업한 경우, 학력 인정 여부는 해당 국가별 학제 및 학기 등을 고려하여 판단

나. 지역인재

세종특별자치시, 대전광역시, 충청남도, 충청북도 소재 고등학교에 입학하여 전 교육과정을 이수한 졸업(예정)자
※ 고등학교는 초중등교육법 제2조에 따른 고등학교에 한함

다. 지역인재-사회배려자

세종특별자치시, 대전광역시, 충청남도, 충청북도 소재 고등학교에 입학하여 전 교육과정을 이수한 졸업(예정)자로서 원서접수 마감일 기준으로 다음 지원자격 중 하나에 해당하는 자
- 국민기초생활 보장법 제2조제1호 및 제2호에 따른 수급(권)자
- 국민기초생활 보장법 제2조제10호에 따른 차상위계층
- 한부모가족지원법 제5조 및 제5조의2에 따른 지원대상
※ 고등학교는 초중등교육법 제2조에 따른 고등학교에 한함

라. 사회배려자

국내외 정규 고등학교 졸업(예정)자 또는 관련법령에 의하여 이와 동등 이상의 학력이 있다고 인정된 자로서 원서접수 마감일 기준으로 다음 지원자격 중 하나에 해당하는 자
- 국민기초생활 보장법 제2조제1호 및 제2호에 따른 수급(권)자
- 국민기초생활 보장법 제2조제10호에 따른 차상위계층
- 한부모가족지원법 제5조 및 제5조의2에 따른 지원대상

② 수능최저학력기준

모집단위	최저학력기준
약학과	국어, 수학(미적분/ 기하 중 택1), 영어, 과탐 중 3개 영역 등급의 합이 5 이내

③ 전형요소별 반영비율

모집단위	전형요소별 반영비율		비고
약학과	1단계	학생부교과 100%	모집인원의 5배수 선발
	2단계	1단계 성적70% + 면접 30%	

※ 지역인재-사회배려자 전형의 경우 모집인원의 7배수 선발

(4) 정시모집: 수능(일반전형, 지역인재전형)

① 지원자격

가. 일반전형

국내·외 정규 고등학교 졸업(예정)자 또는 관련 법령에 의하여 이와 동등 이상의 학력이 있다고 인정된 자 중 지원한 모집단위에서 지정한 수능 영역에 응시한 자

나. 지역인재전형

세종특별자치시, 대전광역시, 충청남도, 충청북도 소재 고등학교에 입학하여 전 교육과정을 이수한 졸업(예정)자 ※ 고등학교는 초중등교육법 제2조에 따른 고등학교에 한함

② 수능지정응시영역

모집단위	수능 지정응시영역
약학과	국어, 수학(미적/기하 중 택1), 영어, 과탐, 한국사

③ 전형요소 및 평가방법: 수능 100%

④ 수능 영역별 반영비율

모집단위	국어	수학 미적/기하	영어	탐구 과학
약학과	20%	35%	20%	25%

※ 탐구영역은 별도 지정과목이 없으며 2개 과목 성적을 반영하고, 제2외국어/한문영역으로 탐구영역 대체 불가

10) 단국대학교(천안)[75]

■ 약학계열 모집인원은 아래와 같습니다.

모집단위	모집인원	수시 학생부종합 DKU인재 면접	정시 일반학생 가군
약학과	30	8	22

(1) 수시모집: 학생부종합(DKU인재)

① 지원자격

국내 정규 고등학교 졸업(예정)자로서 3개 학기 이상 성적을 취득한 자 ※ 의학계열, 약학계열 : 위 조건과 함께 2024학년도 대학수학능력시험에 응시한 자(수능최저학력기준 있음, 11쪽 참조) ※ 학생부 반영교과가 없거나, 국내 고등학교 성적체계와 다른 경우 지원 불가

② 전형방법

모집시기	전형유형	전형명	선발모형	전형요소별 반영비율(%) 학생부	서류	수능
수시	학생부위주	학생부종합	1단계(3~4배수)	100		
			2단계	1단계 성적 70 + 면접 30		

■ 학생부종합전형 평가내용 및 방법

전형명	평가방법	평가내용
정원내 DKU인재	서류평가	학교생활기록부를 통하여 학업역량, 전공적합성, 인성 및 발전가능성 등을 종합평가
	면접평가	학교생활기록부를 기반으로 한 질의응답을 통하여 서류 진위여부, 전공적합성, 인성 및 발전가능성 등을 종합평가

■ 대학수학능력시험 최저학력기준

전형명	모집시기	캠퍼스	모집단위	적용기준
DKU인재	수시	천안	약학계열	국어, 수학(미적분/기하), 영어, 탐구(과탐 2개 과목 평균) 중 수학 포함 **3개 영역 합 6등급 이내**

■ 학교생활기록부 성적 반영

모집시기	계열	반영교과 및 반영비율(%) 국어	수학	영어	과학	활용지표	비고
수시	약학	20	30	30	20	석차등급(9등급)	·전학년 동일하게 적용 - 재학생: 3학년 1학기까지 - 졸업생: 3학년 2학기까지

---

75) 2024 단국대(천안) 모집요강

■ 면접고사

전형명	모집단위	면접고사	면접방법
DKU인재	약학과	학교생활기록부와 자기소개서를 기반으로 한 질의응답을 통하여 서류 진위여부, 전공적합성, 의료인으로서의 발전가능성, 인성 등을 종합평가	디테일 평가

(2) 정시모집: 일반학생 '가'군

① 지원자격

국내 정규 고등학교 졸업(예정)자 또는 법령에 의하여 고등학교 졸업 이상의 학력이 있다고 인정된 재[고등학교 졸업학력 검정고시 합격자, 외국 소재 고등학교 졸업(예정)자 포함]
※ 2023학년도 대학수학능력시험 응시자에 한함

② 전형방법: 수능 100%

③ 수능 영역별 반영비율

모집단위	국어	수학(미적분/기하)	영어	과탐	한국사	백분위 점수의 가산점 부여
약학과	20%	40%	15%	25%	등급별 가산점 부여	과탐Ⅱ 5%

※ 약학계열은 과학탐구 2과목을 응시해야 함, 약학계열 과탐 2개 과목 평균 반영
※ 수능 활용지표 : 백분위 <단, 약학계열의 국어, 수학(미적분/기하) 영역은 표준점수를 활용함>

11) 동국대학교[76)]

■ 약학계열 모집인원은 아래와 같습니다.

모집 단위	수시모집 (정원 내)			정시모집 (나군)		
	학생부종합	학생부교과	논 술	정원 내	정원 외	
	Do Dream	학교장추천인재		수능 일반	농어촌학생	기초생활수급자 /차상위계층
약학과	9	4	5	12	2	3

(1) 수시모집: 학생부종합(Do Dream 전형)

① 지원자격

국내.외 고교 졸업(예정)자 또는 법령에 의하여 이와 동등 이상의 학력이 있다고 인정되는 자 (외국 검정고시 합격자 제외)

② 전형방법

구분	선발배수	전형요소 및 비율 (1,000점 만점 기준 기본점수)		
1단계	4배수	서류종합 100% (600점)		수능최저학력
2단계	-	면접 30% (180점)	1단계 성적 70% (420점)	기준 미적용

③ 제출서류: 학교생활기록부 등

④ 면접평가

가. 평가서류 및 평가내용

구분	내용
방법 / 시간	제출서류 기반의 일반면접(개별면접) / 10분 내외
평가위원	2인의 입학사정관
평가내용	제출서류 기반의 전공·전형취지 적합성, 발전가능성, 인성 등을 종합평가

나. 평가항목 및 비율

구분	전공적합성	전형취지 적합성	인성 및 사회성	발전가능성	합계	비고
비율	30%	20%	30%	20%	100%	해당 평가항목별 비율은 Do Dream전형기준으로, 추후 변경 가능

---

76) 2024 동국대 모집요강

(2) 수시모집: 학생부교과(학교장추천인재)

① 지원자격

▌ 국내 고교 졸업(예정)자로서 소속(졸업) 고등학교장의 추천을 받은 자(**고교별 8명 이내**)로서   ▌원서접수 마감일 기준 3학기 이상의 교육과정을 이수하고 우리대학 학생부 반영 교과목 석차등급이 10과목 이상 기재되어 있는 자   ※ 학력인정 평생교육시설, 각종학교, 방송통신고, 고등기술학교 등 법령에 의한 학력인정 학교, 교육부 인가 재외한국학교 또는 유사한 교육기관 등의 졸업(예정)자는 지원 불가

② 전형방법

구분	선발배수	전형요소 및 비율 (1,000점 만점 기준 기본점수)		
일괄	-	학생부교과 70% (0점)	서류종합 30% (180점)	수능최저학력기준 미적용

③ 제출서류: 학교생활기록부, (고교 제출)학교장 추천명단

(3) 수시모집: 논술전형

① 지원자격

▌ 국내·외 고교 졸업(예정)자 또는 법령에 의하여 이와 동등 이상의 학력이 있다고 인정되는 자 (외국 검정고시 합격자 제외)로서   ▌우리대학이 요구하는 해당연도 대학수학능력시험 최저학력기준을 갖춘 자

② 전형방법

구분	선발배수	학생부		논술 70% (350점)	수능최저학력기준
		교과 20% (100점)	출결 10% (50점)		**적용**
일괄	-				

③ 수능최저학력기준

구분	수능최저학력기준	비고
약학과	국어/수학/영어/과학탐구 3개 영역 등급 합 4 (한국사 4등급)	수학 또는 과탐 1개 이상 포함

1) 국어, 수학 영역 선택과목 지정 없음
2) 사회 및 과학탐구 영역은 2과목 중 상위 1과목만 반영하며, 제2외국어/한문 대체 없음

④ 논술고사

　가. 출제방식

구분	약학과
형태	고교교육 과정의 수학적 개념에 대한 이해도 및 적용 능력 등을 평가하는 풀이과정 중심의 수리논술
출제 범위	[2015 개정 교육과정] 수학교과 - 공통과목, 일반선택, 기하-
문항 수	3개 (소문항 출제 가능)
문항 구성 및 답안 분량	① 문항 2개 : 15줄 내외 ② 문항 1개 : 27줄 내외
고사 시간	90분

　나. 평가 및 채점 기준
- 제시문과 문제에 대한 이해력, 문제에서 요구하는 답안 작성 능력(문제해결력), 논리력, 분석력 등의 종합적 사고 능력, 표현의 정확성(표현력) 등을 종합적으로 평가
- 각 문항별 채점 기준에 따라 7점 척도로 평가
- 3개 문항 배점의 합은 100점이 만점이며, 문항별 평가점수를 합산하여 반영총점으로 환산

　다. 유의사항
▸ 답안 작성은 제공된 답안지 1장에 흑색 볼펜만 사용 가능(연필, 샤프 사용불가)
▸ 수정 시 수정테이프 또는 원고지 교정법 활용
▸답안지(여백 포함)에 성명, 수험번호 등 개인 신상을 암시하는 내용 표시 금지
▸문항별 지정된 답안 분량을 준수하여 작성

(4) 정시모집: 수능위주 일반전형

　① 지원자격

▌국내·외 고교 졸업(예정)자 또는 법령에 의하여 이와 동등 이상의 학력이 있다고 인정되는 자 (외국 검정고시 합격자 제외)로서
▌우리대학 모집단위별로 요구하는 해당연도 대학수학능력시험 반영영역에 응시하여 성적을 취득한 자

　② 전형방법: 수능 100%
- 약학과는 수학 미적분/기하 중 택 1, 과학탐구(택2) 필수 응시

　③ 수능 영역별 반영 비율

구분	국어	수학	영어	과탐	한국사	제2외국어/한문
약학과	25%	30%	20%	20%	5%	미반영

(5) 정시모집: 수능위주(농어촌학생전형)
   ① 지원자격

▌농어촌 지역 또는 「도서·벽지 교육진흥법」 제2조에 따른 도서·벽지의 고등학교 졸업(예정) 자로서	
※ 단, 특수목적고(과학고, 외국어고, 국제고, 예술고, 체육고, 마이스터고) 졸업(예정)자, 외국고 및 검정고시출신자(비인가 대안학교 포함), 학력인정 평생교육시설 출신자 지원 불가	
▌우리대학 모집단위별로 요구하는 해당연도 대학수학능력시험 반영영역에 응시하여 성적을 취득하고	
▌아래 유형 중 하나에 해당하는 자	

유형1	<농어촌지역> 중·고등학교에서 중학교 입학일부터 고등학교 졸업(예정)일까지 전 교육과정을 연속으로 이수(예정)하고, 6년 동안 부·모·학생 모두가 <농어촌지역>에 거주한 자
유형2	<농어촌지역> 초·중·고등학교에서 초등학교 입학일부터 고등학교 졸업(예정)일까지 전 교육과정을 연속으로 이수(예정)하고, 12년 동안 학생이 <농어촌지역>에 거주한 자

   ② 전형방법: 정시모집 일반전형과 같음

   ③ 수능 영역별 반영비율: 정시모집 일반전형과 같음

   ④ 제출서류: 지원자격 증빙서류 등

(6) 정시모집: 수능위주(기초생활수급자 및 차상위계층)
   ① 지원자격

▌국내·외 고교 졸업(예정)자 또는 법령에 의하여 이와 동등 이상의 학력이 있다고 인정되는 자(외국 검정고시 합격자 제외)로서
▌우리대학 모집단위별로 요구하는 해당연도 대학수학능력시험 반영영역에 응시하여 성적을 취득하고
▌원서접수 마감일 기준 아래 중 하나에 해당하는 자
⑴ 「국민기초생활보장법」 제2조 제1호에 따른 수급권자 및 제2호에 따른 수급자
⑵ 「국민기초생활보장법」 제2조 제10호에 따른 차상위계층
⑶ 「한부모가족지원법」 제5조 및 제5조의2에 따른 지원 대상자

   ② 전형방법: 정시모집 일반전형과 같음

   ③ 수능 영역별 반영비율: 정시모집 일반전형과 같음

   ④ 제출서류: 지원자격 증빙서류 등

12) 동덕여자대학교[77]

■ 약학계열 모집인원은 아래와 같습니다

모집 단위	모집 인원	수시모집		정시모집	
		정원 내		정원 내	정원 외
		학생부 종합	학생부 교과	수능	수능
		동덕창의리더전형	학생부교과우수자 전형	수능우수자전형	기회균등 전형
약학과	40	8	12	20	4

(1) 수시모집: 학생부종합(동덕창의리더전형)

① 지원자격

국내 고등학교 졸업(예정)자 또는 법령에 의하여 고등학교 졸업자와 동등 이상의 학력이 있다고 인정되는 자

② 전형요소 및 반영비율

전형형태	1단계 선발인원	구분		1단계		2단계		
				서류평가	계	1단계성적	면접	계
단계별	300%	전형요소별 반영비율		100%	100%	40%	60%	100%
		전형요소별 실질반영비율		100%	100%	40%	60%	100%
		전형요소별 반영점수	최고점	1,000점	1,000점	400점	600점	1,000점
			최저점	0점	0점	0점	0점	0점

※ 서류평가 자료 : 학교생활기록부 전체

③ 최저학력기준

2024학년도 수학능력시험 3개 영역[국어(선택과목 무관), 수학(미적분/기하 중 택1), 탐구 (상위 1과목)] 중에서 3개 영역의 합이 6등급 이내

④ 면접 평가기준 및 방법

개별 질의응답을 통하여 지원전공에 대한 적성 및 소양, 인성 등을 평가함

(2) 수시모집: 학생부교과(학생부교과우수자전형)

① 지원자격

국내 고등학교 전 과정을 이수한 2022년 2월 이후 고등학교 졸업자 및 2024년 2월 졸업 예정자로서 학교장 추천을 받은 자(추천인원 제한 없음)

---

77) 2024 동덕여대 모집요강

② 전형요소 및 반영비율

전형형태	선발인원	구분		학생부교과	계
일괄합산	100%	전형요소별 반영비율		100%	100%
		전형요소별 반영점수	최고점	1,000점	1,000점
			최저점	400점	400점

③ 최저학력기준

2024학년도 수학능력시험 3개 영역[국어(선택과목 무관), 수학(미적분/기하 중 택1), 탐구 (상위 1과목)] 중에서 3개 영역의 합이 6등급 이내

(3) 정시모집: 수능(수능우수자 전형)
① 지원자격

2024학년도 대학수학능력시험에 응시한 자로서 고등학교 졸업(예정)자 또는 법령에 의하여 고등학교 졸업자와 동등 이상의 학력이 있다고 인정되는 자

② 전형요소 및 반영비율: 수능 100%

③ 수능 영역별 반영비율

구분	국어	수학	영어	탐구	비고
약학과	25	30% ※미적분 또는 기하선택 필수	25%	20% ※과학 2과목 필수	- 수학영역 미적분 또는 기하선택 필수 - 탐구영역 과학 2과목 선택 필수

※ 탐구영역 2과목 반영의 경우 2과목의 백분위 점수 평균을 반영함
※ 대학수학능력시험 성적을 반영하는 전형의 지원자는 한국사영역을 반드시 응시해야 하며, 취득 등급에 따라 가산점을 부여함(하단 가산점 Ⅱ 참조)
※ 반영영역 중 1개 영역이라도 미응시할 경우 지원자격 부적격자로 불합격 처리됨
※ 제2외국어/한문 영역은 반영하지 않음
※ 수능성적은 한국교육과정평가원이 제공하는 전산자료를 통하여 반영함

(4) 정시모집: 수능(기회균등 전형)
① 지원자격

- 아래 자격요건을 모두 충족하는 자 1) 2024학년도 대학수학능력시험에 응시한 자 2) 고등학교 졸업(예정)자 또는 법령에 의하여 고등학교 졸업자와 동등 이상의 학력이 있다고 인정되는 자 3) 아래의 한 항에 해당하는 자 ①「국민기초생활보장법」 제2조 제1호에 따른 수급권자 또는 제2호에 따른 수급자

구분		
②「국민기초생활보장법」제2조 제10호에 따른 차상위계층		
③「한부모가족지원법」제5조 또는 제5조의 2에 따른 지원 대상자		

② **전형요소 및 반영비율: 수능 100%**

③ **수능 영역별 반영비율**

구분	국어	수학	영어	탐구	비고
약학과	25	30% ※미적분 또는 기하선택 필수	25%	20% ※과학 2과목 필수	- 수학영역 미적분 또는 기하선택 필수 - 탐구영역 과학 2과목 선택 필수

※ 탐구영역 2과목 반영의 경우 2과목의 백분위 점수 평균을 반영함
※ 대학수학능력시험 성적을 반영하는 전형의 지원자는 한국사영역을 반드시 응시해야 하며, 취득 등급에 따라 가산점을 부여함(하단 가산점 Ⅱ 참조)
※ 반영영역 중 1개 영역이라도 미응시할 경우 지원자격 부적격자로 불합격 처리됨
※ 제2외국어/한문 영역은 반영하지 않음
※ 수능성적은 한국교육과정평가원이 제공하는 전산자료를 통하여 반영함

13) 삼육대학교[78]

■ **약학계열 모집인원은 아래와 같습니다**

모집단위	입학 정원	수시모집							정시모집	
		정원 내					정원 외		정원 내	정원 외
		학생부 교과		학생부종합					나군	
		일반	학교장추천	재림교회목 회자추천/ 신학특별	세움 인재	기회균 형Ⅱ	특수교육 대상자		일반	농어촌
약학과	30	2	3	3	2	3	2		20	2

(1) 수시모집: 학생부교과(일반전형)

① **지원자격**

국내 고등학교 졸업(예정자) 또는 고등교육법에 의하여 이와 동등한 학력이 있다고 인정된 자

---

78) 2024 삼육대 모집요강

② 전형요소별 반영비율

학과	전형유형		전형요소별 반영비율(배점)			합계
			학생부(교과, 출결, 봉사)	1단계 성적	면접	
약학과	학생부 교과	1단계 (5배수 선발)	100% (1,000점)	60%(600점)	-	100%(1000점)
		2단계	-	-	40%(400점)	100%(1000점)

③ 최저학력기준

국어, 영어, 수학, 탐구(1과목) **3개 영역 합 5등급 이내**

(2) 수시모집: 학생부교과(학교장 추천 전형)
① 지원자격

- 2016년 이후, 국내 고등학교 졸업(예정)자
- 출신 고등학교장의 추천을 받은 자(고교별 추천인원 제한은 없음)
- 3학년 1학기까지 3개 학기 이상의 석차(과목, 학기 또는 학년(계열)별) 등급 및 성취도가 있는 자
※ 지원불가: 검정고시 합격자, 특성화고, 예·체능고등학교, 일반고(종합반) 전문계반, 대안교육 특성화고(각종학교), 학력인정 평생교육시설, 방송통신고, 일반계고 위탁교육출신자

② 전형요소별 반영비율

학과	전형유형		전형요소별 반영비율(배점)	합계
			학생부(교과)	
약학과	학생부교과	일괄합산	100%(1,000점)	100%

③ 수능최저학력기준

국어, 영어, 수학(미적분 또는 기하), 탐구(1과목) **3개 영역 합 5등급 이내**

(3) 수시모집: 학생부종합(재림교회목회자추천전형)
① 지원자격

가. 국내 고등학교 졸업(예정)자
나. 우리 대학교 설립 정신에 부합되는 제칠일안식일예수재림교회 현직 안수(위임)목회자에게 추천을 받은 자

② 전형요소별 반영비율

학과	전형유형		전형요소별 반영비율(배점)			합계
			서류	1단계 성적	면접고사	
약학과	학생부종합	1단계 (4배수선발)	100% (1000점)			100%(1,000점)
		2단계		60%(600점)	40%(400점)	

③ 수능최저학력기준

국어, 영어, 수학, 탐구(1과목) 3개 영역 합 5등급 이내

(4) 수시모집: 학생부종합(신학특별전형)
① 지원자격

가. 국내 고등학교 졸업(예정)자 또는 고등교육법에 의하여 이와 동등한 학력이 있다고 인정된 자(국내)
※ 해외고 지원 불가
나. 2023년 2월 28일 이전에 제칠일안식일예수재림교회에서 침례를 받은 자
다. 우리 대학교 설립정신에 부합되는 제칠일안식일예수재림교회 현직(안수, 위임)목회자에게 추천을 받은 자

② 전형요소별 반영비율

학과	전형유형		전형요소별 반영비율(배점)				합계
			서류	1단계 성적	면접	필기 (성경)고사	
약학과	학생부종합	1단계 (4배수선발)	100% (1000점)	-	-	-	100%(1,000점)
		2단계	-	48% (480점)	32% (320점)	20% (200점)	100%(1,000점)

③ 수능최저학력기준 : 없음

(5) 수시모집: 학생부종합(세움인재전형)
① 지원자격

국내 고등학교 졸업(예정)자

② 전형요소별 반영비율

학과	전형유형		전형요소별 반영비율(배점)			합계
			서류	1단계 성적	면접고사	
약학과	학생부종합	1단계 (4배수선발)	100% (1000점)			100%(1,000점)
		2단계		60%(600점)	40%(400점)	

③ 수능최저학력기준

국어, 영어, 수학(미적분 또는 기하), 과학탐구(1과목) **3개 영역 합 5등급 이내**

(6) 수시모집: 학생부종합(기회균형 II 전형, 정원 외)
① 지원자격

- 국내 고등학교 졸업(예정)자 또는 고등교육법에 의하여 이와 동등한 학력이 있다고 인정된 자 중 아래의 지원자격 유형 중 한 가지에 해당되는 자
1) 국민기초생활보장법 제2조 제1호에 따른 수급권자 본인 및 자녀 또는 제2호에 따른 수급자
2) 국민기초생활보장법 제2조 제10호에 따른 차상위계층
3) 한부모가족지원법 제5조 및 제5조의 2에 따른 지원대상자

② 전형요소별 반영비율: '재림교회목회자추천전형'과 같음

③ 수능최저학력기준

국어, 영어, 수학(미적분 또는 기하), 과학탐구(1과목) 3개 영역 합 5등급 이내

(7) 수시모집: 학생부종합(특수교육대상자전형)
① 지원자격

가. 국내 고등학교 졸업(예정)자 또는 고등교육법에 의하여 이와 동등한 학력이 있다고 인정된 자
나. 「장애인 등에 대한 특수교육법」제15조 제1항의 규정에 의거한 학습이 가능한 장애인(장애인 복지법 제32조에 의해 등록이 되어 있는 자로서 장애인등록을 필한 자) 또는 국가유공자 등 예우 및 지원에 관한 법률 제4조에 의한 상이등급자(국가보훈처 등급)로 등록된 자

② 전형요소별 반영비율: '재림교회목회자추천전형'과 같음

③ 수능최저학력기준

국어, 영어, 수학(미적분 또는 기하), 과학탐구(1과목) 3개 영역 합 5등급 이내

(8) 정시모집: 일반전형 (나군)

① 지원자격

가. 2024년 2월 이전 고등학교 졸업(예정)자 또는 고등교육법에 의하여 이와 동등한 학력이 있다고 인정된 자
나. 2024학년도 대학수학능력시험에서 모집단위별 반영영역에 응시한 자

② 전형요소별 반영비율: 수능 100

③ 수능 영역별 반영비율

모집단위	활용지표	영역	국어	수학	영어	탐구(2과목)	가산점	비고
약학과	백분위	4	25%	30%	25%	20%	미적분/기하 5% 가산, 과학탐구 3% 가산	직업탐구 제외, 한국사 탐구 대체 불가

(9) 정시모집: 농어촌전형 (나군)

① 지원자격

가. 국내 고등학교 졸업(예정)자
나. 2024학년도 대학수학능력시험에서 모집단위별 반영영역에 응시한 자
다. 지방자치법 제3조에 의한 읍·면지역 및 도서·벽지지역 교육진흥법시행규칙 제2조에 의한 농어촌 학교와 지역에 재학하며 거주하고 아래의 지원자격 유형 1), 2) 중 하나에 해당되는 자
1) 6년 전 교육과정 이수자 : 농어촌(읍·면) 소재 중·고교의 6년 전 교육과정을 입학하여 졸업까지 연속해서 모두 이수한 자로서 해당 기간의 재학 기간동안 부·모·학생 모두 읍·면 지역에 거주한 자
2) 12년 전 교육과정 이수자 : 농어촌(읍·면) 소재 초·중·고 12년 전 교육과정을 입학에서 졸업까지 연속해서 모두 이수한 자로서 해당 기간의 재학기간 동안 읍·면 지역에 거주한 자(부모 거주와 무관)
※ 단, 검정고시 출신자 및 특수목적고교(과학고, 외국어고, 국제고, 예술고, 체육고, 마이스터고) 출신자는 지원 불가
※ 졸업예정자는 고교 졸업 시까지 해당 자격을 유지해야 함
※ 졸업예정자의 경우 서류제출 마감 이후 농어촌 지역에 계속 거주 및 재학 여부는 합격자에 한하여 등록이후 추가서류를 제출받아 확인하여 졸업일까지 농어촌지역에 거주 및 재학하지 않은 것으로 확인되면 합격 또는 입학을 취소함

② 전형요소별 반영비율: 수능 100

③ 수능 영역별 반영비율

모집단위	활용지표	영역	국어	수학	영어	탐구(2과목)	가산점	비고
약학과	백분위	4	25%	30%	25%	20%	미적분/기하 5% 가산, 과학탐구 3% 가산	직업탐구 제외, 한국사 탐구 대체 불가

14) 성균관대학교[79]

■ 약학계열 모집인원은 아래와 같습니다

모집단위	모집인원	수시모집			정시모집
		학생부종합	논술우수	학생부종합(특별전형)	수능위주
		학과모집		이웃사랑 (정원 외)	가군
약학과	65	30	5	5	30

(1) 수시모집: 학생부종합(학과모집)

① 지원자격

고교졸업(예정)자 또는 관련 법령에 의하여 이와 동등 이상의 학력이 있다고 인정된 자

② 전형요소 및 반영비율

구분	서류	면접	선발배수
1단계	100	-	3배수 내외
2단계	70(1단계 성적)	30	-

③ 선발방법: 서류평가 취득 총점 순으로 최종 합격자를 선발함

④ 수능최저학력기준 : 없음

⑤ 동점자 처리기준
가. 면접점수 상위자
나. 서류평가 우선순위 영역* 취득점수 상위자
우선순위 영역
학업수월성 > 학업충실성 > 전공적합성 > 활동다양성 > 자기주도성 > 발전가능성

---

79) 2024 성균관대 모집요강

(2) 수시모집: 논술전형
　　① 지원자격

고교졸업(예정)자 또는 관련 법령에 의하여 이와 동등 이상의 학력이 있다고 인정된 자

　　② 전형요소 및 반영비율: 논술 100

　　③ 선발방법
- 수능 최저학력기준 충족자를 대상으로 논술시험 성적 총점 순으로 최종 합격자를 선발함

　　④ 수능 필수응시영역 및 최저학력기준
　　　　가. 필수응시영역

약학과	국어, 수학(미적분, 기하 중 택1), 영어, 과탐(2개 과목), 한국사

　　　　나. 최저학력기준

국어, 수학, 영어, 과탐, 과탐 5개 과목 중 3개 등급합 5등급 이내

　　⑤ 동점자 처리기준
가. 논술 우선순위 문항 취득점수 상위자
나. 학생부 과목별 석차등급 상위자(수학 > 국어 > 사회(인문계)/과학(자연계) > 영어)

(3) 수시모집: 학생부종합(이웃사랑)
　　① 지원자격

고교졸업(예정)자 또는 관련 법령에 의하여 이와 동등 이상의 학력이 있다고 인정된 자로서 「국민기초 생활보장법」 제2조 제1호(수급권자), 제2호(수급자), 제10호(차상위계층) 혹은 「한부모가족지원법」 제5조 및 제5조의2에 따른 지원대상자 ※ 1. 추후 법령 등의 변경으로 특별전형 지원자격이 변경되는 경우 이를 따름 2. 검정고시 출신자 및 고교 졸업 동등 학력자를 제한하지 않음

　　② 전형요소 및 반영비율: 서류 100%

　　③ 선발방법: 서류평가 취득 총점 순으로 최종 합격자를 선발함

　　④ 수능 필수응시영역 및 최저학력기준: 없음

　　⑤ 동점자 처리기준: 서류평가 우선순위 영역* 취득점수 상위자
　　　*우선순위 영역
　　　학업수월성 > 학업충실성 > 전공적합성 > 활동다양성 > 자기주도성 > 발전가능성

(4) 수능위주: 일반전형(가군)

① 지원자격

고교졸업(예정)자 또는 관련 법령에 의하여 이와 동등 이상의 학력이 있다고 인정되는 자로서 아래 "2024학년도 대학수학능력시험 필수응시영역에 응시한 자"

② 전형요소 및 반영비율: 수능 100%

③ 수능 영역별 반영비율

모집단위	국어		수학		탐구	영어	한국사
	화법과작문	언어와매체	미적분	기하	과학		
약학과	30		35		25	10	감점 적용*

*국어, 수학(미적분, 기하 중 택1), 영어, 과탐(2개 과목), 한국사 필수응시

※1. 탐구영역은 2개 과목을 반영

※2. 한국사 가산점 부여 방법

등급	1	2	3	4	5	6	7	8	9
공통	0	0	0	0	1	2	5	10	20

④ 동점자 처리기준

①대학수학능력시험의 수학영역 표준점수가 우수한 자
②대학수학능력시험의 국어영역 표준점수가 우수한 자
③대학수학능력시험의 탐구영역 2개 과목 표준점수 합이 우수한 자
④대학수학능력시험의 영어영역 등급이 우수한 자
⑤대학수학능력시험의 한국사 등급이 우수한 자
⑥학생부 석차등급 평균이 우수한 자(학생부 없는 자는 비교내신 적용)

15) 아주대학교[80)

■ 약학계열 모집인원은 아래와 같습니다

모집단위	수시	정시		
	정원 내	정원 내	정원 외	
	ACE	일반전형2	농어촌학생	기회균형
약학과	15	15	3	3

(1) 수시모집: 학생부종합 (ACE전형)
① 지원자격

국내·외 고등학교 졸업(예정)자[조기졸업자 포함] 또는 관계 법령에 의하여 고등학교 졸업자와 동등 이상의 학력이 있다고 인정된 자

② 전형반영요소

구분	단계	전형요소	
		서류평가	면접평가
ACE전형	1단계(3배수)	100	-
	2단계	70	30

③ 제출서류: 학교생활기록부

④ 수능최저학력기준

국어, 수학(미적분, 기하 중 택1), 영어, 탐구(과탐 중 택2, 2과목 평균) 등급 합 7 이내

⑤ 평가방법
　가. 서류평가: 학교생활기록부를 바탕으로 지원자의 학업역량, 진로역량, 공동체역량 등을 종합적으로 평가

평가항목	반영비율(%)	평가내용
학업역량	37	• 고교 교육과정 기반의 학업수행능력 • 학업행동과 지적 호기심 　- 수업과 과제수행 과정에서 학업능력향상을 위한 노력
진로역량	35	• 진로탐색: 목표에 부합하는 교과 선택과 이수 및 교내활동 • 진로참여: 도전과 시도, 참여과정과 노력 • 진로성장: 탐색과 참여에 따른 결과와 성취, 변화와 성장
공동체역량	28	• 출결 등 기본적인 학교생활 • 공동체의식: 나눔, 배려, 협력, 리더십 등
전체	100	

---

80) 2024 아주대 모집요강

나. 면접평가

1) 개인면접을 통해 서류진실성과 의사소통능력을 종합적으로 평가함
2) 면접평가는 2인 이상의 면접관이 지원자 1인을 평가
3) 지원자 1인당 면접시간은 10분 내외
   (단, 의학과는 윤리의식 등 인성을 확인하기 위한 면접 추가 진행(총 면접시간 20분 내외))
4) 지원자의 제출서류를 바탕으로 개별 면접질문 도출

평가항목	배점(%)	평가내용
서류 신뢰도	80	• 서류 기반에 따른 진위여부 확인 • 교내 활동과정, 노력과 결과, 성취 등
의사소통능력, 태도	20	• 질문에 대한 이해 및 논리적 답변 • 면접 태도
전체	100	

(2) 정시모집: 일반전형2

① 지원자격

2024학년도 대학수학능력시험 응시자로서 국내·외 고등학교 졸업(예정)자[조기졸업자 포함] 또는 관계 법령에 의하여 고등학교 졸업자와 동등 이상의 학력이 있다고 인정된 자

② 수능 반영영역 및 반영비율

계열	모집단위	국어	수학	영어	탐구	한국사	비고
자연1	약학과	20% (200점)	35% (350점)	15% (150점)	30% (300점)	총점에서 등급별로 감점	- 수학: 미적분, 기하 중 택1 - 탐구: 과탐 중 택2

구분	1등급	2등급	3등급	4등급	5등급	6등급	7등급	8등급	9등급
반영 점수	감점 없음				-5	-10	-20	-30	40

(3) 정시모집: 농어촌학생전형(정원 외)

① 지원자격

2024학년도 대학수학능력시험 응시자로서 국내 고교 졸업(예정)자[조기졸업자 포함]로서 <가>또는 <나>의 조건에 해당하고 제출서류에 결함이 없는 자
※ 국내 일반고, 자율고, 특성화고만 지원 가능함

유형	내용
6년 과정 이수자 (부, 모, 지원자)	지방자치법 제3조에 따른 읍·면 또는 도서·벽지 교육진흥법 제2조에 따른 도서·벽지에 소재하는 학교에서 중학교 입학일부터 고등학교 졸업일까지 6년 전 교육과정을 이수하는 기간 동안 본인, 부, 모 모두 농어촌지역에서 거주하고 출신 고등학교장의 확인을 받은 자
12년 과정 이수자 (지원자)	지방자치법 제3조에 따른 읍·면 또는 도서·벽지 교육진흥법 제2조에 따른 도서·벽지에 소재하는 학교에서 초·중·고등학교 12년 전 교육과

	정 (초등학교 입학일부터 고등학교 졸업일까지)을 이수한 자 중 자격 해당 기간 동안 본인이 읍·면 또는 도서·벽지 지역에 거주하고 출신 고등학교장의 확인을 받은 자

※ 2개 이상의 학교에 재학한 경우에는 해당 학교 모두가 읍·면 또는 도서·벽지 소재 학교이어야 함

※ 6년 과정 이수자는 중·고등학교 재학 중 행정구역 개편으로 시(구·동) 지역으로 편입된 지역은 농어촌 또는 도서·벽지로 간주함[단, 행정구역 개편 후 부·모·본인 중 1명이라도 자격요건에 해당하는 기간 중 농어촌 또는 도서·벽지가 아닌 지역으로 1일이라도 거주지를 변경한 경우에는 해당되지 않음]

※ 부모와 학생의 거주지 또는 거주지와 학교 소재지가 동일한 읍·면 또는 도서·벽지가 아니라도 가능함

※ 12년 과정 이수자는 초·중·고등학교 재학 중 행정구역 개편으로 시(구·동) 지역으로 편입된 지역은 농어촌 또는 도서·벽지로 간주함[단, 행정구역 개편 후 자격요건에 해당하는 기간 중 농어촌 또는 도서·벽지가 아닌 지역으로 1일이라도 거주지를 변경한 경우에는 해당되지 않음]

※ 초·중등교육법시행령 제 90조의 특수목적고, 대안학교(인가,비인가), 국외고, 검정고시, 학력인정 평생교육시설 출신자는 지원할 수 없음

※ 고교 졸업예정자가 최종 합격할 경우 재학 고등학교의 졸업일까지 지원자격(농어촌 지역 거주 및 농어촌 지역 고교 재학)을 유지해야 하며, 자격을 유지하지 않을 경우 합격이 취소될 수 있음

※ 지원자격은 연속된 연수만을 인정함

② 수능 반영영역 및 반영비율

계열	모집단위	국어	수학	영어	탐구	한국사	비고
자연1	약학과	20% (200점)	35% (350점)	15% (150점)	30% (300점)	총점에서 등급별로 감점	- 수학: 미적분, 기하 중 택1 - 탐구: 과탐 중 택2

구분	1등급	2등급	3등급	4등급	5등급	6등급	7등급	8등급	9등급
반영 점수	감점 없음				-5	-10	-20	-30	40

(4) 정시모집: 수능(기회균형전형)

① 지원자격

2024학년도 대학수학능력시험 응시자로서 국내·외 고등학교 졸업(예정)자[조기졸업자 포함] 또는 관계 법령에 의하여 고등학교 졸업자와 동등 이상의 학력이 있다고 인정된 자로서 <가> 또는 <나>의 조건에 해당하고 제출서류에 결함이 없는 자

유형	내용
가	국민기초생활보장법 제2조 제1호(수급권자), 제2호(수급자)와 제10호에 따른 대상자
나	한부모가족지원법 제5조 및 제5조의2에 따른 대상자

※ 학생이 속한 세대의 구성원 중 한명이 차상위 계층 대상자인 경우(본인 기준 자격증명서 발급이 어려운 차상위 가구의 학생) 주민등록등본 상 지원자와 차상위계층 대상자가 함께 거주하고 있어야 차상위 계층으로 인정하며 자격에 따른 증명서 외 주민등록등본 1부 및 가족관계증명서 1부(부 또는 모 기준) 등을 추가로 제출해야 함

※ 기초생활수급권자 또는 차상위 복지급여 수급자 관련 법령개정시, 지원 자격 인정범위는 변경될 수 있음

② 전형반영요소: 정시모집 (일반전형2)과 같음

16) 연세대학교[81]

■ 약학계열 모집인원은 아래와 같습니다

모집단위	수시(정원 내)				수시 (정원 외)	정시(정원 내)	정시(정원 외)	
	학생부교과	학생부종합		논술 전형	특수 교육	일반전형	고른기회전형	
	추천형	활동 우수형	기회 균형 I				연세한 마음	농어촌 학생
약학과	6	6	1	5	○	13	3	2

(1) 수시모집: 학생부교과(추천형)
① 지원자격

• 국내 고등학교 3학년 재학생으로 2024년 2월 졸업예정이며, 소속 고등학교장의 추천을 받은 자로서 다음 자격을 모두 만족하는 자
• 고등학교별 추천인원은 학교별 최대 10명이며, 추천방법은 추후 발표하는 수시모집요강 참조
1) 고교 전 교육과정을 국내 고교에서 이수하여야 함
2) 특성화고/ 마이스터고 과정 이수자 (일반고등학교와 종합고등학교의 직업과정 이수자 포함), 영재학교, 검정고시 출신자는 제외함
3) 지원자는 고교과정 중 다음의 최소 이수 과목 요건을 충족하여야함

---

81) 2024 연세대 모집요강

과목	교과 이수 요건	최소 이수 과목 수
공통과목	- 국어, 수학, 영어, 사회, 과학 교과영역에서 각 교과 당 1과목 이상 이수 - 해당 이수과목은 원점수, 평균, 표준편차, 석차등급이 기재되어야함	5과목
일반선택과목	- 국어, 수학, 영어, 사회, 과학 교과영역에서 5과목 이상 이수 - 해당 이수과목은 원점수, 평균, 표준편차, 석차등급이 기재되어야 함	5과목
진로선택과목	- 국어, 수학, 영어, 사회, 과학 교과영역에서 1과목 이상 이수	1과목

② 전형요소 및 반영비율: 단계별 전형

단계	학생부교과	면접평가	내용
1단계	100%	-	모집단위별 모집인원의 5배수를 2단계 평가 대상자로 선발함
2단계	70%	30%	제시문 기반 면접(세부 내용은 추후 수시모집 요강 참조)

③ 수능최저학력기준: 없음

④ 학교생활기록부 교과영역 반영방법

• **반영교과: 전 과목 반영**

구분	반영 교과	배점
반영과목 A	국어, 수학, 영어, 사회(한국사, 역사, 도덕 포함), 과학	100점
반영과목 B	국어, 수학, 영어, 사회(한국사, 역사, 도덕 포함), 과학 제외 기타 과목	최대 5점 감점

• **반영방법**
- 반영과목 A는 공통과목(30%), 일반선택과목(50%), 진로선택과목(20%)의 비율로 반영하며 학년별 비율은 적용하지 않음
- 반영과목 A의 공통과목과 일반선택과목은 원점수, 평균, 표준편차를 활용한 Z점수(50%)와 석차등급을 활용한 등급점수(50%)를 교과 이수단위 가중 평균하여 반영함
- 반영과목 A의 진로선택과목(전문교과 포함)은 3단계 평가 A/B/C를 기준으로 A=20, B=15, C=10로 계산함(5단계 평가의 경우 A/B → A, C/D → B, E → C로 계산함)
- 반영과목 A의 등급점수는 다음과 같이 환산하여 적용함

교과등급	1등급	2등급	3등급	4등급	5등급	6등급	7등급	8등급	9등급
반영점수	100	95	87.5	75	60	40	25	12.5	5

- 반영과목 B는 석차등급 9등급 또는 성취도 C(A/B/C 기준)인 경우에 한하여 이수단위를 기준으로 최대 5점까지 감점함
-

• **자세한 산출 방법은 추후 발표하는 수시모집요강 참조**

(2) 수시모집: 학생부종합(활동우수형)

① 지원자격

-학생부종합(국제형)은 국내고와 해외고/검정고시 출신자로 구분하여 선발함

구분	지원자격
활동우수형	국내외 고등학교 졸업자(2024년 2월 졸업예정자 포함) 또는 법령에 의하여 고등학교 졸업 이상의 학력이 있다고 인정된 자(고등학교 졸업학력 검정고시 합격자 포함)

② 전형요소 및 반영비율: 단계별 전형

단계	서류평가	면접평가	내용
1단계	100%	-	- 제출한 서류를 종합적으로 평가함 - 모집인원의 일정배수를 2단계 평가 대상자로 선발함 - 인문· 통합 (생활과학대학·간호대학 모집단위)·국제계열 3배수, 자연계열 4배수
2단계	60%	40%	- 제시문 기반 면접 - 국제형에 한하여 제시문이 영어로 출제될 수 있음 ※ 세부내용은 추후 수시모집 요강 참조

③ 수능 최저학력기준

전형명	계열	국어, 수학, 탐구 2과목(사회탐구/과학탐구)	영어	한국사
활동 우수형	의예·치의예·약학	1등급 2개 이상 (국어, 수학 중 1개 과목 포함)	3등급 이내	4등급 이내

[자연(의예.치의예.약학 포함)] 수학: 공통+선택(미적분, 기하 중 택 1), 탐구: 과학탐구만 반영

(3) 수시모집: 학생부종합(기회균형Ⅰ)

① 지원자격

• 국내·외 고등학교 졸업자(2024년 2월 졸업예정자 포함) 또는 법령에 의하여 고등학교 졸업 이상의 학력이 있다고 인정된 자
(고등학교 졸업학력 검정고시 합격자 포함)로서 다음의 지원자격 중 하나의 자격을 갖춘 자
※ 단, 농어촌학생의 경우 국내 정규 고등학교 졸업자 또는 졸업예정자에 한함

구분	지원자격
기회균형Ⅰ	- 국가보훈대상자:「국가보훈 기본법」제3조 제2호에 따른 '국가보훈대상자'로서 국가보훈 관계 법령에 따른 교육지원 대상자 - 기초생활수급자:「국민기초생활 보장법」제2조 제1호(수급권자), 제2호(수급자)에 의한 대상자 - 차상위계층:「국민기초생활 보장법」제10호(차상위계층) 중 복지급여를 받고 있는 가구의 세대 구성원 또는 차상위계층 확인서 발급 대상 가구의 세대 구성원 - 한부모가족:「한부모가족지원법」제5조 또는 제5조의 2에 따른 지원 대상 가구의 세대 구성원 - 농어촌학생: 고른기회전형(농어촌학생) 지원자격을 충족한 자 ※ 영재학교, 특목고, 특성화고(일반고등학교와 종합고등학교의 직업과정 이수자 포

함)/마이스터고 등에서 재학한 사실이 있는 자는 기회균형(농어촌학생)으로 지원할 수 없음

② 전형요소 및 반영비율

단계	서류평가	면접평가	내용
1단계	100%	-	- 제출한 서류를 종합적으로 평가함 - 모집인원의 일정배수를 2단계 평가 대상자로 선발함
2단계	60%	40%	- 제시문 기반 면접 ※ 세부내용은 추후 수시모집 요강 참조

③ 수능최저학력기준: 적용하지 않음

(4) 수시모집: 논술전형
① 지원자격

• 국내·외 고등학교 졸업자(2024년 2월 졸업예정자 포함) 또는 법령에 의하여 고등학교 졸업 이상의 학력이 있다고 인정된 자 (고등학교 졸업학력 검정고시 합격자 포함)

② 전형요소 및 반영비율
• 일괄합산 전형으로서 논술시험 성적 100%로 합격자를 선발함

구분	논술성적	내용 자연계열
일괄합산	100%	• 논술유형: 대학 수학에 필요한 기본 학업역량 및 논리력, 창의력, 종합적 사고능력 등을 평가하기 위한 논술시험 • 출제형식 - 수학과목(60점), 과학과목(40점) - 수학 및 과학과목 출제범위는 고교 교육과정(2015 개정 교육과정) 보통교과(진로선택 포함) 전체 - 과학과목은 물리학, 화학, 생명과학, 지구과학 중 각 모집단위별로 전공 특성을 반영한 지정된 과목(모집단위별 1~4과목) 에서 1개 과목을 원서접수 시 선택하여 응시

※ 약학과 원서접수 시 모집단위별 지정과목 중 1과목 선택: 물리학, 화학, 생명과학 중 택1

③ 수능 최저학력기준: 적용하지 않음

(5) 수시모집: 학생부종합전형 – 고른기회전형(특수교육)

① 지원자격

구분	지원자격
특수교육 대상자	국내·외 고등학교 졸업자(2024년 2월 졸업예정자 포함) 또는 법령에 의하여 고등학교 졸업 이상의 학력이 있다고 인정된 자(고등학교 졸업학력 검정고시 합격자 포함)로서 다음 중 하나에 해당하는 자 - 「장애인복지법」제32조에 의하여 장애인 등록을 필한 장애정도가 심한 장애인 - 「국가유공자 등 예우 및 지원에 관한 법률」제4조 등에 의한 상이등급자로 등록(1급부터 6급까지만 인정)되어 있는 자

② 전형요소 및 반영비율: 서류평가 100% (제출한 서류를 종합적으로 평가함)

③ 대학수학능력시험 최저학력기준: 적용하지 않음

(6) 정시모집: 일반전형

① 정시모집 모집군: 가군

② 지원자격 및 대학수학능력시험 필수 응시영역

국내외 고등학교 졸업자(2024년 2월 졸업예정자 포함) 또는 법령에 의하여 고등학교 졸업 이상의 학력이 있다고 인정된 자(고등학교 졸업학력 검정고시 합격자 포함)로서 본교 수능 응시조건을 충족한 자

계열	필수 응시영역	비고
약학	국어, 수학, 영어, 과학탐구, 한국사	- 수학: 공통 + 선택(미적분, 기하 중 택 1) - 과학탐구: 물리학, 화학, 생명과학, 지구과학 중 서로 다른 두 과목 선택 (Ⅰ·Ⅱ 구분 없음)

③ 전형요소 및 반영점수

계열 /모집단위	구분	대학수학능력시험		운동실기		음악 실기	면접	총점
		한국사	한국사 이외 과목	기본 운동능력	선택 실기능력			
약학	단계전형	10	1,000	-	-	-	-	1,010

(7) 정시모집: 고른기회전형(연세한마음, 농어촌, 특수교육 (정원 외))

① 지원자격

구분	지원자격
연세 한마음학생	- 국내·외 고등학교 졸업자(2024년 2월 졸업예정자 포함) 또는 법령에 의하여 고등학교 졸업 이상의 학력이 있다고 인정된 자(고등학교 졸업학력 검정고시 합격자 포함)로서 「국민기초생활 보장법」 제2조 제1호(수급권자), 제2호(수급자)에 의한 대상자
농어촌학생	- 국내 고등학교 졸업자(2024년 2월 졸업예정자 포함)로서 다음 중 하나에 해당하는 자 ▶ 초·중·고교 전과정 농어촌 이수자: 「지방자치법」 제3조에 의한 읍·면(광역시, 도, 도·농 통합시의 관할구역 안에 두는 읍·면) 또는 「도서·벽지 교육진흥법 시행규칙」 제2조에 따른 도서·벽지 소재 초·중·고등학교에 입학하여 전 교육과정을 이수한 졸업(예정)자로서, 초·중·고등학교 재학 기간 중 읍·면·도서·벽지 지역에서 거주한 자(고교졸업 시까지 농어촌 거주요건을 충족시켜야 함) ▶ 중·고교 전과정 농어촌 이수자: 「지방자치법」 제3조에 의한 읍·면(광역시, 도, 도·농 통합시의 관할구역 안에 두는 읍·면) 또는 「도서·벽지 교육진흥법 시행규칙」 제2조에 따른 도서·벽지 소재 중·고등학교에 입학하여 전 교육과정을 이수한 졸업(예정)자로서, 중·고등학교 재학 기간 중 본인과 부·모 모두가 읍·면·도서·벽지 지역에서 거주한 자(고교졸업 시까지 농어촌 거주요건을 충족시켜야 함) ※ 영재학교, 특목고, 특성화고 등에서 재학한 사실이 있는 자는 농어촌 학생으로 지원할 수 없음

② 수능 필수 응시영역 및 반영점수 산출방식: 일반전형과 동일함

③ 전형요소 및 반영점수: 일반전형과 동일함

17) 인제대학교[82)

■ 약학계열 모집인원은 아래와 같습니다

모집단위	수시모집(정원 내)			수시모집(정원 외)		정시모집(정원 내)	
	학생부 교과			학생부 교과		가군	
	약학	지역인재 I	지역인재 II	농어촌	기초생활수급권자	수능	지역인재
약학과	8	5	5	3	5	6	6

(1) 수시모집: 학생부교과 (약학 전형)
① 지원자격

가. 일반계 고등학교 졸업(예정)자
나. 자율고, 대안학교(교육부인가) 졸업(예정)자
다. 종합고(인문과정) 졸업(예정)자
라. 특목고 졸업(예정)자 중 아래 해당자 : 과학고, 외국어고, 국제고 졸업(예정)자
마. 고등학교 졸업학력 검정고시 합격자
※ 단, 특성화고등학교[종합고(인문과정)의 특성화(전문계) 과정 이수자 포함], 마이스터고, 예술고, 체육고, 평생교육법에 따른 학력인정시설 출신자 지원불가
※ 1999년 졸업 ~ 2024년 2월 졸업예정자 중 석차등급이 표기되지 않는 고등학교 출신지는 지원불가
- 3학년 1학기까지 과학교과 이수단위를 20단위(진로선택과목 포함) 이상 이수한 자만 지원할 수 있음 (검정고시 출신자의 경우 과학교과 이수여부 관계없이 지원 가능)

② 전형방법

선발단계	선발배수	전형방법	실질반영비율	총점
1단계	5배수	학생부교과 100%	학생부교과 100%	100점
2단계	1배수	1단계 성적 80% + 면접 20%	1단계 성적 67.5% + 면접 32.5%	100점

③ 학생부교과 반영방법

모집단위	반영교과목	과목수	활용지표	비고
약학	국어교과	모든 과목	석차등급	이수단위 고려
	수학교과	모든 과목		
	영어교과	모든 과목		
	과학교과	2과목		

가. 석차등급 또는 석차가 기재된 과목만 활용
나. 동일 교과 내 상위 과목의 석차 등급을 반영하며, 동일 과목이라도 학기가 다른 경우 별도 과목으로 인정
다. 의예과, 약학과는 이수단위를 고려하며, 석차등급 없는 진로선택과목은 반영하지 않음

82) 2024 인제대 모집요강

라. 의예과, 약학과 반영 교과목 평균 등급 : Σ (과목별 등급 × 이수단위) / Σ 이수단위

바. 동점자가 발생하였을 경우 이수단위를 동점자처리 기준으로 활용(의예과, 약학과는 기본적으로 이수단위 고려)

사. 석차등급이 없는 경우 석차백분율을 아래와 같이 환산하여 적용

- 동석차가 없는 경우 석차백분율 공식 : 석차 / 재적수 × 100
- 동석차가 있는 경우 석차백분율 공식 : 석차 + (동석차 - 1) / 2   / 재적수 × 100
- 석차백분율에 의한 석차 등급 환산표

등급	1	2	3	4	5	6	7	8	9
석차백분율 (5%)	~ 4	~ 11	~ 23	~ 40	~ 60	~ 77	~ 89	~ 96	~ 100

- 전형별 반영공식

전형유형	전형명	모집단위	단계	배점	기본점수	반영공식
정원 내	학생부 교과(약학)	약학과	1	100	48	100 - (교과목 평균등급 × 6.5) -6.5
			2	80	38.4	1단계 × 0.8
	지역인재 I	약학과	1	100	48	100 - (교과목 평균등급 × 6.5) -6.5
			2	80	38.4	1단계 × 0.8
정원 외	농어촌전형	약학과	1	100	48	100 - (교과목 평균등급 × 6.5) -6.5
			2	80	38.4	1단계 × 0.8

④ 최저학력 기준

전형	모집단위	세부기준
약학, 지역인재 I	약학과	국어, 영어, 수학(미적분 또는 기하 중 택1), 과학탐구(택1) **4개 영역 합이 9등급 이내**

(2) 수시모집: 학생부교과 (지역인재 I , II 전형)

① 지원자격

가. 일반계 고등학교 졸업(예정)자

나. 자율고, 대안학교(교육부인가) 졸업(예정)자

다. 종합고(인문과정) 졸업(예정)자

라. 특목고 졸업(예정)자 중 아래 해당자 : 과학고, 외국어고, 국제고 졸업(예정)자

마. 고등학교 졸업학력 검정고시 합격자

※ 단, 특성화고등학교[종합고(인문과정)의 특성화(전문계) 과정 이수자 포함], 마이스터고, 예술고, 체육고, 평생교육법에 따른 학력인정시설 출신자 지원불가

※ 1999년 졸업 ~ 2024년 2월 졸업예정자 중 석차등급이 표기되지 않는 고등학교 출신자는 지원불가

- 부산·울산·경남 소재 고등학교에서 고교 입학에서 졸업까지 전 교육과정을 이수하고 졸업한 자 또는 졸업예정자

※ 단 1일이라도 부산·울산·경남 이외 지역의 고등학교를 재학한 경우(학교생활기록부 확인) 지원자격 미달 처리됨

※ 졸업예정자의 경우 고교졸업 이후에 고등학교생활기록부를 추가로 제출하여야하며, 원서접수 시점부터 고등학교졸업까지 기간동안의 지원자격을 확인하며, 확인결과 자격미달 사유가 발견될 경우 합격 취소 및 입학 취소가 될 수 있음

※ 고등학교 졸업학력 검정고시 합격자 지원 불가

② 전형방법

선발단계	선발배수	전형방법	실질반영비율	총점
1단계	5배수	학생부교과 100%	학생부교과 100%	100점
2단계	1배수	1단계 성적 80% + 면접 20%	1단계 성적 67.5% + 면접 32.5%	100점

③ 학생부교과 반영방법

모집단위	반영교과목	과목수	활용지표	비고
약학	국어교과	모든 과목	석차등급	이수단위 고려
	수학교과	모든 과목		
	영어교과	모든 과목		
	과학교과	2과목		

가. 석차등급 또는 석차가 기재된 과목만 활용

나. 동일 교과 내 상위 과목의 석차 등급을 반영하며, 동일 과목이라도 학기가 다른 경우 별도 과목으로 인정

다. 의예과, 약학과는 이수단위를 고려하며, 석차등급 없는 진로선택과목은 반영하지 않음

라. 의예과, 약학과 반영 교과목 평균 등급 : Σ (과목별 등급 × 이수단위) / Σ 이수단위

바. 동점자가 발생하였을 경우 이수단위를 동점자처리 기준으로 활용(의예과, 약학과는 기본적으로 이수단위 고려)

사. 석차등급이 없는 경우 석차백분율을 아래와 같이 환산하여 적용

- 동석차가 없는 경우 석차백분율 공식 : 석차 / 재적수 × 100

- 동석차가 있는 경우 석차백분율 공식 : 석차 + (동석차 - 1) / 2   / 재적수 × 100

- 석차백분율에 의한 석차 등급 환산표

등급	1	2	3	4	5	6	7	8	9
석차백분율 (5%)	~ 4	~ 11	~ 23	~ 40	~ 60	~ 77	~ 89	~ 96	~ 100

- 전형별 반영공식

전형유형	전형명	모집단위	단계	배점	기본점수	반영공식
정원 내	학생부 교과(약학)	약학과	1	100	48	100 − (교과목 평균등급 × 6.5) −6.5
			2	80	38.4	1단계 × 0.8
	지역인재 I	약학과	1	100	48	100 − (교과목 평균등급 × 6.5) −6.5
			2	80	38.4	1단계 × 0.8
정원 외	농어촌전형	약학과	1	100	48	100 − (교과목 평균등급 × 6.5) −6.5
			2	80	38.4	1단계 × 0.8

④ 최저학력 기준

전형	모집단위	세부기준
약학, 지역인재 I	약학과	국어, 영어, 수학(미적분 또는 기하 중 택1), 과학탐구(택1) **4개 영역 합이 9등급 이내**

(3) 수시모집: 학생부교과(농어촌학생전형, 정원 외)
① 지원자격

구분	내용
유형 I [6년과정]	지원자 본인이 농어촌 소재지 중학교 입학일부터 고등학교 졸업일까지 전 교육과정(6년)을 이수하고 졸업(예정)한 자로서, 재학기간 중 부모와 지원자 모두가 농어촌지역에 거주한 자
유형 II [12년과정]	지원자 본인이 농어촌 소재지 초등학교 입학일부터 고등학교 졸업일까지 전 교육과정(12년)을 이수하고 졸업(예정)한 자로서, 재학기간 중 지원자 본인이 농어촌지역에 거주한 자

※ 의예과, 약학과는 3학년 1학기까지 과학교과 이수단위를 20단위(진로선택과목 포함) 이상 이수한 자만 지원할 수 있음

가. 농어촌 지역은「지방자치법」제3조에 의한 읍.면지역 및「도서.벽지지역 교육진흥법시행규칙」제2조에 따른 도서.벽지 지역을 말하며 고교졸업 이후 또는 재학 중 행정구역 개편 등으로 소재지 구분이 변경된 경우에는 초 . 중 . 고교 입학 당시를 기준으로 함

나. 해당 유형에 속하는 재학기간 동안 단 1일이라도 학생 또는 부모가 농어촌지역을 벗어나거나, 학생이 농어촌지역을 벗어난 초·중·고교에 재학한 경우 지원자격 미달 처리됨 [주민등록초본 및 학생생활기록부 확인]

※ 재학기간과 학생 · 부모 거주 충족기간은 중학교 입학 시부터 고등학교 졸업 시까지

다. 재학 및 거주기간 등 지원자격은 연속된 연수만을 인정

라. 검정고시출신자 및 농어촌지역에 소재한 특수목적고(과학고, 외국어고, 국제고, 예술고, 체육고, 마이스터고)는 지원할 수 없음

마. 졸업예정자의 경우 고교졸업일 이후에 지원 자격 확인서류(고등학교생활기록부, 주민등록초본 등)를 추가로 제출하여야하며, 제출된 서류는 원서접수 시점부터 고등학교 졸업일까지 기간 동안의 지원자격을 확인하며, 확인결과 자격미달 사유가 발견될 경우 합격 취소 및 입학 취소가 될 수 있음

바. 1999년 졸업 ~ 2024년 2월 졸업예정자 중 석차등급이 표기되지 않는 고등학교 출신자는 지원불가

사. 기타사항

유형Ⅰ부모 사망	중.고교 재학기간 중 사망한 경우 사망 전까지의 거주지가 농어촌지역이어야 함
유형Ⅰ부모 이혼	중.고교 재학기간 중 이혼한 경우에는 이혼일 전 부모의 거주지가 모두 농어촌 지역 이어야하며, 이혼일 후에는 친권이 있는 부 또는 모의 거주지가 농어촌지역이어야 함 (단, 친권과 양육권이 경합할 경우에는 양육권을 가진 자를 기준으로 적용)

② 수능최저학력기준

- 대학수학능력시험 성적에 의한 최저학력 제한 없음(수능 미응시자도 지원 가능)

③ 전형방법

전형	선발단계	전형방법	실질반영비율(%)	총점
약학, 지역인재	1단계(5배수)	학생부교과 100	학생부교과 100	100점
	2단계	1단계 성적 80 + 면접 20	1단계 성적 67.5 + 면접 32.5	100점

(4) 수시모집: 학생부교과 (기초생활수급권자전형)

① 지원자격

전형명	구분	세부내용
	공통	고등학교 졸업(예정)자 및 동등학력 소지(예정)자로서 아래의 자격조건을 한 가지 이상 충족하는 자 ※1999년 졸업 ~ 2024년 2월 졸업예정자 중 석차등급이 표기되지 않는 고등학교 출신자는 지원불가
사회배려대상자 전형 (정원내)	국가보훈대상자	가. 독립유공자의 자녀 및 손·자녀(외손자녀 포함) 나. 국가유공자 및 그의 자녀(단, 참전유공자 제외) 다. 고엽제후유(의)증환자(수당지급대상자) 및 그의 자녀 라. 5·18민주유공자 및 그의 자녀 마. 특수임무수행자 및 그의 자녀 바. 6·18자유상이자 및 그의 자녀 사. 지원 순직·공상 군경(공무원) 및 그의 자녀 아. 보훈보상대상자 및 그의 자녀
	기초생활수급(권)자, 차상위계층, 한부모가족 지원대상자	가. 국민기초생활보장 수급자 및 수급권자: 「국민기초생활보장법」 제2조 제1호(수급권자) 및 제2호(수급자)에 의한 대상자 나. 차상위계층: 「국민기초생활보장법」 제2조 제10호에 따른 차상위계층에 의한 대상자 1) 복지급여 수급자: 차상위 건강보험본인부담경감 대상자, 차상위 장애수당 대상자, 차상위장애인연금 대상자, 차상위 자활대상자 2) 복지급여 비수급자: 우선돌봄 차상위 가구의 학생 다. 한부모가족 지원대상자: 「한부모가족지원법」 제5조 및 제5조의 2에 따른 지원대상자
	만학도	고교졸업 후 5년 이상 경과된 자 또는 만 23세 이상인 자(2001년 2월 28일 이전 출생자)
	특수교육대상자	「장애인복지법」 제32조에 따른 장애인 등록을 필한 자
기초생활수급권자 전형 (정원외)		가. 국민기초생활보장 수급자 및 수급권자: 「국민기초생활보장법」 제2조 제1호(수급권자) 및 제2호(수급자)에 의한 대상자 나. 차상위계층: 「국민기초생활보장법」 제2조 제10호에 따른 차상위계층에 의한 대상자 1) 복지급여 수급자: 차상위 건강보험본인부담경감 대상자, 차상위 장애수당 대상자, 차상위장애인연금 대상자, 차상위 자활대상자 2) 복지급여 비수급자: 우선돌봄 차상위 가구의 학생 다. 한부모가족 지원대상자: 「한부모가족지원법」 제5조 및 제5조의 2에 따른 지원대상자 ※ 의예과, 약학과는 3학년 1학기까지 과학교과 이수단위를 20단위(진로선택과목 포함) 이상 이수한 자만 지원할 수 있음(검정고시 제외)

② 전형방법

선발단계	선발배수	전형방법	실질반영비율	총점
1단계	5배수	학생부교과 100%	학생부교과 100%	100점
2단계	1배수	1단계 성적 80% + 면접 20%	1단계 성적 67.5% + 면접 32.5%	100점

③ 학생부교과 반영방법: 학생부교과(의예)전형 참고

④ 수능최저학력기준

국어, 영어, 수학(미적분 또는 기하 중 택1), 과학탐구(택1) 각 등급이 2등급 이내

(5) 정시모집: 수능(가군)

① 지원자격

고교졸업학력 소지(예정)자로서 2024학년도 대학수학능력시험에 응시한 자(한국사 필수응시)

② 전형방법

모집 군	모집단위	전형요소별 점수			
		수능성적	면접고사	실기고사	계
'가'	약학과	735	실시	-	735

※ 의예과 면접은 점수화 하지 않고, 결격여부 판정기준으로만 활용

③ 수능성적 반영방법

모집단위	반영 영역수	국어	수학	영어	탐구		한국사
					1과목	2과목	
의예과, 약학과	4	25%	25% (미적분, 기하)	25%	12.5%	12.5%	○ (응시여부)

- 수능성적표 상의 각 영역·과목별 표준점수를 합산하여 반영함(한국사 제외)
- 한국사의 경우 응시여부만 필수로 반영하며, 미 응시할 경우 지원자격 미달로 불합격 처리됨
- 영어영역은 지원자의 영어등급을 '영어 절대평가 실시에 따른 표준점수 반영표'를 준용하여 표준점수로 환산 반영

등급	1	2	3	4	5	6	7	8	9
표점반영	135	130	123	114	103	94	87	82	79

- 탐구영역은 가장 좋은 2개 과목의 표준점수를 합산하여 반영함
- 모집단위별 수능성적 반영방법의 반영영역 수 또는 탐구과목 수가 부족한 경우 불합격 처리됨

(6) 정시모집: 수능 (지역인재전형)

① 지원자격

부산, 울산, 경남 소재 고등학교에서 고교 입학에서 졸업까지 전 교육과정을 이수하고 졸업한 자 또는 졸업예정자 중 2024학년도 대학수학능력시험에 응시한 자(한국사 필수응시)

② 전형방법

모집 군	모집단위	전형요소별 점수			
		수능성적	면접고사	실기고사	계
'가'	약학과	735	실시	-	735

※ 의예과 면접은 점수화 하지 않고, 결격여부 판정기준으로만 활용

③ 수능성적 반영방법

모집단위	반영 영역수	국어	수학	영어	탐구		한국사
					1과목	2과목	
의예과, 약학과	4	25%	25% (미적분, 기하)	25%	12.5%	12.5%	○ (응시여부)

- 수능성적표 상의 각 영역·과목별 표준점수를 합산하여 반영함(한국사 제외)
- 한국사의 경우 응시여부만 필수로 반영하며, 미 응시할 경우 지원자격 미달로 불합격 처리됨
- 영어영역은 지원자의 영어등급을 '영어 절대평가 실시에 따른 표준점수 반영표'를 준용하여 표준 점수로 환산 반영

등급	1	2	3	4	5	6	7	8	9
표점반영	135	130	123	114	103	94	87	82	79

- 탐구영역은 가장 좋은 2개 과목의 표준점수를 합산하여 반영함
- 모집단위별 수능성적 반영방법의 반영영역 수 또는 탐구과목 수가 부족한 경우 불합격 처리됨

18) 제주대학교[83]

■ 약학계열 모집인원은 아래와 같습니다

모집단위	수시모집				정시모집
	학생부교과			학생부종합	다군
	정원내		정원외	정원외	정원내
	일반학생	지역인재	고른기회	농어촌학생	일반학생
약학과	10	10	2	1	10

---

83) 2024 제주대 모집요강

(1) 수시모집: 학생부교과(일반학생전형)
① 지원자격

고등학교 졸업자(2024년 2월 졸업예정자 포함) 또는 법령에 의하여 이와 동등 이상의 학력이 있다고 인정되는 자

② 전형요소 및 배점

모집단위	선발단계	학생부교과	면접	전형총점
의예과	일괄합산	1,000점	-	1,000점

③ 선발방법

가. 합격자 선발 : 수능 최저학력기준 총족자 중에서 전형총점 순으로 모집단위별 모집인원의 100%를 합격자로 선발함. 다만, 야간 모집단위는 최저학력기준을 적용하지 않음 나. 예비후보자 결정 1) 합격자를 제외한 다음 순위부터 모집단위별 모집인원의 500%까지 예비후보자로 선발함 (불합격자 제외) 다. 동점자 우선순위 결정기준 : 일반선택 교과 성적 → 공통교과 성적 → 진로선택 교과 성적 (2021년 2월 이전 졸업자 : 3학년 성적 → 2학년 성적 → 1학년 성적) 　※ 위 기준 적용 후에도 합격선의 순위가 같은 자는 모두 합격 처리

④ 미충원에 따른 결원 처리: 미충원 인원은 정시모집으로 이월함

⑤ 수능 최저학력기준

국어(화법과 작문/ 언어와 매체 택1), 수학(미적분/ 기하 택1), 영어, 탐구(과학) 포함 3개 영역 등급 합 7

※ 탐구영역 2개 과목에 반드시 응시하여야 하며, 2개 과목 평균 등급 적용(소수점 이하 절사, 예: 2.5등급 → 2등급)함

(2) 수시모집: 학생부교과(지역인재전형)
① 지원자격

고등학교 졸업자(2024년 2월 졸업예정자 포함)로서 입학부터 졸업까지 고교 전 교육과정을 제주특별자치도 소재 고등학교에서 이수한 자

② 전형요소 및 배점

모집단위	선발단계	학생부교과	면접	전형총점
의예과	일괄합산	1,000점	-	1,000점

③ 선발방법

가. 합격자 선발
: 수능 최저학력기준 충족자 중에서 전형총점 순으로 모집단위별 모집인원의 100%를 합격자로 선발함. 다만, 야간 모집단위는 최저학력기준을 적용하지 않음
나. 예비후보자 결정
1) 합격자를 제외한 다음 순위부터 모집단위별 모집인원의 500%까지 예비후보자로 선발함 (불합격자 제외)
다. 동점자 우선순위 결정기준
: 일반선택 교과 성적 → 공통교과 성적 → 진로선택 교과 성적
(2021년 2월 이전 졸업자 : 3학년 성적 → 2학년 성적 → 1학년 성적)
※ 위 기준 적용 후에도 합격선의 순위가 같은 자는 모두 합격 처리

④ 미충원에 따른 결원 처리: 미충원 인원은 정시모집으로 이월함

⑤ 수능 최저학력기준

국어(화법과 작문/ 언어와 매체 택1), 수학(미적분/ 기하 택1), 영어, 탐구(과학) 포함 3개 영역 등급 합 7

※ 탐구영역 2개 과목에 반드시 응시하여야 하며, 2개 과목 평균 등급 적용(소수점 이하 절사, 예: 2.5등급 → 2등급)함

(3) 수시모집: 학생부교과(고른기회, 정원 외)
① 지원자격

고등학교 졸업자(2023년 2월 졸업예정자 포함) 또는 법령에 의하여 이와 동등 이상의 학력이 있다고 인정되는 자로서 아래 ① ~ ③ 중 어느 하나에 해당하는 자
①「국민기초생활 보장법」제2조제1호(수급권자), 제2호(수급자)에 의한 대상자
②「국민기초생활 보장법」제2조제10호(차상위계층)에 의한 대상자
③「한부모가족지원법」제5조 또는 제5조의2에 따른 지원대상자

② 전형요소 및 배점

모집단위	선발단계	학생부(교과)	전형총점
약학과	일괄합산	1,000점	1,000점

③ 선발방법: 학생부교과 지역인재전형과 같음

④ 수능최저학력기준

국어(화법과 작문/ 언어와 매체 택1), 수학(미적분/ 기하 택1), 영어, 탐구(과학) 포함 3개 영역 등급 합 8

(4) 수시모집: 학생부종합(농어촌학생전형, 정원 외)

① 지원자격

고등학교 졸업자(2024년 2월 졸업예정자 포함)로서 다음 중 어느 하나에 해당하는 자

① (6년 과정 이수자) 농어촌 지역에 소재하는 중·고등학교에서 중학교 입학 시부터 고등학교 졸업 시까지 전 교육과정을 연속적으로 이수한 자로서 재학기간 중 해당 지역에 부모·학생 모두가 거주한 자

② (12년 과정 이수자) 농어촌 지역에 소재하는 초·중·고등학교에서 초등학교 입학 시부터 고등학교 졸업 시까지 전 교육과정을 연속적으로 이수한 자로서 재학기간 중 학생이 해당 지역에 거주한 자

※ '농어촌 지역'이란「지방자치법」제3조에 의한 읍·면(광역시·도, 도·농 통합시 관할 구역 안에 두는 읍·면 포함) 지역 및「도서·벽지 교육진흥법」제2조에 따른 도서·벽지를 말함

※ 유의사항
  ○ 특수목적고(과학고, 외국어고, 국제고, 예술고, 체육고, 마이스터고) 출신자는 지원할 수 없음
  ○ 해당 학교 재학기간 중 행정구역 개편 등으로 읍·면 지역이 동으로 변경 또는 도서·벽지 지역이 해제된 경우에는 해당 지역을 읍·면 또는 도서· 벽지 지역으로 인정함
  ○ 위장 전입 등에 의한 지원자격 결격사유가 해당될 경우 입학 전·후를 막론하고 합격을 취소할 수 있음

② 전형방법

가. 전형요소별 배점

모집단위	전형총점	전형요소 및 배점	
		서류평가	최저점 ~ 최고점
전 모집단위	1,000점	1,000점	400점 ~ 1,000점

나. 서류평가 : 학교생활기록부를 바탕으로 아래 평가영역에 대하여 종합적으로 평가

구 분	전공적합성	자기주도성	인성·공동체 기여도	계
최고점	400	300	300	1,000점
최저점	160	120	120	400점

③ 선발방법

가. 합격자 선발 : 전형총점 순으로 모집단위별 모집인원의 100%를 합격자로 선발함

나. 예비후보자 결정 : 합격자를 제외한 다음 순위부터 예비후보자로 선발함(불합격자 제외)

다. 동점자 우선순위 결정기준 : '인성·공동체기여도' 영역 고득점자 →'전공적합성' 영역 고득점자 → '자기주도성' 영역의 태도 부문 고득점자 → '인성·공동체 기여도' 영역 중 '태도' 부문 고득점자 → '전공적합성' 영역 중 '내용' 점수 고득점자

④ 수능최저학력기준: 적용하지 않음

(5) 정시모집: '다'군 일반학생 전형

① 지원자격

고등학교 졸업자(2024년 2월 졸업예정자 포함) 또는 법령에 의하여 이와 동등 이상의 학력이 있다고 인정되는 자

② 전형방법: 수능 100% 반영

③ 수능 성적 반영방법

모집단위	활용지표	수능 반영비율(%)					한국사
		국어	수학	영어	탐구	계	
약학과	백분위	20	30	20	30	100	가산점 적용

※ 영어 영역은 등급별 환산 백분위를 적용함
※ 수학(미적분, 기하 중 택 1)필수, 과학탐구 반영
※ 탐구영역 2개 과목에 반드시 응시하여야 하며, 2개 과목 평균점수(소수점 이하 그대로 인정)를 반영함

④ 선발방법

가. 합격자 선발: 전형총점 순으로 모집단위별 모집인원의 100%를 합격자로 선발

나. 예비후보자 결정: 합격자를 제외한 다음 순위부터 지원자 모두를 예비후보자로 선발함(불합격자 제외)

다. 동점자 우선순위 결정기준

모집단위	우선 순위
자연계열·공학계열	수능 성적 환산총점 → 수능 수학영역 환산점수 → 수능 영어영역 환산점수 → 수능 국어 환산점수 → 수능 탐구영역 환산점수(의예과만 적용)

※ 수능환산 총점 : 수능 성적은 제주대학교 환산기준에 따라 산출된 수능 성적 환산총점을 의미하며 가산점이 있는 경우 가산점을 포함한 점수임
※ 수능 영역별 환산점수 : 해당 영역 수능 성적을 제주대학교 환산기준에 따라 산출된 해당 영역 수능 환산점수를 의미하며, 가산점이 있는 경우 그 가산점을 포함한 점수임
※ 위 기준 적용 후에도 합격선의 순위가 같은 자는 모두 합격 처리

19) 차 의과학대학교[84]

▪ 약학계열 모집인원은 아래와 같습니다

모집단위	수시모집				정시모집
	정원내		정원외		정원내
	학생부교과		학생부종합		수능 나군
	CHA학생부교과	지역균형선발	농어촌학생	기회균등	일반전형
약학과	12	6	3	3	12

(1) 수시모집: 학생부교과(CHA학생부교과)

① 지원자격

국내외 고등학교 졸업(예정)자 또는 법령에 의하여 이와 동등 이상의 학력이 있다고 인정된 자

② 전형방법 및 전형요소

사정단계	학교생활기록부 교과성적	면접평가	합계	선발배수
1단계	700점(100%)	-	700점(100%)	5배수 내외
2단계	700점(70%)*	300점(30%)	1000점(100%)	-

*표시는 1단계 성적을 의미함

③ 최저학력기준

국어, 수학(미적분/기하), 탐구(사회/과학 2과목 평균) 3개 영역 등급 합 6등급 이내

④ 학교생활기록부 반영방법

▸ 반영 기간: 1학년 1학기부터 3학년 1학기(졸업자도 동일)
▸ 학년별 반영 비율: 없음
▸ 반영 교과(군)

구분	국어	수학	영어	한국사	사회(역사/도덕포함)	과학
해당 모집단위	○	○	○	○	○	○

▸ 반영방법: 석차등급 활용 총점 + 진로 선택 과목 가산점

구분	성적 산출
석차등급 활용 총점	□ 반영과목: 반영교과(군)의 석차등급을 산출하는 전 과목 성적 반영 □산출식: Σ(석차 등급 점수 × 이수단위) / Σ(이수단위) □ 반영요소: 석차등급, 이수단위
진로 선택 과목 가산점	□ 반영과목: 반영교과(군)의 진로 선택 과목 중 성취도가 높은 상위 세 과목 □산출식: Σ(상위 3개 과목의 성취도 등급 점수) / 3 □ 반영요소: 성취도

---

84) 2024 차 의과학대학교 모집요강

▸비교내신 적용
- 비교내신 대상자: 해외고등학교, 검정고시 출신자 등
- 비교내신 적용방법: 세부 반영방법은 추후 발표되는 모집요강 참조

⑤ 평가 안내사항

구분	내용
면접평가	학교생활 충실성과 모집단위별 인재상에 부합하는 역량을 갖추고 있는지 종합적으로 평가 ※ 약학과의 경우 지원자의 약학인재로서 가치관, 인성, 역량 등을 확인하기 위한 추가 면접이 시행될 수 있음

⑥ 선발원칙
▸1단계: 학교생활기록부 점수의 총점 석차 순으로 모집단위별 모집인원의 5배수 내외 선발
▸2단계: 총점 석차 순(1단계 성적 70% + 면접평가 30%)으로 모집단위별 모집인원 최종 선발
▸제출서류를 제출하지 않은 경우 선발 대상에서 제외
▸면접평가 점수가 일정 수준 이하인 경우 선발 대상에서 제외
▸면접 대상자 중 면접 결시자는 선발 대상에서 제외
▸대입전형의 공정성을 심각하게 위배하는 경우에는 선발 대상에서 제외, 합격 취소

(2) 수시모집: 학생부교과(지역균형선발전형)
① 지원자격

국내 고등학교 졸업(예정)자로서 학교생활이 타의 모범이 되어 해당 학교장의 추천을 받는 자 **(고교별 추천인원 제한 없음)**

② 전형방법 및 전형요소

사정단계	학교생활기록부 교과성적	합계
일괄합산	1,000점(100%)	1,000점(100%)

③ 수능최저학력기준

국어, 수학(미적분/기하), 탐구(사회/과학 2과목 평균) 3개 영역 등급 합 6등급 이내

④ 학교생활기록부 반영방법: CHA학생부교과전형과 같음

⑤ 선발원칙
▸학교생활기록부 점수의 총점 석차 순으로 모집단위별 모집인원 선발
▸제출서류를 제출하지 않은 경우 선발 대상에서 제외
▸대입전형의 공정성을 심각하게 위배하는 경우에는 선발 대상에서 제외, 합격 취소

(3) 수시모집: 학생부종합(농어촌전형) _정원 외
① 지원자격

‣국내 고등학교 졸업(예정)자로서 원서접수 마감일 현재 다음 각 호 중 하나에 해당 하는 자

[지원자격 1] 중학교 입학일부터 고등학교 졸업일까지 농어촌 소재지의 중·고등학교 전 교육과정을 연속하여 이수하고, 해당기간 동안 본인 및 부·모 모두 농어촌 소재지에 거주한 자

[지원자격 2] 초등학교 입학일부터 고등학교 졸업일까지 농어촌 소재지의 초·중·고등학교 전 교육과정을 연속하여 이수하고, 해당기간 동안 본인이 농어촌 소재지에 거주한 자

② 전형방법 및 전형요소

사정단계	서류평가	합계
일괄합산	1,000점(100%)	1,000점(100%)

③ 최저학력기준

국어, 수학(미적분/기하), 탐구(사회/과학 2과목 평균) **3개 영역 등급 합 7등급 이내**

④ 평가 안내 사항

구분	내용
서류평가	학교생활기록부를 활용하여 학업역량, 진로역량, 인성 등을 종합평가

⑤ 선발원칙
‣ 총점 석차 순(서류평가)으로 모집단위별 모집인원 선발
‣ 제출서류를 제출하지 않은 경우 선발 대상에서 제외
‣ 서류평가 점수가 일정 수준 이하인 경우 선발 대상에서 제외
‣ 대입전형의 공정성을 심각하게 위배하는 경우에는 선발 대상에서 제외, 합격 취소

(4) 수시모집: 학생부종합(기회균등전형)_ 정원 외
① 지원자격

‣국내·외 고등학교 졸업(예정)자 또는 법령에 의하여 이와 동등 이상의 학력이 있다고 인정된 자로서 원서접수 마감일 현재 다음 각 호 중 하나에 해당하는 자

1.「국민기초생활 보장법」제2조 제1호 수급권자 또는 제2호에 따른 수급권자 가구의 학생
2.「국민기초생활 보장법」제2조 제10호에 따른 차상위계층 가구의 학생
3.「한부모가족지원법」제5조 및 제5조2에 따른 지원대상자 가구의 학생

② 전형방법 및 전형요소

사정단계	서류평가	합계
일괄합산	1,000점(100%)	1,000점(100%)

③ 최저학력기준: 학생부종합 농어촌전형과 같음

④ 평가 안내 사항: 학생부종합 농어촌전형과 같음

⑤ 선발원칙
▸ 1단계: 서류평가 석차 순으로 모집단위별 모집인원의 3배수 내외 선발
▸ 2단계: 총점 석차 순(1단계 성적 70% + 면접평가 30%)으로 모집단위별 모집인원 최종 선발
▸ 제출서류를 제출하지 않은 경우 선발 대상에서 제외
▸ 서류평가 및 면접평가 점수가 일정 수준 이하인 경우 선발 대상에서 제외
▸ 면접 대상자 중 면접 결시자는 선발 대상에서 제외
▸ 대입전형의 공정성을 심각하게 위배하는 경우에는 선발 대상에서 제외, 합격 취소

(5) 정시모집: 수능(일반전형)
① 지원자격

2024학년도 대학수학능력시험 응시자로서, 국내·외 고등학교 졸업(예정)자 또는 법령에 의하여 이와 동등이상의 학력이 있다고 인정된 자

② 전형방법 및 전형요소: 수능100%

③ 최저학력기준: 없음

④ 성적활용지표

영역		국어 / 수학	탐구	영어
반영지표	전 모집단위(약학과 제외)	백분위		등급별 환산 점수
	약학과	표준점수	변환표준점수	등급별 환산 점수

※ 약학대학 탐구영역은 수능 성적표 상의 백분위를 활용한 본교 자체 산출 '변환표준점수'를 적용함
※ "변환표준점수"는 수능 성적 개별 통지 이후, 본교 입학처 홈페이지에 공지함

⑤ 수능반영방법

모집단위	국어	수학	영어	탐구	선택과목 및 가산점
약학대학	20	30	20	30	국어선택: 화법과 작문, 언어와 매체 중 택 1 수학선택: 미적분, 기하 중 택1 탐구선택: 과학 8과목 중 택 2 화학Ⅱ, 생명과학Ⅱ 반영 시, 가산점 각 5% 부여

⑥ 선발원칙
▸ 모집단위별 총점에 의한 석차 순으로 선발
▸ 미등록 충원 마감일 이후 합격자가 등록을 포기하여 모집인원에 미달이 발생할 경우 본교 대학입학전형관리위원회의 결정에 따라 별도의 추가모집을 실시할 수 있음
▸ 2024학년도 대학수학능력시험 모집단위별 반영영역에 응시하지 않은 경우 선발 대상에서 제외

20) 충남대학교[85)]

■ 약학계열 모집인원은 아래와 같습니다

모집단위	수시모집							정시모집	
	정원내					정원외		수능	
	교과			종합 I		종합Ⅲ		나군	
	일반	지역인재		일반	서류	농어촌 학생	저소득층 학생	일반	지역
		일반	저소득						
약학과	16	7	2	5	2	1	4	5	13

(1) 수시모집: 학생부교과(일반/지역인재전형)
① 지원자격

가. 일반전형
 1) 국내 고등학교 졸업(예정)자 또는 기타법령에 의하여 고등학교 졸업 이상의 학력이 인정되는 자
 2) 2024학년도 대학수학능력시험 모집단위 별 반영영역에 응시한 자(탐구영역 2과목 응시)

나. 지역인재전형
 1) 2024년 2월 이전 국내 고등학교 졸업(예정)자 중 충청권(대전, 충남, 세종) 소재 고등학교에서 전 교육과정을 이수 또는 이수 예정인 자
   ※ 최초 입학일로부터 졸업일까지 충청권 소재 고등학교에서 전 교육과정을 이수하여야 함
   ※ 고등학교는 「초·중등교육법」 제2조에 따른 고등학교에 한함
 2) 2024학년도 대학수학능력시험 모집단위 별 반영역영에 응시한 자(탐구영역 2과목 응시)

다. 지역인재 저소득층전형
 1) 위 지역인재전형 조건을 갖추고 아래 사항 중 어느 하나에 해당하는 자
- 국민기초생활보장법 제2조 제2호에 따른 수급자
- 국민기초생활보장법 제2조 제10호에 따른 차상위계층
- 한부모가족지원법 제5조 및 제5조의2에 따른 지원대상자
 ※ 차상위 계층의 경우 주민등록상 급여를 받고 있는 자와 거주해야 지원 가능

② 전형요소 및 반영점수(비율)

전형구분	모집단위	사정유형	선발비율 (%)	학교생활 기록부 (교과)	면접	수능 최저학력	전형총 점
일반/ 지역인재/ 지역인재 저소득층	자연계	1단계	300	100점 (100)	-	-	100점 (100)
		2단계	100	100점 (80)	100점 (20)	적용	200점 (100)

---

85) 2024 충남대 모집요강

③ 학교생활기록부 반영 방법

가. 반영비율 및 점수

학년별 반영비율		학생부 요소별 반영비율		반영 점수
1학년	2·3학년	교과 성적	출결 상황	
전 학년 공통 100		100	-	100

나. 반영교과목 및 활용지표

모집단위	반영 교과(군)	점수산출 활용지표
전 모집단위	국어, 수학, 영어, 한국사, 사회(역사/도덕 포함), 과학, 기술·가정, 제2외국어, 한문 ※ 체육, 예술, 교양 교과(군) 미반영	석차등급

다. 교과목 반영기준

1) 2024년 2월 졸업예정자는 3학년 1학기까지의 성적만 반영
2) 2007년 2월 이전 졸업생은 과목석차를 우선으로 반영하며, 석차가 없을 경우는 평어를 반영함
3) 과목석차등급이 없는 교과목에 한하여 다음과 같이 처리함
  가) 과목 석차만 있는 경우 석차백분율을 계산하여 과목석차등급으로 변환
  나) 평어만 있는 경우 평어를 과목석차등급으로 변환
  다) 특성화고교 전문교과Ⅱ(A~E로 표시하는 절대평가 과목의 경우) 이수자는 과목점수[원점수/과목평균(표준편차)]를 활용하여 과목석차등급으로 변환
  라) 과목석차등급 반영자 중 진로선택과목, 공통과목(과학탐구실험), 소인수 수강과목 등 과목석차등급이 없는 교과목[등급이 (.)로 표기된 경우 포함]은 미반영

■ 대학수학능력시험 반영영역 및 최저학력기준

가. 반영영역 및 최저학력기준

일반전형/지역인재전형
국어, 영어 및 과학탐구 중 상위 2과목과 수학(미적분, 기하) 합산 5등급 이내

나. 반영방법

1) 전형점수에는 포함하지 않고 합격자 선발 시 각 반영 영역을 최저학력기준으로 반영함
2) 확률과 통계는 반영하지 아니함
3) 탐구영역은 2과목을 반드시 응시하여야 하며 취득등급의 평균을 반영하며, 과학탐구 반영 모집단위는 반드시 과학탐구 2과목을 응시해야 함

(2) 수시모집: 학생부종합Ⅰ(일반/서류)

① 지원자격

1) 국내 고등학교 졸업(예정)자 또는 기타법령에 의하여 고등학교 졸업 이상의 학력이 인정되는 자
2) 2024학년도 대학수학능력시험 모집단위별 반영영역에 응시한 자(탐구영역 2과목 응시) ※ 수능 최저학력기준 적용학과에만 해당

② 전형요소 및 반영비율(점수)

사정유형	선발비율(%)	서류평가	면접평가	수능최저학력	전형총점
1단계	300	200점 (100)	-	적용	200점 (100)
2단계	100	200점 (66.7)	100점 (33.3)		300점 (100)

③ 대학수학능력시험 반영영역 및 최저학력기준

최저학력
국어, 영어 및 과학탐구 중 상위 2과목과 수학(미적분, 기하) 합산 5등급 이내

④ 서류평가 및 면접고사

가. 평가방법

전형요소	평가방법
서류평가	입학사정관이 지원자의 제출서류를 평가항목에 의거하여 독립적이고 종합적으로 평가함
면접고사	입학사정관이 지원자의 제출서류를 참고하여 평가항목에 의거하여 구술 평가함

※ 유의사항
- 제출서류에는 TOEIC, TOEFL, NEW TEPS, JLPT, HSK 등의 공인어학시험성적, 국외탐방 및 국외 봉사실적 등 사교육기관 의존 가능성이 높은 체험활동 및 교외 수상실적을 제출할 수 없으며, 제출 시 인정하지 않음
- 지원자 성명, 출신고교, 지원자 부모(친인척 포함)의 실명을 포함한 사회적·경제적 지위(직업명·직장명·직위명 등)를 암시하는 내용을 기재할 경우 평가에 불이익을 받을 수 있음
- 서류평가에서 표절, 대필, 서류조작 등이 확인되는 경우에는 우리대학'학생부종합전형 심의위원회 및 대학입학전형관리위원회'결정에 따라 처분

(3) 수시모집: 학생부종합Ⅲ(고른기회 특별전형)

① 지원자격

가. 농어촌학생
1) 국내 고등학교 졸업(예정)자
2) 아래의 사항 중 하나에 해당하는 자

• 지방자치법 제3조에 의한 읍,면 또는 도서·벽지 교육진흥법 시행규칙 제2조에 의한 도서·벽지 소재 학교에서 중·고등학교 전 교육과정(중합교 입학 시부터 고등학교 졸업 시까지) 이수 및 본인(부모포함)거주
• 지방자치법 제3조에 의한 읍,면 또는 도서·벽지 교육진흥법 시행규칙 제2조에 의한 도서·벽지 소재 학교에서 초·중·고등학교 전 교육과정(초등학교 입학 시부터 고등학교 졸업 시까지) 이수 및 본인 거주

※ 유의사항
- 검정고시출신자 및 특수목적고, 자율형 사립고 졸업(예정)자는 제외
- 재학기간 중 부모 및 본인의 주민등록이 직권말소, 신고말소 또는 직권거주 불명등록자
  로 등록된 경우는 지원 자격이 없는 것으로 간주
- 지원 자격은 공백이 없는 연속된 연수만을 인정함

나, 저소득층학생
 1) 국내 고등학교 졸업(예정) 자 및 기타법령에 의하여 고등학교 졸업 이상의 학력이 인
정되는 자
 2) 아래의 사항 중 하나에 해당하는 자

> • 「국민기초생활보장법」 제2조 제1호에 따른 수급권자 및 제2호 수급자
> • 「국민기초생활보장법」 제2조 제10호에 따른 차상위계층복지급여수급자
> • 「한부모가족지원법」 제5조 및 제5조의2에 따른 지원대상자
> ※차상위계층의 경우 주민등록상 급여를 받고 있는 자와 거주해야 지원 가능

② 전형요소 및 반영점수(비율)

사정유형	선발비율(%)	서류평가	면접평가	수능최저학력	전형총점
1단계	300	200점 (100)	-	미적용	200점 (100)
2단계	100	200점 (66.7)	100점 (33.3)		300점 (100)

③ 서류평가 및 면접고사

가. 평가방법

전형요소	평가방법
서류평가	입학사정관이 지원자의 제출서류를 평가항목에 의거하여 독립적이고 종합적으로 평가함
면접고사	입학사정관이 지원자의 제출서류를 참고하여 평가항목에 의거하여 구술 평가함

※ 유의사항
- 제출서류에는 TOEIC, TOEFL, TEPS, JLPT, HSK 등의 공인어학시험성적, 해외 탐방
  및 해외 봉사실적 등 사교육기관 의존 가능성이 높은 체험활동 및 교외 수상실적을 제
  출할 수 없으며, 제출시 인정하지 않음
- 지원자 성명, 출신고교, 지원자 부모(친인척 포함)의 실명을 포함한 사회적·경제적 지위
  (직업명·직장명·직위명 등)를 암시하는 내용을 기재할 경우 평가에 불이익을 받을 수
  있음

- 서류평가에서 표절, 대필, 서류조작 등이 확인되는 경우에는 '한국대학교육협의회 유사
  도 검색시스템', 우리대학 '학생부종합전형 심의위원회 및 대학입학전형관리위원회' 결정
  에 따라 처분

(4) 정시모집: 수능'나'군(일반전형)

① 지원자격

가. 국내 고등학교 졸업(예정)자 또는 기타 법령에 의하여 고등학교 졸업 이상의 학력이
인정되는 자
나. 2024학년도 대학수학능력시험 모집단위별 반영영역에 응시한 자(탐구영역 2과목 응시)

② 전형요소 및 반영점수(비율)

전형구분		모집단위	사정유형	선발비율	수능	전형총점
가군	수능(일반)	자연계	일괄합산	100	300점(100)	300점(100)

③ 대학수학능력시험

가. 대학수학능력시험 영역별 반영 비율(%)

계열	국어	수학	탐구1	탐구2	영어/한국사	수능성적 활용지표
자연계 (300점)	25%/ 75점	45%/ 135점	15%/ 45점	15%/ 45점	등급별 감점 반영	표준점수 (단, 영어, 한국사는 등급 반영)

나. 반영 방법
 1) 영어 및 한국사는 등급, 국어, 수학, 탐구(과학) 영역은 '표준점수'를 활용함
 2) 영어/한국사 취득등급에 따른 감점 반영 방법
- 영어

등급	1	2	3	4	5	6	7	8	9
자연계	0	-2	-5	-8	-11	-14	-18	-22	-26

- 한국사

등급	1	2	3	4	5	6	7	8	9
감점 적용		0				-1			-2

(5) 정시모집: 수능'나'군(지역인재전형)

① 지원자격

가. 2024년 2월 이전 국내 고등학교 졸업(예정)자 중 충청권(대전, 충남, 충북, 세종) 소재 고등학교에서 전 교육과정을 이수 또는 이수 예정인 자

※ 최초 입학일로부터 졸업일까지 충청권 소재 고등학교에서 전 교육과정을 이수하여야 함

※ 고등학교는 「초·중등교육법」 제2조에 따른 고등학교에 한함

나. 2024학년도 대학수학능력시험 모집단위별 반영영역에 응시한 자(탐구영역 2과목 응시)

② 전형요소 및 반영비율(점수)

전형구분		사정유형	선발비율(%)	수능	비고
가군	지역인재	일괄합산	100	300점(100)	

③ 대학수학능력시험

가. 대학수학능력시험 영역별 반영 비율(%)

계열	국어	수학	탐구1	탐구2	영어/한국사	수능성적 활용지표
자연계 (300점)	25%/ 75점	45%/ 135점	15%/ 45점	15%/ 45점	등급별 감점 반영	표준점수 (단, 영어, 한국사는 등급 반영)

나. 반영 방법

1) 영어 및 한국사는 등급, 국어, 수학, 탐구(과학) 영역은 '표준점수'를 활용함

2) 영어/한국사 취득등급에 따른 감점 반영 방법

- 영어

등급	1	2	3	4	5	6	7	8	9
자연계	0	-2	-5	-8	-11	-14	-18	-22	-26

- 한국사

등급	1	2	3	4	5	6	7	8	9
감점 적용	0			-1			-2		

21) 충북대학교[86]

■ 약학계열 모집인원은 아래와 같습니다

학과	수시						정시		
	학생부종합			학생부교과			수능		
	학생부종합Ⅰ	학생부종합Ⅱ	농어촌학생	학생부교과	지역인재	지역경제배려대상자	가군일반	가군지역	가군경제배려대상자
약학과	3	3	1	3	5	1	4	6	2

(1) 수시모집: 학생부종합(학생부종합Ⅰ,Ⅱ)
① 지원자격

2024년 2월 이전 국내 고등학교 졸업(예정)자 또는 관계법령에 의하여 이와 동등이상의 학력이 있다고 인정된 자

② 전형방법

전형명	전형방법	선발인원	전형요소별 반영점수 및 실질만영비율			
			수능	단계	서류평가	계
학생부종합Ⅰ	일괄합산	100%	미반영	일괄합산	80점 (100%)	80점 (100%)
학생부종합Ⅱ			반영 (최저학력기준)			

③ 서류평가방법

전형명	전형별 반영점수			평가영역
	반영점수	기본점수	실질반영점수	
학생부종합Ⅰ 학생부종합Ⅱ	80점	40점	40점	전문성/인성/적극성

④ 수능최저학력기준(학생부종합Ⅱ)

국어, 수학(미적분/기하), 영어, 탐구(과학) 중 상위 3개 영역 등급 합 6등급 이내

(2) 수시모집: 학생부종합(농어촌전형)
① 지원자격

○2024년 2월 이전 고등학교 졸업(예정)자로서 「지방자치법」제3조에 의한 읍·면 소재 고등
학교 또는 「도서·벽지 교육진흥법 시행규칙」제2조에 따른 도서·벽지 소재 고등학교 전 학
년 교육과정을 이수한 자로 아래의 하나에 해당하는 자
1. 농어촌지역 또는 도서·벽지 소재 초·중·고등학교 12년간 전 교육과정을 이수한 자로 초·
중·고등학교 재학기간 중 본인이 농어촌지역 또는 도서.벽지에 거주한 자
2. 농어촌지역 또는 도서·벽지 소재 중·고등학교 6년간 전 교육과정을 이수한 자로 재학기
간 중 본인 및 그의 부·모 모두가 농어촌 지역 또는 도서.벽지에 거주한 자
- 부모의 사망(실종), 이혼, 재혼 등의 경우에는 우리대학이 별도로 정하는 기준에 의거하
여 농어촌 지역 또는 도서.벽지 거주요건을 별도 심사(기준은 추후 모집요강에서 안내)
※ 재학기간은 최초 입학일부터 졸업일까지임
(재학기간 동안 본인 및 그의 부모 모두가 농어촌지역 또는 도서·벽지에 거주하지 않으면
합격이 취소될 수 있음)
※ 재학기간과 거주기간은 연속된 연수만을 인정함
(학업중단 후 재입학할 경우에도 거주기간은 중간 단절 없이 연속되어야 함)
※ 학생과 부모의 거주는 각각의 주민등록상 거주기록과 일치해야 함
※ 재학 중 또는 졸업 이후 행정구역 개편 등으로 농어촌지역(읍·면)이 동으로 변경된 경우
동을 농어촌지역(읍·면)으로 인정
[고등학교(초·중학교) 재학 기간 중 농어촌지역(읍·면)이 동으로 변경된 경우, 고등학교(초·
중학교) 재학 기간 동안만 해당 지역을 농어촌지역(읍·면)으로 인정]
※ 농어촌 및 도서·벽지 소재 특수목적고(과학고, 외국어고, 국제고, 예술고, 체육고, 미이
스터고) 출신자(특수목적고에 일부 재학한 경우 포함)는 지원자격 제외
※ 재학기간 중 거주불명등록(또는 주민등록말소) 기록이 있는 경우 농어촌지역 또는 도서·
벽지지역에 거주하지 않은 것으로 간주, 사정대상에서 제외됨

② 전형방법

전형명	전형방법	선발인원	전형요소별 반영점수 및 실질만영비율			
			수능	단계	서류평가	계
학생부종합Ⅰ	일괄합산	100%	미반영	일괄합산	80점 (100%)	80점 (100%)
학생부종합Ⅱ			반영 (최저학력기준)			

③ 서류평가방법

전형명	전형별 반영점수			평가영역
	반영점수	기본점수	실질반영점수	
학생부종합Ⅰ 학생부종합Ⅱ	80점	40점	40점	전문성/인성/적 극성

④ 수능최저학력기준(학생부종합Ⅱ)

국어, 수학(미적분/기하), 영어, 탐구(과학) 중 상위 3개 영역 등급 합 6등급 이내

(3) 수시모집: 학생부교과(학생부교과전형, 지역인재전형)

　　① 지원자격

전형명	지원자격
학생부교과	2024년 2월 이전 국내 고등학교 졸업(예정)자 또는 관계법령에 의하여 이와 동등이상의 학력이 있다고 인정된 자
지역인재	2024년 2월 이전 국내 고등학교 졸업(예정)자 중 충청권(충북, 세종, 대전, 충남) 소재 고등학교에서 전 교육과정을 이수 또는 이수 예정인 자

　　② 전형방법

전형명	전형방법	선발인원	전형요소별 반영점수 및 실질반영비율			
			수능	단계	학생부교과	계
학생부교과, 지역인재	일괄합산	100%	반영(최저 학력기준)	일괄합산	80점 (100%)	80점 (100%)

　　③ 수능최저학력기준

학생부교과	국어, 수학(미적분/기하), 영어, 탐구(과학) 중 상위 3개 영역 등급 합 5등급 이내
지역인재	국어, 수학(미적분/기하), 영어, 탐구(과학) 중 상위 3개 영역 등급 합 6등급 이내

(4) 정시모집: 수능(가군 일반전형, 지역인재전형, 경제배려대상자전형)

　　① 지원자격

전형명	전형유형	지원자격
일반	수능	2024학년도 대학수학능력시험에 응시한 자로서 2024년 2월 이전 국내 고등학교 졸업(예정)자 또는 관계법령에 의하여 이와 동등이상의 학력이 있다고 인정된 자
지역인재	수능	2024학년도 대학수학능력시험에 응시한 자로서 2024년 2월 이전 국내 고등학교 졸업(예정)자 중 충청권(충북, 세종, 대전, 충남) 소재 고등학교에서 전 교육과정을 이수 또는 이수 예정인 자
경제배려대상자	수능	2024학년도 대학수학능력시험에 응시한 자로서 다음의 하나에 해당하는 자 1. 국민기초생활수급자: 수급자를 가구단위로 보장받은 가구의 학생, 혹은 개인단위로 보장받은 본인 2. 차상위복지급여수급자: 차상위 본인부담금 경감, 자활급여, 장애수당, 장애인 연금 차상위부가 급여, 한부모 가정 지원 사업 중 하나 이상의 급여를 받고 있는 가구의 학생 혹은 개인 단위로 보장받은 본인 3. '우선돌봄 차상위가구'의 학생

② 전형방법: 수능 100%

③ 수능반영영역 및 반영비율

반영영역- 국어, 수학(미적분 또는 기하), 탐구(과학탐구), 영어, 한국사 필수 응시
반영비율- 국어: 20%, 수학: 30%, 영어: 20%, 탐구: 40% 반영

22) 한양대학교(ERICA)[87]

■ 약학계열 모집인원은 아래와 같습니다

학과	수시			정시	
	학생부교과	학생부종합		수능	
	지역균형선발	농어촌학생 (정원 외)	일반	나군	기회균형 나군 (정원 외)
약학과	5	3	9	16	3

(1) 수시모집: 학생부교과(지역균형선발)
① 지원자격

아래 자격요건을 모두 충족하는 자
① 2023년 2월 이후 국내 정규 고교 졸업(예정)자로 통산 3개 학기 이상 국내 고교 성적 취득자
② 출신 고등학교장의 추천을 받은 자
※ 지원 제한 고교 : 특성화고, 마이스터고, 예술고, 체육고, 방송통신고, 학력인정고,
일반/종합고의 전문계반(학과), 학생부 성적 체계가 다른 고교
※ 특히, 자연계열 지원자는 아래의 ①과 ②를 모두 충족하여야 함
① 수학 교과에서 미적분 또는 기하 중 1과목 필수 이수
② 과학 교과에서 진로선택과목인 물리학Ⅱ, 화학Ⅱ, 생명과학Ⅱ, 지구과학Ⅱ 중 1과목 필수 이수

---

87) 2024 한양대(에리카) 모집요강

② 전형방법: 학생부 교과100%

구분	계열	반영교과		반영 과목 수	반영학기	반영방법	점수 활용지표	학년별 반영비율
수시	자연 인문 상경	국어	영어	이수한 전 과목 (진로선택 과목은 상위 3개 과목 반영)	3학년 1학기까지	등급의 환산점수를 산출하여 반영	등급(성취도)· 이수단위	없음
		수학	사회					
		과학	한국사					

1) 반영학기: 졸업자, 졸업예정자 모두 동일하게 적용함
2) 반영교과에서 이수한 총 단위수가 일정단위 이하인 경우, 본교 신입생 선발 사정원칙 및 대학입학전형관리위원회의 결정에 따름

③ 수능최저학력기준: 없음.

(2) 수시모집: 학생부종합(일반)
  ① 지원자격

국내 정규 고교 졸업(예정)자
※ 검정고시 출신자 및 고교 졸업 동등 학력 등 학교생활기록부가 없는 자는 지원할 수 없음

② 전형방법: 학생부 종합 100%
  가. 반영방법
    ① 고교 교육과정의 충실한 이수 및 종합성취도, 핵심역량 등을 종합적으로 평가
    ② 평가항목

평가요소	평가내용	주요 평가영역
종합성취도	학생부에 드러난 학업관련 기록을 통하여 종합적인 성취를 평가 - 학생부 교과등급을 정량적으로 평가하는 것이 아님 - 학습과정에서 확인되는 종합적인 성취를 정성평가	● 창의적 체험 활동상황 ● 세부능력 및 특기사항 ● 행동특성 및 종합의견
※ 종합성취도란? - 단순하게 교과 성적을 정량적으로 수치화하여 반영하는 개념의 지표가 아니며, 학생부에 드러난 학업관련 기록을 통하여 종합적인 성취도를 판단하는 개념임 - 따라서 '종합성취도 평가'란 학생이 이수한 과목과 과목의 성취도(원점수/평균/표준편차), 창의적 체험활동상황, 세부능력 및 특기사항 등 학생부에 기록된 모든 내용을 토대로 학생의 교육여건과 교육과정을 고려하여 종합·연계적으로 고등학교 3년 동안의 성취를 정성적으로	- 주요 평가 영역: 학생부 종합평가 시 중점적으로 확인 및 평가되는 항목 - 주요 평가영역

			평가하는 것을 의미함		
4대 핵심 역량	학업역량 (적성)	비판적 사고역량	성실하고 충실한 고교생활에서 확인할 수 있는 4대 핵심역량 검증을 통해 학업역량과 인성 및 성장 잠재력을 종합적으로 평가 - 교육여건, 학습과정 등을 고려하여 평가 - 학교생활을 통해 성장하는 학생의 모습을 평가	을 제외한 기타 학생부영역 또한 종합평가 시 참고자료로 활용됨
		창의적 사고역량		
	인성 및 잠재성	자기주도 역량		
		소통협업 역량		

③ 평가절차

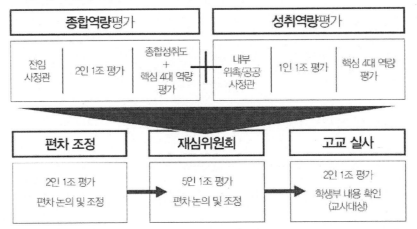

※ 학생부종합(일반)전형 외 전형에서는 종합역량평가 중심의 평가가 이뤄짐
※ 각 전형에 대한 절차는 모집요강을 통해 공개 예정

① 종합역량평가: 전임사정관(2인 1조)이 상호 독립적으로 평가함. 종합성취도와 4대 핵심역량을 중심으로 고교환경을 기반한 지원자 활동 전반에 대한 성취 및 노력을 평가함
② 성취역량평가: 위촉/공공사정관(1인 1조)이 평가함. 4대 핵심역량을 중심으로 지원자의 전공 및 학업관련 성취에 대한 평가를 진행함
③ 편차 조정: 평가 간 점수 차이가 발생한 지원자에 대해 논의하고 조율하는 재평가를 실시함
④ 편차 조정에 실패할 경우 전임사정관 5인으로 구성된 재심위원회를 개최하여 점수 차이에 대해 논의하고 조율함
⑤ 평가과정에서 학생부 기재사항 중 사실 확인이 필요하다고 판단되는 경우, 2인 1조의 전임사정관이 고교를 방문하여 작성교사와 면담 후 학생부 내용을 확인함

나. 학생부 없는 자 학생부종합평가 반영방법: 학생부 없는 자 지원불가
※ 단, 학생부종합(고른기회) 전형 내 "기초생활수급자 및 차상위계층", "특수교육대상자" 지원자 중 학생부 없는 자는 학교생활기록부 대체 서식으로 학생부를 대체하여 지원 가능

③ 수능최저학력기준: 적용하지 않음

(3) 수시모집: 학생부교과(농어촌전형)
① 지원자격

국내 정규 고교 졸업(예정)자로서 아래 자격요건 중 하나를 충족하는 자
① 유형1(6년) : 중학교 입학일부터 고등학교 졸업(예정)일까지 농어촌(읍·면) 또는 도서·벽지 지역 소재의 중·고등학교에서 전 교육과정을 이수(예정)한 졸업(예정)자로서 중·고등학교 재학기간 동안 본인, 부, 모 모두가 농어촌(읍·면) 또는 도서·벽지 지역에 거주한 자
② 유형2(12년) : 초등학교 입학일부터 고등학교 졸업(예정)일까지 농어촌(읍·면) 또는 도서·벽지 지역 소재의 초·중·고등학교에서 전 교육과정을 이수(예정)한 졸업(예정)자로서 초·중·고등학교 재학기간 동안 본인이 농어촌(읍·면) 또는 도서·벽지 지역에 거주한 자
※ 지원 제한 고교 : 특성화고, 마이스터고, 예술고, 체육고, 방송통신고, 학력인정고, 일반/종합고의 전문계반(학과), 학생부 성적 체계가 다른 고교

② 전형방법: 학생부 교과 100%

③ 수능최저학력기준: 적용하지 않음

(4) 정시모집: 수능 나군(일반전형)
① 지원자격

국내 정규 고교 졸업(예정)자 또는 법령에 의한 동등 학력 소지자로서 2024학년도 대학수학능력 시험에서 본교 계열별 필수 응시영역 및 선택과목을 응시한 자

② 전형방법: 수능 100%

③ 수능 필수 응시영역

계열	전형요소 반영비율
약학과	국어, 수학(미적분 또는 기하), 영어, 탐구(과학-2과목), 한국사

④ 수능 영역별 반영비율

학과	국어	수학	영어	탐구		한국사
				반영비율	반영과목	
약학과	25	30	20	25	2과목	응시필수 가산점 반영

(5) 정시모집: 수능 특별전형(기회균형선발, 정원 외)

　　① 지원자격

①「국민기초생활보장법」제2조 제1호(수급권자), 제2호(수급자) 가구의 학생
②「국민기초생활보장법」제2조 제10호(차상위계층) 가구의 학생
③「한부모가족지원법」제5조 및 제5조의2에 따른 지원대상 가구 학생

　　② 전형요소 및 반영비율: 수능 100%

　　③ 수능최저학력기준

국어, 수학(미적분 또는 기하), 영어, 탐구(과학) 4개 영역 중 2등급 이내 1과목, 3등급 이내 1과목

　　④ 수능 필수 응시영역 및 반영비율: 수능 일반전형과 같음

23) 목포대학교[88]

■ 약학계열 모집인원은 아래와 같습니다

학과	수시						정시
	정원내					정원외	정원내
	학생부교과				학생부종합	교과	수능위주
	교과일반	지역인재	지역인재 기초	기회균형	지역인재	기초/ 차상위	가군 일반전형
약학과	6	9	1	2	4	2	10

---

88) 2024 목포대 모집요강

(1) 수시모집: 학생부교과 위주

① 지원자격

전형명	지원자격
공통 지원자격	고등학교 졸업(예정)자 또는 이와 동등 이상의 학력이 있다고 인정되는 자
교과일반전형	• 공통 지원자격 충족된 자
지역인재전형	• 호남권(전라남도, 전라북도, 광주광역시) 소재 고등학교 졸업(예정)자 (단, 입학일로부터 졸업일까지 호남권 소재 고등학교에 재학해야하며, 약학과는 전라남도, 광주광역시에 한함)
기회균형전형	[국가보훈대상자] •「국가보훈 기본법」제3조 제2호의 "국가보훈대상자"로서 국가보훈관계법령에 따른 교육지원대상자 [기초 및 차상위계층자] •「국민기초생활보장법」제2조 제1호(수급권자), 제2호(수급자), 제10호(차상위계층)에 의한 대상자,「한부모가족지원법」제5조 및 제52조의2에 따른 지원대상자 [농어촌학생] •「고등교육법 시행령」제29조 제2항 제14호 '가'목에 해당하는 사람 　가. 학교의 장이 정하는 농어촌지역 또는 「도서·벽지 교육진흥법」제2조에 따른 도서·벽지의 학생으로서 〈1유형〉또는〈2유형〉에 해당하는 자 　▶〈1유형〉6년과정 이수자 　학생이 중학교 입학 시부터 고등학교 졸업 시까지 농어촌 및 도서·벽지 소재 학교의 교육과정을 이수하고 본인 및 부모 모두 농어촌 또는 도서·벽지에 거주한 자 　▶〈2유형〉12년과정 이수자 　학생이 초·중·고등학교를 농어촌 및 도서·벽지 소재 학교의 교육과정을 이수하고 본인이 농어촌 또는 도서·벽지에 거주한 자 • 지원자격 유의사항 　- 도·농복합형태의 시에 두는 읍·면 포함 　- 지원자격은 연속된 연수만을 인정하고 재학기간 중 행정구역 개편 등으로 읍·면 지역이 동으로 변경된 경우 지원자격 인정 　- 2개 이상의 초·중·고등학교에서 재학한 경우 해당학교 모두가 읍·면 소재(도서·벽지 포함) 학교이어야 함 　- 재학 중 부모가 사망 또는 이혼한 경우 부모의 사망 또는 이혼 이전까지의 거주지가 읍·면 소재(도서·벽지 포함) 지역이어야 함 (별도서류 제출을 요구할 수 있음) 　＊ 단, 특수목적고(과학고, 외국어고, 예술고, 체육고 등)와 검정고시 출신자는 제외함
기초 및 차상위 계층차전형	•「국민기초생활보장법」제2조 제1호(수급권자), 제2호(수급자), 제10호(차상위계층)에 의한 대상자,「한부모가족지원법」제5조 및 제52조의2에 따른 지원대상자

② 전형방법

전형유형	학교생활기록부			총점	비고
	교과성적	서류평가	출석		
학생부 교과위주	900점	50점	50점	1,000점	

③ 전형요소별 반영방법

가. 학년별 반영비율

- 학년별로 가중치를 반영하지 않고 학년별 이수과목 성적 그대로 반영

(※ 2024년 2월 졸업예정자는 3학년 1학기 성적까지 반영함)

나. 반영교과군

- 국어, 영어, 수학, 사회(도덕) 또는 과학 교과군 이수 전 과목

① 국어, 영어, 수학 필수 반영

② 사회(도덕) 또는 과학 교과군 각 성적 산출 후 우수 교과군 반영

다. 학교생활기록부 교과성적 산출방법

구 분	교과성적 산출방법	비고
2008년 2월 졸업자 및 그 이후 졸업(예정)자	- 반영과목별 석차등급에 이수단위를 곱한 합계를 총 이수단위로 나누어 산출하여 본교의 "교과성적 반영산정식"을 활용한 교과성적 반영 점수를 부여함	
2007년 2월 졸업자 및 그 이전 졸업자	- 반영과목 석차백분율을 합산하여 평균 석차백분율을 산출하고, 본교의 "교과성적조견표"상의 교과성적 반영 점수를 부여함(반영과목에 석차가 없고 평어만 있는 경우는 본교의 평가기준표에 의거 석차 반영)	

④ 수능최저학력기준

모집단위	정원내		정원외		비고
약학과**	교과일반	수학(필수), 국어, 영어, 과학(1과목) 영역 중 3개 영역 합 6등급 이내	기초·차상위	수학(필수), 국어, 영어, 과학(1과목) 영역 중 3개 영역 합 7등급 이내	
	지역인재 (일반)	수학(필수), 국어, 영어, 과학(1과목) 영역 중 3개 영역 합 7등급 이내			
	지역인재 (기초·차상위)				
	기회균형				

(2) 수시모집: 학생부종합(지역인재 전형)

① 지원자격

고등학교 졸업(예정)자 또는 이와 동등 이상의 학력이 있다고 인정되는 자

- **호남권(전라남도, 전라북도, 광주광역시) 소재 고등학교 졸업(예정)자**
  (단, 입학일로부터 졸업일까지 호남권 소재 고등학교에 재학해야하며, 약학과는 전라남도, 광주광역시에 한함)

② 전형방법

전형명	단계별	서류평가(학교생활기록부 교과, 비교과)	면접고사	계	비고
지역인재전형	1단계	800점 (100)	-	800점(100)	교과, 비교과 정성평가
	2단계	1단계 성적 800점(80)	200점(20)	1,000점(100)	

※ 지역인재·장애인전형 1단계 합격자는 모집인원 6배수를 선발하고, 1단계 합격자를 대상으로 면접고사 실시(종합일반전형 면접고사 미실시 및 배수 제한 없음)

※ ( )은 실질반영비율임

③ 전형요소별 반영방법

가. 서류평가(학교생활기록부: 정성평가)

전형유형	평가항목	평가방법
지역인재전형	학업역량, 발전가능성, 계열(전공)적합성, 인성 등을 종합적으로 평가	모집단위별로 2~4인의 평가위원이 평가

나. 면접고사

전형유형	평가항목	평가방법
지역인재전형	발전가능성·계열(전공)적합성·인성 등을 종합적으로 평가	모집단위별로 2~4인의 면접위원이 평가

④ 수능최저학력기준

국어, 영어, 수학, 과학(1과목) 영역 중 **3개 영역 합 7등급 이내**

*수학 선택과목(미적분 또는 기하)필수 응시 (등급 상향 반영 미적용)

(3) 정시모집: 수능위주(가군일반전형)

① 지원자격

고등학교 졸업(예정)자 또는 이와 동등 이상의 학력이 있다고 인정되는 자로서 **2024학년도 대학수학능력시험에 원서를 접수하여 시험에 응시한 자(한국사 응시 필수)**

② 전형방법: 수능 100%

③ 대학수학능력시험 반영방법

가. 대학수학능력시험 반영 과목

모집계열	반영 과목		수능점수 활용지표
	필수	선택	
자연계	수학, 영어	국어 / 탐구(사탐·과탐·직탐) 중 1개영역	백분위 (영어: 등급)

나. 대학수학능력시험 반영 과목 및 비율

모집계열	반영 과목 및 반영점수(비율)								총점	비고
	국어		수학		영어		탐구영역			
자연계	선택	300 (30%)	필수	400 (40%)	필수	300 (30%)	선택	300 (30%)	1,000점 (100%)	

※ 반영영역별 반영점수 산출시 소수점이하 셋째자리에서 반올림하며, 선택영역 반영은 백분위 점수가 높은 영역을 반영함
※ 탐구영역 반영은 사회/과학/직업탐구 중 1개 영역에서 백분위가 높은 1과목을 반영함
※ 약학과 수학 선택과목 미적분 또는 기하 필수 응시

24) 순천대학교[89]

■ 약학계열 모집인원은 아래와 같습니다

학과	학생부교과전형		학생부종합전형		수능위주전형
	정원내		정원외		정원내
	지역인재	지역균형인재	농어촌학생	기초생활 등	일반학생 (다군)
약학과	15	1	3	2	14

(1) 수시모집: 학생부교과(지역인재전형)

① 지원자격

호남권 소재(전라남·북도, 광주광역시) 고등학교의 전체 교육과정(입학~졸업)을 이수하고 졸업(예정)한 자로서 학교생활기록부 제출이 가능한 자
※ 지원자격은 연속된 연수만을 인정하며, 호남권고교 학생으로 제한
(검정고시, 외국고교 등 고교 졸업 동등 학력자는 지원 불가)

---

89) 2024 순천대 모집요강

② 전형요소 및 반영비율: 학생부교과 100% (일괄합산)

③ 수능최저학력기준

• 수학(선택과목 중 미적분 또는 기하)과 과학탐구 내에서 2개 과목(평균)을 필수 반영하며, 국어 또는 영어 중 선택 반영하여 총 3개 영역 합 7등급 이내 <한국사는 응시만 필수>

(2) 수시모집: 학생부교과(지역균형인재전형)
① 지원자격

호남권 소재(전라남·북도, 광주광역시) 고등학교 졸업(예정)자, 고졸학력검정고시합격자, 고교졸업 동등 학력이 인정되는 자로서 다음 어느 하나의 지원 자격을 갖춘 자 1. 기초생활수급자 2. 차상위계층 3. 한부모가족 지원대상자 ※ 지원자격은 연속된 연수만을 인정하며, 호남권고교 학생으로 제한 (검정고시, 외국고교 등 고교 졸업 동등 학력자는 지원 불가)

② 전형요소 및 반영비율: 학생부교과 100% (일괄합산)

③ 수능최저학력기준

• 수학(선택과목 중 미적분 또는 기하)과 과학탐구 내에서 2개 과목(평균)을 필수 반영하며, 국어 또는 영어 중 선택 반영하여 총 3개 영역 합 8등급 이내 <한국사는 응시만 필수>

(3) 수시모집: 학생부종합(농어촌학생, 기초생활수급자)
① 지원자격

구분	지원자격
농어촌학생	고등학교 졸업(예정)자로서 농어촌전형 학생 지원자격확인서 및 학교생활기록부 제출이 가능하고, 다음 중 어느 하나의 지원자격을 갖춘 자 ① 농어촌및도서·벽지 소재지 학교에서 중학교 입학 시부터 고등학교 졸업 시까지(6년) 교육과정을 이수하고, 본인 및 부모가 농어촌 지역에 거주한 자 ② 농어촌및도서·벽지 소재지 학교에서 초·중·고 전 교육과정을 이수(12년, 초등학교 입학 시부터 고등학교 졸업 시까지)하고 농어촌 지역에 거주한 자 ※ 지원자격은 연속된 연수만을 인정하며, 농어촌고교 학생으로 제한 (검정고시, 외국고교 등 고교 졸업 동등 학력자는 지원 불가)
기초생활수급자	고등학교 졸업(예정)자, 고졸학력검정고시 합격자, 고교졸업 동등학력이 인정되는 자로서 다음 어느 하나의 지원자격을 갖춘 자 ①기초생활수급자 ② 차상위계층 ③ 한부모가족 지원대상자 ※ 학교생활기록부(교과·비교과)평가가 불가능한 고졸학력 검정고시 합격자, 외국고교 출신자 등은 취득성적을 가지고 종합 평가

② 전형요소 및 반영비율

전형명	구분	방법	학교생활기록부 평가	면접	합계
학생부종합	약학과	1단계(5배수)	210	-	210
		2단계	1단계 점수 210	90	300

③ 학생부종합전형 서류평가 반영방법

평가요소	평가내용
학업역량	학업성취도, 학업태도와 학업의지
전공적합성	전공 관련 교과목 이수 및 성취도, 전공에 대한 관심과 이해, 전공 관련 활동과 경험
발전가능성	자기주도성, 경험의 다양성, 리더십, 창의적 문제해결력
공동체 역량	협업능력, 나눔과 배려, 소통능력, 성실성

④ 면접고사

- 2인의 면접위원이 수험생 1인을 평가
- 세부 평가요소 및 평가요소별 배점 기준은 추후 공지
- 수험생의 학생부(교과, 비교과)를 기초자료로 활용하여 수험생 1인당 10~15분 내외로 심층면접을 실시

※ 면접고사 결시자는 전형성적에 관계없이 불합격 처리

(4) 정시모집: 일반학생(다군)

① 지원자격

고교 졸업(예정)자 또는 이와 동등의 학력이 있다고 인정되는 자 중 2024학년도 대학수학능력시험을 응시한 자

② 전형요소 및 반영비율: 수능 100% (일괄합산)

③ 수능 영역별 반영비율

학과	반영방법	국어	수학	영어	탐구	한국사	가산점	비고
약학과	수학(미적분 또는 기하), 과학탐구 내에서 2개 과목(평균) 필수 반영, 국어와 영어 중 1개 선택 반영	100	100 (필수)	100	100 (필수)	응시 (필수)	자연계열 지원자 중 과학탐구 응시자 (5점)	선택 영역은 가산점을 반영한 후 성적이 높은 영역을 자동 반영

♣ 공통 사항 : 탐구영역은 사회·과학탐구 구분 없이 2과목 평균 백분위 점수 반영하며, 1과목 응시자는 50%만 반영함(직업탐구는 미반영)
♣ 수학교육과 및 약학과는 수학 선택과목 중 미적분 또는 기하 과목 응시 필수(확률과 통계

응시자는 지원 불가)

♣ 약학과는 과학탐구 영역 내에서 2개 과목 응시 필수(평균점수 반영)

♣ 전체 지원자 중 수학 선택과목 중 미적분 또는 기하 과목 응시자는 수학영역에 5점 가산점 부여

♣ 자연계열 모집단위 지원자 중 과학탐구 응시자는 과학탐구 해당 과목에 5점 가산점 부여(단, 자유전공학부는 제외)

25) 전북대학교[90]

■ 약학계열 모집인원은 아래와 같습니다

학과	수시모집			정원외	정시모집
	정원내			학생부종합	정원내
	학생부종합	학생부교과			나군
	큰사람	일반학생	고른기회	기회균형선발	일반학생
			지역인재1유형		(수능)
약학과	2	4	15	3	9

(1) 수시모집: 학생부종합(큰사람전형, 기회균형선발)

① 지원자격

가. 큰사람전형

■ 국내 고교 졸업(예정)자로 학생부 성적이 있는 자 또는 고등학교 졸업(예정)자와 동등한 학력소지자

나. 기회균형선발

■ 국내 고등학교 졸업(예정)자 중 국내 고등학교에서 취득한 5개 학기 이상 학생부 성적이 있는 자 또는 고등학교 졸업(예정)자와 동등한 학력소지자로서, 다음 각 호의 어느 하나에 해당하는 자
1) 기초생활수급자 『국민기초생활보장법』제2조제1호(수급권자), 제2호(수급자)
2) 『국민기초생활보장법』제2조제10호의 차상위계층에 속하는 자로서 차상위 복지급여(차상위 자활, 차상위 장애수당, 차상위 장애인연금부가급여, 차상위 건강보험본인부담금 경감) 중 하나 이상을 받고 있는 가구의 학생 또는 차상위계층 확인사업 대상 가구(차상위계층 확인서 발급대상자)의 학생
3) 『한부모가족지원법』제5조 또는 제5조의2에 따른 지원 대상자

---

90) 2024 전북대 모집요강

② 전형방법 및 전형요소별 반영점수

전형	선발단계	선발비율	전형요소별 반영점수(실질반영비율, %)				
			서류평가	1단계 성적	면접	수능성적	합계
큰사람, 기회균형선발	1단계	300%	1000 (100)				1,000 (100)
	2단계	100%		700 (70)	300 (30)	큰사람전형:최저학력기준 적용 기회균형선발: 미적용	1,000 (100)

③ 수능최저학력기준(큰사람전형)

수학(미적분 또는 기하 중 택 1 과목) 포함 상위 3개 영역 등급 합 7이내 (탐구: 과학탐구 2과목 필수응시, 상위 1과목 등급반영)

(2) 수시모집: 학생부교과(일반학생, 지역인재전형)
① 지원자격
가. 일반학생전형

▪국내 고등학교 졸업(예정)자로 국내 고등학교에서 취득한 학생부 성적이 있는 자 또는 고등학교 졸업(예정)자와 동등한 학력소지자 ▪2024학년도 대학수학능력시험에서 모집단위별 수능반영 영역을 모두 응시한 자(수능 한국사 영역 응시 필수)

나. 지역인재전형

▪전라북도에 소재하는 고등학교에서 전 교육과정을 이수하고 졸업(예정)한 자로서 입학일부터 졸업일까지 부 또는 모와 학생 모두가 전북지역에 거주한자 ※ 초·중등교육법」제2조에 따른 고등학교 외 고교 졸업 동등 학력자는 지원자격에서 제외 ▪2024학년도 대학수학능력시험에서 모집단위별 수능반영 영역을 모두 응시한 자(수능 한국사 영역 응시 필수)

② 전형방법 및 전형요소별 반영 점수

전형유형	선발모형	모집인원 대비 선발비율	전형요소별 반영점수(실질반영비율, %)		
			학생부	수능성적	합계
일반학생, 지역인재	일괄합산	100%	1,000(100)	최저학력기준 적용	1,000 (100)

※ 전형유형별, 모집단위별 수능최저학력기준은 별도 붙임자료 참조
※ 수능최저학력기준을 적용하는 전형 지원자는 모집단위별 수능반영 영역을 반드시 응시해야 함

③ 수능최저학력기준

수학(미적분 또는 기하 중 택 1 과목) 포함 상위 3개 영역 등급 합 7이내 (탐구: 과학탐구 2과목 필수응시, 상위 1과목 등급반영)

(3) 정시모집: 수능 일반학생전형
① 지원자격

■고등학교 졸업(예정)자 또는 법령에 의하여 고등학교 졸업 이상의 학력이 있다고 인정되는 자
■2024학년도 대학수학능력시험에서 모집단위별 수능반영 영역을 모두 응시한 자(수능 한국사 영역 응시 필수)

② 전형방법 및 전형요소별 반영 점수: 수능 100% (500점)

③ 수능영역별 반영비율

학과	국어	수학(미적분/ 기하)	영어	탐구(과학)	한국사
약학과	30%(1과목)	40%(1과목)	가산점(필수응시)	30% (2과목)	가산점 (필수응시)

26) 가천대학교[91]

■**약학계열 모집인원은 아래와 같습니다**

모집단위	수시모집				정시모집
	학생부교과		학생부종합		일반전형
	학생부우수자	농어촌	가천의약학	교육기회균형	가군
약학과	3	1	12	3	15

(1) 수시모집: 학생부교과(학생부우수자전형)
① 지원자격

고교졸업(예정)자 또는 법령에 따라 이와 같은 수준 이상의 학력이 있다고 인정되는 사람.

② 전형방법: 학생부 교과 100%

③ 수능최저학력기준

국어, 수학(기하, 미적분), 영어, 과학탐구(2과목) **3개 영역 등급 합 5 이내**(탐구영역 적용 시 2과목 평균, 소수점 절사)

---

91) 2024 가천대 모집요강

(2) 수시모집: 학생부교과(농어촌 전형)
① 지원자격

국내 고등학교(농어촌 소재지) 졸업(예정)자로 아래의 유형1과 유형2 중 하나에 해당되는 사람

<유형1>

1. 지방자치법 제3조에 의한 읍·면지역 및 도서·벽지지역 교육진흥법 시행규칙 제2조에 의한 지역
2. 국내 중학교 입학에서 고등학교 졸업(6년)까지 본인 및 부모 모두 농어촌 지역 거주
3. 중, 고등학교의 소재지가 농어촌 지역이어야 함
4. 검정고시출신자 및 특수목적고(과학고, 외국어고, 국제고, 예술고, 체육고) 출신자 제외

※ 재학기간 내 무단전출 및 기타 사유로 인한"직권(신고)말소"등이 1일이라도 있는 경우 (부모 포함) 지원할 수 없습니다.
※ 재학기간과 거주기간은 연속된 연수만을 인정합니다.
※ 고교졸업 이후 및 고교재학기간 중 읍·면에서 동으로 행정구역이 개편된 경우도 지원 가능합니다.
  (단, 동으로 행정구역이 개편된 후 주소지를 이전한 경우는 농어촌 읍·면지역으로 인정하지 않음)

<유형2>

1. 지방자치법 제3조에 의한 읍·면지역 및 도서·벽지지역 교육진흥법 시행규칙 제2조에 의한 지역
2. 국내 초등학교 입학에서 고등학교 졸업(12년)까지 본인이 농어촌 지역 거주
3. 초, 중, 고등학교의 소재지가 농어촌 지역이어야 함
4. 검정고시출신자 및 특수목적고(과학고, 외국어고, 국제고, 예술고, 체육고) 출신자 제외

※ 재학기간 내 무단전출 및 기타 사유로 인한"직권(신고)말소"등이 1일이라도 있는 경우 지원할 수 없습니다.
※ 재학기간과 거주기간은 연속된 연수만을 인정합니다.
※ 고교졸업 이후 및 고교재학기간 중 읍·면에서 동으로 행정구역이 개편된 경우도 지원 가능합니다.
  (단, 동으로 행정구역이 개편된 후 주소지를 이전한 경우는 농어촌 읍·면지역으로 인정하지 않음)

② 전형방법: 학생부 교과 100%

③ 수능최저학력기준

국어, 수학(기하, 미적분), 영어, 과학탐구(2과목) **3개 영역 등급 합 6 이내**(탐구영역 적용 시 2과목 평균, 소수점 절사)

(3) 수시모집: 학생부 종합(가천의약학)
① 지원자격

고교졸업(예정)자 또는 법령에 따라 이와 같은 수준 이상의 학력이 있다고 인정되는 사람

② 전형방법

1단계	서류100% (4배수)
2단계	1단계평가 50% + 면접 50%

③ 수능최저학력기준

국어, 수학(기하, 미적분), 영어, 과학탐구(2과목) **3개 영역 등급 합 5 이내**(탐구영역 적용시 2과목 평균, 소수점 절사)

(4) 수시모집: 학생부 종합(교육기회균형)
① 지원자격

고교졸업(예정)자 또는 법령에 따라 이와 같은 수준 이상의 학력이 있다고 인정되는 사람으로 아래의 자격 중 하나에 해당되는 사람
1. 국민기초생활보장법 제2조 제2호에 따른 수급자 및 자녀
2. 차상위계층 본인 및 자녀
•차상위 건강보험본인부담 경감 사업 대상자
•차상위 장애인연금 부가급여 사업 대상자
•한부모가정 지원 사업 대상자
•차상위 장애수당 사업 대상자
•차상위 자활급여 사업 대상자
•우선돌봄 차상위 사업 대상자

② 전형방법

1단계	서류 100% (4배수)
2단계	1단계 평가 50% + 면접 50%

③ 수능최저학력기준

국어, 수학(기하, 미적분), 영어, 과학탐구(2과목) 3개 영역 등급 합 6 이내(탐구영역 적용시 2과목 평균, 소수점 절사)

(5) 정시모집: 가군 일반전형
① 지원자격

2024학년도 대학수학능력시험 응시자로서 고교졸업(예정)자 또는 법령에 따라 이와 같은 수준 이상의 학력이 있다고 인정되는 사람

② 전형방법: 수능 100%

③ 수능 반영방법

모집단위	수능 영역별 반영비율						
	국어	수학		영어	탐구		한국사
		기하/미적분	확률과통계		사회	과학	
약학과	25	30	-	20	-	25 (2과목)	필수

27) 덕성여자대학교[92)]

■ 약학계열 모집인원은 아래와 같습니다

전공	수시모집			정시모집
	정원내		정원외	가군
	학생부교과	학생부종합		수능 100%
	학생부 100%	덕성인재 I	기초생활수급자 등	
약학과	25	20	6	35

(1) 수시모집: 학생부교과(학생부100%전형)

① 지원자격

- 2016년 2월 이후 국내 고교 졸업 또는 2023년 2월 국내 고교 졸업예정인 여자로서 국내 고등학교 교육과정 3개 학기 이상 석차등급을 산출할 수 있는 성적 취득자

② 전형요소 및 반영비율

전형유형	전형요소 및 반영비율	
	학생부(교과)	수능최저학력기준
학생부위주(교과)	100%	있음

③ 수능최저학력기준

국어, 영어, 수학, 탐구(과학 상위 1과목) 중 3개 영역 등급 합 6 이내
※ 3개 영역 중 수학 반드시 포함, 수학 선택과목으로 미적분/기하 중 택 1

④ 학생부 반영방법

국어, 영어, 수학, 사회/과학 교과 중 상위 3개 교과의 각 상위 4개 과목 반영
※ 단, 3학년 1학기까지의 5개 학기 성적만 반영하며, 각 상위 4개 과목은 총 12단위 이상 이수

- 점수산출 활용지표 : 석차등급
- 학생부 100%전형 : 상위 4개 과목 총 12단위 미만일 경우, 반영교과 내 다른 과목으로 추가합산

(2) 수시모집: 학생부종합(덕성인재 I 전형, ※서류형)

① 지원자격

고등학교 졸업(예정)자 및 법령에 의하여 고등학교 졸업 동등 이상의 학력이 인정된 여자

② 전형요소 및 반영비율: 서류평가 100%

92) 2024 덕성여대 모집요강

(3) 수시모집: 학생부종합(기초생활수급자 등 전형, 정원 외)

① 지원자격

- 고등학교 졸업(예정)자 및 법령에 의하여 고등학교 졸업 동등 이상의 학력이 인정된 여자로서 아래의 지원 자격 중 하나에 해당하는 자
- 「국민기초생활보장법」 제2조 제1호, 제2호, 제10호에 해당하는 자
  ○ 기초생활수급자 및 그의 자녀
  ○ 차상위 복지급여 수급 가구의 학생
- 「장애인복지법」 제32조에 의해 장애인으로 등록한 자 중 「국민기초생활보장법」에 따른 차상위계층으로서 장애인연금, (경증)장애수당, 장애아동수당을 수급하는 자 등
  ○ 차상위계층 가구의 학생
- 「한부모가족지원법」 제5조 및 제5조의 2에 해당하는 자
  ○ 한부모가족의 학생

② 전형요소 및 반영비율

전형유형	전형요소 및 반영비율	
	서류평가	수능최저학력기준
학생부위주(종합)	100%	있음

(4) 정시모집: 가군 수능 100%전형

① 지원자격

2024학년도 대학수학능력시험에 응시한 고등학교 졸업(예정) 또는 법령으로 이와 동등한 자격이 인정된 여자

② 전형요소별 반영비율: 수능 100%

③ 수능 반영영역 및 반영비율

학과	국어	영어	수학	과탐(2과목 평균)	가산점
약학과	20%	25%	30%	25%	수학은 미적분/기하 중 반드시 택1

28) 우석대학교[93]

■ 약학계열 모집인원은 아래와 같습니다

학과명	수시						정시(나)
	학생부교과			학생부교과			수능위주
	정원 내			정원 외			정원 내
	일반학생 (교과중심)	지역인재	지역인재 (기회균형)	지역인재	농어촌 학생	특수교육 대상자	일반학생
약학과(6년)	8	19	1	4	4	2	12

(1) 수시모집: 학생부교과(일반학생[교과중심전형])
① 지원자격

고등학교 졸업(예정)자 또는 법령에 의하여 위와 동등 이상의 학력이 있다고 인정된 자

② 전형요소별 반영비율

선발방법		
모형	학생부교과성적	출결
일괄선발	400 (100%)	

③ 최저학력기준

모집단위	최저학력기준
약학과	국어, 수학(미적분, 기하 중 택1), 영어, 과(2과목 평균) 중 **수학 포함 3개 영역 등급의 합이 7 이내**

※ 수능 최저학력 기준은 소수점 절사

(2) 수시모집: 학생부교과(지역인재전형)
① 지원자격

- 전북, 전남, 광주 지역 고등학교 졸업(예정자)
(입학부터 졸업까지 전북, 전남, 광주 지역 고등학교에 재학하여야 함)

② 전형요소별 반영비율

선발방법		
모형	학생부교과성적	출결
일괄선발	400 (100%)	

---

93) 2024 우석대 모집요강

③ 최저학력기준

모집단위	최저학력기준
약학과	국어, 수학(미적분, 기하 중 택1), 영어, 과(1과목) 중 **수학 포함 3개 영역** **등급의 합이 7 이내**

※ 수능 최저학력 기준은 소수점 절사

(3) 수시모집: 학생부교과(기회균형) *정원외
① 지원자격

고등학교 졸업(예정)자 또는 법령에 의하여 위와 동등 이상의 학력이 있다고 인정된 자 중
기초생활수급자, 한부모가정대상자 및 차상위계층의 본인 또는 자녀
※ 기초생활수급자 및 한부모가정대상자는 본인이 해당되어야 함.

② 전형요소별 반영비율

모형	선발방법	
	학생부교과성적	출결
일괄선발	400 (100%)	

③ 최저학력기준

모집단위	최저학력기준
약학과	국어, 수학(미적분, 기하 중 택1), 영어, 과(1과목) 중 **수학 포함 3개 영역** **등급의 합이 7 이내**

※ 수능 최저학력 기준은 소수점 절사

(4) 수시모집: 학생부교과(농어촌학생전형)
① 지원자격

고등학교졸업(예정)자로서 다음 [유형1] 또는 [유형2]에 해당되는 자
유형1 : 지방자치법제3조에 의한 읍·면지역소재 중·고등학교 전 교육과정(6년) 이수(예정)
자로서 재학기간 (입학에서졸업까지)동안 본인 및 부모 모두가 읍·면지역 또는 도서·벽지에
거주한 자
유형2 : 지방자치법제3조에 의한 읍·면지역소재 초·중·고등학교 전 교육과정(12년) 이수(예
정)자로서 재학기간(입학에서졸업까지)동안 본인이 읍·면지역 또는 도서·벽지에 거주한 자

② 전형요소별 반영비율

모형	선발방법	
	학생부교과성적	출결
일괄선발	400 (100%)	

③ 최저학력기준

모집단위	최저학력기준
약학과	국어, 수학(미적분, 기하 중 택1), 영어, 과(1과목) 중 **수학 포함 3개 영역** **등급의 합이 7 이내**

※ 수능 최저학력 기준은 소수점 절사

(5) 수시모집: 학생부교과(특수교육대상자전형)_정원외

① 지원자격

고등학교 졸업(예정)자 또는 법령에 의하여 이와 동등 이상의 학력이 있다고 인정된 자로서 장애인복지법 제34조에 의하여 장애인등록을 필한 자 또는 국가유공자등예우지원에관한법률 제4조등에 의하여 상이등급 장애를 입은 것으로 판정된 자

② 전형방법

선발방법		
모형	학생부교과성적	출결
일괄선발	400 (100%)	

③ 대학수학능력시험 반영비율

모집단위	최저학력기준
약학과	국어, 수학(미적분, 기하 중 택1), 영어, 과(1과목) 중 **수학 포함 3개 영역** **등급의 합이 7 이내**

※ 수능 최저학력 기준은 소수점 절사

(6) 정시모집: 수능(가군 일반학생전형)

① 지원자격

고등학교 졸업(예정)자, 검정고시 합격자 또는 법령에 의하여 이와 동등 이상의 학력이 있다고 인정된 자로서 2024학년도 대학수학능력시험에 응시한 자

② 전형방법: 수능 100%

③ 대학수학능력시험 반영비율

모집단위	반영비율				가산점	산출지표
약학과	국어	수학	영어	과학탐구 2과목 평균	- 한국사: 산출표 참조 - 기하 또는 미적분 응시자 (수학영역 취득점수의 10% 가산)	백분위
	20%	30%	20%	30%		

■ 영어 등급별 환산점수 산출표

등급	1	2	3	4	5	6	7	8	9
점수	100	95	90	85	80	75	70	65	60

■ 한국사 가산점수 산출표

등급	1	2	3	4	5	6	7	8	9
점수	5					4	3	2	1

29) 원광대학교[94]

■ 약학계열 모집인원은 아래와 같습니다

학과	수시모집						정시모집
	학생부종합						수능
	정원내			정원외			정원내
	학생부종합	지역인재 I		지역인재 II	기회균형 II	농어촌학생	정시 (나)
		전북	광주전남				
약학과	12	11	7	1	3	2	9

(1) 수시모집: 학생부종합
① 지원자격

국내 고등학교 졸업(예정)자 또는 법령에 의하여 동등 이상의 학력이 있다고 인정된 자

② 최저학력기준

국어, 수학(선택 : 미적분, 기하 중 택1), 영어, 과학탐구(2과목 평균) 중 수학 포함 **3개 영역 등급의 합이 7이내**

③ 전형방법

구분	서류평가		면접		총점	비고
	최고점	최저점	최고점	최저점		
1단계	700점	600점	-		700점 (100%)	1단계: 5배수 서류 100%
2단계	700점(1단계성적) (70%)		300	270	1,000점 (100%)	

94) 2024 원광대 모집요강

(2) 수시모집: 학생부종합(지역인재Ⅰ 전형)

① 지원자격

전북, 광주·전남 소재의 동일 지역 내 고등학교에서 입학 시부터 졸업 시까지 전 교육과정을 이수한 졸업(예정)자

가. 고등학교 : 고등학교 입학일부터 졸업일까지 동일 지역 내 고등학교에서 교육과정을 이수한 졸업(예정)자

나. 전북 ↔ 광주·전남 소재의 고등학교로의 전학은 인정하지 않음

다. 모집단위 : 의예과

라. 지역구분 : 2개 지역으로 구분하여 모집(①전북 ②광주·전남)

② 수능최저학력기준

국어, 수학(선택 : 미적분, 기하 중 택1), 영어, 과학탐구(상위 1과목) 중 수학 포함 **3개 영역 등급의 합이 7이내**

③ 전형방법

구분	서류평가		면접		총점	비고
	최고점	최저점	최고점	최저점		
1단계	700점	600점	-		700점 (100%)	1단계: 5배수 서류 100%
2단계	700점(1단계성적) (70%)		300	270	1,000점 (100%)	

(3) 수시모집: 학생부종합(지역인재Ⅱ 전형)

① 지원자격

호남권(전북, 광주·전남) 소재의 동일 지역 내 고등학교에서 입학 시부터 졸업 시까지 전 교육과정을 이수한 졸업(예정)자로 아래 하나에 해당하는 자

- 초중등교육법 제2조에 따른 고등학교에 한함 (그 외 고교졸업 동등학력자는 지원자격에 해당하지 않음)

- 2023년 9월 1일 기준 다음 항목에 해당하여야 함

가. 국민기초생활보장법 제2조제1호에 따른 수급권자 및 제2호에 따른 수급자

나. 국민기초생활보장법 제2조제10호에 따른 차상위계층 중 복지급여(차상위 자활급여, 차상위 장애수당, 차상위 장애인연금부가급여, 차상위 본인부담경감)를 받고 있는 가구 학생 또는 차상위계층 확인서 발급 대상 가구 학생

다. 한부모가족지원법 제5조 및 제5조의2에 따른 지원대상 가구 학생

※ 지역을 구분하여 모집하지 않음

② 수능최저학력기준

국어, 수학(선택 : 미적분, 기하 중 택1), 영어, 과학탐구(상위 1과목) 중 수학 포함 **3개 영역 등급의 합이 7이내**

③ 전형방법

구분	서류평가		면접		총점	비고
	최고점	최저점	최고점	최저점		
1단계	700점	600점	-		700점 (100%)	1단계: 5배수 서류 100%
2단계	700점(1단계성적) (70%)		300	270	1,000점 (100%)	

(4) 수시모집: 학생부종합(기회균형Ⅱ, 농어촌전형)_정원 외

① 지원자격

가. 기회균형Ⅱ

국내 고등학교 졸업(예정)자 또는 법령에 의하여 동등 이상의 학력이 있다고 인정된 자 중 다음 중 하나의 항목에 해당하는 자 (2023년 9월 1일 기준 다음 항목에 해당하여야 함)

가. 국민기초생활보장법 제2조 제1호에 따른 수급권자 및 제2호에 따른 수급자

나. 국민기초생활보장법 제2조 제10호에 따른 차상위계층 중 복지급여를 받고 있는 가구의 가구원 또는 차상위계층 확인서 발급 대상 가구의 가구원

※ 복지급여: 차상위 자활급여, 차상위 장애수당, 차상위 장애인연금부가급여, 차상위 본인부담경감

다. 한부모가족지원법 제5조 및 제5조의2에 따른 지원대상자

※ 2024학년도 수능응시와 관계없이 지원 가능

나. 농어촌학생

국내 고등학교 졸업(예정)자로서 아래 '유형Ⅰ' 또는 '유형 Ⅱ' 중 하나의 자격에 해당하는 자

가. (유형Ⅰ) 농어촌지역 및 도서·벽지 지역에 소재하는 중·고등학교에서 중학교 입학 시부터 고교 졸업 시까지 전 교육과정을 이수한 졸업(예정)자로서 동 재학기간(6년) 동안 본인 및 그의 부모 모두가 농어촌지역 및 도서·벽지지역에 거주한 자

나. (유형Ⅱ) 농어촌지역 및 도서·벽지 지역에 소재하는 초·중·고등학교에서 초등학교 입학 시부터 고교 졸업 시까지 전 교육과정을 이수한 졸업(예정)자로서 동 재학기간(12년) 동안 본인이 농어촌지역 및 도서·벽지지역에 거주한 자

※ 농어촌지역 :「지방자치법」제3조에 따른 읍·면 지역 및 행정구역상 읍·면에 해당하는 전 지역

※ 도서·벽지지역 :「도서·벽지 교육진흥법」제2조에 따른 도서·벽지 지역

다. 지원 자격 유의사항

1) 특목고(과학고, 외국어고, 국제고, 체육고, 예술고) 및 검정고시 합격자는 제외함

2) 재학 중 2개 이상의 학교를 재학한 경우에도 각각 농어촌지역 및 도서·벽지 지역에 해당하는 거주지 및 학교이어야 함

3) 재학 중 행정구역 개편 등으로 지역이 변경된 경우에는 당해 지역을 농어촌지역 및 도

서·벽지 지역으로 인정함

4) 주민등록이 직권 말소 또는 신고 말소된 경우에는 농어촌지역 및 도서·벽지 지역에 거주한 것으로 인정하지 않음

라. 부모 이혼 또는 부, 모 중 한 명이 사망·실종(법률상)인 경우에는 다음 기준에 따름(농어촌1유형에 한함)

공통	이혼·사망·실종(법률상) 이전까지 부·모·본인이 농어촌 지역 및 도서·벽지 지역에 거주하여야 함
이혼	법률상 이혼일 이후부터는 친권이 있는 부 또는 모와 본인이 농어촌 지역 및 도서·벽지 지역에 거주하여야 함
사망, 실종	부모 중 한 명이 사망(실종)인 경우, 법률상 사망(실종)일 이후부터는 생존하는 부 또는 모와 본인이 농어촌 지역 및 도서·벽지 지역에 거주하여야 함

※ 2024학년도 수능응시와 관계없이 지원 가능

② 수능최저학력기준: 없음

③ 전형방법

구분	서류평가		면접		총점	비고
	최고점	최저점	최고점	최저점		
1단계	700점	600점	-		700점 (100%)	1단계: 5배수 서류 100%
2단계	700점(1단계성적) (70%)		300	270	1,000점 (100%)	

(5) 정시모집: 수능 나군 일반전형
① 지원자격

고등학교 졸업(예정)자, 검정고시 합격자 또는 법령에 의하여 동등 이상의 학력이 있다고 인정된 자로서 2024학년도 대학수학능력시험에 응시한 자

② 수능 지정 응시영역

국어, 수학(미적분, 기하 중 택1), 영어, 한국사, 탐구(과학탐구 2과목) 반영

※ 영어 영역 1등급 100점, 2등급 95점, 3등급 90점, 4등급 80점, 5등급 70점, 6등급 60점, 7등급 55점, 8등급 50점, 9등급 45점
※ 한국사의 경우 가산점으로 1~5등급까지는 5점, 6등급 4점, 7등급 3점, 8등급 2점, 9등급 1점 부여
※ 수능 지정영역 미 응시자의 경우 해당영역은 최저점 처리함(단, 의예과, 치의예과, 한의예과, 약학과의 경우 지정영역 및 지정선택과목 응시오류는 불합격 처리함

30) 조선대학교[95]

■ 약학계열 모집인원은 아래와 같습니다

학과	수시모집				정시모집	
	학생부교과			학생부종합	가군	
	정원내			정원내	수능	
	일반	지역인재	지역균형전형	면접	일반	지역인재
약학과	21	22	2	6	10	14

(1) 수시모집: 학생부교과(일반전형)

① 지원자격

고등학교 졸업(예정)자 또는 법령에 의하여 고등학교 졸업자와 동등 이상의 학력이 있다고 인정된 자

② 전형방법

교과 90% + 출석 10%

③ 학생부 반영방법

가. 반영요소 및 반영점수: 교과점수 + 출석점수 + 진로선택과목 가산점

선발단계	전형요소별 실질반영비율 및 점수				합계 (전형총점)
	학생부		면접	수능최저학력기준	
	교과	출석			
일괄합산	90% (450~405)	10% (50~45)	-	적용	100%(500~450)

※ 학년별 반영비율은 동일하며, 졸업연도에 상관없이 동일하게 반영
※ 전형총점은 2015 개정교육과정 진로선택과목 가산점 적용으로 총점을 초과할 수 있음
※ 진로선택과목 가산점: 10점 만점

나. 반영방법

모집단위 계열	반영교과	반영과목	활용척도
전 모집단위	국어, 수학, 영어, 사회, 과학, 한국사	공통과목, 일반선택과목, 진로선택과목	석차등급 및 성취도

※ 3학년 1학기 성적까지만 반영

④ 수능최저학력기준

국어, 수학(미적분/기하 택1), 영어, 탐구(과학 1과목) 중 3개 영역 등급의 합이 6이내

※ 국어, 수학(미적분/기하 중 택1), 영어, 탐구(과학 1과목) 응시 필수

---

95) 2024 조선대 모집요강

(2) 수시모집: 학생부교과(지역인재전형)
① 지원자격

호남권(광주광역시, 전라남도, 전라북도) 소재 고교에서 전 교육과정(입학부터 졸업까지)을 이수한 졸업(예정)자

② 전형방법

교과 90% + 출석 10%

③ 학생부 반영방법: 학생부교과(일반전형)과 같음

④ 수능최저학력기준

국어, 수학(미적분/기하 택1), 영어, 탐구(과학 1과목) 중 3개 영역 등급의 합이 7이내

※ 국어, 수학(미적분/기하 중 택1), 영어, 탐구(과학 1과목) 응시 필수

(3) 수시모집: 학생부교과(지역기회균형 전형)
① 지원자격

호남권(광주광역시, 전라남도, 전라북도) 소재 고교에서 전 교육과정(입학일부터 졸업일까지)을 이수한 졸업(예정)자 중 아래의 자격요건에 해당하는 자 ○「국민기초생활보장법」 제2조 제1호(수급권자), 제2호(수급자), 제10호(차상위계층)에 의한 대상자 ○「한부모가족지원법」 제5조 또는 제5조의2에 따른 지원대상자

② 전형방법

교과 90% + 출석 10%

③ 학생부 반영방법: 학생부교과(일반전형)과 같음

④ 수능최저학력기준

국어, 수학(미적분/기하 택1), 영어, 탐구(과학 1과목) 중 3개 영역 등급의 합이 8이내

※ 국어, 수학(미적분/기하 중 택1), 영어, 탐구(과학 1과목) 응시 필수

(4) 수시모집: 학생부종합(면접전형)
① 지원자격

학교 교육과정을 충실히 이수한 국내 고등학교 졸업(예정)자 ※ 학교생활기록부에 의하여 국내 고등학교 석차등급, 출결성적(출결상황) 등의 산출이 불가능한자(검정고시 출신자 또는 외국의 고등학교 전과정 이수자 등)는 지원할 수 없음

② 전형방법

구분	선발단계		서류평가	면접평가	수능최저학력기준	합계(전형총점)
약학과	다단계	1단계(5배수)	100%(70~14)		적용	100%(70~14)
		2단계(1배수)	70%(70~14)	30%(30~6)		100%(100~20)

※ %는 기본점수를 제외한 최고점과 최저점간 실질반영비율

※ ( )는 기본점수를 포함한 최고점과 최저점

③ 평가방법

구분	평가방법
1단계(서류평가)	(5배수 선발) 학생부를 바탕으로 교과활동, 진로역량, 비교과활동을 포괄적으로 종합평가
2단계 (면접평가)	- 평가요소: 인성 및 가치관, 전공 및 적성영역에 대한 학업열의 등을 포괄적으로 종합평가 - 전형자료: 학교생활기록부

④ 수능최저학력기준

국어, 수학(미적분/기하 택1), 영어, 탐구(과학 1과목) 중 3개 영역 등급의 합이 7이내

(5) 정시모집: 가군 (일반전형, 지역인재전형)

① 지원자격

　　가. 일반전형

고등학교 졸업(예정)자 또는 법령에 의하여 고등학교 졸업자와 동등 이상의 학력이 있다고 인정된 자로서 2024학년도 수능 해당 영역에 응시한 자 수능 응시영역: 국어, 수학(미적분/기하 택1), 영어, 탐구(과학 1과목), 한국사

　　나. 지역인재전형

호남권(광주광역시, 전라남도, 전라북도) 소재 고교에서 전 교육과정(입학부터 졸업까지)을 이수한 졸업(예정)자로서 2024학년도 수능 국어, 수학(미적분/기하 택1), 영어, 탐구(과학 1과목), 한국사에 모두 응시한 자

② 전형방법: 백분위점수 반영: 수능 100%

③ 수능성적 반영비율

학과	국어	수학	영어	탐구1	총점
약학과	25%(200)	35%(280)	25%(200)	15%(120)	100%(800)

※ 탐구영역: 우수한 1과목 백분위점수 반영(직업탐구는 반영하지 않음)

※ 전형 총점은 한국사 등의 가산점 부여로 총점을 초과할 수 있음

31) 대구가톨릭대학교[96)]

■ 약학계열 모집인원은 아래와 같습니다.

학과	수시(정원내)				수시(정원외)		정시(정원내)
	학생부교과			학생부종합	학생부교과		
	교과	지역교과	지역기회 균형	종합	농어촌	기회균형 선발	정시나군
약학과	9	23	3	5	5	4	

(1) 수시모집: 학생부교과(교과전형)

① 지원자격

고등학교 졸업(예정)자 및 법령에 의하여 동등 이상 학력이 있다고 인정되는 자

② 전형방법

모집단위	전형유형	단계	학생부교과	면접고사	총점	비고
의예과	학생부교과	1단계	100%		500점	7배수 선발
		2단계	1단계 점수80%	20%	500점	

③ 수능최저학력기준

모집단위	최저학력기준	비고
의예과	**수능 3개 영역 등급합 5 이내** 및 한국사 응시 필수 ※3개 영역 중 수학영역 포함 필수 ※수학영역은 선택과목 미적분 또는 기하 선택 필수 ※탐구영역은 과학탐구 응시 필수	탐구영역은 과학탐구 2과목 평균 반영(소수점 절사)

④ 제출서류

- 학교생활기록부 또는 검정고시 성적증명서 온라인제공 동의자: 제출서류 없음
- 학교생활기록부 온라인제공 불가능 및 비동의자: 학교생활기록부 1부
- 검정고시 성적증명서 온라인제공 불가능 및 비동의자: 검정고시 합격증명서 및 성적증명서 각 1부
- 해외고교 출신자: 졸업증명서 및 성적증명서 1부(아포스티유 또는 영사확인 필, 외국어 서류는 한글로 번역)

---

96) 2024 대국가톨릭대 모집요강

(2) 수시모집: 학생부교과(지역교과전형)
① 지원자격

대구·경북지역 출신 고교 졸업(예정)자(입학부터 졸업까지 대구·경북 지역 고교 재학)

② 전형방법

모집단위	전형유형	단계	학생부교과	면접고사	총점	비고
의예과 약학부	학생부교과	1단계	100%	-	500점	7배수 선발
		2단계	1단계 성 80%	20%	500점	

③ 수능최저학력기준

모집단위	최저학력기준	비고
의예과	**수능 3개 영역 등급합 5 이내** ※ 3개 영역 중 **수학영역 포함 필수** ※ 수학영역은 선택과목 **미적분 또는 기하 선택 필수** ※ 탐구영역은 **과학탐구 2과목 응시 필수**	탐구영역은 과학탐구 2과목 평균 반영 (소수점 절사)

④ 제출서류

- 학교생활기록부 온라인제공 동의자: 제출서류 없음 - 학교생활기록부 온라인제공 불가능 및 비동의자: 학교생활기록부 1부

(3) 수시모집: 학생부교과(지역기회균형전형)
① 지원자격

- 대구, 경북지역 출신 고교 졸업(예정)자(입학부터 졸업까지 대구·경북지역 고교 재학)로서 아래의 지원자격 중 하나를 갖춘 자

구분	지원자격
1. 기초생활수급자	- 국민기초생활보장법 제2조제1호(수급권자), 제2호(수급자)에 따른 수급(권)자 가구의 학생
2. 차상위 계층 (한부모가족 지원대상자 포함)	- 국민기초생활보장법 제2조제10호에 따른 차상위 계층 가구의 학생 중 아래의 하나에 해당되는 자 · 차상위 건강보험료 본인부담 경감 · 차상위 자활급여 대상자 · 차상위 장애수당 · 한부모가족 지원사업 대상자 · 차상위 장애인연금 부가급여 대상자 · 차상위 계층 확인서 발급 대상자 ※ 학생이 속한 세대의 구성원 중 한 명이 동 대상자인 경우 차상위 계층으로 인정

② 전형방법

모집단위	전형유형	단계	학생부교과	면접고사	총점	비고
의예과 약학부	학생부교과	1단계	100%	-	500점	7배수 선발
		2단계	1단계 성적 80%	20%	500점	

③ 수능최저학력기준

모집단위	최저학력기준	비고
약학부	**수능 3개 영역 등급합 6** 이내 ※ 3개 영역 중 **수학영역 포함 필수** ※ 수학영역은 선택과목 **미적분 또는 기하 선택 필수** ※ 탐구영역은 **과학탐구 2과목 응시 필수**	탐구영역은 과학탐구 2과목 평균 반영 (소수점 절사)

④ 제출서류

- 학교생활기록부 온라인제공 동의자: 아래표의 해당 지원 자격별 제출서류
- 학교생활기록부 온라인제공 불가능 및 비동의자: 학교생활기록부 1부, 아래표의 해당 지원 자격별 제출서류
- 지원 자격별 제출서류

구분	제출서류	발급기준일	비고
2. 기초생활 수급자	기초생활수급대상자 증명서 1부 (본인기준)	제출일 기준 14일 이내	해당기관 에서 발급
2. 차상위 계층	장애수당 대상자 확인서, 장애인 연금 대상자 확인서, 자활근로자 확인서, 한 부모가족 확인서 중 해당 확인서 1부 / 차상위 본인부담경감대상자 확인서 1부 / 차상위 계층 확인서 1부 (택1)		

(4) 수시모집: 학생부교과(농어촌전형)_정원외
① 지원자격

○ 유형Ⅰ(6년)
- 지방자치법 제3조에 따른 읍,면 지역 및 도서ㆍ벽지 교육진흥법시행규칙 제2조에 따른 도서ㆍ벽지 지역에 소재하는 **중고등학교의 전 교육과정**(입학부터 졸업일까지)을 이수하고 재학기간 중 **본인 및 그의 부모**(사망, 이혼에 해당하는 부모는 제외) 모두가 농어촌 지역에 거주한 자로서 출신 고등학교장의 확인을 받은 자
○ 유형Ⅱ(12년)
- 지방자치법 제3조에 따른 읍,면 지역 및 도서ㆍ벽지 교육진흥법시행규칙 제2조에 따른 도서ㆍ벽지 지역에 소재하는 **초ㆍ중ㆍ고등학교 전 교육과정**(입학부터 졸업일까지)을 이수하고 재학기간 중 **본인**이 농어촌지역에 거주한 자로서 출신 고등학교장의 확인을 받은 자

○공통사항
- 고교 졸업 이후 또는 재학 중 행정구역이 동으로 개편된 경우에는 고교 입학 당시를 기준으로 함
- 특수목적고 중 영재양성을 위한 국제고, 과학고, 외국어고, 예술고, 체육고 졸업(예정)자, 검정고시, 해외고 출신자는 제외

② 전형방법

모집단위	전형유형	학생부교과	총점	비고
의예과	학생부교과	100%	500점	일괄선발

③ 수능최저학력기준

모집단위	최저학력기준	비고
약학과	**수능 3개 영역 등급합 6 이내** 및 한국사 응시 필수 ※3개 영역 중 수학영역 포함 필수 ※수학영역은 선택과목 미적분 또는 기하 선택 필수 ※탐구영역은 과학탐구 응시 필수	탐구영역은 2과목 평균 반영 (소수점 절사)

④ 제출서류

- 학교생활기록부 온라인제공 동의자: 고등학교장 확인서 1부(본교 소정양식), 아래표의 해당 지원 자격별 제출서류
- 학교생활기록부 온라인제공 불가능 및 비동의자: 학교생활기록부 1부, 고등학교장 확인서 1부(본교 소정양식), 아래표의 해당 지원 자격별 제출서류
- 지원 자격별 제출서류

자격구분		제출서류	발급기준일	비고
유형Ⅰ (6년)	공통	본인·부·모 주민등록표초본 각 1부 ※ 주소 이전 이력 전체가 기재되어야 함	제출일 기준 14일 이내	해당기관 에서 발급
		중학교 학교생활기록부 사본 1부		
		가족관계증명서(본인기준) 1부		
	부모 이혼시	부 또는 모 혼인관계증명서 1부		
		본인의 기본증명서 1부		
	부 또는 모 사망(실종)시	부 또는 모의 기본증명서(2008년 이후 사망자) 제적등본(2007년 이전 사망자)		
유형Ⅱ (12년)		초등학교 학교생활기록부 사본 1부		
		중학교 학교생활기록부 사본 1부		
		본인 주민등록표초본 1부 ※ 주소 이전 이력 전체가 기재되어야 함		

- 합격자(최종등록자) 중 2024년 2월 졸업예정자는 아래의 서류를 추가로 제출해야 함

자격구분	제출서류	발급기준일	비고
유형Ⅰ (6년)	고교졸업증명서 1부	고교 졸업일 이후	해당기관 에서 발급
	본인·부·모 주민등록표초본 각 1부		
	가족관계증명서(본인기준) 1부		
유형Ⅱ (12년)	고교졸업증명서 1부		
	본인 주민등록표초본 1부		

(5) 수시모집: 학생부교과(기회균형선발전형)_정원외
① 지원자격

- 고등학교 졸업(예정)자 및 법령에 의하여 동등 이상의 학력이 있다고 인정된 자로서 아래의 지원자격 중 하나를 갖춘 자

자격구분	지원자격
기초생활수급자	국민기초생활보장법 제2조제1호(수급권자), 제2호(수급자)에 따른 수급(권)자 가구의 학생
차상위 계층 (한부모가족 지원대상자 포함)	국민기초생활보장법 제2조제10호에 따른 차상위 계층 가구의 학생 중 아래의 하나에 해당되는 자 - 차상위 건강보험료 본인부담 경감 - 차상위 자활급여 대상자 - 차상위 장애수당 - 한부모가족 지원사업 대상자 - 차상위 장애인연금 부가급여 대상자 - 차상위 계층 확인서 발급대상자 ※ 학생이 속한 세대의 구성원 중 한 명이 동 대상자인 경우 차상위 계층으로 인정

② 전형방법

모집단위	전형유형	학생부종합평가	총점	비고
약학과	학생부교과	100%	500점	일괄선발

③ 수능최저학력기준

수능 3개 영역 등급합 6 이내
※ 수학영역은 선택과목 **미적분 또는 기하 선택 필수**
※ 탐구영역은 **과학탐구 응시 필수**
※ 탐구영역은 2과목 중 상위 1과목 반영

④ 제출서류

- 학교생활기록부 또는 검정고시 성적증명서 온라인제공 동의자: 아래표의 해당 지원 자격
  별 제출서류
- 학교생활기록부 온라인제공 불가능 및 비동의자: 학교생활기록부 1부, 아래표의 해당 지
  원 자격별 제출서류
- 검정고시 성적증명서 온라인제공 불가능 및 비동의자: 검정고시 합격증명서 및 성적증명
  서 각 1부, 아래표의 해당지원 자격별 제출서류
- 해외고교 출신자: 졸업증명서 및 성적증명서 1부(아포스티유 또는 영사확인 필, 외국어
  서류는 한글로 번역), 아래표의 해당 지원 자격별 제출서류
- 지원 자격별 제출서류

구분	제출서류		발급기준일	비고
기초생활수급자	기초생활수급대상자 증명서 1부 (본인기준)			
차상위계층	장애수당 대상자 확인서, 장애인 연금 대상자 확인서, 자활근로자 확인서, 한부모가족 확인서 중 해당 확인서 1부	택1	제출일 기준 14일 이내	해당기관에서 발급
	차상위 본인부담경감대상자 확인서 1부			
	차상위 계층 확인서 1부			

(6) 수시모집: 학생부종합(종합전형)

① 지원자격

고등학교 졸업(예정)자 및 법령에 의하여 동등 이상 학력이 있다고 인정되는 자

② 전형방법

모집단위	전형유형	학생부종합평가	총점	비고
약학과	학생부종합	100%	1,000점	일괄선발

③ 최저학력기준

수능 3개 영역 등급합 6 이내
※ 수학영역은 선택과목 **미적분 또는 기하 선택 필수**
※ 탐구영역은 **과학탐구 응시 필수**
※ 탐구영역은 2과목 중 상위 1과목 반영

④ 제출서류

- 학교생활기록부 온라인제공 동의자: 제출서류 없음
- 학교생활기록부 온라인제공 불가능 및 비동의자: 학교생활기록부 1부
- 검정고시 출신자: 검정고시 합격증명서 및 성적증명서 각 1부, 학생부 미보유자 대체 서식
  1부(본교 소정양식) ※ 단, 검정고시 성적증명서 온라인제공 동의자는 학생부 미보유자 대체 서식 1부만 제출

- 해외고교 출신자: 졸업증명서 및 성적증명서 1부(아포스티유 또는 영사확인 필, 외국어 서류는 한글로 번역), 학생부 미보유자 대체 서식 1부(본교 소정양식)

(7) 정시모집: 수능일반전형

※ 편집일 기준 대구가톨릭대는 2024학년도 정시모집 요강이 제대로 발표되지 않았다. 아래 내용들을 참고하되, 2023년도 기준 모집요강이니 모집군 등 세부 내용은 지원 전 반드시 확인하기 바란다. ※

① 지원자격

ㅇ 고등학교 졸업(예정)자 및 법령에 의하여 동등 이상 학력이 있다고 인정되는 자
ㅇ 2024학년도 수능시험에 응시하여 수능반영교과 영역의 점수가 있는 자

② 전형방법: 수능 100%

③ 수능 영역별 반영비율

학과	국어	수학	영어	탐구	탐구반영 수	반영영역 선택 및 가산점 반영 방법
약학과	20	30	20	30	상위 1과목 반영	• 표준점수 반영 • 수학 선택과목(미적분 또는 기하)선택 필수 • 탐구영역은 과학탐구 선택 필수 • 한국사 등급별 가산점 부여

32) 부산대학교[97]

■ **약학계열 모집인원은 아래와 같습니다**

대학	모집단위	수시					정시	
		학생부교과	학생부종합			논술	수능 나군	
		지역인재	지역인재	저소득층학생	저소득층학생 지역인재	지역	일반	지역
		정원내	정원외		정원내	정원내	정원내	
약학대학	약학부	10	14	5	2	10	12	12

(1) 수시모집: 학생부교과(지역인재전형)

① 지원자격

> 국내 정규 고등학교 졸업(예정)자로서 **입학부터 졸업까지 부산, 울산, 경남 지역에 소재**하는 고등학교의 **전 교육과정을 이수한 자**(2학년 수료예정자 중 상급학교 조기입학 자격을 부여받은 자 포함)
> ※「초·중등교육법」제2조에 따른 고등학교 외 고교 졸업 동등 학력자는 지원 자격에서 제외함

② 전형방법: 학생부 교과 100%

전형요소	학교생활기록부		계
	교과	학업역량 평가	
반영비율	80%	20%	100%

- 학생부 지정교과 성적 고득점자 순으로 선발함
- 미충원 인원은 정시모집 모집단위별 해당 모집군으로 이월하여 선발함

③ 대학수학능력시험 최저학력기준

모집계열	최저학력기준	공통기준
자연계	국어, 영어, 수학(미적분, 기하 중 택1), 과학탐구 영역 중 **수학 포함 3개 영역 등급 합 4 이내**	한국사 4등급 이내

※ 탐구영역은 2과목 평균을 반영함
※ 탐구영역(과탐) 과목은 수험자가 자유 선택하여 응시하고 반드시 2과목을 응시하여야 함
※ 의예과, 약학부, 치의학전문대학원 학·석사 통합과정 미충원 인원은 정시 수능(지역인재전형)으로 이월함

(2) 수시모집: 학생부종합(지역인재전형)

① 지원자격

> 국내 정규 고등학교 졸업(예정)자로서 **입학부터 졸업까지 부산, 울산, 경남 지역에 소재**하는 고등학교의 **전 교육과정을 이수한 자**(2학년 수료예정자 중 상급학교 조기입학 자격을 부여받은 자 포함)
> ※「초·중등교육법」제2조에 따른 고등학교 외 고교 졸업 동등 학력자는 지원자격에서 제외함

---

97) 2024 부산대 모집요강

② 전형방법

가. 전형요소 및 반영비율

선발단계	전형요소별 반영비율		계
	서류평가(학생부)	면접	
1단계 (3~4배수)	100%	-	100%
2단계	80%	20%	100%

나. 선발방법

- 1단계 : 서류(학생부)평가 성적순으로 모집단위 모집인원의 3~4배수를 면접대상자로 선발함. **의과대학 의예과 4배수 내외, 그 외 모집단위 면접대상자는 모집정원의 3배수 내외**
- 2단계 : 면접대상자 중 1단계 성적과 면접 성적을 합산하여 고득점자 순으로 선발함

다. 대학수학능력시험 최저학력기준

모집계열	최저학력기준	공통기준
자연계	국어, 영어, 수학(미적분, 기하 중 택1), 과학탐구 영역 중 수학 포함 **3개 영역 등급 합 4 이내**	한국사 4등급 이내

※ 탐구 2과목 평균을 반영함

(3) 수시모집: 학생부종합(저소득층학생전형)
① 지원자격

국내 정규 고등학교 졸업(예정)자 또는 법령에 의하여 이와 동등 이상의 학력이 있다고 인정된 자로서 아래 자격요건 ①, ② 중 하나에 해당되는 자
① 「국민기초생활보장법」 제2조제1호(수급권자), 제2호(수급자), 제10호(차상위계층)에 의한 대상자
② 「한부모가족지원법」 제5조 또는 제5조의2에 따른 지원대상자

② 전형방법
- 서류평가(학생부) 100%
※ 단, 학교생활기록부가 없는 검정고시 출신자 등은 **학교생활기록부 대체서식**을 제출받아 평가함
※ 특수교육대상자전형은 단과대학별로 모집정원을 배정하며, 모집단위별 최대선발인원은 1명임
- 미충원 인원은 정시모집으로 이월하지 않

③ 수능최저학력기준

모집계열	최저학력기준	공통기준
자연계	국어, 영어, 수학(미적분, 기하 중 택1), 과학탐구 영역 중 **수학 포함 3개 영역 등급 합 4 이내**	한국사 4등급 이내

(4) 수시모집: 학생부종합(지역인재 저소득층학생전형)

① 지원자격

아래 지원 자격 1과 2 모두 해당되는 자

1. 국내 정규 고등학교 졸업(예정)자로서 아래 자격요건 ①, ② 중 하나에 해당되는 자

   ①「국민기초생활보장법」제2조제1호(수급권자), 제2호(수급자), 제10호(차상위계층)에 의한 대상자

   ②「한부모가족지원법」제5조 또는 제5조의2에 따른 지원대상자

2. 국내 정규 고등학교 졸업(예정)자로서 **입학부터 졸업까지 부산, 울산, 경남 지역에 소재**하는 고등학교의 **전 교육과정을 이수한 자**(2학년 수료예정자 중 상급학교 조기입학 자격을 부여받은 자 포함)

   ※「초·중등교육법」제2조에 따른 고등학교 외 고교 졸업 동등 학력자는 지원자격에서 제외함

② 전형방법

가. 전형요소 및 반영비율: 서류평가(학생부) 100%

나. 선발방법: 서류(학생부)를 종합평가하여 고득점자 순으로 선발함

다. 미충원 인원은 정시모집 모집단위별 해당 모집군으로 이월하여 선발함

라. 대학수학능력시험 최저학력기준

모집계열	최저학력기준	공통기준
자연계	국어, 영어, 수학(미적분, 기하 중 택1), 과학탐구 영역 중 **수학 포함 3개 영역 등급 합 4 이내**	한국사 4등급 이내

※ 탐구 2과목 평균을 반영함
※ 미충원 인원은 정시 수능(지역인재전형)으로 이월함

(5) 논술

① 지원자격

국내 정규 고등학교 졸업(예정)자로서 **입학부터 졸업까지 부산, 울산, 경남 지역에 소재**하는 고등학교의 **전 교육과정을 이수한 자**(2학년 수료예정자 중 상급학교 조기입학 자격을 부여받은 자 포함)
※「초·중등교육법」제2조에 따른 고등학교 외 고교 졸업 동등 학력자는 지원자격에서 제외함

② 전형방법

가. 전형요소 및 반영비율

전형요소	학교생활기록부		논술	계
	교과	비교과		
반영비율	30%	-	70%	100%

※ 단, 국내 고교에서 3개 학기 미만의 성적을 취득한 자, 외국 고교 졸업(예정)자, 검정고시 출신자, 석차등급 미기재자, 기타 본교가 인정하는 학생부 성적을 산출할 수 없는 자는 우리 대학교 자체 기준에 따라 학생부 성적을 처리함

나. 선발방법: 학생부 성적과 논술 성적을 합산하여 고득점자 순으로 선발함

다. 미충원 인원은 정시모집 모집단위별 해당 모집군으로 이월하여 선발함

③ 논술고사 시험유형 및 시간

    가. 문항유형: 수리 논술

    나. 시험시간: 100분

④ 대학수학능력시험 최저학력기준

모집계열	최저학력기준	공통기준
자연계	국어, 영어, 수학(미적분, 기하 중 택1), 과학탐구 영역 중 **수학 포함 3개 영역 등급 합 4** 이내 ※ 의예과에 한해 탐구 2과목 평균을 반영함	한국사 4등급 이내

※ 과학탐구 과목은 수험자가 자유 선택하되 반드시 2과목을 응시하여야 하며, 의예과는 2과목 평균을, 약학부는 상위1과목을 반영함
※ 의예과, 약학부 미충원 인원은 정시 지역인재전형으로 이월함

(6) 정시모집 (수능전형)

    ① 지원자격

고등학교 졸업(예정)자 또는 법령에 의하여 이와 동등 이상의 학력이 있다고 인정된 자로서 2024학년도 대학수학능력시험에서 다음의 필수 응시영역에 응시한 자

모집계열	대학수학능력 필수 응시영역	비고
자연계	국어, 수학(미적분, 기하 중 택1), 영어, 과학탐구, 한국사	탐구과목은 2과목을 자유 선택하여 응시하여야 함(2과목 성적을 반영함)

    ② 전형방법

가. 전형요소 및 반영비율
- 수능 100%
나. 선발방법
- 수능 성적 고득점자 순으로 선발함

(7) 정시모집 (수능 지역인재전형)

    ① 지원자격

국내 정규 고등학교 졸업(예정)자로서 **입학부터 졸업까지 부산, 울산, 경남 지역에 소재**하는 고등학교의 **전 교육과정을 이수한 자**(2학년 수료예정자 중 상급학교 조기입학 자격을 부여받은 자 포함)
※「초·중등교육법」제2조에 따른 고등학교 외 고교 졸업 동등 학력자는 지원 자격에서 제외함
※ 과학탐구영역은 2과목 성적을 반영함

모집계열	대학수학능력 필수 응시영역	비고
자연계	국어, 수학(미적분, 기하 중 택1), 영어, 과학탐구, 한국사	탐구과목은 2과목을 자유 선택하여 응시하여야 함(2과목 성적을 반영함)

② 전형방법

가. 전형요소 및 반영비율
- 수능 100%
나. 선발방법
- 수능 성적 고득점자 순으로 선발함

33) 숙명여자대학교[98]

■ 약학계열 모집인원은 아래와 같습니다

학과	수시모집		정시모집	
	학생부종합	학생부교과	나군	
			수능 실기/실적	수능
	숙명인재 (면접형)	지역균형선발	일반학생	사회배려(정원 외)
약학과	22	5	53	6

(1) 수시모집: 학생부종합(숙명인재(면접형)전형)

① 지원자격

고교 졸업(예정)자 또는 법령에 의해 고등학교 졸업과 동등 이상의 학력이 있다고 인정되는 자

② 전형요소 및 반영비율

1단계(3배수): 서류 100
2단계: 1단계 성적 60% + 면접 40%

③ 수능최저학력기준: 없음

---

98) 2024 숙명여대 모집요강

(2) 수시모집: 학생부교과(지역균형선발)
① 지원자격

국내 소재 정규 고교 졸업(예정)자로서 국내고교에서 5학기 이상 재학하고, 5학기 이상 학생부 성적이 기재된 자로서 출신 고등학교장의 추천을 받은 자

※ 고교별 추천 인원 제한 없음

※ 학교생활기록부에 교과성적이 산출 가능하도록 반영교과과목에 이수단위 및 석차등급이 있어야 함

* 아래 교육과정 졸업(예정)자 제외, 아래 교육과정 이수학기는 5학기 이상 재학 학기 산정 시 제외

1. 특성화고등학교(일반고의 특성화(전문계)과정, 대안교육특성화고 포함)
2. 방송통신고등학교
3. 대안학교(각종학교)
4. 고등학교학력인정 평생교육시설
5. 마이스터고등학교
6. 예술(체육)고등학교

② 전형요소 및 반영비율: 학생부 교과 100%

③ 수능최저학력기준

4개 영역 중 3개영역 등급 합 5이내 (수학 반드시 포함, 탐구 선택 시 1과목 반영)

*수학: 미적분 또는 기하 중 택1

*탐구: 과학탐구 선택 (등급이 높은 1과목만 반영함)

(3) 정시모집: 나군 수능 (일반학생전형)
① 지원자격

고교 졸업(예정)자 또는 법령에 의해 고등학교 졸업과 동등 이상의 학력이 있다고 인정되는 자

② 전형요소 및 반영비율: 수능 100%(일괄합산)

③ 수능 영역별 반영비율

학과	국어	수학	영어	탐구	한국사	비고
	선택과목 미지정	기하 또는 미적분		과탐(2과목)		
약학과	25	35	20	20	가산점	

(4) 정시모집: 나군 수능(사회배려전형)
① 지원자격

▶ 국가보훈대상자

고교 졸업(예정)자 또는 법령에 의해 고등학교 졸업과 동등 이상의 학력이 있다고 인정되는 자로서 다음 어느 하나에 해당하는 자 국가보훈관계 법령에 따른 교육지원 대상자(독립유공자손자녀, 국가유공자자녀, 6·18자유상이자자녀, 지원대상자자녀, 고엽제후유의증환자의자녀, 5·18민주유공자자녀, 특수임무유공자자녀, 보훈보상대상자자녀)

▶기초생활수급자 외

고교 졸업(예정)자 또는 법령에 의해 고등학교 졸업과 동등 이상의 학력이 있다고 인정되는 자로서 원서접수 마감일 현재 다음 어느 하나에 해당하는 자 국민기초생활보장법 제2조제1호(수급권자), 제2호(수급자), 제10호(차상위계층) 및 한부모가족지원법 제5조 또는 제5조의 2에 따른 지원대상자)

▶농어촌학생

국내 소재 정규 고교 졸업(예정)자로서로서 지원자격 유형 1) 또는 2) 중 하나에 해당하는 자

1) 읍·면지역 또는 도서·벽지지역에 소재한 학교에서 중학교 입학 일부터 고등학교 졸업 일까지 중·고 전 교육과정을 이수하고, 해당기간 중학교부터 고교 전 과정 동안 부모와 학생이 모두 읍면지역 또는 도서벽지지역에 거주한 자

2) 학생 본인이 읍·면지역 또는 도서·벽지지역에 소재한 학교에서 초등학교 입학 일부터 고등학교 졸업 일까지 초·중·고 전 교육과정을 이수하고 읍면·지역 또는 도서·벽지지역에 거주한 자 ※ 재학기간과 거주기간은 연속된 연수만 인정함(학업 중단 후 재입학할 경우에도 거주기간은 중간 단절 없이 연속되어야 함) ※ 특목고(과학고, 외국어고, 국제고, 예술고, 체육고), 학력인정 평생교육시설, 비인가 대안학교 졸업(예정)자 지원 불가

② 전형요소 및 반영비율: 수능 100%(일괄합산)

③ 수능 영역별 반영비율

학과	국어	수학	영어	탐구	한국사	비고
	선택과목 미지정	기하 또는 미적분		과탐(2과목)		
약학과	25	35	20	20	가산점	

34) 영남대학교[99)]

■ 약학계열 모집인원은 아래와 같습니다

학과	수시모집					정시모집	
	정원내	정원외				정원내	
	학생부교과					나군	
	일반학생	지역인재	기회균형Ⅱ (의약)	농어촌	약학고 른기회	수능 위주	지역 인재
약학과	17	18	2	5	5	18	15

(1) 수시모집: 학생부교과(일반학생전형, 지역인재전형)
① 지원자격
가. 일반학생전형

고등학교 졸업(예정)자 또는 법령에 의하여 이와 동등 이상의 학력이 있다고 인정되는 자

나. 지역인재전형

고등학교 졸업(예정)자로서 입학일부터 졸업일까지 고등학교 전 교육과정을 대구·경북지역 소재 고등학교에서 이수한 자

② 전형방법

전형단계	선발인원	전형요소별 배점(반영비율)	
		학생부성적	총점
일괄합산	100%	800점(100%)	800점(100%)

③ 대학수학능력시험 최저학력기준

국어, 수학(미적분, 기하 중 택1), 영어, 과학탐구(2과목) **3개 영역 등급합 5 이내**, 한국사 (4등급 이내)

④ 학교생활기록부성적 반영방법
가. 반영교과 및 학년별 반영비율

모집단위 (계열)	학교생활기록부성적 반영교과		학년별 반영비율		
	1학년	2.3학년	1학년	2학년	3학년
자연계열	국어, 수학, 영어, 한국사, 사회(역사/도덕 포함), 과학	국어, 수학, 영어, 한국사, 과학	100%		

a. 학교생활기록부에 표기된 교과(군)를 기준으로 반영하며, 교과(군) 구분이 없거나 어려울 경우 과목명을 기준으로 반영
b. 수시모집 시 졸업예정자는 3학년 1학기까지의 성적을 반영
c. 반영교과 중 일부 교과(군)에 해당하는 과목이 없을 경우에는 이수한 교과목만 반영

99) 2024 영남대 모집요강

나. 반영요소 및 반영방법

반영요소	반영비율(%)		반영방법
교과성적	90	85	• 과목별 석차등급과 이수단위를 활용하여 전 학년 석차등급을 산출 　※ a. 석차등급이 1~9등급으로 기재된 교과목만 반영 　　　b. 2007년 2월 이전 졸업자는 석차등급 대신 석차백분율을 활용 　• 전 학년 석차등급 = $\dfrac{\sum (\text{과목별 석차등급} \times \text{과목별 이수단위})}{\sum (\text{과목별 이수단위})}$
		5	• 진로선택으로 이수한 교과목의 성취도를 활용하여 환산등급을 산출 　※ a. 진로선택으로 이수한 상위 3과목을 반영 　　　b. 진로선택으로 이수한 교과목이 3과목 미만일 경우, 전 학년 　　　　석차등급을 진로선택 과목별 성취도 환산등급으로 적용 　　　　(전 학년 석차등급이 5등급을 초과할 경우 5등급으로 반영) 　• 진로선택 환산등급 = $\dfrac{\sum (\text{진로선택 과목별 성취도 환산등급})}{3}$ 　※ 진로선택 과목별 성취도 환산등급: A=1, B=3, C=5
출결성적	10		• 고교 3년간 결석(미인정 결석)일수를 출결성적 등급표(1~6등급)로 적용 　※ 출결사항이 없을 경우 별도의 환산기준표 적용

※**학교생활기록부성적이 없는 경우: 모집요강 참조**

(2) 수시모집: 학생부교과(기회균형전형Ⅱ (의약))

① 지원자격

아래의 2가지 지원자격을 모두 충족하는 자
가. 고등학교 졸업(예정)자로서 입학일부터 졸업일까지 고등학교 전 교육과정을 대구, 경북 지역 소재 고등학교에서 이수한 자
나. 아래의 지원자격 중 어느 하나에 해당하는 자

구분	지원자격
기초생활수급자, 차상위계층, 한부모족 지원대상자	• 「국민기초생활 보장법」 제2조제1호에 따른 수급권자, 제2호에 따른 수급자 • 「국민기초생활 보장법」 제2조제10호에 따른 차상위계층 • 「한부모가족지원법」 제5조 또는 제5조의2에 따른 지원대상자

② 전형방법
가. 전형단계별 선발비율 및 전형요소별 배점

전형단계	선발인원	전형요소별 배점(반영비율)	
		학생부성적	총점
일괄합산	100%	800점(100%)	800점(100%)

나. 학교생활기록부성적 반영방법: 상기 학생부교과(일반학생, 지역인재전형) 참고

③ 대학수학능력시험 최저학력기준

국어, 수학(미적분, 기하 중 택1), 영어, 과학탐구(2과목) **3개 영역 등급합 7 이내**, 한국사 (4등급 이내)

(3) 수시모집: 학생부교과(농어촌, 약학고른기회전형)

① 지원자격

가. 농어촌전형

고등학교 졸업(예정)자로서 아래의 지원자격 중 어느 하나에 해당하는 자

구분	지원자격
6년 과정 이수자	• 농어촌지역에 소재하는 중·고등학교에서 전 교육과정(6년)을 이수한 자로서 재학기간 중 본인 및 부모 모두 농어촌지역에 거주한 자 ※ 부모의 사망, 이혼, 실종 시 부모의 거주 조건은 「2024학년도 신입생 모집요강 참조」
12년 과정 이수자	• 농어촌지역에 소재하는 초·중·고등학교에서 전 교육과정(12년)을 이수한 자로서 재학기간 중 본인이 농어촌지역에 거주한 자

※ a. 농어촌지역은 「지방자치법」 제3조에 따른 읍·면 지역 및 「도서벽지 교육진흥법 시행규칙」 제2조에 따른 도서, 벽지 지역이 해당
b. 재학기간 중 또는 졸업 후 행정구역 개편으로 인하여 학교 소재지 또는 거주지가 농어촌지역에서 동 지역으로 변경된 경우 농어촌지역으로 인정
c. 농어촌지역 특수목적고등학교(과학고, 외국어고, 국제고, 예술고, 체육고, 마이스터고)에 재학한 자와 고등학교 졸업학력 검정고시 합격자는 제외

나. 약학고른기회전형

고등학교 졸업(예정)자 또는 법령에 의하여 이와 동등 이상의 학력이 있다고 인정되는 자로서 아래의 지원자격 중 어느 하나에 해당하는 자
가. 「국민기초생활 보장법」 제2조제2호에 의한 국민기초생활 수급자
나. 「국민기초생활 보장법」 제2조제10호에 의한 차상위계층
다. 「한부모가족지원법」 제5조 또는 제5조의2에 의한 한부모가족 지원대상자

② 전형방법

전형단계	선발비율	전형요소별 배점(반영비율)	
		학생부성적	총점
일괄합산	100%	800점(100%)	800점(100%)

③ 수능최저학력기준

국어, 수학(미적분, 기하 중 택1), 영어, 과학탐구(2과목) 중 상위 **3개 영역 등급 합이 7이내**, 한국사 (4등급 이내)

*과학탐구는 반드시 2개 과목에 응시하여야 하며, 상위 1개 과목의 등급을 반영

(4) 정시모집: 수능'나'군 (일반학생전형, 지역인재전형)

① 지원자격

가. 일반학생전형

고등학교 졸업(예정)자 또는 법령에 의하여 이와 동등 이상의 자격이 있다고 인정되는 자

나. 지역인재전형

고등학교 졸업(예정)자로서 입학일부터 졸업일까지 고등학교 전 교육과정을 대구·경북지역 소재 고등학교에서 이수한 자

② 전형방법

가. 전형단계별 선발인원 및 전형요소별 배점

모집시기	모집단위	전형단계	사정비율	전형요소별 성적반영 점수 및 비율	
				대학수학능력시험 성적	총점
나군	의과대학	일괄합산	100%	800점(100%)	800점(100%)

나. 대학수학능력시험 성적 반영 방법 및 영역별 반영비율

모집단위	한국사	국어	수학	영어	탐구(2과목)
의예과	응시	응시	미적분, 기하 중 택1	응시	과학
약학부		25%	35%	10%	30%

- 수학 미적분, 기하 응시자는 취득 백분위의 5% 가산
- 과학탐구 2과목 응시자는 취득 백분위의 5% 가산

■ 수능'영어'영역 절대평가에 따른 정시 성적 반영 방법

등급	1	2	3	4	5	6	7	8	9
반영점수	100	95	90	85	80	75	70	65	60

■ 수능'한국사'과목 등급별 가산점 부여

등급	1	2	3	4	5	6	7	8	9
가산점	10	9.8	9.6	9.4	9.2	9.0	8.8	8.6	8.4

35) 중앙대학교[100]

■ 약학계열 모집인원(120명)은 아래와 같습니다

학과	재외국민	수시모집				논술	정시모집	
		학생부교과	학생부종합		학생부종합 (고른기회)		수능	수능 (고른기회)
	중고교과 정이수자	지역균형	CAU 다빈치형 인재	CAU 탐구형인재	기초생활수 급자차상위	논술	일반 (가)	기초생활수 급자차상위
약학과	1	8	15	22	6	25	50	3

(1) 재외국민 특별전형: 고교과정이수자 전형

① 지원자격

- 국내외 정규 고등학교 졸업(예정)자 또는 이와 동등 이상의 학력이 있다고 인정된 해외 근무자의 자녀로서, [해외 재학 근무·체류 기간]에 제시한 자격요건을 충족하는 자(검정 고시 제외)
※ 복수국적자는 국내 국적법에 따라 대한민국 국적으로 지원해야 합니다.
※ 개인사유의 유학, 교육, 연수 등의 목적으로 외국에 거주하는 자는 지원 자격에 해당하지 않습니다.

[해외 근무(재직)·재학·체류 기간 자격요건]

구분	자격기간		
	자격요건	해외근무 또는 해외재학	해외체류
해외근무자	해외근무 및 해외 체류	3년 (지원자의 해외재학기간과 겹치는 기간에 한하여 인정)	1개 학년마다 2/3이상
해외근무자의 배우자	해외체류	-	
지원자(해외 근무자의 자녀)	해외재학 및 해외 체류	3년 [재학형태 : 고교과정 1개 학년을 포함, 통산 3년 이상 중·고교 과정을 해외근무자의 근무국 소재학교에서 연속(비연속) 이수]	1개 학년마다 3/4이상

[해외 근무(재직) 기간]
- 해외에서 근무/사업/영업을 목적으로 재직한 기간을 의미합니다(개인사유의 유학, 교육, 연수 등의 목적으로 해외에 거주하는 자는 지원 자격에 해당하지 않음).
- 지원 자격에서 인정하는 근무기간은 '해외근무자의 해외 근무기간'과 '지원자의 해외 재학기간 (고교 1개 학년을 반드시 포함)'이 겹치는 기간을 의미하며, 해당기간은 3년 이상을 충족하여야 합니다.
- 해외 파견 재직자의 경우 파견기간이 지난 근무기간은 해외근무기간으로 인정하지 않습니다.

[해외 재학 기간]
- 지원 자격에서 인정하는 해외 재학기간은 '해외근무자의 해외 근무 국가와 동일한 국가'

에서 '해외근무자의 해외 근무기간과 겹치는 중·고교과정의 기간'으로 산정하며, 해당 기간은 3년 이상(고교 1개 학년을 반드시 포함)을 충족하여야 합니다.
- 재학기간 중 해외 학교 및 교육과정 인정 기준은 '라. 해외학교 및 교육과정 인정 기준'에 따릅니다.
- 해외 고교과정에 재학하다가 국내 중학교 과정으로 편입학 또는 국내 고등학교 과정으로 신입학 하는 경우, 선이수한 해외 고교과정은 지원자격 산정기간으로 인정하지 않습니다.
- 재학기간 산정 시 1개 학년의 기준

유형	내용
학기 개시일부터 재학	학기개시일 ~ 다음 학년도 동일학기 개시일 전일(약 365일)까지를 1개 학년으로 함. 단, 해당 1개 학년 기간 내 모든 학기를 이수한 자는 학기 개시일부터 다음 학년도 동일 학기 개시일 직전 학기 종료일까지를 11개 학년으로 함.
학기 개시 이후 중간편입	편입학일로부터 1년(약 365일)이 되는 일까지를 1개 학년으로 함

[해외 체류 기간]

- 근무(또는 재학)하고 있는 해당국에서 체류한 기간을 의미하며 출입국사실증명서상의 출입국 사실 기록을 근거로 산출합니다.
- 해외근무자와 그 배우자는 1개 학년마다 2/3 이상 해당국에서 체류하여야 합니다.
- 지원자는 1개 학년마다 3/4이상 해당국에서 체류하여야 하며 방학, 휴일 등을 제외한 학기 중에는 해당국에 체류하여야 합니다.
- 체류기간 산정 시 1개 학년의 기준

유형	내용
학기 개시일부터 재학	학기개시일 ~ 다음 학년도 동일학기 개시일 전일(약 365일)까지를 1개 학년으로 함.
학기 개시 이후 중간 편입	편입학일로부터 1년(약 365일)이 되는 일까지를 1개 학년으로 함

② 전형방법

학과		중고교과정해외이수자
약학과	1단계(5배수)	서류평가 100%
	2단계	1단계 성적 60%, 심층면접(지성) 40%

※ 서류평가: 제출서류를 근거로 학교교육과정을 이수하며 쌓아온 학업소양과 다양한 활동경험을 종합적으로 평가
※ 심층면접(지성): 전공적합성과 기초학력을 종합적으로 평가

(2) 수시모집: 학생부교과(지역균형전형)

① 지원자격

- 초중등교육법시행령 제76조의3에 따른 국내고등학교 2022년 이후 졸업자(졸업예정자 및 상급학교 진학대상자 포함)로서 3학기 이상의 성적을 취득하고, 소속 고등학교장의 추천을 받은 자 (고교별 추천인원은 20명으로 제한)
※ 지원자는 고교과정 중 본교에서 제시하는 최소 이수과목 요건을 충족해야 합니다. (최소 이수과목 요건(이수과목 개수 등)은 수시모집요강에 공지)
※ 아래에 해당하는 자는 지원할 수 없습니다.
 - 학생부 교과목별 석차등급을 산출할 수 없는 자
 - 예술고, 체육고, 마이스터고, 방송통신고, 특성화고 출신자(일반고의 특성화(전문계) 과정 이수자, 대안교육 특성화고등학교, 일반고등학교의 대안교육위탁학생 출신자 포함) 및 학력인정 평생교육시설, 고등기술학교, 각종학교 출신자

② 수능최저학력기준

- 국어, 수학(미적분, 기하 중 택1), 영어, 과탐(상위 1과목) 4개 영역 등급 합 5이내
- 한국사 4등급 이내

※ 영어 등급 반영시 1등급과 2등급을 통합하여 1등급으로 간주하고 수능최저학력기준 충족여부를 산정함.
※ 제2외국어와 한문은 반영하지 않음.

③ 전형방법: 학교생활기록부 100%

선발단계	교과(%)	비교과 출결(%)
일괄합산	90	10 무단/미인정결석 일수 기준으로 환산점수 반영

계열	반영교과	반영교과의 반영방법(비율)		과목별/ 학년별 가중치
		공통/일반선택과목 (90%)	진로선택과목 (10%)	
자연	국어, 수학, 영어, 사회, 과학교과의 전과목	석차등급의 환산점수를 활용, 이수단위 반영	성취도의 환산점수 활용	없음

(3) 수시모집: 학생부종합(CAU 융합형인재전형)
① 지원자격

고등학교 졸업(예정)자, 2학년 수료예정자 중 상급학교 진학대상자 또는 관계 법령에 의하여 고등학교 졸업자와 동등 이상의 학력이 있다고 인정된 자

② 수능최저학력기준: 없음

③ 전형방법
가. 전형요소별 반영비율

선발단계	서류(%)	면접(%)	비고
1단계	100	-	모집단위별 3.5배수 선발
2단계	70	30	

　　　　나. 서류평가
- **학생부** 등 제출서류를 근거로 지원자의 학업 및 교내 다양한 활동을 통한 성장 가능성을 종합적으로 평가

　　　　다. 면접평가
- 학업준비도, 인성 및 의사소통능력, 서류의 신뢰도 등을 종합적으로 평가하는 개인별 심층면접

(4) 수시모집: 학생부종합(CAU 탐구형인재전형)
① 지원자격

- 고등학교 졸업(예정)자, 2학년 수료예정자 중 상급학교 진학대상자 또는 관계 법령에 의하여 고등학교 졸업자와 동등 이상의 학력이 있다고 인정된 자

② 수능최저학력기준: 없음

③ 전형방법

1) 전형요소별 반영비율: 서류평가 100% 2) 서류평가: 학교생활기록부, 자기소개서 등을 근거로 지원자의 탐구능력, 전공분야의 학업잠재력, 학교생활 충실성 등을 종합적으로 평가

■ **수능최저학력기준 : 해당없음**

(5) 수시모집: 학생부종합(기초생활수급자 및 차상위계층)

① 지원자격

- 고등학교 졸업(예정)자, 2학년 수료예정자 중 상급학교 진학대상자 또는 관계 법령에 의하여 고등학교 졸업자와 동등 이상의 학력이 있다고 인정된 자로서 아래의 자격을 충족하는 자

※ 서류발급 인정 기간(모집요강에 명시) 내에 관련 자격을 확인할 수 있는 서류 발급이 가능한 자에 한함

- 국민기초생활 보장법 제2조 제1호 및 제2호에 따른 수급(권)자
- 국민기초생활 보장법 제2조 제10호에 의한 차상위계층 복지급여를 받고 있는 학생 또는 차상위계층 확인서 발급 대상(구, 우선돌봄차상위) 학생
- 한부모가족지원법 제5조, 제5조의2에 따른 지원 대상자

② 수능최저학력기준: 없음

③ 전형방법

　가. 전형요소별 반영 비율: 서류평가 100%

　나. 서류평가

- **학교생활기록부** 등을 근거로 지원자의 학업 및 교내 다양한 활동 등을 통한 성장 가능성을 종합적으로 평가

(6) 수시모집: 논술전형

*고등학교 교육과정 내에서 출제
*인문계열은 통합형, 자연계열은 단일 교과형으로 출제
*논술 가이드북을 통해 논술문제, 예시답안, 채점기준 등 모든 정보를 공개

① 지원자격

- 고등학교 졸업(예정)자, 2학년 수료예정자 중 상급학교 진학대상자 또는 관계 법령에 의하여 고등학교 졸업자와 동등 이상의 학력이 있다고 인정된 자

② 수능최저학력기준

- 국어, 수학(미적분, 기하 중 택1) 영어, 과탐(2과목 평균) 4개 영역 등급 합 5이내
- 한국사 4등급 이내

※ 탐구영역은 2과목 평균을 반영함
※자연계열의 경우 과학탐구 과목별 Ⅰ+Ⅱ 중복선택 불가(예: 화학Ⅰ+화학Ⅱ 불가)
※제 2외국어와 한문은 반영하지 않습니다.

③ 전형방법

    가. 전형요소

선발단계	논술(%)	학교생활기록부(%)	
		교과	비교과(출결)
일괄합산	70	20	10

    나. 논술

      ① 출제방향: 고등학교 교육과정의 내용과 수준에 맞추어 출제하며 대학에서의 수학에 필요한 사고력과 쓰기 능력 측정에 중점을 둠

      ② 출제유형 및 시험시간

계열	논술유형	모집단위	출제유형	시험시간
자연	자연	약학부	수리논술	120분

(7) 정시모집: 수능(일반전형)

    ① 지원자격

- 고등학교 졸업(예정)자, 2학년 수료예정자 중 상급학교 진학대상자, 검정고시 합격자 및 법령에 의하여 이와 동등 이상의 학력을 소지하고, 지원한 모집단위에서 지정한 2023학년도 대학수학능력시험 영역에 모두 응시한 자

    ② 전형방법

      가. 전형요소별 반영비율: 수능 100%

      나. 대학수학능력시험 성적 반영 방법

        ① 2024학년도 대학수학능력시험 각 영역의 점수는 본교가 정한 기준에 따라 반영합니다.

        ② 대학수학능력시험 영역별 선택 과목 반영 기준

- 영어 및 한국사 영역은 필수 응시대상이며, 모집단위의 계열에 따라 아래 과목에 대하여 선택하여 응시해야함

계열	국어		수학		탐구
	공통	선택	공통	선택	
자연	독서, 문학	화법과 작문, 언어와 매체 중 택1	수학 I , II	미적분, 기하 중 택1	과학 8과목 중 택2

        ③ 대학수학능력시험 영역별 반영 비율(%)

- '②'에서 지정한 선택과목을 응시하여야 하며, 아래와 같이 영역별 반영 비율을 적용함

계열	모집단위	국어(%)	수학(%)	탐구(%)	영어, 한국사
자연	약학부	25	40	35	가산점 부여

④ 영어/한국사 영역 가산표

영역	계열	1등급	2등급	3등급	4등급	5등급	6등급	7등급	8등급	9등급
영어	전체	100	98	95	92	86	75	64	58	50
한국사	자연	10	10	10	10	9.6	9.2	8.8	8.4	8

(8) 정시모집: 수능 고른기회(기초생활수급자 및 차상위계층전형)
① 지원자격

고등학교 졸업(예정)자, 2학년 수료예정자 중 상급학교 진학대상자 또는 관계 법령에 의하여 고등학교 졸업자와 동등 이상의 학력을 소지하고, 지원한 모집단위에서 지정한 2023학년도 대학수학능력시험 영역에 모두 응시한 자 중 아래 지원자격 중 1개 이상을 충족하는 자

※ 서류 발급 인정 기간(모집요강에 명시) 내에 관련 자격을 확인할 수 있는 서류 발급이 가능한 자에 한함

- 국민기초생활 보장법 제2조 제1호 및 제2호에 따른 수급(권)자
- 국민기초생활 보장법 제2조 제10호에 의한 차상위계층 복지급여를 받고 있는 학생 또는 차상위계층 확인서 발급 대상(구, 우선돌봄차상위)학생
- 한부모가족지원법 제5조, 제5조의2에 따른 지원 대상자

② 전형방법: '수능(일반전형)'과 같음

36) 전남대학교[101]

■ 약학계열 모집인원은 아래와 같습니다

학과	정원내						정원외
	수시모집				정시모집		수시모집
	학생부교과			학생부종합	나군		학생부교과
	일반전형	지역인재전형	지역기회균형	고교생활우수자 전형유형 I	수능 일반전형	수능 지역인재전형	기초생활/차상위/한부모가족 전형)
약학과	9	25	2	4	11	9	5

101) 2024 전남대 모집요강

(1) 수시모집: 학생부교과(일반전형)
① 지원자격

국내 고등학교 졸업자(2024년 2월 졸업예정자 포함) 또는 법령에 의하여 고등학교 졸업 이상의 학력을 인정받은 자

※수능최저학력기준이 적용되는 모집단위는 2024학년도 대학수학능력시험에 응시해야 함

② 전형요소별 반영비율: 학생부 교과 100%

③ 수능최저학력기준

국, 수(미적분, 기하 중 택1), 영, 탐(과탐, 2과목 필수), 3개영역 합 6등급 이내

④ 전형요소별 반영점수

전형명	전형요소		반영점수			반영비율	
			기본점수	실질점수	배점	명목비율	실질비율
학생부교과	학생부	석차등급산출 과목(공통/일반 선택 등)	750	250	1,005	100%	100%
		진로선택	0	5			
	합계		750	255	1,005	100%	100%

(2) 수시모집: 학생부교과(지역인재전형)
① 지원자격

호남 지역(광주, 전남, 전북) 소재 고등학교 전 과정을 이수(입학부터 졸업까지)한 고등학교 졸업자(2024년 2월 졸업예정자 포함)

※ 초중등교육법 제2조에 따른 고등학교 외 고교 졸업 동등 학력자는 지원자격에서 제외

※ 수능최저학력기준이 적용되는 모집단위 2024학년도 대학수학능력시험에 응시해야 함

② 전형요소별 반영비율: 학생부 교과 100%

③ 수능최저학력기준

국, 수(미적분, 기하 중 택1), 영, 탐(과탐, 2과목 필수), 3개영역 합 7등급 이내

④ 전형요소별 반영점수: '학생부교과 일반전형'과 같음

(3) 수시모집: 학생부교과(지역인재전형)
① 지원자격

- 호남 지역(광주·전남·전북) 소재 고등학교 전 과정을 이수(입학 일부터 졸업 일까지)한 고등학교 졸업자(2024년 2월 졸업예정자 포함)로 아래 지원자격 중 하나에 해당하는 자
※「초·중등교육법」 제2조에 따른 고등학교 외 고교 졸업 동등 학력자는 지원자격에서 제외
※ 수능최저학력기준이 적용되는 모집단위는 2024학년도 대학수학능력시험에 응시해야 함

구분	지원자격
기초생활수급자, 차상위계층, 한부모가족 지원대상자	•「국민기초생활 보장법」 제2조제1호(수급권자), 제2호(수급자), 제10호(차상위계층)에 의한 대상자 •「한부모가족지원법」 제5조 또는 제5조의2에 의한 대상자

② 전형요소별 반영비율: 학생부 교과 100%

③ 수능최저학력기준

국, 수(미적분, 기하 중 택1), 영, 탐(과탐, 2과목 필수), 3개영역 합 8등급 이내

④ 전형요소별 반영점수: '학생부교과 일반전형'과 같음

(4) 수시모집: 학생부교과(기초생활/차상위/한부모가족전형)
① 지원자
   가. 기초생활 수급자/차상위계층/한부모 가족전형)

국내 고등학교 졸업자(2024년 2월 졸업예정자 포함) 또는 법령에 의하여 고등학교 졸업 이상의 학력을 인정받은 자로 아래 지원자격 중 하나에 해당하는 자
※ 수능최저학력기준이 있으므로 2024학년도 대학수학능력시험에 응시해야 함

구분	지원자격
기초생활수급자, 차상위계층, 한부모가족 지원대상자	- 국민기초생활보장법 제2조제1호(수급권자), 제2호(수급자), 제10호(차상위계층)에 의한 대상자 - 한부모가족지원법 제5조 또는 제5조의2에 의한 대상자

② 전형요소별 반영비율: '학생부교과 일반전형'과 같음

③ 수능최저학력기준
   가. 기초생활수급자/차상위/한부모전형

국, 수(미적분, 기하 중 택1), 영, 탐(과탐, 2과목 필수), 3개영역 합 8등급 이내

④ 전형요소별 반영점수: '학생부교과 일반전형'과 같음

(5) 수시모집: 학생부종합(고교생활우수자전형유형Ⅰ)

① 지원자격

- 국내 고등학교 생활기록부가 있는 고등학교 졸업자(2024년 2월 졸업예정자 포함)
※ 수능최저학력기준이 적용되는 모집단위는 2024학년도 대학수학능력시험에 응시해야 함
※ 국내 고등학교 석차등급성적산출이 불가능한 자는 지원할 수 없음

② 전형요소별 반영비율

전형명	선발단계	선발배수	전형요소별 반영점수 및 비율			수능최저 학력기준
			서류평가	면접	합계	
학생부종합	1단계	6배수	700(100%)	-	700(100%)	미적용
	2단계	1배수	700(70%)	300(30%)	1,000(100%)	

③ 수능최저학력기준

국, 수(미적분, 기하 중 택1), 영, 탐(과탐, 2과목 필수), 3개영역 합 8등급 이내

(6) 정시모집: 나군 수능(일반전형, 지역인재전형)

① 지원자격

가. 일반전형

우리 대학 모집단위에서 정한 2024학년도 대학수학능력시험(한국사 포함)반영 영역에 응시한 자로서, 고등학교 졸업자(2024년 2월 졸업 예정자 포함) 또는 법령에 의하여 고등학교 졸업 이상의 학력을 인정받은 자

나. 지역인재전형

우리 대학 모집단위에서 정한 2024학년도 대학수학능력시험(한국사 포함) 반영 영역에 응시한 자로서, 호남 지역(광주, 전남, 전북) 소재 고등학교 전 과정을 이수(입학부터 졸업까지)한 고등학교 졸업자(2024년 2월 졸업 예정자 포함)
※ 초중등교육법 제2조에 따른 고등학교 외 고교 졸업 동등 학력자는 지원자격에서 제외

② 전형요소별 반영비율: 수능 100%

③ 수능 반영 영역

국어, 수학(기하, 미적분 중 택1), 영어, 한국사, 과학탐구(2과목)

④ 수능 영역별 반영비율

학과	국어	수학	탐구1	탐구2	소계	영어	계
약학과	240점 (30%)	320점 (40%)	120점 (15%)	120점 (15%)	800점 (100%)	200점	1,000점

37) 이화여자대학교[102]

■ 약학계열 모집인원은 아래와 같습니다.

모집단위		계열	수시모집			정시모집
			미래인재	고른기회	논술	수능 나군
약학부	약학전공	자연	16	1	5	70
	미래산업 약학전공	자연	-	-	-	20
		인문	10	-	-	

(1) 수시모집: 학생부종합(미래인재전형)
① 지원자격

- 고등학교 졸업자(2024년 2월 졸업예정자 포함) 또는 법령에 의하여 고등학교 졸업자와 동등한 학력이 있다고 인정된 자
- 교과영역 및 학교 활동영역에서 자신의 역량을 적극적으로 계발한 자

② 전형요소 및 방법: 서류 100%

전형	서류내용	평가방법
미래인재전형	학교생활기록부	제출서류를 토대로 지원자의 학업역량 및 학교 활동의 우수성, 발전가능성 등을 종합적으로 평가

③ 수능최저학력기준

국어, 수학(미적분, 기하), 영어, 탐구(과학) 4개 영역 중 4개 영역 등급 합 5이내

※ 탐구영역은 반드시 2과목을 응시하여야 하며, 응시한 과목 중 상위 1과목의 등급으로 반영함

(2) 수시모집: 고른기회전형
① 지원자격

- 고등학교 졸업자(2024년 2월 졸업예정자 포함) 또는 법령에 의하여 고등학교 졸업자와 동등한 학력이 있다고 인정된 자로서 **아래의 자격 중 한 가지에 해당하는 자**
1. 국가보훈대상자로서 국가보훈관계법령에 따라 교육지원을 받는 대상자
2. 국민기초생활 보장법 제2조 제1호(수급권자), 제2호(수급자)에 의한 대상자
3. 국민기초생활 보장법 제2조 제10호(차상위계층)에 의한 대상자
4. 한부모가족지원법 제5조, 제5조의2에 따른 지원 대상자
5. 농·어촌 지역(「지방자치법」 제3조에 의한 읍·면 지역 또는 「도서·벽지 교육진흥법 시행규칙」 제2조에 따른 도서·벽지 지역)에 소재하는 고등학교 졸업자(2024년 2월 졸업예정

---

102) 2024 이화여대 모집요강

자 포함)로서 다음 중 하나에 해당하는 자

가. 농·어촌 지역 소재지 학교에서 중학교 입학 시부터 고등학교 졸업 시까지 전 교육과정(6년)을 이수한 자 중 해당 전 재학기간 동안 본인 및 부모 모두 농·어촌 지역에 거주한 자

나. 농·어촌 지역 소재지 학교에서 초등학교 입학 시부터 고등학교 졸업 시까지 초·중·고 전 교육과정(12년)을 이수하고 해당 전 재학기간 동안 본인이 농·어촌 지역에 거주한 자

※ 농※어촌 지역 소재 특수목적고에 재학한 사실이 있는 경우 지원 불가

6. 「북한이탈주민법」 제2조제1호에 해당하는 북한이탈주민이나 제3국 출생 북한이탈주민 자녀

② 전형요소 및 방법: 서류 100%

전형	서류내용	평가방법
고른기회전형	학교생활기록부	제출서류를 토대로 지원자의 학업역량 및 학교 활동의 우수성, 발전가능성 등을 종합적으로 평가

③ 수능 최저학력기준

국어, 수학(미적분, 기하), 영어, 탐구(과학) 4개 영역 중 **2개 영역 등급 합 6이내(수학 포함)**

※ 탐구영역은 반드시 2과목을 응시하여야 하며, 응시한 과목 중 상위 1과목의 등급으로 반영함

(3) 수시모집: 논술
① 지원자격

고등학교 졸업자(2024년 2월 졸업예정자 포함) 또는 법령에 의하여 고등학교 졸업자와 동등한 학력이 있다고 인정된 자

② 수능 최저학력기준

국어, 수학(미적분, 기하), 영어, 탐구(과학) 4개 영역 중 **4개 영역 등급 합 5이내(수학 포함)**

※ 탐구영역은 반드시 2과목을 응시하여야 하며, 응시한 과목 중 상위 1과목의 등급으로 반영함

(4) 정시모집
① 지원자격

2024학년도 대학수학능력시험에서 모집단위별 수능 응시지정영역을 충족한 자

② 수능 응시지정영역

국어: 공통(독서, 문학) + 선택(화법과 작문, 언어와 매체 중 택1)
수학: 공통(수학Ⅰ, 수학Ⅱ) + 선택(미적분, 기하 중 택1)
탐구: 과학 8과목 중 택2
영어

- 자연계열 탐구영역은 동일 과목 Ⅰ+Ⅱ 선택 불가

③ 전형방법 : 수능 100%

④ 수능 반영 방법

계열	반영영역				
	국어	수학	탐구(과학)	영어	한국사
약학계열	25%	30%	25%	20%	등급별 점수 부여

■ 한국사 등급별 점수

계열	1등급	2등급	3등급	4등급	5등급	6등급	7등급	8등급	9등급
인문계열	10	10	10	9.8	9.6	9.4	9.2	9.0	8.5
자연계열	10	10	10	10	9.8	9.6	9.4	9.2	8.5

7. 2024년도 정시 준비전략

VII. 2024년도 정시 준비전략

앞서 27개 주요대학의 2024년도 정시 선발기준을 살펴보았다. 따라서 이번 목차에서는 2023년도 정시 정보와 준비 전략을 제시하고자 한다.

1. 2024년도 정시 정보

1) 정시 전형일정

구분		기간
정시모집 원서접수		2024. 01. 03.(수) ~ 06.(토) 중 3일 이상
전형기간	가군	2024. 01. 09.(화) ~ 16.(화)(8일)
	나군	2024. 01. 17.(수) ~ 24.(수)(8일)
	다군	2024. 01. 25.(목) ~ 02. 01.(목)(8일)
정시모집 합격자 발표		2024. 02. 06.(화)까지
정시모집 합격자 등록		2024. 02. 07.(수) ~ 13.(화)(7일)

2) 수능시행기본계획[103]

(1) 주요 추진 일정

주요업무	추진일정
원서 교부, 접수	23. 08. 24 ~ 09. 08
대학수학능력시험 실시	23. 11. 16.
문제 및 정답 이의 신청	22. 11. 16. ~ 20.
정답 확정	21. 11. 28.
채점	22. 11. 17. ~ 12. 8.
성적 통지	22. 12. 8.

---

103) 2024학년도 대학수학능력시험 시행기본계획/한국교육과정평가원

(2) 시험시간 및 영역별 문항 수

교시	시험 영역	시험 시간 (소요 시간)	문항 수	비고
	수험생 입실 완료 - 08 : 10까지			
1	국어	08 : 40 ~ 10 : 00 (80분)	45	
	휴식 - 10 : 00 ~ 10 : 20 (20분)			
2	수학	10 : 30 ~ 12 : 10 (100분)	30	•단답형 30% 포함
	중식 - 12 : 10 ~ 13 : 00 (50분)			
3	영어	13 : 10 ~ 14 : 20 (70분)	45	•듣기평가 문항 17개 포함 -13:10부터 25분 이내
	휴식 - 14 : 20 ~ 14 : 40 (20분)			
4	한국사, 사회/과학/직업탐구	14 : 50 ~ 16 : 37 (107분)		
	한국사	14 : 50 ~ 15 : 20 (30분)	20	•필수 영역
	한국사영역 문답지 회수 탐구영역 문 답지 배부	15 : 20 ~ 15 : 35 (15분)		•문제지 회수 및 배부 시간 15분 (탐구영역 미선택자 대기실 이동)
	사회/과학/직업탐구 시험: 2과목 선택	15 : 35 ~ 16 : 05 (30분)	20	•선택과목 응시 순서는 응시원서에 명기된 탐구영역별 과목의 순서에 따라야 함.
	시험 본 과목 문제지 회수	16 : 05 ~ 16 : 07 (2분)		•문제지 회수시간은 과목당 2분
	사회/과학/직업탐구 시험: 1~2과목 선택	16 : 07 ~ 16 : 37 (30분)	20	
	휴식 - 16 : 37 ~ 16 : 55 (18분)			
5	제2외국어/한문	17 : 05 ~ 17 : 45 (40분)	30	•듣기평가는 실시하지 않음.

※ 시험 당일 모든 수험생은 08:10까지 지정된 시험실 또는 대기 장소에 입실해야 하며, 2교시~5교시는 시험 시작 10분 전까지 입실해야 함.

(3) 출제범위, 문항유형 및 배점

구분 / 영역	문항 수	문항 유형	배점 문항	배점 전체	시험 시간	출제 범위(선택과목)
국어	45	5지선다형	2, 3	100점	80분	・공통과목 : 독서, 문학 ・선택과목(택1) : 화법과 작문, 언어와 매체 ・공통 75%, 선택 25% 내외
수학	30	5지선다형, 단답형	2, 3, 4	100점	100분	・공통과목 : 수학Ⅰ, 수학Ⅱ ・선택과목(택1): 확률과 통계, 미적분, 기하 ・공통 75%, 선택 25% 내외 ・단답형 30% 포함
영어	45	5지선다형 (듣기 17문항)	2, 3	100점	70분	영어Ⅰ, 영어Ⅱ를 바탕으로 다양한 소재의 지문과 자료를 활용하여 출제
한국사 (필수)	20	5지선다형	2, 3	50점	30분	한국사를 바탕으로 우리 역사에 대한 기본 소양을 평가하기 위한 핵심 내용 중심으로 출제
탐구 / 사회・과학탐구	과목당 20	5지선다형	2, 3	과목당 50점	과목당 30분	생활과 윤리, 윤리와 사상, 한국지리, 세계지리, 동아시아사, 세계사, 경제, 정치와 법, 사회・문화, 물리학Ⅰ, 화학Ⅰ, 생명과학Ⅰ, 지구과학Ⅰ, 물리학Ⅱ, 화학Ⅱ, 생명과학Ⅱ, 지구과학Ⅱ **17개 과목 중 최대 택 2**
탐구 / 직업탐구	과목당 20	5지선다형	2, 3	과목당 50점	과목당 30분	**1과목 선택**: 농업 기초 기술, 공업 일반, 상업 경제, 수산・해운 산업 기초, 인간 발달 중 택 1 **2과목 선택**: 성공적인 직업생활 + 위 5개 과목 중 택 1
제2외국어/한문	과목당 30	5지선다형	1, 2	과목당 50점	과목당 40분	독일어Ⅰ, 프랑스어Ⅰ, 스페인어Ⅰ, 중국어Ⅰ, 일본어Ⅰ, 러시아어Ⅰ, 아랍어Ⅰ, 베트남어Ⅰ, 한문Ⅰ **9개 과목 중 택 1**

3) 각 군별 모집대학명

(단위: 개교)

분할모집 군	대학수	대학명
가	18	고려대, 광신대, 김천대, 대전가톨릭대, 목포가톨릭대, 목포해양대, 부산장신대, 수원가톨릭대, 연세대, 영남신학대, 제주국제대, 창신대, 청운대, 총신대, 한국교원대, 한국체육대, 한세대, 호남신학대
나	22	감리교신학대, 경인교대, 공주교대, 공주대, 광주교대, 꽃동네대, 대구교대, 부산교대, 서강대, 서울교대, 서울대, 아세아연합신학대, 용인대, 장로회신학대, 전주교대, 중앙승가대, 진주교대, 청주교대, 춘천교대, 한려대, 한일장신대, 호남대
다	16	가야대, 금강대, 대신대, 대전신학대, 루터대, 서울장신대, 신경대, 영산대, 영산선학대, 예수대, 칼빈대, 한경대, 한국국제대, 한국성서대, 한국침례신학대, 한동대
가/나	34	경남과학기술대, 경북대, 경상대, 경주대, 경희대, 광주여대, 금오공과대, 남부대, 대구한의대, 덕성여대, 동서대, 동아대, 목원대, 백석대, 부산가톨릭대, 부산대, 서울과학기술대, 서울시립대, 성균관대, 세종대, 세한대, 송원대, 숙명여대, 연세대(미래), 이화여대, 전북대, 중원대, 충남대, 충북대, 한남대, 한밭대, 한양대, 호서대, 호원대
가/다	17	광주대, 군산대, 나사렛대, 동국대(경주), 동신대, 목포대, 삼육대, 서울신학대, 서울한영대, 순천대, 유원대, 인제대, 인천대, 창원대, 한국기술교대, 한국해양대, 한신대
나/다	19	가톨릭관동대, 건국대(글로컬), 경운대, 극동대, 동덕여대, 서울기독대, 선문대, 성공회대, 세명대, 수원대, 아주대, 안양대, 우석대, 위덕대, 인천가톨릭대, 제주대, 차의과학대, 케이씨대, 한라대
가/나/다	70	가천대, 가톨릭대, 강남대, 강릉원주대, 강원대, 건국대, 건양대, 경기대, 경남대, 경동대, 경성대, 경일대, 계명대, 고려대(세종), 고신대, 광운대, 국민대, 남서울대, 단국대, 대구가톨릭대, 대구대, 대구예술대, 대전대, 대진대, 동국대, 동명대, 동양대, 동의대, 명지대, 배재대, 부경대, 부산외국어대, 상명대, 상지대, 서경대, 서울여대, 서원대, 성결대, 성신여대, 순천향대, 숭실대, 신라대, 신한대, 안동대, 영남대, 예원예술대, 우송대, 울산대, 원광대, 을지대, 인하대, 전남대, 전주대, 조선대, 중부대, 중앙대, 청주대, 초당대, 추계예술대, 평택대, 한국교통대, 한국산업기술대, 한국외국어대, 한국항공대, 한림대, 한서대, 한성대, 한양대(ERICA), 협성대, 홍익대

4) 2024년도 수능의 주요특징

<u>※ 2024학년도 대학수학능력시험에서 다음 사항은 현행과 동일하게 유지된다.</u>

(1) 영어 절대평가 시행

영어 영역은 **절대평가**로 시행된다.

(2) 한국사 필수 응시

한국사 영역은 **절대평가**로 시행되며, **시험은 필수**다. 이 시험에 응시하지 않으면 수능 응시 자체가 무효 처리되고 성적 전체가 제공되지 않는다.

(3) 국어/수학/탐구/제2외국어/한문 과목의 자유로운 선택

수험생은 자신의 진로, 희망, 적성, 능력과 지원 희망 대학의 요구 등을 고려하여 **한국사, 영어를 제외한 시험영역 및 교과목**에서 전부 또는 일부를 선택하여 응시할 수 있다.

2024학년도 대학수능의 선택 영역
국어, 수학, 사회/과학/직업*탐구, 제2외국어/한문 영역

---

*직업탐구 영역은 산업수요 맞춤형 및 특성화 고등학교 전문 교과Ⅱ 교육과정 (2020년 3월 1일 이전 졸업자는 직업계열 전문 교과 교육과정)을 86단위 (2016년 3월 1일 이전 졸업자는 80단위) 이상 이수한 자만 응시할 수 있음.

-사회·과학탐구 영역은 **17개 과목**에서 **최대 2개 과목**을 선택할 수 있음.
-직업탐구 영역은 **5개 과목**에서 **최대 2개 과목**을 선택할 수 있음.
-제2외국어/한문 영역은 **9개 과목 중 1개 과목**을 선택할 수 있음.

---

(4) 영역(과목)별 총 문항 수와 배점, 시험기간 및 시험 순서는 현행과 동일하게 유지한다.

(5) 문항 수 및 문항 유형

문항 유형은 객관식 5지선다형으로 하되, 수학 영역은 단답형(답안지에 표기)을 30% 포함함.

○ 각 영역별 문항 배점은 문항의 난이도, 문제 해결에 소요되는 시간, 중요도, 사고 수준 등을 고려하여 다음과 같이 차등 배점함.

- 국어, 영어, 한국사, 탐구(사회·과학·직업) 영역 : 2, 3점

- 수학 영역 : 2, 3, 4점

- 제2외국어/한문 영역 : 1, 2점

5) 영역별 출제 방향[104]

(1) 국어영역

○ 2015 개정 국어과 교육과정에 제시된 성취기준의 내용과 수준을 고려하여 학교 교육의 정상화에 기여할 수 있도록 출제함.

○ 국어과 핵심역량을 고려하여 어휘·개념, 사실적 이해, 추론적 이해, 비판적 이해, 적용·창의 등 국어 활동과 관련된 사고력을 측정하는 데 역점을 둠.

○ 국어 영역은 교육과정에 제시된 국어 교과의 독서, 문학, 화법과 작문, 언어와 매체 과목을 바탕으로 다양한 소재의 지문과 자료를 활용하여 출제함.

(2) 수학영역

○ 단순 암기에 의해 해결할 수 있는 문항이나 지나치게 복잡한 계산 위주의 문항 출제를 지양하고 계산, 이해, 추론, 문제해결 능력을 평가할 수 있는 문항을 출제함.

○ 2015 개정 수학과 교육과정에 따라 이수한 수학 과목의 개념과 원리 등은 출제 범위에 속하는 내용과 통합하여 출제할 수 있음.

○ 수학 영역은 교육과정에 제시된 수학 교과의 수학Ⅰ, 수학Ⅱ, 확률과 통계, 미적분, 기하 과목을 바탕으로 출제함.

(3) 영어

○ 2015 개정 영어과 교육과정 성취기준의 달성 정도와 대학에서 수학하는 데 필요한 영어 사용 능력을 측정함.

○ 고등학교 교육과정에 제시된 영어 교과의 영어Ⅰ, 영어Ⅱ 과목을 바탕으로 다양한 소재의 지문과 자료를 활용하여 출제함.

---

104) 2024학년도 대학수학능력시험시행기본계획(대교협)

○ 교육과정의 기본 어휘와 함께 시험 과목 수준의 어휘 중에서 사용 빈도가 높은 것을 사용하여 출제함.

(4) 한국사

○ 한국사에 대한 기본 소양을 갖추었는지를 평가하기 위해 핵심 내용을 중심으로 평이한 수준으로 출제함.

○ 2015 개정 고등학교 한국사 교육과정의 내용에 근거하여 단원·시대별로 편중되지 않고 고르게 교육과정의 핵심 내용 위주로 출제함.

(5) 사회탐구

○ 사회탐구 영역의 개념·원리의 이해 능력과 탐구 능력 등을 측정하도록 출제함.

○ 2015 개정 도덕과·사회과 교육과정에 제시된 내용의 이해 능력은 물론 해당 과목 학습을 통해 형성된 탐구 능력 및 문제 해결 능력도 측정할 수 있도록 출제함.

○ 평가의 내용이나 소재 선택은 교육과정의 범위와 수준에 근거하되, 일상생활에서 접할 수 있는 내용 및 시사성이 있는 교과서 이외의 소재나 내용도 출제에 포함시킴.

(6) 과학탐구

○ 2015 개정 과학과 교육과정에 제시된 성취기준의 내용과 수준을 고려하여 학교 교육의 정상화에 기여할 수 있도록 출제함.

○ 과학과 핵심역량의 기본 요소라고 할 수 있는 과학 개념에 대한 이해와 적용 능력, 문제 인식 및 가설 설정 능력, 탐구 설계 및 수행 능력, 자료 분석 및 해석 능력, 결론 도출 및 평가 능력 등을 고르게 측정할 수 있도록 출제함.

○ 단순한 암기와 기억력에 의존하는 평가를 지양하고, 문제 상황에 포함된 정보와 자료를 바탕으로 문제를 해결하는 과정에서 추리하고 분석하며 탐구하는 능력을 측정할 수 있도록 출제함.

(7) 직업탐구

○ 2015 개정 교육과정 전문 교과Ⅱ에 명시된 출제 범위 과목별 교육 목표 및 내용의 범위와 수준에 근거하여 출제함.

○ 산업수요 맞춤형(마이스터) 및 특성화 고등학교의 학생이 동일·유사계열 대학에서 전공 내용을 수학하는 데 필요한 문제해결능력을 측정할 수 있도록 출제함.

○ 출제 범위 과목에서 다루고 있는 개념 및 원리에 대한 이해력과 문제를 해결해 나가는 일련의 과정에서 요구되는 사고력을 측정할 수 있는 형태로 출제함.

○ 교과 중심 문제해결능력 측정을 위해 교과서뿐만 아니라 교육과정의 범위와 수준에 근거하여

도출된 평가 목표를 달성하는 데 적합한 학문·이론, 실험·실습, 일상생활, 직장생활 관련 내용이 포함된 지문 및 자료들을 문제 상황의 소재로 재구성하여 출제함.

(8) 제2외국어/한문

○ 제2외국어 과목은 일상생활에서 해당 외국어로 의사소통할 수 있는 언어 사용 능력과 해당 외국(어권) 문화에 대한 이해 능력을 평가할 수 있도록 출제함.

○ 제2외국어 과목은 2015 개정 제2외국어과 교육과정의 '의사소통 기본 표현'과 '기본 어휘표'를 중심으로 출제함.

○ 한문 과목은 한문에 대한 문법적 이해 및 언어적, 문학적, 사상적 이해 전반을 다루는 '한문의 이해' 영역(한자와 어휘, 한문의 독해), 한문 기록에 담긴 선인들의 삶과 지혜 및 문화적 이해 전반을 다루는 '한문의 활용' 영역(한자 어휘와 언어생활, 한문과 인성, 한문과 문화)의 이해와 활용 능력을 평가할 수 있도록 출제함.

8. 결론

VIII. 결론

2024년도 대입 **정시**의 모집인원은 **72,264명**으로, 전체 대입 정원의 **약 21.0%**로 선발될 계획이다. 서울 주요대학 합격자의 경우, 매년 많은 부분을 재수생이 차지하고 있다는 것이 특징이며, 대다수의 대학이 분할 모집을 실시하고 있다.

따라서 정시에서는 우선적으로 자신의 지망대학이 어느 군에 속해 있는지 면밀히 검토해야 한다. 각 대학의 모집 군 변경은 해당 대학에만 영향을 미치는 것이 아니고, 다른 대학에도 영향을 미치기 때문이다. 또한 원서 접수의 경쟁률과도 연결되므로 합격선에 영향을 미친다.

2024년도 정시의 전형은 크게 **정원 내 '일반전형'**과 **정원 외 '특별전형'** 두 가지로 분류할 수 있다.

먼저 **일반전형**은 계열별로 선발기준이 다른데, **인문·자연계열은 대부분 수능100%를 적용**하며 **예체능계열은 실기고사 비율이 40%에서 최대 80%까지도 적용**된다. 또한 학교에 따라 학생부 성적을 최대 20%까지 반영하기도 하며, 의과·사범대학의 경우 적성·인성고사를 실시한다.

일반전형에서 인문·자연계열은 수능점수가 절대적인 기준이기 때문에 수능 과목별 전략적인 접근이 필요하다.

예체능계열은 수능점수와 더불어 '실기고사'의 반영률이 높기 때문에 미술·음악·체육계열은 수능과 실기고사 두 가지 모두에 집중해야 한다. 하지만 실기를 전혀 반영하지 않는 대학과 모집단위도 있어서 수험생은 지원하고자 하는 대학의 정보를 꼼꼼히 탐색하여 자신에게 가장 유리한 전략을 세우는 것이 좋다.

특별전형에서 가장 중요한 기준은 '자격요건'이다. **자격 요건 별로 특수교육대상자 전형, 북한이탈자 주민 전형, 농어촌학생전형, 기초생활수급·차상위계층·한부모가족·장애인등대상자 전형, 특성화고졸업·특성화고졸재직자 전형** 등이 있다. 따라서 특별전형은 원하는 대학에 지원할 때 자신의 자격요건에 맞는 전형이 무엇인지를 자세하게 살펴보아야 한다.

한편, 2024대학수학능력시험은 국어, 수학, 탐구의 과목 선택, ebs연계율 50%유지, 영어 영역 간접연계 출제 등 2023학년도부터 변경된 체제를 동일하게 적용한다.

9. 참고문헌

IX. 참고문헌

1) [2024 대입] '의예과' 수시정시 전형 변화/EDUJIN

2) [2024학년도 대입 전략] 총 6967명 선발 …의대 3091명·약대 1948명, 경쟁관계인 SKY 자연계·과기원 등 6430명 모집 (생글생글 785호)

3) [2024학년도 의치대 입학전형] 학생부교과·학생부종합 증가, 논술·정시 감소,.. (지역내일/ 이선이 리포터/ 2023.04.20.)

4) [2024학년도 약학대학 입학전형] 37개 대학 1,745명 모집, 수시 57.71%, 정시 42.29% 수시 수능 기준 상당히 높은 편 (지역내일/ 이선이 리포터/ 2023. 06.01)

5) 2024 서울대 모집요강

6) 2024 고려대 모집요강

7) 2024 연세대 모집요강

8) 2024 경희대 모집요강

9) 2024 한양대 모집요강

10) 2024 중앙대 모집요강

11) 2024 이화여대 모집요강

12) 2024 가톨릭대 모집요강

13) 2024 가천대 모집요강

14) 2024 인하대 모집요강

15) 2024 성균관대 모집요강

16) 2024 아주대 모집요강

17) 2024 한림대 모집요강

18) 2024 가톨릭관동대 모집요강

19) 2024 경상국립대 모집요강

20) 2024 부산대 모집요강

21) 2024 울산대 모집요강

22) 2024 동아대 모집요강

23) 2024 고신대 모집요강

24) 2024 인제대 모집요강

25) 2024 경북대 모집요강

26) 2024 영남대 모집요강

27) 2024 대구가톨릭대 모집요강

28) 2024 계명대 모집요강

29) 2024 충남대 모집요강

30) 2024 단국대(천안) 모집요강

31) 2024 순천향대 모집요강

32) 2024 을지대 모집요강

33) 2024 건양대 모집요강

34) 2024 충북대 모집요강

35) 2024 전북대 모집요강

36) 2024 전남대 모집요강

37) 2024 조선대 모집요강

38) 2024 제주대 모집요강

39) 2024 건국대(글로컬) 모집요강

40) 2024 동국대(경주캠) 모집요강

41) 2024 강원대 모집요강

42) 2024 원광대 모집요강

43) 2024 서울대 모집요강

44) 2024 경희대 모집요강

45) 2024 연세대 모집요강

46) 2024 강릉원주대 모집요강

47) 2024 단국대(천안) 모집요강

48) 2024 조선대 모집요강

49) 2024 전북대 모집요강

50) 2024 부산대 치의학전문대학원 모집요강

51) 2024 경북대 모집요강

52) 2024 전남대 모집요강

53) 2024 원광대 모집요강

54) 2024 경희대 모집요강

55) 2024 가천대 모집요강

56) 2024 상지대 모집요강

57) 2024 세명대 모집요강

58) 2024 대전대 모집요강

59) 2024 우석대 모집요강

60) 2024 동신대 모집요강

61) 2024 대구한의대 모집요강

62) 2024 동의대 모집요강

63) 2024 부산대 한의학전문대학원 모집요강

64) 2024 원광대 모집요강

65) 2024 동국대(경주) 모집요강

66) 2024 서울대 대입기본계획

67) 2024 가톨릭대 기본계획

68) 2024 강원대 모집요강

69) 2024 경북대 모집요강

70) 2024 경상국립대 모집요강
71) 2024 경성대 모집요강
72) 2024 경희대 모집요강
73) 2024 계명대 모집요강
74) 2024 고려대(세종) 모집요강
75) 2024 단국대(천안) 모집요강
76) 2024 동국대 모집요강
77) 2024 동덕여대 모집요강
78) 2024 삼육대 모집요강
79) 2024 성균관대 모집요강
80) 2024 아주대 모집요강
81) 2024 연세대 모집요강
82) 2024 인제대 모집요강
83) 2024 제주대 모집요강
84) 2024 차 의과학대학교 모집요강
85) 2024 충남대 모집요강
86) 2024 충북대 모집요강
87) 2024 한양대(에리카) 모십요강
88) 2024 목포대 모집요강
89) 2024 순천대 모집요강
90) 2024 전북대 모집요강
91) 2024 가천대 모집요강
92) 2024 덕성여대 모집요강
93) 2024 우석대 모집요강
94) 2024 원광대 모집요강
95) 2024 조선대 모집요강
96) 2024 대국가톨릭대 모집요강
97) 2024 부산대 모집요강
98) 2024 숙명여대 모집요강
99) 2024 영남대 모집요강
100) 2024 중앙대 모집요강
101) 2024 전남대 모집요강
102) 2024 이화여대 모집요강
103) 2024학년도 대학수학능력시험 시행기본계획/한국교육과정평가원
104) 2024학년도 대학수학능력시험시행기본계획(대교협)

● 본 책자의 내용은 각 대학 시행계획을 바탕으로 구성되어 있으므로 참고자료로만 사용하시고 최종 진학 검토시 반드시 추후 발표되는 각 대학교 모집요강을 참조하시기 바랍니다.

초판 1쇄 인쇄 2020년 4월 1일
초판 1쇄 발행 2020년 4월 13일
개정판 발행 2021년 4월 26일
개정2판 발행 2022년 5월 23일
개정3판 발행 2023년 8월 21일

편저   비티진로진학연구소
펴낸곳 비티타임즈
발행자번호 959406
주소 전북 전주시 서신동 780-2번지 3층
대표전화 063 277 3557
팩스 063 277 3558
이메일 bpj3558@naver.com
ISBN 979-11-6345-468-7(13370)
가격 42,000원

이 도서의 국립중앙도서관 출판예정도서목록(CIP)은 서지정보유통지원시스템 홈페이지 (http://seoji.nl.go.kr) 와 국가자료공동목록시스템 (http://www.nl.go.kr/kolisnet)에서 이용하실 수 있습니다.